Leslie & Lee Strobel

Wenn der Glaube zwischen uns steht

Als Christ allein in der Ehe

Leslie & Lee Strobel

Wenn der Glaube zwischen uns steht

Als Christ allein in der Ehe

WILLOW CREEK EDITION
Kirche für Distanzierte

Projektion J

Originaltitel: *Surviving Spiritual Mismatch*

Published by Zondervan Publishing House, Grand Rapids, Michigan, USA

1. Auflage 2003
Best.-Nr. 657 467

ISBN 3-89490-467-5

Die Bibelstellen wurden, soweit nicht anders angegeben,
der Einheitsübersetzung entnommen.

Übersetzung: Kerstin und Jens Uhder
Umschlaggestaltung: Hanni Plato
Satz: Typostudio Rücker, Linden
Druck und Verarbeitung: Schönbach-Druck, Erzhausen

Für Linda Lenssen,
Leslies geistliche Mentorin,
die unsere ganze Familie positiv beeinflusst hat,
und für ihren Mann Jerry,
der uns schon in den Himmel vorausgegangen ist.

Inhalt

Ich schenke euch ein neues Herz und lege einen neuen Geist in euch. Ich nehme das Herz aus Stein aus eurer Brust und gebe euch ein Herz von Fleisch.

(Ezekiel 36,26)

Wie Leslie und ich dazu kamen, dieses Buch zu schreiben

Vor einigen Jahren waren Leslie und ich als Referenten auf einem Valentinstreffen, wo wir mit Ehepaaren über alle möglichen Themen aus den Bereichen Ehe und Christsein sprachen. Nach der Veranstaltung sprach uns ein junger Mann an, deutete auf Leslie und sagte ganz unverhohlen: „Jetzt wissen wir, wer bei Ihnen zu Hause sagt, wo es langgeht."

Recht hatte er! Gott hat Leslie die Gabe der Weisheit gegeben. Ihr Einfühlungsvermögen und ihre Echtheit, gepaart mit ihrem reichen Schatz an praktischen Einsichten über das geistliche Leben, machten sie zu einer gefragten Ansprechpartnerin für Leute, die Rat und Hilfe brauchten.

Da wir als Ehepaar durch eine Zeit gegangen sind, in der wir geistlich absolut keine Einheit waren, schien es uns ganz natürlich, dieses Buch zusammen zu schreiben und gemeinsam all die Erfahrungen und Lektionen einfließen zu lassen, die wir in diesen Jahren durchlebt haben. Als ich Leslie den Vorschlag machte, war sie zuerst sehr abgeneigt: „Ich bin nicht gut im Schreiben! Ich habe Schreibangst, so wie andere Leute Lampenfieber haben!" Für mich dagegen ist Bücherschreiben eine Leidenschaft.

So trafen wir eine Absprache: Wir würden gemeinsam die Ideen sammeln und die Inhalte zusammentragen und ich würde dann die Hauptschreibarbeit übernehmen. Da es über weite Strecken darum geht, was Leslie tat, während ich noch kein Christ war, ist es ohnehin einfacher, wenn ich selbst darüber berichte.

Wenn Sie also auf Passagen treffen, wo in der Ich-Form gesprochen wird, dann bin ich selbst gemeint. Leslie hat jedoch überall ihre Perspektive beigesteuert, und sie hat ihre Schreibangst sogar so weit überwunden, dass auch sie ein Kapitel geschrieben hat, in dem sie ihre eigenen Erfahrungen aus jener Zeit mitteilt.

Wie es in der *Sesamstraße* immer so schön heißt – zumindest hier in Amerika: „That's cooperation!"

Lee Strobel

Teil I

Wenn der Partner nicht an Gott glaubt

1. Der Ehekrieg beginnt

Es war ein kalter, klarer Nachweihnachtstag im Jahre 1966. Mein Freund Pete und ich fuhren mit dem Vorortzug in die Innenstadt von Chicago hinein. Wir bummelten eine Weile den „Loop“ entlang und genossen das geschäftige Treiben. Dann führte ich ihn an einen Ort, der für mich fast schon etwas Heiliges hatte und den ich aufsuchte, sooft ich konnte.

Der Wind pfiff scharf und eisig, als wir die Michigan-Avenue-Brücke überquerten und schließlich vor dem Wrigley-Gebäude stehen blieben. Da standen wir nun, beide Hände in den Jackentaschen, und schauten hinüber zum eindrucksvollen neugotischen Hochhaus der *Chicago Tribune*. Ich weiß nicht mehr, ob ich es tatsächlich hörbar vor mich hinmurmelte oder ob es einfach nur in meinen Gedanken widerhallte: „Eines Tages ...!“ Pete sagte nichts. Wer in die 10. Klasse geht, darf Träume haben.

Wir standen ein paar Minuten herum und schauten den Leuten nach, die im Verlagsgebäude ein- und ausgingen. Waren dies die Reporter, deren Namen ich jeden Morgen in der Zeitung las? Waren es vielleicht sogar die Chefredakteure, die ihre Korrespondenten in die ganze Welt hinausschickten? Oder waren es Drucker, die die Rotationsmaschinen bedienten? Meine Fantasie lief auf Hochtouren, bis Pete schließlich irgendwann ungeduldig wurde.

Wir wandten uns um und liefen noch ein bisschen die „Magnificent Mile“ hinunter, schauten uns die Auslagen der Nobelboutiquen mit ihren überhöhten Preisen an und entschlossen uns irgendwann, uns auf den Rückweg zum Bahnhof zu machen. Als wir an der Oper vorbeigingen, hörte ich aus der Menge heraus eine vertraute Stimme.

„Hey, Lee! Sag mal, was machst du denn hier?“ Es war Clay, einer meiner Schulkameraden, der nicht weit von mir entfernt wohnte.

Ich antwortete nicht sofort, weil ich wie gebannt war von dem Mädchen, das mit ihm Hand in Hand ging. Sie hatte schulterlanges braunes Haar und trug ein goldenes Armband, auf dem sein

Name eingraviert war. Ihr Lächeln hatte etwas Zurückhaltendes und strahlte doch zugleich Selbstvertrauen aus.

„Tja, ähm ... ich spaziere hier einfach ein bisschen rum“, kam es mir über die Lippen, während mein Blick immer wieder auf das Mädchen fiel.

Schließlich stellte er uns Leslie vor. Ich hatte keine Augen mehr für Clay oder Pete. Es war mir auch gleichgültig, dass meine Finger schon ganz steif gefroren waren und dass ich knöcheltief im Schneematsch stand. Ich spitzte jedoch genau die Ohren, als Leslies Nachname fiel. Den brauchte ich nämlich, wenn ich später im Telefonbuch danach suchen wollte.

Liebe und Krieg kennen keine Spielregeln.

Vom Märchen zum Albtraum

Später erfuhr ich, dass Leslie auf der Heimfahrt im Zug nicht mehr sonderlich an Clay interessiert war. Als sie zu Hause in der Vorstadt Palatine angekommen war, marschierte sie geradewegs in die Küche, wo ihre Mutter, eine Schottin, die ihr Vater während seiner Militärzeit in Europa kennen gelernt hatte, mit den Vorbereitungen für das Abendessen beschäftigt war.

„Mama“, verkündete sie, „gerade habe ich den Mann meines Lebens getroffen!“

Die Antwort fiel freilich etwas anders aus, als sie erwartet hatte. „Das freut mich, mein Schatz!“, sagte die Mutter halb skeptisch, halb abwiegelnd, ohne die Augen auch nur für einen Moment vom Topf abzuwenden, in dem sie rührte.

Für Leslie gab es jedoch keinen Zweifel. Ebenso wenig für mich. Am nächsten Abend rief ich sie von der Telefonzelle an einer Tankstelle in unserer Nachbarschaft an (bei vier Geschwistern war dies der einzige Ort, von dem aus ich ungestört telefonieren konnte). Wir redeten miteinander, als hätten wir uns schon jahrelang gekannt. Viele Leute streiten sich darüber, ob es so etwas wie Liebe auf den ersten Blick gibt; für uns war diese Frage ein für alle Mal geklärt.

Leslie und ich waren von da an viele Jahre lang ein Paar, unsere ganze Highschool-Zeit hindurch, und später, als ich an der Universität von Missouri Journalismus studierte, zog sie in meine

Nähe. Als wir schließlich heirateten, war ich gerade 20 und Leslie 19 Jahre alt. Nachdem ich meinen Abschluss gemacht hatte, zogen wir zurück nach Chicago, und mein Traum, einmal als Journalist bei der *Chicago Tribune* zu arbeiten, ging in Erfüllung. Leslie fing direkt gegenüber der Zeitung bei einer Spar- und Darlehensgesellschaft an.

Unser Leben war wie im Märchen. Wir genossen es, uns nach und nach die Karriereleiter hinaufzuarbeiten und ein schönes Haus in einer schicken Gegend zu bewohnen. Leslie wurde schwanger, und wir bekamen unser erstes Kind, ein Mädchen, das wir Alison nannten. Später kam unser Sohn Kyle zur Welt. Beflügelt durch unsere Liebe zueinander war unsere Ehe wie eine starke Bastion – bis zu dem Tag, an dem jemand zwischen uns trat, der unsere Beziehung beinahe zerstört und in die Scheidung getrieben hätte.

Es war keine Affäre und keine alte Jugendliebe, die plötzlich wieder auftauchte. Es war niemand anders als der lebendige Gott selbst, der unserer Ehe beinahe den Todesstoß versetzte. So zumindest schien es mir damals. Ironischerweise war der Glaube an Jesus, der für so viele Ehen ein fester Anker und eine Quelle der Kraft ist, für uns der Fallstrick, der unsere Ehe fast zum Scheitern gebracht hätte.

Und das alles, weil Leslie an Gott glaubte und ich nicht.

Eine Ehe ohne Gott

Was Gott in den Jahren unserer Jugendliebe und zu Anfang unserer Ehe für uns bedeutete, lässt sich mit einem kurzen Satz sagen: Er war einfach nicht auf unserem Radarschirm. Er war für uns bedeutungslos.

Ich selbst sah mich als Atheist. Ich hatte den Gedanken an Gott in meiner Schulzeit verworfen, wo man mir beibrachte, dass die Ursprünge und Gesetzmäßigkeiten des Lebens sich mit Hilfe von Darwins Evolutionstheorie erklären ließen. Darwin, so dachte ich, hatte Gott schlicht und einfach überflüssig gemacht! Jeder Rechenschaftspflicht enthoben lebte ich vor mich hin, wie es mir gefiel. Die Christen sah ich als naiv an, als Leute, die einfach nicht bereit waren, sich kritisch mit der Welt auseinander zu setzen, und die den Glauben an einen Gott als Krücke brauchten, um mit dem Leben zurechtzukommen.

Leslie dagegen hätte sich wahrscheinlich als Agnostikerin bezeichnet. Während ich feindselig auf Menschen reagierte, die sich als gläubig bezeichneten, war sie solchen Leuten gegenüber eher neutral eingestellt. Sie hatte in ihrer Kindheit kaum etwas mit der Kirche oder dem christlichen Glauben zu tun gehabt. Alles, woran sie sich erinnern konnte, waren die frommen Kinderlieder, die ihre Mutter ihr beim Zubettgehen vorgesungen hatte. Für Leslie war Gott einfach eine reichlich abstrakte Idee, mit der sie sich niemals näher beschäftigt hatte.

Ohne Gott fehlte es meinem Leben an moralischer Orientierung. Ich verfolgte meinen beruflichen Erfolg um jeden Preis, und mein Charakter verkam zunehmend. Tief in mir drin war ich zutiefst frustriert, weil ich bei allem Erfolg nicht die Erfüllung finden konnte, die ich suchte. Ich machte mir Luft in Wutausbrüchen, mein Alkoholkonsum geriet immer häufiger außer Kontrolle und ich war chronisch überarbeitet, weil meine Karriere mir zum Götzen geworden war.

Trotz alledem blieb meine Ehe stabil. Unsere Liebe zueinander überdeckte so manche hässliche Ecke und Kante. Wenn wir zusammen waren, waren wir einfach glücklich. Dies änderte sich plötzlich im Herbst 1979. Zu jener Zeit schlug die Harmonie, die wir bislang genossen hatten, in Feindschaft um. Warum? Leslie teilte mir mit, dass sie sich nach langem Suchen und Fragen entschlossen habe, Jesus Christus nachzufolgen.

Sie hätte mir kaum etwas Schlimmeres antun können! Ich befürchtete, sie würde nun zu einer sexuell verklemmten Moralistin werden, die den ambitionierten und weltoffenen Lebensstil, den wir bis dahin gepflegt hatten, hinter sich lässt, um fortan jede freie Minute in irgendwelchen heruntergekommenen Suppenküchen für Arme auszuhelfen.

„Wenn du eine solche Krücke nötig hast“, sagte ich in einem spitzen und bevormundenden Ton, „wenn du nicht in der Lage bist, auf deinen eigenen Füßen zu stehen und dein Leben selbst in die Hand zu nehmen, ohne an irgendeinen selbst ausgedachten Gott im Himmel zu glauben und an ein Buch voller Legenden und Fabeln, dann bitte schön! Aber diese zwei Dinge vergiss bitte nie: Die Kirche bekommt kein Geld von uns, denn das ist doch das

Einzige, woran sie interessiert sind! Und versuch nicht, mich dazu zu bewegen, dass ich am Sonntagmorgen irgendwo hingehe. Dieser Sch**** ist nämlich unter meinem Niveau!“

War ich nicht nett?

„Dies ist nicht mehr meine Ehe“

Dies war nur der erste Schuss in einem Ehekrieg, der unser Leben in den nächsten Jahren bestimmen sollte, eine Phase voller emotionaler Wechselbäder und Machtkämpfe. Auf einmal hatte Leslie andere Wünsche und Prioritäten als ich, und unsere unterschiedlichen Wertvorstellungen gerieten miteinander in Konflikt. Unser Zusammenleben wurde eisig, und es kam immer wieder zu Auseinandersetzungen, die nicht selten damit endeten, dass meine Wut und Enttäuschung sich in Schimpftiraden entluden, bis ich dann schließlich türknallend aus dem Raum stürzte.

Ich erinnere mich noch genau an einen schwülen Sommertag, an dem ich nach einer unserer vielen Streitigkeiten den Rasen mähte. Ich war so geladen, dass ich hätte platzen können.

„Jetzt reicht's!“, murmelte ich und mähte in einem Anfall von kindischer Wut kurzerhand Leslies Blumenbeet nieder. „Ich hab die Nase gestrichen voll. Dies ist einfach nicht mehr meine Ehe. Vielleicht ist es an der Zeit, der Sache ein Ende zu setzen.“

Das war der absolute Tiefpunkt. Unsere gemeinsame Zukunft hing in diesem Moment am seidenen Faden. Vielleicht können Sie so etwas nachempfinden. Möglicherweise sind Sie gerade in einer ähnlichen Situation, wenn Ihr Glaube einen Keil zwischen Sie und Ihren Partner getrieben hat. Über die Jahre hinweg haben Leslie und ich immer wieder mit Christen gesprochen, die uns mit Tränen in den Augen erzählten, wie die Ehe mit einem Nichtchristen ihnen das Leben mehr und mehr zur Hölle gemacht hat, sodass sie schließlich immer tiefer in Angst, Ärger und Streit versanken.

Einmal rief am Ostersonntag nachmittags jemand bei uns an. Es war Teresa, in Tränen aufgelöst. „Die Feiertage sind immer am schlimmsten“, schluchzte sie, „aber heute ist er einfach zu weit gegangen. Er hat sich über mich lustig gemacht und mir vorgeworfen, ich wäre ein Schwächling, mein Glaube wäre einfach lächerlich, und der Kirche, zu der ich gehöre, würde es nur darum gehen, mir das Geld aus der Tasche zu ziehen. Ich bin es müde, mich ständig zu verteidigen. Ich weiß nicht mehr, was ich noch tun soll. Warum lässt er mich nicht einfach in Ruhe? Warum muss er alles kaputtmachen? Es war schon schwer genug, dass ich alleine zum Ostergottesdienst gehen musste; warum muss er jetzt auch noch den Rest des Tages zerstören?“[1]

Mit diesem Schicksal steht Teresa keineswegs allein. Ritas Ehemann zum Beispiel ist ein Rechtsanwalt, der gegenüber allem, was mit dem christlichen Glauben zu tun hat, offen feindselig eingestellt ist. „Unserem Sohn“, so berichtet Rita, „hat er doch tatsächlich gesagt, die Kirche sei ein Ort, wo böse Leute hingehen, die anderen Menschen ihren Glauben aufzwingen und die kleine Jungs missbrauchen. Falls ich ihn jemals mitnehmen wolle, solle er sich strikt weigern.“

Oder nehmen wir Kathy. Sie berichtet, dass die Gemeinde und ihre christlichen Freunde ihre Situation, ohne es zu wollen, nur noch schlimmer machen. „Da ist immer diese subtile Unterstellung, dass alles besser wird, wenn ich zu Hause nur ein besseres Zeugnis für Jesus wäre oder mehr bete oder meinen Mann dazu bewege, zum Weihnachtsgottesdienst mitzukommen, oder das richtige Buch lese oder die passende Kassette höre. Natürlich sagt das keiner so, aber irgendwie wird mir immer das Gefühl vermittelt, dass ich etwas falsch mache – und das tut einfach weh!“

Linda Davis, die selbst viele Jahre lang mit einem nicht gläubigen Ehemann lebte, bevor dieser dann schließlich zum Glauben kam, meinte einmal, die tiefe Einsamkeit, die sie damals erlebte, hätte nur noch schlimmer sein können, wenn ihr Partner gestorben wäre. „Manchmal frage ich mich, ob jemand, der ‚geistlich verwitwet‘ ist, es nicht sogar noch schwerer hat als eine richtige Witwe“, so schreibt Linda. „Nicht einmal Blumen und Beileidsbekundungen gibt es. Alles, was einem bleibt, ist die Trauer über eine Ehe, die niemals wirklich eine war.“[2]

Geben Sie die Hoffnung nicht auf!

In den Zeiten, als Leslie und ich im Clinch miteinander lagen, habe ich mehr als einmal jegliche Hoffnung verloren, dass es mit unserer Ehe noch ein gutes Ende nehmen könnte. Innerlich hatte ich bereits das Handtuch geworfen und rechnete mit einer Scheidung. Doch eine Reihe von Umständen trug dazu bei, dass es am Ende doch nicht so weit kam.

Noch bevor es zu spät war, fand Leslie Wege, ihren Glauben in einer Art und Weise auszuleben, die für mich nicht abstoßend war, sondern die zunehmend mein Interesse erregte. Sie brachte es fertig, trotz aller Entmutigungen, die sie von mir erfuhr, in ihrer Beziehung zu Jesus zu wachsen und sogar zu gedeihen. Obwohl sie auch Fehler gemacht hat – und sie selbst macht daraus keinen Hehl –, schaffte sie es doch, unsere Beziehung zu entspannen und wieder ins Gleichgewicht zu bringen. Mit viel Liebe und Einfühlungsvermögen hat sie mich schließlich nach und nach immer mehr auf Jesus aufmerksam gemacht, und Gott gebrauchte sie, um mir die Augen für meine eigene Erlösungsbedürftigkeit zu öffnen.

Heute blicken wir auf 30 Ehejahre, davon 20 Jahre gemeinsam mit Jesus zurück. Gott hat mir auf wunderbare Weise seine Gnade erwiesen, indem er mir nicht nur meine Vergangenheit vergeben hat, sondern mir auch noch eine Berufung zum Pastor und Evangelist gegeben hat. Unser Eheleben ist heute abenteuerlicher und erfüllter als je zuvor und Leslie und ich erleben eine Tiefe an Vertrautheit, die wir in jenen ersten Ehejahren ohne Gott nie für möglich gehalten hätten.

Wir dürfen natürlich nicht vergessen, dass – leider – nicht jede Geschichte so glücklich endet wie unsere, indem sich der ungläubige Partner bekehrt und schließlich beide gemeinsam Jesus nachfolgen. Die ernüchternde Realität sieht nicht selten so aus, dass beide Partner bis zum Lebensende geistlich getrennte Wege gehen. Das sind nun einmal die Tatsachen. So sehr Sie es sich auch wünschen – Sie können Ihren Partner nicht dazu zwingen, Christ zu werden.

Dennoch müssen wir uns vor Augen halten, dass es für Ihren nicht gläubigen Partner Hoffnung gibt. Geben Sie diese Hoffnung nicht auf! Sie können lernen, trotz Ihrer Differenzen zu wachsen. Sie können lernen, Ihren Partner auf seinem Weg zu Gott zu ermutigen, ohne ihm dabei unbeabsichtigt zum Hindernis zu werden. Ebenso können Sie lernen, von ganzem Herzen das Beste für Ihren Partner zu erstreben, ohne sich selbst ungerechtfertigterweise für seine Errettung verantwortlich zu fühlen. Sie werden sehen, dass geistliche Differenzen keineswegs das Todesurteil für eine Ehe bedeuten müssen.

Vielleicht haben Sie Mühe, das zu glauben, angesichts der verhärteten Fronten in Ihrer eigenen Ehe und der endlosen Grabenkämpfe um die Frage nach Gott. Gerade deshalb schreiben Leslie und ich dieses Buch. Wir möchten Sie gerne an unseren eigenen Fehlern und Erfahrungen aus dieser rauen Zeit unserer Partnerschaft teilhaben lassen. Wir haben uns irgendwie durch diese Periode durchgekämpft, und wir hoffen, dass einige der Lektionen, die wir gelernt haben, Sie vielleicht ermutigen und Ihnen eine praktische, biblisch fundierte Orientierungshilfe geben können.

Was noch wichtiger ist: Halten Sie sich vor Augen, dass Gott Sie nicht vergessen hat. Was Sie erleben, ist nicht etwa Gottes gerechte Strafe dafür, dass Sie einen nicht gläubigen Partner geheiratet haben. Im Gegenteil: Der ganze Himmel steht hinter Ihnen, während Sie in aller Bescheidenheit und oft unter schwierigsten Bedingungen versuchen, Ihren Glauben zu leben. Inmitten all der Konflikte und Auseinandersetzungen, in denen Sie stehen, will Ihr himmlischer Vater Ihnen Mut machen; er will Ihnen Frieden und Zuversicht schenken, selbst wenn alles dunkel scheint.

Mit seiner Hilfe können Sie lernen zu überleben, auch wenn Ihr Ehepartner mit dem Glauben nichts zu tun haben will.

Warum Gott „Nein" sagt

Wenn Sie die Probleme am eigenen Leibe erlebt haben, die die Ehe mit einem nicht gläubigen Partner mit sich bringt, dann werden Sie gut verstehen können, warum Gott es seinem Volk verbietet, jemanden zu heiraten, der nicht demselben Glauben angehört. Er liebt uns so sehr, dass er uns all die seelischen Belastungen, Konfrontationen und Streitereien ersparen möchte, die zwangsläufig daraus resultieren, wenn ein Ehepartner Christ ist und der andere nicht. Es geht ihm nicht darum, uns in unseren Wahlmöglichkeiten zu beschränken, er will uns vor den Problemen bewahren, die Leslie und ich in jenen bitteren zwei Jahren durchmachen mussten, als ich noch kein Christ war.

„Beugt euch nicht mit Ungläubigen unter das gleiche Joch!", schreibt Paulus in 2. Korinther 6,14-16. „Was haben denn Gerechtigkeit und Gesetzeswidrigkeit miteinander zu tun? Was haben Licht und Finsternis gemeinsam? Was für ein Einklang herrscht zwischen Christus und Beliar? Was hat ein Gläubiger mit einem Nichtgläubigen gemeinsam? Wie verträgt sich der Tempel Gottes mit den Götzenbildern? Wir sind doch der Tempel des lebendigen Gottes ..."

Es geht Paulus hier keineswegs darum, uns jede Form von Umgang mit Nichtchristen zu untersagen. Dazu ist Paulus viel zu sehr Realist.[3] Paulus meint – um es einmal mit den Worten eines Theologen zu paraphrasieren – schlicht und einfach Folgendes: „Geh keine Beziehung zu einem Nichtchristen ein, weder dauerhaft noch vorübergehend, die deine Werte kompromittiert oder deine Hingabe an Jesus in Gefahr bringt. Warum also diese Trennung? Weil der Ungläubige diese Standards, Neigungen und Ziele nicht teilt."[4]

Paulus gebraucht hier im Griechischen ein Verb, das aus zwei Teilen besteht und das sich so nicht ins Deutsche übersetzen lässt. Der erste Teil des Wortes bedeutet „anders", der zweite Teil besagt so viel wie „unter ein Joch bringen". Dies ist eine Anspielung auf das Gesetz in Deuteronomium 22,10, wo es dem Volk Israel untersagt wird, zwei unterschiedliche Tiere zusammen unter ein Joch zu spannen, um ein Feld zu pflügen oder einen Karren zu ziehen.

Der Grund dafür ist ein ganz einfacher: Ein Joch war eine starre Vorrichtung aus Holz und Metall, die den beiden Tieren über den Hals gelegt wurde. Wenn die beiden Tiere von derselben Art und etwa gleich stark waren, dann harmonierten sie gut miteinander und jedes trug seinen Teil der Last. Wenn sie aber unterschiedlicher Art waren, wenn also beispielsweise das eine Tier ein Ochse und das andere ein Esel war, oder wenn eines von beiden bedeutend schwächer war als das andere, dann konnten sie nicht im selben Rhythmus ziehen. Dadurch wurde das Joch für beide drückend und schmerzhaft und das Ergebnis uneffektiv.

Paulus warnt die Christen hier also davor, dass sie sich schweren Schaden zufügen, wenn sie sich in eine Ehe mit einem Nichtgläubigen „einschirren" lassen. Ganz unweigerlich führt dies in zahllosen Bereichen zu Konflikten, angefangen von der Kindererziehung bis hin zum Umgang mit den Finanzen. Unter Umständen kann all das unserem Glauben ganz schön die Luft abdrücken.

Im Alten Testament lesen wir, wie es Salomo, dem vielleicht weisesten Mann aller Zeiten, erging, als er Gottes Gebot missachtete und sich Frauen nahm, die seinen Glauben nicht teilten. „Es brachte ihn fast um", schreibt Jo Berry in ihrem Buch *Wenn du doch glauben könntest* (Schulte & Gerth, 1998). „In seinen späteren Jahren war er ein gebrochener Mann, depressiv, voller Verzweiflung und Schuldgefühle, weil er Gottes Gesetz bei der Wahl seiner Ehefrauen missachtet hatte."[5]

Ebenso brachte auch die Ehe mit Isebel König Ahab sehr schnell dazu, sich von Gott abzuwenden und den Götzen Baal anzubeten. Unter dem Einfluss seiner nicht gläubigen Frau verkümmerte sein Glaube, und es kam schließlich so weit, dass er „den Gott Israels mehr erzürnte als alle Könige Israels vor ihm."[6]

Das Muster ist allzu deutlich zu erkennen: Wir gehen ein großes Risiko ein, wenn wir Gottes liebevollen Geboten für unser Leben keine Beachtung schenken.

Wie es zu Fehlgriffen bei der Partnerwahl kommt

Und dennoch finden sich viele Christen in Partnerschaften mit Nichtchristen wieder. Vielfach war dies ursprünglich nicht so beabsichtigt, wenn beispielsweise wie bei Leslie und mir zu Beginn der Ehe beide Partner keine Christen waren. Erst als einer von uns beiden begann, Jesus nachzufolgen – und die Erfahrung lehrt, dass dies häufig zuerst die Frauen sind –, kamen wir geistlich ins Ungleichgewicht.

Andere Christen geraten in eine ungleiche Partnerschaft hinein, indem einer der beiden in der Phase des Kennenlernens vorgibt, er sei gläubig. So unglaublich es klingt, aber so etwas geschieht häufiger, als Sie vielleicht meinen. In einer Episode der Fernsehserie *Seinfeld* geht es genau um einen solchen Fall.

George Constanza traf sich zu einer Verabredung mit einer Frau. Er hatte gerade für beide ein teures Menü mit Hummer als Hauptgang bestellt, als sie ihm offenbarte, dass sie nicht länger mit ihm befreundet sein könne, weil er nicht, so wie sie, „lettisch-orthodox" sei.

„Ich habe ernstlich daran gedacht zu konvertieren", vertraute er später seinem Freund Jerry an.

„Zum lettisch-orthodoxen Glauben?", fragte dieser verblüfft.

„Ist doch egal, wozu", antwortete George und zuckte mit den Achseln.

George erschien also zu einem Gesprächstermin mit zwei Priestern in ihrer typischen aufwändigen Tracht, und einer von beiden fragte George, was er denn an ihrer Konfession besonders ansprechend fände.

„Nun, ich mag zum Beispiel Ihre Kopfbedeckung", antwortete er.

Der andere Priester fragte weiter: „Sind Sie denn mit unserer Theologie vertraut?"

„Na ja, vielleicht nicht so gut wie Sie, aber ich weiß in etwa, worauf das Ganze hinausläuft", entgegnete George.

Ganz offensichtlich war George nicht wirklich an Gott interessiert. Das Spiel, das er den beiden Priestern bei dieser „Glaubensbefragung" vorspielte, war nichts als ein Teil seiner frommen Maske, die er sich zulegte, um bei seiner Freundin landen zu können.

In der *Seinfeld*-Episode ist das Ganze natürlich nur Komödie, doch dahinter steckt ein durchaus realistischer Kern. Wer verliebt ist, dem ist oft jedes Mittel recht, um die Frau seiner Träume zu bekommen, und selbst vorgeheuchelter Glaube ist da kein Tabu. So erging es zum Beispiel einer Freundin von uns namens Sally.

„Er hat sich einfach genial verstellt, als wir befreundet waren", so berichtet sie. „Er war oft genug unter Christen gewesen, um zu wissen, wie er sich zu verhalten hatte und wie man als Christ so redet. Er wusste auch, dass ich unbedingt einen gläubigen Mann heiraten wollte, und vermutlich fand er gar nichts Schlimmes daran, mir etwas vorzuspielen. Doch einige Zeit nach unserer Hochzeit kam er nicht mehr mit in den Gottesdienst, und allmählich begann es mir zu dämmern, dass er in seinem Herzen nicht wirklich von Gott berührt war. Ich war am Boden zerstört, aber leider war es zu spät."

Als wir Sally nach den näheren Einzelheiten ihrer Beziehung vor der Hochzeit befragten, stellte sich jedoch bald heraus, dass sie sich durch ihre Verliebtheit hatte blenden lassen. Sie war so sehr darauf versessen gewesen, diesen Mann zu heiraten, dass sie bestimmte Warnsignale einfach nicht wahrhaben wollte, die ihr eigentlich hätten deutlich machen müssen, dass ihr Freund kein wiedergeborener Christ war.

„In gewisser Weise“, so gestand sie schließlich zu, „habe ich mir wohl Sand in die Augen streuen lassen. Ich habe ihn nicht wirklich danach gefragt. Ich habe die Warnschilder am Weg missachtet, wie beispielsweise sein offensichtlicher Mangel an Respekt vor Gott, und dass er eigentlich immer nur sich selbst vertraute. Außerdem waren seine Freunde ganz deutlich keine Christen. Ich dachte wohl, irgendwie würde am Ende schon alles gut werden.“

In anderen Fällen sind Christen noch so jung und unerfahren im Glauben, dass sie sich der Tatsache gar nicht bewusst sind, dass das Leben mit einem nicht gläubigen Partner zu großen Problemen führen kann. Möglicherweise haben sie auch noch nie etwas davon gehört, was eine christliche Ehe überhaupt ist. Leider sind viele eher liberal eingestellte Pastoren hier etwas leichtfertig und versäumen es, den Leuten, die sich von ihnen trauen lassen, vorher wirklich geistlich auf den Zahn zu fühlen – oder aber sie selbst finden gar nichts dabei, wenn Christen und Nichtchristen die Ehe miteinander eingehen.

Wenn die beiden verheiratet sind und der christliche Partner fängt an, geistlich zu wachsen, dann kommt es unweigerlich zu Spannungen. Je mehr der gläubige Partner Gott nacheifert und seine Gottesbeziehung ernst nimmt, desto wahrscheinlicher führt dies zu Konflikten innerhalb der Partnerschaft.

Die Gefahren der Partnerschaftsevangelisation

Es gibt einige Christen, die meinen, es besser zu wissen als Gott. Sie sind sich bewusst, dass ein ungläubiger Partner nicht Gottes Absichten entspricht, doch irgendwie glauben sie, wenn der Ehebund erst einmal geschlossen ist, würde der Partner sicher bald sein Leben Jesus anvertrauen. Sie täuschen sich darüber hinweg, wie weit ihr/e Verlobte/r tatsächlich von Gott entfernt ist und verschließen die Augen vor den Konflikten, auf die sie in Folge ihrer unterschiedlichen Glaubensüberzeugungen unweigerlich zusteuern. Der christliche Journalist Terry Mattingly prägte einmal den Begriff der „Partnerschaftsevangelisation“, um dieses Arrangement zu kennzeichnen.

Ich werde nie vergessen, wie ich einmal in einer Gemeinde über die Gefahren von Partnerschaften mit Nichtchristen sprach und von den Turbulenzen berichtete, die Leslie und ich in unserer Ehe durchgemacht hatten. Nach meinem 45-minütigen Vortrag kam eine junge Frau zu mir und verkündete im Brustton der Überzeugung: „Ich bin mit einem Mann befreundet, der sich gerade etwas näher mit dem christlichen Glauben beschäftigt, und ich bin einfach ganz fest davon überzeugt, dass er sich bald bekehren wird. Glauben Sie nicht, dass wir unter diesen Umständen heiraten können? Es ist doch sowieso nur eine Frage der Zeit, bis er Jesus sein Leben übergibt.“

Fast konnte man meinen, sie hätte sich während meines Vortrages die Ohren zugehalten. Jedenfalls schien sie meine eindringlichen Warnungen schlicht und einfach überhört zu haben. Ich hätte sie am liebsten bei den Schultern gepackt und ihr eindringlich ins Gesicht gesagt: „Hören Sie, was ich Ihnen sage: ‚Beugt euch nicht mit Ungläubigen unter das gleiche Joch!‘ Um Ihres Partners willen, um Ihrer selbst willen und um Ihrer zukünftigen Kinder willen – *nehmen Sie die Dinge ernst, die im Wort Gottes stehen!*“

In einer Zeitschriftenglosse schrieb Mattingly einmal von einem Pastor, der eine innere Stimme hört, die mit ungeschminkter Ehrlichkeit beschreibt, was er einem jungen Paar – Christ und Nichtchrist – bei der Trauung am liebsten vor den Ohren aller Anwesenden mit auf den Weg geben würde, wenn er könnte: „Liebe Freunde, wir sind heute zusammengekommen, um Zeuge zu sein, wie ein Desaster seinen Lauf nimmt. Martha hier hat den Entschluss gefasst, Edgar zu heiraten. Martha, eine treue Kirchgängerin, die im Gottesdienst immer so freudig mitsingt, wirft ihr Leben über Bord, um den hier anwesenden Ede, einen selbstgefälligen, gottlosen Halunken, zum Ehemann zu nehmen ... Warum Edgar und Martha sich durch diese Ehe aneinander ketten wollen, ist mir ein Rätsel ... Doch ich werde meines Amtes walten und ein paar fromme Worte sagen, und wir werden alle so tun, als ob Gott irgendwie seinen Segen zu etwas geben wird, das er in seinem Wort verboten hat. Ihr werdet nun gleich eure Ringe, euer

Gelübde und eure Spucke austauschen und anschließend von dannen ziehen, um euch auf die Suche nach dem kleinsten gemeinsamen Nenner in euren Wertvorstellungen, Glaubensüberzeugungen und Lebenseinstellungen zu machen.... So lasst uns beten, beten und noch mal beten."[7]

Ehrlich gesagt will es Leslie und mir nicht in den Kopf, wie ein Pastor, der Achtung vor sich selbst und vor Gott hat, eine Trauzeremonie leiten kann, die im direkten Widerspruch zu den Lehren der Bibel steht. Und dennoch kommt es immer wieder vor, weil es die Gepflogenheiten innerhalb der Kirche so vorschreiben oder weil alle Beteiligten sich vormachen, das sei alles nicht so wichtig, wenn die beiden sich nur lieben.

Ein Problem dabei ist, dass nahezu jeder schon einmal von einem Fall gehört hat, wo diese Partnerschaftsevangelisation *tatsächlich* zum Erfolg geführt hat. Leider können uns solche Beispiele allzu leicht dazu verführen, uns einem falschen Optimismus hinzugeben und unserer eigenen Weisheit mehr zu vertrauen als dem, was Gott uns in seinem Wort sagt.

Aber wie kommen wir darauf zu denken, Gott würde eine Partnerschaft segnen, die im eklatanten Widerspruch zu dem steht, was er selbst verfügt hat? Er kann uns nicht vor den schwerwiegenden Konsequenzen einer falschen Partnerwahl bewahren, wenn wir seine Warnungen grob fahrlässig missachten. In Hiob 4,8 heißt es: „Wer Unheil sät, der erntet es auch."

Unter welchen Umständen auch immer eine solche ungleiche Partnerschaft zustande gekommen sein mag, am Ende läuft es stets auf die gleichen Probleme und Herausforderungen hinaus. Doch so verfahren die Situation auch erscheinen mag, Paulus warnt davor, die Scheidung als einfachen Ausweg aus dem Dilemma anzusehen. „Wenn ein Bruder eine ungläubige Frau hat und sie willigt ein, weiter mit ihm zusammenzuleben, soll er sie nicht verstoßen." Und weiterhin schreibt er: „Auch eine Frau soll ihren nicht gläubigen Mann nicht verstoßen, wenn er einwilligt, weiter mit ihr zusammenzuleben."[8]

Mit anderen Worten: Halten Sie, wenn irgend möglich, an Ihrer Ehe fest und bitten Sie Gott darum, Ihnen zu helfen, dass Sie diese ungünstige Situation meistern.

Was ist los mit den Männern?

Vielleicht ist Ihnen aufgefallen, dass wir bei ungleichen Partnerschaften fast immer davon ausgehen, dass die Frau Christ ist und der Mann nicht. Die Erfahrung zeigt einfach, dass dies in der weit überwiegenden Mehrzahl der Fälle so ist. Vielleicht liegt es daran, dass Frauen, wie Statistiken beweisen, generell in geistlichen Dingen ansprechbarer sind als Männer.

Der Meinungsforscher George Barna fand heraus, dass Frauen in Amerika mehr in der Bibel lesen, häufiger zur Kirche gehen und mehr Geld an gemeinnützige Werke spenden als Männer. Ebenso glauben Frauen eher an die Wahrheit der Bibel sowie an die Auferstehung Jesu und beten häufiger als Männer.

Gaben drei Viertel der befragten amerikanischen Frauen an, Religion sei ihnen „sehr wichtig", war es bei den Männern lediglich die Hälfte, und während die Hälfte der Frauen in Amerika von sich behauptet, ihr Glaube habe bedeutsame Auswirkungen auf ihr Leben, sagte dies nur etwa ein Drittel der Männer von sich. Der Anteil derer, die sich als Atheisten bezeichnen, ist unter Männern fünf Mal so hoch wie unter Frauen. Geben 60 Prozent der Männer an, ihr Leben Jesus übergeben zu haben, sind es bei den Frauen 70 Prozent.[9]

Wenn wir uns vor Augen halten, wie Männer in unserer Kultur erzogen werden, dann sollten uns diese Zahlen nicht allzu sehr überraschen. Dieselben Faktoren, die dazu beitragen, dass Männer nur selten enge persönliche Freundschaften aufbauen, hindern sie auch daran, sich für eine persönliche Gottesbeziehung zu öffnen. In seinem Buch *„Men Without Friends"* listet David W. Smith eine Reihe von solchen Faktoren auf: Dazu gehört, dass Jungen in der Regel dazu erzogen werden, ihre Gefühle zu unterdrücken, sich gegen andere durchzusetzen, ihre persönlichen Nöte und Sehnsüchte zu verbergen und zu Rollenmodellen aufzuschauen, die unabhängig und unnahbar sind.[10] Das klingt ganz nach einer Erfolgsformel, mit der man garantiert geistlich unansprechbare Menschen heranzieht.

Stellen wir diesem Ideal des unabhängigen, unnahbaren und selbstsicheren Mannes, der seine Gefühle verleugnet, doch zum Vergleich einmal die Haltungen gegenüber, die in der Nachfolge Jesu benötigt werden: Demut, die Bereitschaft, eigene Mängel und

Verfehlungen rückhaltlos zuzugeben, das Eingeständnis der eigenen Erlösungsbedürftigkeit und absolute Abhängigkeit von Gott.

Ein bekannter Soziologe stellte sogar die kontroverse Hypothese auf, die ausgeprägtere Neigung der Männer, Gott abzulehnen, sei möglicherweise hormonell mitbedingt. Rodney Stark von der Universität des Staates Washington wies darauf hin, dass erhöhte Testosteronkonzentration bei Männern mit verstärkter Risikobereitschaft einhergeht.

„Nicht religiös sein zu wollen ist riskant", so Stark auf einer Tagung der *Religion Research Association* (Vereinigung für Religionsforschung). Er zitierte „Pascals Wette", eine Beobachtung des französischen Gelehrten Blaise Pascal, wonach derjenige, der an Gott glaubt, durch seinen Glauben nichts verliert, selbst dann, wenn sich am Ende herausstellt, dass er im Unrecht war. Derjenige dagegen, der davon ausgeht, dass Gott nicht existiert, verliert alles, wenn sich am Ende herausstellt, dass es ihn doch gibt. Stark meint, die Männer seien aufgrund ihrer hormonellen Ausstattung eher geneigt, ihren Platz im Jenseits aufs Spiel zu setzen als Frauen. Er stützt seine Hypothese mit dem Hinweis, dass beispielsweise im Judentum, in dem das Leben nach dem Tod eine untergeordnete Rolle spielt, das Verhältnis zwischen Männern und Frauen in etwa ausgeglichen sei. Je stärker die Betonung von Himmel und Hölle in einer Denomination ausgeprägt sei, desto breiter falle auch die Kluft zwischen Männern und Frauen aus.[11] Stark befand jedoch, dass auf diesem Gebiet noch mehr Forschungsarbeit geleistet werden müsse, bevor man eindeutige Schlüsse ziehen könne.

Natürlich kann ein Testosteronüberschuss letztendlich keine Entschuldigung dafür sein, dass ein Mann seinen Gott ablehnt. Dennoch stehen wir vor der Realität, dass in den meisten „Mischehen" zwischen Christen und Nichtchristen der Mann derjenige ist, der nicht an Gott glaubt. Die Gedanken zum Thema und die Vorschläge, die wir in diesem Buch vorstellen, gelten jedoch unabhängig davon, welcher von beiden Partnern gläubig ist.

Warum tut er das nur?

Janes Mann war ein Skeptiker. „Atheist, Agnostiker – ich kann nicht genau sagen, was er ist. Ich weiß nur, dass er nicht an Gott glaubt. Und je mehr ich in meinem neu gefundenen Glauben an Jesus wachse, desto sturer wird er", so beschreibt sie die Situation.

Am schwierigsten war es für sie, dass sie sich einfach keinen Reim auf seine Reaktionen machen konnte. „Er ist sicherlich kein sehr mitteilsamer Mensch", so Jane mit einem viel sagenden Lächeln. „Er ist mehr so ein ruhiger, überlegener Typ, verstehen Sie? Ich kann mir einfach keinen Reim darauf machen, was in ihm vorgeht. Woher kommen diese plötzlichen Wutausbrüche? Warum ist er oft so sarkastisch? Und wie kommt es, dass er manchmal ganz interessiert zuhört, wenn ich von der Gemeinde erzähle, während er ein anderes Mal ganz ärgerlich wird?"

So merkwürdig es klingt, aber Ihr ungläubiger Partner macht vermutlich dasselbe verwirrende Wechselbad der Gefühle durch wie Sie selbst – nur eben aus ganz anderen Gründen. Je besser es uns gelingt, uns in die Gefühle unseres Partners hineinzuversetzen, desto eher wird es uns gelingen, Harmonie zwischen uns herzustellen, und desto wahrscheinlicher ist es auch, dass wir unseren Glauben zu Hause in einer Weise ausleben, die ihn nicht verprellt und abstößt, sondern die sein Interesse erregt.

Wie gehen wir also jetzt weiter vor? Im nächsten Kapitel wird Leslie die Geschichte aus ihrer Perspektive erzählen und danach komme ich mit meiner Sicht der Dinge. Wir hoffen, dass Sie durch die Lektüre dieses Buches neue Einsichten gewinnen können, die Ihnen dabei helfen, das Zusammenleben mit Ihrem nicht gläubigen Partner zu entspannen.

Doch bevor wir weitergehen, erlauben Sie uns, Ihnen an dieser Stelle noch einmal ausdrücklich Mut zu machen. Vergessen Sie nicht, dass Gott trotz allem auf Ihrer Seite ist! Er weiß um Ihre Kämpfe, Ihre Frustrationen, Ihre Unsicherheit und Ihre Ängste. *All das ist ihm nicht gleichgültig!* Und er wird Ihnen helfen, wenn Sie es ihm gestatten.

Wenn Sie bewusst eine Ehebeziehung zu einem nicht gläubigen Partner eingegangen sind, in der vergeblichen Hoffnung, dass er sich mit der Zeit schon Gott zuwenden würde, dann bekennen Sie

Gott Ihre Schuld und empfangen Sie Vergebung dafür. Wenn Sie das Desinteresse Ihres Partners an Glaubensdingen sich selbst anlasten und wenn Sie sich selbst dafür verdammen, mit Ihren evangelistischen Bemühungen zu Hause gescheitert zu sein, dann vergeben Sie sich selbst. Jeder Mensch ist für seine geistlichen Entscheidungen letztlich selbst verantwortlich!

Wir werden zusammen nach Wegen suchen, wie Sie die Wogen in der Beziehung zu Ihrem Ehepartner glätten können und wie Sie Ihren Glauben so leben können, dass Gott sich darüber freut – und dass Ihr Partner möglicherweise anfängt, sich selbst für den Glauben zu interessieren. Doch vor allem möchten wir Sie einfach erst einmal ermutigen.

Sicher haben Sie schon einmal den 23. Psalm gelesen, der mit den Worten beginnt: „Ich bin der Herr, dein Hirte ..." Vielleicht haben Sie diesen Psalm aber schon so oft gehört, dass er seine Kraft verloren hat, weil Ihnen der Wortlaut einfach zu vertraut ist. Darum möchten wir Ihnen vorschlagen, diese alten Zeilen des Königs David einmal ganz neu auf sich wirken zu lassen. Leslie F. Brandt hat Psalm 23 in seinem Buch *Psalms/Now* in einer erfrischend unkonventionellen Weise paraphrasiert, die Ihnen helfen kann, den Sinn dieses Psalms wirklich zu erfassen:

Der Herr ist mein ständiger Begleiter.
Keine Not, die er nicht stillen könnte.
Mag der Weg, den er mit mir geht,
über hohe Berge der Freude führen
oder durch die Täler des Leids,
er ist da.
Er ist immer in meiner Nähe.
Er ist nahe bei mir,
wenn ich auf dunklen Straßen gehe, die voller Gefahren sind,
und selbst wenn ich dem Tod ins Angesicht schaue.
Er wird nicht von meiner Seite weichen,
wenn der Schmerz über die Maßen heftig wird.
Er ist da, um mich zu trösten.
Wird die Last mir allzu schwer –
er ist derjenige, auf den ich mich stützen kann.
Wenn Depression meine Seele verfinstert –
er berührt mich mit der Freude der Ewigkeit.

Wenn ich mich leer und allein fühle –
er füllt die schmerzliche Leere in mir mit seiner Kraft.
Meine Sicherheit ist sein Versprechen,
dass er immer bei mir sein wird
und das Wissen darum,
dass er mich niemals im Stich lässt.

2. In Leslies Worten: Eine Geschichte von Einsamkeit, Angst, Ausdauer und Glauben

Mir war von Anfang an klar, dass Linda Lenssen irgendwie anders war. Unsere neue Wohnung war noch ein einziges Chaos, überall standen ungeöffnete Umzugskisten herum, als Linda zum ersten Mal an unsere Tür klopfte. In der einen Hand hielt sie einen großen Teller selbst gebackener Kekse, im anderen Arm ihre drei Monate alte Tochter. Sie war sympathisch und offen und wir verstanden uns vom ersten Augenblick an fabelhaft. Ich war begeistert, dass ihre Tochter etwa im selben Alter war wie unsere Alison.

Einige Tage später schaute sie wieder bei uns vorbei und lud mich auf eine Tasse Kaffee zu sich nach Hause ein. Wir setzten uns in ihre Küche und mein Blick fiel sofort auf eine Bibel mit einem aufgeschlagenen Arbeitsbuch daneben. So etwas war mir völlig fremd. Im Laufe unseres Gespräches erwähnte sie die Frauengruppe in ihrer Gemeinde und einige andere Gemeindeaktivitäten, an denen sie teilzunehmen schien, aber ihre Worte hatten überhaupt nichts Aufdringliches. Um ehrlich zu sein war mir niemals ein Mensch begegnet, der sich für solche Dinge interessierte. Aber weil Linda mir so sympathisch war, nahm ich an den Dingen, die sie sagte, überhaupt keinen Anstoß. Sie schien einfach so ganz ... anders.

Wie Lee bereits im Vorwort erwähnte, habe ich während meiner Kindheit kaum etwas mit der Kirche zu tun gehabt. Obwohl ich irgendwann einmal am Konfirmandenunterricht in einer presbyterianischen Gemeinde teilgenommen habe, entsinne ich mich lediglich an einige Jungs, die Papierkrampen durch den Raum schossen, während die Mädchen sich kleine Zettelchen zusteckten und der frustrierte Pfarrer verzweifelt um unsere Aufmerksamkeit rang. Ich kann mich nicht erinnern, dass ich damals etwas darüber erfahren hätte, was es wirklich bedeutet, Christ zu sein. Dafür suchten wir auf Landkarten irgendwelche längst vergessenen Orte, lernten Namen von Menschen und Städten auswendig und befassten uns mit langen Listen von Dingen, die wir niemals tun sollten. Niemand von uns brachte auch nur einen Funken Interesse dafür auf.

Mit Linda war das anders. Meine Neugier war rasch geweckt, als sie während unserer langen Gespräche über einer gemütlichen Tasse Tee auch geistliche Themen zur Sprache brachte. Ich erinnere mich noch genau daran, wie sie mich zum ersten Mal darauf ansprach, welche Werte wir denn Alison vermitteln wollten. Als ich ihr meine Ratlosigkeit offen eingestand, war ihre Antwort weder belehrend noch richtend. Sie warnte mich einfach vor den vielen negativen Einflüssen, denen unsere Kinder bald ausgesetzt sein würden und legte mir ans Herz, mich mit der Frage auseinander zu setzen, um Alison die nötigen Orientierungshilfen mit auf den Weg geben zu können. Damit brachte sie mich zum Nachdenken, und ich war zum ersten Mal in meinem Leben mit meinem eigenen Mangel an geistlicher Einsicht konfrontiert.

Wir waren bereits ein knappes halbes Jahr miteinander befreundet, als Linda mich in ihre Gemeinde einlud. Da mir bewusst war, was für eine entscheidende Rolle Gott in ihrem Leben spielte, löste diese Einladung widersprüchliche Gefühle in mir aus. Sicher, Linda war die freundlichste und auch großzügigste Person, die mir jemals begegnet war. Ihre Erziehung war von einer bemerkenswerten Fröhlichkeit und Ruhe durchdrungen und es gab so viel, was ich von ihr lernen konnte. Aber ich hatte doch ziemliche Vorbehalte, mich auf religiöse Einflüsse einzulassen.

Am Ende sagte ich zu – vielleicht einfach deshalb, weil ich wusste, dass sie mich sonst immer wieder fragen würde! Ihre Einladung war auch an Lee gerichtet gewesen, aber mir war von Anfang an klar, dass er nicht mitkommen würde. Immerhin erklärte er sich bereit, an diesem Sonntagmorgen auf Alison aufzupassen.

Als wir auf den Parkplatz eines Kinos einbogen, in dem sich seit einiger Zeit die neue, aber boomende *Willow Creek Community Church* traf, da war mir nicht bewusst, dass ich kurz vor einer dramatischen Veränderung in meinem Leben stand.

Gott erleben

Ich fand es seltsam, dass mich Linda nicht mit in ihre eigene Gemeinde nahm, sondern zu einer Kirche, von der sie erst kürzlich in der Zeitung gelesen hatte. Ich wusste nicht, dass diese Gemeinde es sich speziell zur Aufgabe gemacht hatte, kirchenfremde Menschen wie mich anzusprechen. Ich war begeistert!

Anstelle der Orgelmusik und der verstaubten Hymnen erwarteten mich Musiker, die mir mit ihren zeitgemäßen und ansprechenden Liedern einen ganz neuen Zugang zur Spiritualität eröffneten. Das Bühnenstück, das im Gottesdienst vorgeführt wurde, war wie ein Ausschnitt aus meinem eigenen Leben, und die Multimediapräsentation auf der riesigen Kinoleinwand berührte mich zutiefst. Der Pastor war etwa in unserem Alter und trug einfach einen Anzug anstelle eines Talars, wie ich es aus meinen Kindertagen gewohnt war. Was jedoch noch weitaus wichtiger war, er sprach in einer Weise von Gott, mit der ich etwas anfangen konnte, und es gelang ihm, die Inhalte der Bibel mit meinem täglichen Leben in Verbindung zu bringen.

Ich erinnere mich noch genau daran, wie ich heimkam und Lee gegenüber enthusiastisch verkündete: „Ich weiß, du wirst es kaum glauben, aber dieser Gottesdienst war echt aufregend!" Für ihn war allein die Vorstellung einer „aufregenden Kirche" völlig absurd. Es war einer dieser Widersprüche in sich, wie man sie gelegentlich in so effektheischenden und doch hohlen Sprachfiguren findet, wie „Jumboshrimps" oder „politische Ehre".

Lee hatte ganz einfach kein Interesse, mehr über den Gottesdienst zu hören, und er schien auch nicht geneigt, Alison künftig häufiger am Sonntagvormittag zu hüten, weil er viel lieber ausschlafen wollte. Aber ich war entschlossen, nun regelmäßig in diese Kirche zu gehen. Nach längeren Debatten fanden wir eine Lösung: Ich würde Alison mit in die Gemeinde nehmen, damit Lee Ruhe hatte. Wirklich zufrieden war er mit diesem Arrangement jedoch nicht. Im Nachhinein glaube ich, er machte sich einfach Sorgen darüber, welchen Einfluss die Gemeinde auf mich ausüben würde, aber er versuchte nicht ernsthaft, mich von ihr fern zu halten.

Eine ganz neue Zeit begann. Ich ging in die Kirche und lernte jeden Sonntag etwas Neues über Gott. In der darauf folgenden

Woche besprachen Linda und ich bei einer Tasse Tee meine Fragen. Ich hatte Tausende von Fragen, und glücklicherweise war Linda versiert genug, um mir befriedigende Antworten zu geben. In diesen Wochen wurde unsere Freundschaft immer tiefer.

Dann kam jener denkwürdige Tag im Herbst 1979. Linda erklärte mir noch einmal den Heilsplan Gottes für mich. Diesmal war ich so weit! Von ganzem Herzen wollte ich Jesus persönlich kennen, meine ganze Schuld vergeben bekommen und endlich Gewissheit darüber haben, dass ich die Ewigkeit mit ihm im Himmel verbringen würde. An diesem Tag betete ich und vertraute Jesus mein Leben an.

Linda war außer sich vor Glück. Sie schenkte mir eine zeitgemäße Bibelübersetzung, damit ich die Texte besser verstehen konnte. Ich war wie ein Schwamm, der alles begierig in sich aufsaugte – Bibel lesen, Fragen stellen, beten, lernen, wachsen, erkunden, mich nach Neuem ausstrecken. Es hätte sicherlich die aufregendste Zeit meines Lebens werden können, doch leider kam es ganz anders.

Meine Entscheidung, Jesus zu folgen, war der Startschuss für die stürmischste Ära in meiner Ehe mit Lee. Harte Worte, eisiges Schweigen, Wutausbrüche und Gefühlsstürme bestimmten in dieser Zeit das Klima in unserer Beziehung. „Warum verschwendest du deine Zeit mit so einem Schwachsinn?“, warf er mir an den Kopf. „Warum brauchst du eine solche Krücke in deinem Leben?“

Je mehr ich versuchte, mich verständlich zu machen und ihm zu erklären, dass der Glaube für mich überhaupt keine Krücke war, sondern dass ich Erfüllung, Freude und Frieden wie nie zuvor in meinem Leben empfand, desto zorniger schien Lee zu werden. Warum war er plötzlich so überempfindlich und abweisend? Warum wich er immer gleich zwei Schritte zurück, wenn ich mit meiner Bibel auch nur den kleinsten Schritt auf ihn zu machte?

Aus der Rückschau lässt sich manches einfacher verstehen, und Lee wird im nächsten Kapitel versuchen, seine Sicht der Dinge zu schildern. In diesem Kapitel möchte ich aus meiner ganz persönlichen Perspektive beschreiben, was sich damals zwischen uns abspielte. Dabei werde ich besonders auf die vielschichtigen Gefühle eingehen, die mein Leben für annähernd zwei Jahre durcheinander wirbelten.

Frust garantiert

Das schlimmste Gefühl, das in diesen Jahren, in denen wir geistlich unterschiedliche Wege gingen, an mir nagte, war Verzweiflung. Meine Beziehung zu Jesus wurde in dieser Zeit immer tiefer und tragfähiger, und sie war einfach ein so aufregender und elementarer Bestandteil meines Lebens, dass es mir ein Bedürfnis war, diese Erfahrung mit dem Menschen zu teilen, den ich am meisten liebte. Aber alle meine Versuche schlugen fehl – sie wurden zurückgewiesen, ins Lächerliche gezogen oder schlichtweg ignoriert. Es war das erste Mal, seit wir uns im Alter von 15 Jahren begegnet waren, dass wir eine wichtige Erfahrung nicht miteinander teilen konnten.

Ich erinnere mich noch, wie sich eines Tages einmal meine ganze Bedrückung entlud. Unsere finanzielle Situation war sehr angespannt. Wir führten ein ausschweifendes Leben, das offensichtlich im krassen Widerspruch zu biblischen Werten im Hinblick auf den Umgang mit Geld stand. Sollten Sie jemals in finanziellen Schwierigkeiten gewesen sein, dann können Sie sicherlich nachempfinden, wie entmutigend eine solche Situation sein kann.

Eines Nachmittags ging ich in unser Schlafzimmer und legte mich aufs Bett, um ein bisschen in der Bibel zu lesen, die Linda mir gegeben hatte. Ich hoffte, ich würde vielleicht auf einen Rat stoßen, der uns helfen konnte, unsere finanzielle Misere in den Griff zu bekommen. Doch mit jedem Vers, den ich las, schien Gott mir nur immer wieder seine Liebe zuzusichern. Mir wurde wieder ganz neu bewusst, dass er mir seinen Frieden geben und meine Ängste stillen wollte. Plötzlich erfüllte mich eine solche Liebe, Bewunderung und Dankbarkeit Gott gegenüber, dass mir die Tränen kamen. Gott wollte mir helfen, so wie ein guter Vater seiner geliebten Tochter zur Seite steht. Ich war glücklich und erleichtert.

In diesem zarten und verletzbaren Zustand wurde mir bewusst, dass Lee gleich von der Arbeit nach Hause kommen würde. Als ich aus dem Fenster schaute, fuhr er schon in die Einfahrt. Für den Bruchteil einer Sekunde dachte ich daran, Lee mein bewegendes Erlebnis zu erzählen, um ihn an diesen tiefen Gefühlen teilhaben zu lassen. Ich wünschte mir so sehr, von Lee einfach umarmt zu werden, mit ihm zusammen Gottes Liebe zu feiern und gemeinsam vor Freude weinen zu können.

Aber ich schob diesen Gedanken rasch beiseite. Die Realität stand mir zu deutlich vor Augen – wenn Lee mich in meinem aufgelösten Zustand zu sehen bekäme, würde er seine Aktentasche in die Ecke werfen und mich herausfordernd fragen: „Na, was ist denn jetzt schon wieder los?“ Sein Blick würde auf meine Bibel fallen und das würde ihm ausreichend Zündstoff für einen Streit liefern: „Warum hörst du nicht endlich damit auf, dich mit Märchen und Traumtänzereien zu beschäftigen?“ Wenn ich auch nur den Versuch machen würde, mit ihm über Gott zu reden, würde er höchstwahrscheinlich mit der Faust auf den Tisch hauen und mich eiskalt abfertigen: „Ich habe wirklich einen harten Arbeitstag hinter mir, bitte erspar es mir, mich jetzt auch noch mit religiösem Quatsch herumschlagen zu müssen.“

Also schlug ich den Weg der Vernunft ein, trocknete meine Tränen, schob die Bibel unter das Bett, zauberte mir ein Lächeln ins Gesicht und tauchte aus dem Schlafzimmer auf, so als sei absolut nichts vorgefallen. Eben noch hatte ich einen Blick auf Gottes Gnade und Liebe werfen dürfen und mein Herz war noch immer zum Überfließen voll, aber ich durfte meinen eigenen Ehemann nichts davon merken lassen. Ich war zutiefst frustriert.

Dieses Erlebnis blieb kein Einzelfall. Meine Erfahrungen mit Gott wurden immer tiefer und intensiver. Manchmal traf mich eine Erkenntnis, die Lee und mir wirklich hätte weiterhelfen können, aber ich war gezwungen, alles für mich zu behalten. Ich erlebte so großartige und unerwartete Gebetserhörungen, dass ich vor Dankbarkeit fast explodierte und doch wusste ich, dass Lee alles lächerlich machen würde. Also schwieg ich. Ich begegnete Christen, die uns zu guten Freunden hätten werden können, aber immer wieder zögerte ich, sie Lee vorzustellen, weil ich wusste, dass ihre Verbindung mit der Gemeinde nur wieder neuen Zündstoff für seinen Zynismus liefern würde.

Mir kommt nur ein Vergleich in den Sinn, um die Verzweiflung dieser Jahre in Worte zu fassen: Es kam mir so vor, als hätte ich eine Reise in eine ferne, wunderschöne und romantische Stadt angetreten. Ich war berauscht von den Sehenswürdigkeiten, Gerüchen und Geräuschen, die meine Sinne dort berührten, doch Lee hatte weder Interesse, mit mir auf diese Reise zu gehen, noch im

Anschluss daran von meinen Erlebnissen zu hören. So aufregend es auch sein mag, eine solche Stadt im Alleingang zu erkunden – zu einer Ehe gehört es schließlich, solche Erlebnisse miteinander zu teilen. Es war einfach zutiefst unbefriedigend, eine solche Erfahrung allein machen zu müssen. Wenn Sie diese Analogie um das Hundertfache intensivieren, kommt es in etwa dem Gefühl nahe, in der Ehe geistlich isoliert zu sein.

Wenn Werte aufeinander prallen

Als Albert Einstein seinen 50. Hochzeitstag feierte, wurde er nach dem Geheimnis seiner langlebigen Ehe gefragt. „Bei unserer Hochzeit haben wir eine Vereinbarung getroffen", sagte er. „Wir beschlossen, dass ich in unserem gemeinsamen Leben alle großen Entscheidungen treffen würde und meine Frau alle kleinen. In den 50 Jahren unserer Ehe haben wir uns immer an diese Abmachung gehalten und ich glaube, das ist das Geheimnis unserer Ehe. Allerdings muss ich zugeben, dass es in all diesen Jahren keine großen Entscheidungen gegeben hat!"[12]

Für eine gesunde Ehe ist es am besten, wenn beide Ehepartner in die Entscheidungsprozesse miteinbezogen sind. Jahrelang hatten Lee und ich unsere Entscheidungen gemeinsam getroffen. Wir hatten die gleichen Werte und Ziele, Lebensperspektiven und Wünsche. Unsere Entscheidungen haben sich immer wie von selbst ergeben. Ich kann mich nicht entsinnen, dass es jemals längere Diskussionen, geschweige denn Streitereien über grundlegende Entscheidungen in unserem Leben gegeben hätte.

Diese Einvernehmlichkeit geriet ins Wanken, als ich Christ wurde. Ich entwickelte eine Weltanschauung, die zunehmend meine Sicht der Dinge in allen Lebensbereichen bestimmte. Lee dagegen behielt weiterhin die Perspektive, die wir zuvor immer geteilt hatten: eine Mischung aus Selbstbezogenheit und blindem Ehrgeiz, gepaart mit einem prinzipienlosen Zweckdenken. So kam es unweigerlich zu Auseinandersetzungen, die mit der Zeit zunehmend häufiger und aggressiver wurden.

Unser Umgang mit Geld ist dafür ein gutes Anschauungsbeispiel. In der Vergangenheit war kein Dollar durch unsere Hände gegangen, den wir nicht sofort wieder ausgegeben hätten. Wir lebten weit über unsere Verhältnisse, und irgendwann versanken wir förmlich in Schulden. Aber wenigstens waren wir uns beide einig, dass wir so leben wollten. Als Christ entwickelte ich nun biblische Maßstäbe. Ich wollte einen Teil unserer Einkünfte für zukünftige Anschaffungen zurücklegen und darüber hinaus regelmäßig einen Beitrag zum Aufbau des Reiches Gottes auf dieser Welt leisten.

Ich erinnere mich noch daran, wie ich zu einem Gemeindetreffen der *Willow Creek Community Church* ging. Wir wollten an diesem Abend die unterschiedlichen Möglichkeiten besprechen, wie wir Gelder für ein neues Gemeindegebäude sammeln könnten, denn das alte Kino platzte aus allen Nähten und viele der Gemeindedienste brauchten größere Räumlichkeiten, um besser arbeiten zu können. Ich war begeistert. Mir war völlig klar, dass dieser Schritt nötig war, um mehr Menschen in unserer Stadt zu erreichen – *unter anderem auch Lee.* Ich wollte unbedingt meinen Anteil zu diesem Projekt beisteuern, denn die Gemeinde war mir sehr ans Herz gewachsen.

Ich ging nach Hause, betete und wartete auf einen günstigen Augenblick, um Lee von meinem Vorhaben zu erzählen. Als ich endlich einen Vorstoß wagte, ging er in die Luft! „Unter *keinen* Umständen geben wir dieser Gemeinde auch nur *einen Cent*", brüllte er. „Ich habe dich immer wieder gewarnt! Alles, was diese Leute wollen, ist dein Geld! Wie kannst du nur so blind sein?! Siehst du denn nicht, dass das alles Betrüger sind, die dich zum Narren halten?"

Am nächsten Morgen heulte ich mich bei Linda aus. „Er ist schrecklich", klagte ich. „Warum geht er so offen an viele Dinge heran, aber immer wenn es um die Gemeinde geht, schnappt er ein? Es kommt mir so vor, als wäre sein neues Motto: ‚Verwirre mich bloß nicht mit der Wahrheit'!"

Im weiteren Verlauf dieses Buches werden Sie noch erfahren, wie mir Gott in dieser Angelegenheit fast wie durch ein Wunder zu Hilfe kam. In der Zwischenzeit wurde mir jedoch bewusst, dass die Finanzen nur einer der Bereiche waren, in dem unsere Werte nun frontal aufeinander prallten. Wann immer ich versuchte, einen Blick in die Zukunft unserer Ehe zu wagen, schien der Weg gepflastert mit Diskussionen und Konflikten über ganz elementare Fragen unseres Lebens.

Eine fehlgeleitete Sinnsuche

Mir war völlig klar, dass sich unsere Kämpfe bald auf die Kindererziehung ausweiten würden. Ich hoffte, dass Alison und Kyle eines Tages von ganzem Herzen Jesus nachfolgen würden und wollte ihnen Werte wie Demut, Liebe, Hingabe und die Bereitschaft zum Dienen vermitteln. Aber Lee hatte ganz andere Ziele. Nach seiner Vorstellung mussten sie vor allem ein „dickes Fell" entwickeln, um zynischer und gerissener zu sein als ihre Altersgenossen. Sie sollten es lernen, ihr Wissen und Können für ihre eigenen Zwecke einzusetzen.

Auch unsere Wünsche bezüglich Lees Karriere drifteten immer weiter auseinander. Lee drängte in seinem Beruf als Journalist unerbittlich vorwärts, um seine Konkurrenten bei zwei anderen Tageszeitungen sowie bei zwei Radiosendern und vier lokalen Fernsehstationen auszubooten. Für dieses Ziel war er bereit, viele Überstunden in Kauf zu nehmen und unter extremem Stress zu arbeiten. Sein Leben glich einem Wirbelsturm. Jeden Tag musste er mindestens sieben Projekte zum Abschluss bringen. Ich erinnere mich an einen Tag, an dem er insgesamt neun Artikel schrieb, zu einer anderen Gelegenheit stammten drei Leitartikel in derselben Ausgabe der Zeitung von ihm. Sein ganzes Leben war darauf ausgerichtet, Preise zu gewinnen, befördert zu werden und Leitartikel zu verfassen.

Jahrelang hatte ich ihn in seinen Ambitionen unterstützt, obwohl seine Karriere bei der *Chicago Tribune* ihn immer mehr von mir und den Kindern fern hielt. Nun jedoch waren meine Werte und Lebensperspektiven auf einmal in einem radikalen Veränderungsprozess begriffen. Meine Familie war mir wichtiger. Ich wollte mehr Zeit mit Lee verbringen. Das Geld, das er bei seiner Arbeit verdiente, konnte seine angegriffene Gesundheit nicht aufwiegen, die zweifellos auf das Konto seiner maßlosen Selbstausbeutung ging.

Dabei wurde mir zunehmend mehr bewusst, dass Lees unermüdliches Streben nach beruflichem Erfolg in Wirklichkeit nichts anderes war als ein unbewusster, verzweifelter und irregeleiteter Versuch, seinem Leben einen Sinn zu geben. So strebte er auf seine Weise nach Unsterblichkeit. Wenn er nur eine möglichst eindrucksvolle Bugwelle auslöste und den Historikern einen dicken

Stapel von Zeitungsausschnitten hinterließ, konnte er sich und der Nachwelt beweisen, dass er mit seinem Leben wirklich etwas bewirkt hatte. Sein Ehrgeiz, sich bei der Zeitung unersetzbar zu machen, war nichts weiter als die Sehnsucht nach Sicherheit, denn ihm war sehr wohl bewusst, dass sein persönlicher Wert immer nur an der Qualität seines letzten Leitartikels gemessen würde.

Als Christ war es mir möglich, zu erkennen, was seinen Augen verborgen blieb: Nur in Jesus und der Arbeit in seinem Reich würde Lee den Lebenssinn finden, nach dem er sich so sehnte. Er würde so lange keine Erfüllung finden, bis er anfing, Gottes Plan auszuleben. Ohne Jesus gab es auch keine Sicherheit für ihn. Er würde weiterhin fieberhaft und wie besessen der Hoffnung nachjagen, sich durch seine journalistische Tätigkeit eine Hinterlassenschaft aufbauen zu können, solange er nicht das Geschenk des ewigen Lebens empfinge.

Auch Lees Trinkgewohnheiten beunruhigten mich zunehmend. Er war ein „Gelegenheitstrinker“, jemand, der sich ab und zu bis zur Besinnungslosigkeit betrinkt, nur weil es ihm Spaß macht. In der Vergangenheit hatte ich dieses Verhalten immer als ein Ventil für aufgestaute Spannungen angesehen, doch nun wurde mir zunehmend bewusst, dass es vielmehr Ausdruck eines verdrehten Verständnisses von Glück war. Im Alkoholrausch suchte Lee nach einem Glücksgefühl, das er in Wirklichkeit nur in einer persönlichen Beziehung zu Jesus finden konnte.

Mir waren diese Zusammenhänge klar, aber Lee wäre ohne Zweifel vor Wut explodiert, wenn ich ihn darauf hingewiesen hätte. Wir lebten nach zwei verschiedenen Entwürfen, die sich kaum mehr miteinander in Einklang bringen ließen. Während ich davon überzeugt war, dass mein Leben mit Gottes Hilfe einen guten Verlauf nehmen würde, schien er geradewegs auf eine Katastrophe zuzusteuern.

Wenn Gott nicht doch noch eingriff ...

Angst vor der Zukunft

Ich war frustriert wegen meiner geistlichen Dauerisolation, entmutigt angesichts der wachsenden Differenzen in unseren Wertvorstellungen und voller Zukunftsängste – dies waren die dominierenden Emotionen in jener Zeit. Ich machte mir große Sorgen um unsere Ehe. Könnte Lee vielleicht am Ende zu dem Schluss kommen, dass eine Scheidung angesichts der wachsenden Kluft zwischen uns unvermeidlich war? Hatte ich mich so sehr verändert, dass er in mir gar nicht mehr die Person sehen konnte, der er einmal lebenslange Treue geschworen hatte? Obwohl eine Scheidung für mich zu keinem Zeitpunkt in Frage gekommen wäre, hatte ich doch das Gefühl, dass Lee manchmal kurz davor war, einen Anwalt einzuschalten.

Meine tiefsten Befürchtungen kreisten jedoch um einen ganz anderen Punkt. Nach Lees Tod würde ihm ein heiliger Gott in die Augen schauen und sagen: *Lee, dein ganzes Leben lang hast du mein Angebot, dir zu vergeben und dich in Ewigkeit im Himmel aufzunehmen, zurückgewiesen. Immer wieder hast du meine Botschaft der Gnade und Hoffnung gehört, aber du hast sie jedes Mal ausgeschlagen. Während deines Lebens hast du dich entschieden, keine Gemeinschaft mit mir haben zu wollen und ich respektiere deinen Wunsch. Deine Entscheidung ist nun besiegelt. Du darfst die Ewigkeit ohne mich und mein Volk verbringen.*

Kein menschliches Wesen auf Erden kann sich eine Vorstellung davon machen, was es bedeuten wird, in Ewigkeit völlig von Gottes Gegenwart abgeschnitten zu sein. Aber genau das ist es, was die Hölle ausmacht. Es ist der Ort tiefster Hoffnungslosigkeit, Verzweiflung und Qual, an dem Menschen vor Bedauern und Reue mit den Zähnen knirschen werden. Ich habe immer wieder versucht, die Horrorvorstellung, die bestimmte Prediger über die Hölle verbreiten, abzumildern und zu rationalisieren. Aber die Bibel selbst malt uns ein Bild vor Augen, das so schrecklich ist, dass kein Mensch es ertragen kann. Ich habe versucht, mir die Botschaft der Bibel so zurechtzulegen, dass es für nette, aber unbekehrte Menschen wie Lee schon einen Weg in den Himmel geben würde, doch ich wurde den Gedanken niemals los, dass ich mich nur selbst betrog. Jesus selbst hat uns etwas ganz anderes gelehrt.

Ich bangte um Lees Heil! Ich liebte ihn und wollte ihn unbedingt davor bewahren, dass er zu spät begriff, dass er die Ewigkeit in der herrlichen und vollkommenen Gegenwart Gottes hätte verbringen können, wenn er nur bereit gewesen wäre. Ich wollte das

Beste für ihn, und in meinen Augen gab es nun einmal nichts Besseres als die Erlösung durch die Beziehung zu Jesus Christus. Ich wünschte mir nichts mehr, als dass Lee Gott kennen lernen und ihm für den Rest seines Lebens vorbehaltlos folgen würde, sodass er dann auch in der Ewigkeit Gottes Nähe genießen könnte.

Meine tiefe Sorge um Lees Zukunft ließ manchmal noch ein weiteres Gefühl in mir aufkeimen: Schuld. Nur sehr schwer konnte ich diese vage, kaum greifbare Selbstverdammnis abschütteln.

Geplagt von falschen Schuldgefühlen

Die Schuldgefühle waren nicht von Anfang an da. Erst nach Monaten wuchs in mir die Verzweiflung, dass Lee vielleicht niemals zu Jesus finden würde. Aus dieser Situation heraus entwickelte ich langsam ein falsches Verständnis von Verantwortung für Lees geistliche Entwicklung

Wenn ich nur ein besserer Christ wäre, so sagte ich mir immer wieder, *dann könnte Lee in mir Christus erkennen, und dann hätte er gar keine andere Wahl, als zu akzeptieren, dass Gott real ist. Wenn ich nur liebevoller, opferbereiter, demütiger, dienender wäre, dann würde Lee bestimmt auf das Evangelium ansprechen. Mit Sicherheit ist mein langweiliges Christsein schuld daran, dass Lee sich überhaupt nicht für geistliche Dinge interessiert. Wenn ich nur dem Heiligen Geist mehr Raum geben würde, meinen Charakter zu verändern, dann wäre ich ein überzeugendes Beispiel. Wenn ich nur imstande wäre, das Evangelium besser mit Worten zu vermitteln, oder wenn ich nicht immer so ungeduldig wäre, hätte sich Lee bestimmt längst für Jesus entschieden.*

Das Problem war freilich, dass ich niemals ein perfekter Christ sein würde! Meine Schwächen waren nur zu offensichtlich. Solange Lee dem Evangelium gegenüber verschlossen blieb, würde ich Gründe genug finden, die Schuld dafür bei mir selbst zu suchen. Leider ist diese Form der Selbstanklage für Frauen, die sich in einer solchen Situation befinden, nicht ungewöhnlich. In den Jahren, in denen die Autorin Linda Davis mit einem nicht gläubigen Mann verheiratet war, kam es tatsächlich immer wieder vor, dass ihr wohlmeinende Christen die Schuld am Unglauben ihres Mannes unterschieben wollten: „Folgende oder ähnliche Aussagen bekam ich immer wieder zu hören: ‚Wenn ihr Frauen mit euren nicht gläubigen Ehemännern nur liebevoller und freundlicher wärt, dann würden sich eure Männer *in kürzester Zeit* bekehren.' (Dieses Zitat stammte von einer christlichen Leiterin, deren Mann seit seinem 6. Lebensjahr gläubig war.) ‚Wenn der Herr damit fertig ist, an *dir* zu arbeiten, dann fängt er mit deinem Ehemann an.' (Kann er nicht an beiden von uns gleichzeitig arbeiten?) ‚Bete einfach weiter.' (Sind 15 Jahre nicht lang genug?) ‚Du musst deinen Mann einfach zum Herrn hinlieben.'"[13]

Man kann sich leicht ausmalen, welche Unzulänglichkeitsgefühle solche Aussagen in Christen hervorrufen, die mit einem nicht gläubigen Partner verheiratet sind. Sie verstärken die ohnehin schon vorhandenen tiefen Schuldgefühle. Dabei sind solche Bemerkungen mit der Bibel überhaupt nicht zu vereinbaren.

Meine Freundin Linda musste mir hier einmal den Kopf zurechtrücken. Ich war wieder einmal zutiefst bedrückt, weil Lee sich nach wie vor stur stellte und jeden Gedanken an den Glauben weit von sich wies. „Jetzt hör mir mal zu", sagte sie ernst. „Es liegt nicht in deiner Verantwortung, ob Lee eine Entscheidung für Jesus trifft oder ob er ihn weiterhin ablehnt. In der ganzen Bibel gibt es kein einziges Beispiel dafür, dass ein Mensch nicht zum Glauben kommen konnte, nur weil sein Ehepartner kein perfekter Christ war. Wenn eine Frau fehlerlos sein müsste, um ihren Mann zu Jesus zu führen, dann würde kein Ehemann jemals gläubig werden!"

Gott in seiner Gnade würde niemals einem Menschen das ewige Schicksal seines Ehepartners aufbürden. Keine Frau könnte mit der Verantwortung leben, dass sich die Geschicke ihres Mannes einzig und allein daran entscheiden, wie gut sie ihm das Evangelium erklären kann oder wie überzeugend sie ihren Glauben auszuleben vermag. Mir sind Frauen begegnet, die geradezu Musterbeispiele einer von Jesus durchdrungenen Persönlichkeit waren und deren Männer trotzdem Gott gegenüber völlig verhärtet blieben. Andere Frauen wären eigentlich perfekte Fotomodelle für das Werbeposter der Anonymen Scheinheiligen, und dennoch bekehren sich ihre Partner von ganzem Herzen zum Herrn.

Letzten Endes ist die Umkehr und Wiedergeburt Ihres Partners etwas, das sich allein zwischen Ihrem Ehepartner und Gott abspielt. Es ist Aufgabe des Heiligen Geistes, ihn der Sünde zu überführen (Joh. 16,8-11); und nur der Vater kann einen Menschen zu Christus ziehen (Joh. 6,44). Gott wird Ihren Ehepartner niemals dazu zwingen, ihm zu folgen; im Gegenteil, er wird die geistlichen Entscheidungen eines jeden Menschen respektieren. Und was ist nun Ihre Aufgabe dabei? Die Bibel gibt hier eine klare Anweisung: *Lieben Sie Ihren Partner*. Lieben Sie ihn ohne Vorbehalte, ganz gleich, ob Ihr Mann oder Ihre Frau jemals die Knie vor Christus beugen wird. Sie können für ihn beten, ihn ermutigen und ihm zur Seite stehen – aber fühlen Sie sich niemals verantwortlich! Es ist nicht Ihre Verantwortung! Es ist einzig und allein die Verantwortung Ihres Partners! *Punkt!*

Wenn Sie immer wieder von Schuldgefühlen überrollt werden, weil Ihr Ehepartner immer noch kein Interesse an Gott hat und nicht mit in die Gemeinde kommen will, dann müssen Sie sich von diesen Selbstanklagen befreien. Es stimmt, Sie sollten Ihren Glauben in der Tat so authentisch wie möglich ausleben. Und natürlich sollten Sie dort, wo Sie als Christ kein gutes Beispiel waren, Ihre Schwächen und Fehler vor Gott eingestehen und ihn um Vergebung bitten. Selbstverständlich sollten Sie Ihren Partner um Verzeihung bitten, wenn Sie sich nicht richtig verhalten haben. Und es steht außer Frage, dass Sie dem Heiligen Geist Raum geben müssen, um Ihr Leben weiter zu durchdringen und zu verändern.

Auf *gar keinen Fall* sollten Sie jedoch Verantwortung für Dinge übernehmen, die sich Ihrer Kontrolle entziehen. Baden Sie nicht in Selbstanschuldigungen, denn es bleibt Ihrem Partner überlassen, die Entscheidung für Jesus zu treffen. Bürden Sie sich keine Lasten auf, die Gott Ihnen niemals zumuten würde.

Sie haben die richtige Entscheidung getroffen!

So also sah die Realität aus: emotionale Isolation, Einsamkeit und Verzweiflung. Kollision der Werte. Verunsicherung. Schuldgefühle. Hinzu kam noch der Ärger über Lees fortwährende Abwertung meines Glaubens und der Groll auf einige Christen, die mich behandelten, als wäre ich irgendwie minderwertig, nur weil ich mit einem nicht gläubigen Mann verheiratet war. Und dann waren da noch meine Ängste angesichts der Tatsache, dass Lee und ich uns als Ehepaar immer weiter auseinander lebten. Wenn man bedenkt, dass ich nicht die Einzige war, die es mit einem solchen giftigen Gefühlsmix zu tun hatte, sondern dass auch Lee sich mit einem Wust von verwirrenden Emotionen herumschlagen musste (worüber er im nächsten Kapitel ausführlich berichten wird), dann sah die ganze Situation ziemlich hoffnungslos aus.

Trotz alledem will ich aber eines klarstellen: Bei allen Spannungen, die meine Bekehrung in unserer Partnerschaft auslöste, habe ich meine Entscheidung für Jesus doch niemals bereut. In diesen turbulenten Jahren hat Gott meine Gebete immer wieder in erstaunlicher Weise beantwortet. Wenn die Sorgen mich zu verschlingen drohten, hat er mich mit Ruhe und innerem Frieden erfüllt und sich treu zu seinen Verheißungen gestellt. Ich glaube nicht, dass ich diese Zeit aus eigener Kraft überlebt hätte. Aber glücklicherweise wurde das ja auch nicht von mir erwartet. Der Heilige Geist lebte in mir und war mir vertrauter und näher, als jeder menschliche Freund es je sein konnte. Und außerdem hatte Gott mir Linda an die Seite gestellt, die Jesus für mich in greifbarer Weise repräsentierte.

Wenn Sie Christ geworden sind, dann haben Sie die richtige Entscheidung getroffen! Ganz egal durch welche Schwierigkeiten Sie gehen müssen, stellen Sie diese Entscheidung niemals in Frage. Jesus sagte seinen Jüngern: „Dies habe ich zu euch geredet, damit ihr in mir *Frieden* habt. In der Welt seid ihr in Bedrängnis; aber seid guten *Mutes*, ich habe die Welt überwunden.“[14]

Frieden und *Mut* – sind das nicht genau die Dinge, die wir in einer Ehe mit einem nicht gläubigen Partner am meisten brauchen? Frieden, um mich mit der *Gegenwart* auseinander zu setzen, mit den emotionalen Berg- und Talfahrten, die mir täglich das Leben schwer machen. Und den Mut, um mich der Zukunft zu stellen – der Frage, was morgen, übermorgen, nächste Woche, nächsten Monat, nächstes Jahr oder vielleicht im nächsten Jahrzehnt auf mich zukommen mag.

Ist es nicht geradezu typisch für unseren liebevollen und gnädigen Herrn, dass er uns genau die Hilfe anbietet, die wir am nötigsten brauchen, wenn wir in der Situation sind, mit einem nicht gläubigen Partner zu leben?

3. Aus der Sicht von Lee: Eine Geschichte von Wut, Vorbehalten, Einsicht und Erneuerung

Es war Sonntagmorgen und mein Kopf dröhnte. Ich öffnete ein Auge gerade weit genug, dass ich sehen konnte, wie Regentropfen das Schlafzimmerfenster hinunterliefen. In der Ferne war ein Donnergrollen zu hören. *Bäh!* Ich steckte meinen Kopf unter das Kissen und drehte mich auf die andere Seite. Gestern Nacht war ich reichlich betrunken nach Hause gekommen, und mein Mund war staubtrocken. Ich rang mit mir, ob ich aufstehen sollte, um mir ein Aspirin und ein Glas Wasser zu holen, aber ich beschloss dann schließlich doch, dass ich zu müde war und einfach weiter meinen Rausch ausschlafen würde.

Da drangen Geräusche an mein Ohr. Jemand schob im Bad eine Schublade zu. Einen Augenblick später schlich Leslie aus dem Bad zur Kommode herüber, um ihre Armbanduhr zu holen. Als ich unter dem Kissen hervorlugte, bemerkte sie, dass ich schon wach war.

„Wie fühlst du dich?“, fragte sie.

„Nicht gut“, brachte ich stöhnend hervor. „Was machst du denn?“

„Ich ziehe mich an, um zur Kirche zu gehen.“ Sie machte eine kurze Pause. „Möchtest du vielleicht mitkommen?“, fragte sie schließlich mit einem ermunternden Tonfall. Sah ich vielleicht so aus, als ob mir nach Kirche zumute wäre? „Ich fühle mich so, als ob ein Elefant mir auf dem Kopf herumtanzt, draußen regnet es in Strömen, ich bin total erschöpft und genervt, und außerdem glaube ich gar nicht an Gott! Und nun rate mal, ob ich mit dir zur Kirche kommen will!“ Dies war die Antwort, nach der mir eigentlich der Sinn gestanden hätte.

Doch wissen Sie, was ich mich stattdessen sagen hörte? „Na gut, dann komme ich eben mit.“

Ich warf die Bettdecke zurück, stürzte ins Bad, um mich zu rasieren und kurz zu duschen. Dann trampelte ich missgelaunt durchs Haus, knallte ein paar Türen, schlug Leslies Angebot aus, mir Frühstück zu machen, und zog mich an. Leslie hatte es sich schon lange abgewöhnt, eine Unterhaltung mit mir anzufangen, wenn ich so miserabel gestimmt war. Sie versuchte einfach, mir aus dem Weg zu gehen, so gut es ging.

„Wo zum [...] ist der Schirm?“, brüllte ich, während ich hektisch den Garderobenschrank durchwühlte. „Dann werden wir wohl einen Spurt durch den Regen machen müssen.“

Als ich nachts heimgekommen war, hatte ich das Auto in der Garageneinfahrt geparkt. Obwohl wir rannten, wurden wir kräftig nass. Dies brachte mich noch mehr in Rage. Leise schimpfend fuhr ich die Schnellstraße entlang, rücksichtslos und mit viel zu hoher Geschwindigkeit. In Pfützen kamen wir einige Male fast ins Schleudern, was mich jedes Mal dazu brachte, einen grimmigen Fluch auszustoßen. Es dauerte nicht lang, da fing Leslie an zu weinen. Zunächst versuchte sie, es zu verbergen, doch schließlich rannen ihr Tränen die Wangen hinunter. „Schau – ich will dich doch nicht zwingen!“, sagte sie. „Wenn du nicht in den Gottesdienst gehen willst, dann bleib doch einfach zu Hause. Aber lass mich in Frieden gehen!“

Jetzt fühlte ich mich erst recht schlecht. Ja, warum hatte ich überhaupt zugestimmt, mitzukommen? Warum war ich nicht einfach im Bett geblieben und hatte sie allein fahren lassen? Warum war ich so voller Zorn und Bitterkeit, dass ich den Menschen, der mir am meisten bedeutete, so sehr verletzte?

Wenn Sie mich damals gefragt hätten, was an diesem Morgen in mir vorging, ich hätte beim besten Willen keine Antwort darauf gewusst. Wie die meisten Männer hatte ich keinen rechten Zugang zu meinem Innenleben. Ich wusste nur, dass die plötzlichen Veränderungen, die meine Frau damals durchmachte, mich einfach in Rage brachten, so gut sie ihr selbst auch tun mochten. Meine Welt war aus den Fugen geraten, und ich wusste nicht, wie ich mit der neuen Situation umgehen sollte!

Sehen Sie solche Symptome auch bei Ihrem eigenen Partner? Vermutlich sind Sie ziemlich verblüfft und ratlos darüber. Und sehr wahrscheinlich wird er diese plötzlichen Gefühlsaufwallungen in seinem Inneren selbst überhaupt nicht einordnen können.

So etwas kann verhängnisvoll werden! Wenn Sie die Hintergründe seines Verhaltens nicht verstehen, dann wird es sehr schwierig für Sie, immer wieder Ruhe in Ihre Beziehung zu bringen und dazu beizutragen, dass die angespannte Situation nicht gänzlich aus dem Ruder läuft.

Über die Jahre hinweg, seit ich selbst Christ geworden bin, habe ich immer wieder Rückschau gehalten und versucht, zu verstehen, was damals in mir vorging. Vor dem Hintergrund dessen, was ich heute weiß, kann ich mir mittlerweile ein Bild davon machen. Vielleicht hilft es Ihnen, wenn ich Ihnen ein wenig darüber berichte, wie es mir damals erging, um daraus für sich selbst und Ihre eigene Situation Rückschlüsse ziehen zu können.

Der „umgekehrte Halo-Effekt"

Heute weiß ich, was mich an jenem besagten Sonntagmorgen aus dem Bett trieb und jene unsägliche Orgie von Zorn heraufbeschwor. Im Grund wollte ich gar nicht aufstehen und in den Gottesdienst gehen, aber irgendwie hatte ich den Eindruck, ich *müsste* mit, und zwar deshalb, weil ich tief in mir befürchtete, meine Frau zu verlieren!

Ich hatte den Eindruck, dass sie von mir weggelockt wurde, in eine ganz neue Welt von sozialen Beziehungen hinein. Für mich schien dort einfach kein Platz zu sein. Es ging mir nicht in erster Linie um diese eine Stunde Gottesdienst an jenem verregneten Sonntagmorgen; in meinen Augen war dies nur ein weiterer Schritt auf einem Weg, der Leslie immer weiter von mir entfernte und sie immer tiefer in diese fremde Welt hineinführte, zu der ich mich nicht zugehörig fühlte.

So blieb mir nichts anderes übrig, als wohl oder übel mitzukommen, wenn ich Leslie nicht am Ende doch noch verlieren wollte. Dann wurde ich wütend, weil ich eigentlich lieber zu Hause im Bett geblieben wäre, weil ich voller Selbstmitleid war und weil ich mir hilflos vorkam. Ich wusste einfach nicht, wie ich Leslie aus dem Bann dieser „heimtückischen Christen" zurückgewinnen sollte.

Was noch schwerer wog – ich hatte das Gefühl, dass Leslie auf einmal weniger Respekt vor mir hatte, und das traf mich zutiefst.

Nach all den Jahren, in denen wir beide jeweils der größte Bewunderer des anderen gewesen waren, fühlte sie sich auf einmal zu ganz anderen Leuten hingezogen. Nun schaute sie zu anderen Leuten auf und eiferte ihnen nach: Christen, die eine echte und intensive Beziehung zu Jesus hatten. Wo sollte da Raum für mich sein, der ich mit dem christlichen Glauben nichts am Hut hatte? Obwohl sie nie etwas Negatives sagte, meinte ich doch zu spüren, dass sie mich irgendwie abschätzig ansah.

In gewisser Weise litt ich unter einem Phänomen, das unter Psychologen als „umgekehrter Halo-Effekt" bezeichnet wird. Als „Halo-Effekt" bezeichnet man es, wenn Beobachter einer Person, die in einem bestimmten Bereich besondere Kompetenz bewiesen hat, nun unwillkürlich auch in anderen Gebieten besondere Leistungen zutrauen, auch wenn es dafür eigentlich keine Anhaltspunkte gibt. So misst man möglicherweise den politischen Anschauungen eines Schauspielers besonderes Gewicht zu, nur weil dieser ein berühmter Filmstar ist, obwohl die Fähigkeit, Passagen aus einem Drehbuchmanuskript eindrucksvoll zu rezitieren, ihm nicht automatisch besonderen Sachverstand in politischen Fragen verleiht.

Beim „umgekehrten Halo-Effekt" dagegen nimmt ein Beobachter an einer anderen Person bestimmte Mängel wahr und setzt nun ungeprüft voraus, dass die betreffende Person auch in anderen Bereichen Fehler und Schwächen haben muss. Ein Beispiel für einen solchen Fehlschluss wäre, wenn man etwa bei einem Rechtsanwalt, der Eheprobleme hat, davon ausgeht, dass er seine Klienten in Rechtsstreitigkeiten schlecht vertreten wird.[15]

Tief in meinem Inneren wusste ich, dass es in den Augen meiner Frau ein großer Makel war, dass ich nicht zu Jesus gehörte, so wie andere Leute, die sie bewunderte. Irgendwie setzte ich nun voraus, dass dies auch in allen anderen Bereichen ihre Meinung von mir negativ beeinflussen würde. Folglich waren alle meine Werturteile zweifelhaft, meine Entscheidungen wurden hinterfragt, meine Ansichten waren von vornherein verdreht, und ich verdiente keinen rechten Respekt.

Weil ich die Qualitäten entbehrte, die Leslie zunehmend wichtiger wurden – Hingabe an Jesus Christus, biblisch fundierte moralische Prinzipien und geistliche Reife –, würde ich unweigerlich früher oder später ihre Liebe verlieren und müsste hilflos zuschauen, wie sie sich mir mehr und mehr entfremdete. So in etwa sahen meine Ängste aus.

Wenn Jesus zum Rivalen wird

Um es ganz deutlich zu sagen: Ich war eifersüchtig auf Jesus! Es kam mir so vor, als ob Leslie mich durch ihre Beziehung mit dem Sohn Gottes betrog. So verrückt es klingt, aber dies war genau das Gefühl, das in mir hochstieg. Jesus hatte mir meine Frau mit allen möglichen exotischen Versprechungen – den Verheißungen der Bibel – abspenstig gemacht, und ich hatte dem nichts entgegenzusetzen.

Seit Beginn unserer Ehe war es nie vorgekommen, dass jemand anderes als ich Leslies emotionale Bedürfnisse erfüllte, und nun kam auf einmal dieser Jesus Christus in ihr Leben, und sie projizierte mehr und mehr ihrer Bedürfnisse auf ihn. Das hieß nichts anderes, als dass sie mich nun nicht mehr so sehr brauchte wie zuvor – jeder Ehetherapeut wird Ihnen bestätigen, dass Männer sehr stark den Wunsch haben, von ihrer Partnerin gebraucht zu werden. Ich fühlte mich hintergangen, weil ich den Eindruck gewann, dass Leslie buchstäblich einen Teil unseres Ehebundes gebrochen hatte, indem sie Zuwendung, Trost und Ermutigung außerhalb unserer Ehe suchte, von jemand anderem als mir.

Inzwischen habe ich herausgefunden, dass dieses Gefühl unter nichtchristlichen Männern, deren Partnerin sich bekehrt hat, sehr verbreitet ist. So berichtet der Medienmogul Ted Turner, der Gründer von CNN, es sei wie ein Schock für ihn gewesen, als seine Frau, Jane Fonda, ihm mitteilte, sie sei Christin geworden. An einer Stelle lesen wir: „Turners Tochter Laura bezweifelte, dass das Problem in der Religion an sich gelegen habe. Sie sagt: ‚Ich glaube, eigentlich ging es darum, dass es da noch einen anderen Mann gab – Jesus. Es blieb einfach weniger Zeit für ihn selbst übrig.‘“[16] Die Ehe ging in die Brüche.

Ein anderer Ehemann, der später selbst Christ wurde, sprach aus, wie viele Männer die Situation empfinden: „Wenn eine Frau zum Glauben kommt, ist das für ihren Mann eine besondere Art von Bedrohung. Plötzlich hat sie eine Liebesbeziehung zu einer Person, die unsichtbar ist. Er versteht nichts von alledem, was sie von diesem neuen Gott erzählt, den sie kennen gelernt hat. Er sieht nur, dass da plötzlich noch ein anderer ist, den sie liebt, und das macht ihn eifersüchtig. Er ist nun nicht mehr die erste Priorität in ihrem Leben wie zu Beginn der Partnerschaft, er steht nur noch an zweiter Stelle, nach Gott ... Fast wäre es einfacher, sie wäre mit einem Mann davongerannt, das hätte er noch eher verstanden; nun aber ist sie in eine Person verliebt, die noch nicht einmal sichtbar ist. So fühlt er sich völlig hilflos – wie sollte er es mit einem solchen Liebhaber aufnehmen können?“[17]

Meine Eifersucht richtete sich auch gegen ihre neuen Freunde in der Gemeinde. Irgendwie kam es mir merkwürdig vor, dass so viele der Gemeindeleiter Männer waren. Das machte mich stutzig. Was waren ihre wahren Motive? Ich dachte mir auch, dass sie vermutlich nicht gut auf mich zu sprechen waren, da ich ja Atheist war. In meiner Vorstellung machte uns das automatisch zu Gegnern. Sie zogen Leslie von mir weg, und ich musste einen Weg finden, um etwas dagegen zu tun.

In Wirklichkeit hatte keiner von Leslies neuen Bekannten oder sonst irgendjemand aus der Gemeinde jemals etwas getan, das auch nur im Geringsten als anstößig gelten könnte. Dennoch sah ich sie als Nebenbuhler um die Aufmerksamkeit meiner Frau an. Sie hatten mit meiner Frau etwas gemeinsam, wovon ich ausgeschlossen war. Sie sprachen über geistliche Erfahrungen und biblische Inhalte, zu denen ich einfach keinen Zugang hatte. Sie hatten einen eigenen Jargon, in dem von „Geistesgaben“ und von „Stiller Zeit“ die Rede war und in dem es ein ganzes Vokabular theologischer und biblischer Begriffe gab, die mir fremd waren. Sie bewunderten christliche Persönlichkeiten, von denen ich noch nie gehört hatte. In diesen Kreisen war ich nichts als ein schräger Außenseiter.

Ich mache keinen Hehl daraus, dass ich eine Menge Fehler habe, doch mit Eifersucht hatte ich eigentlich nie ein Problem. Man konnte von mir auch nicht behaupten, dass ich immer mit Argusaugen über alles gewacht hätte, was meine Frau tat. Dennoch wird aus dem, was ich hier beschreibe, deutlich, wie falsch ich die Situation damals einschätzte. Je mehr ich mich aus Leslies neu entdeckter christlicher Welt ausgeschlossen fühlte, desto mehr Gründe fand ich, um eifersüchtig zu werden und ihr Schranken zu setzen, damit ich sie nicht am Ende gänzlich verlor.

Was aber, wenn Ihr Partner ohnehin eher misstrauisch ist und von Natur aus dazu neigt, Sie zu vereinnahmen? Sie können sich vorstellen, dass es hier nur ein kleiner Schritt ist von einer schwelenden Eifersucht bis zu einem wahren Flächenbrand aus Wut und Verbitterung.

Zusammenprall der Werte

Neben diesen Gefühlen von Kränkung und Eifersucht machte es mir zunehmend mehr zu schaffen, dass unsere Wertvorstellungen immer weiter auseinander klafften. Einer der Gründe, warum unsere Ehe bis dahin immer so stabil gewesen war, ist sicher darin zu suchen, dass wir in den meisten grundlegenden Belangen des Alltags immer sehr ähnliche Vorstellungen gehabt hatten, etwa was den Umgang mit Geld oder die Freizeitgestaltung anging. Nach Leslies Bekehrung jedoch begannen sich ihre Vorstellungen in den verschiedensten Bereichen zu wandeln. Ihr Glaube war nicht nur ein kleiner, abgegrenzter Teil ihres Lebens, er beeinflusste alles andere.

Nehmen wir zum Beispiel den Umgang mit Geld. Man kann nicht gerade behaupten, dass wir sparsam gewesen wären. Wir gönnten uns, was immer uns gerade in den Sinn kam, und nahmen es dabei auch in Kauf, uns kräftig zu verschulden. Wir lebten über unsere Verhältnisse und neigten zu einem verschwenderischen, großspurigen Lebensstil.

Auf einmal gefiel es Leslie nicht mehr, so viele Schulden zu machen. Sie hatte gelernt, was die Bibel über den Umgang mit Geld und Besitz sagt, und wollte nun unsere Kredite abzahlen und einen verantwortungsbewussteren Lebensstil praktizieren. Ich ärgerte mich, weil ihr plötzlicher Hang zur Sparsamkeit natürlich auch Auswirkungen darauf hatte, was ich mir kaufen konnte.

Was noch schlimmer war, sie wollte auch Geld an die Gemeinde spenden! Das brachte mich erst recht in Rage! Als Journalist waren mir genügend naive Leute begegnet, die von irgendwelchen Halsabschneidern übers Ohr gehauen worden waren. In meiner Vorstellung war die Kirche sowieso nur auf unser Geld aus, und Leslie war einfach zu verblendet, um es zu merken. Ich stellte mir vor, dass es in der Gemeinde Leute gab, die hart arbeitenden Leuten das sauer verdiente Geld abknöpften, angeblich um den Bedürftigen zu helfen, in Wirklichkeit aber, um es in die eigene Tasche zu stecken.

Leslie hatte so sehr das Bedürfnis, die Gemeinde finanziell zu unterstützen, dass sie sogar daran dachte, eine Teilzeitstelle anzunehmen, um etwas von ihrem selbst verdienten Geld spenden zu können. Zuerst stimmte ich zu, aber als es dann an der Zeit war, tatsächlich einen Teil ihrer Einkünfte zu spenden, sperrte ich mich. In meinen Augen war das gleichbedeutend damit, Geld aus dem Fenster zu werfen.

„Mensch, Leslie! Du kannst doch nicht einfach so einen Betrag an die Kirche spenden!“, bedrängte ich sie. „Denk doch mal, was wir alles Schönes damit machen könnten. Du nimmst uns Geld weg, um es Leuten zu geben, die vermutlich mehr haben, als sie brauchen.“

Später kamen wir hier zu einer Übereinkunft, auf die ich in einem der kommenden Kapitel noch näher eingehen werde. Dies ist ein gutes Beispiel dafür, wie unsere Wertvorstellungen in Bewegung gerieten.

Am Sonntag schlief ich gerne aus, führte mir dann ausgiebig die Zeitung zu Gemüte, ging anschließend zum Brunch ins Restaurant und döste nachmittags vor dem Fernseher ein, während ich Sportübertragungen anschaute. Dass Leslie nun sonntagmorgens zum Gottesdienst gehen wollte, brachte alles durcheinander. Obwohl ich ihr immer wieder sagte, dass es mir nichts ausmachte, wenn sie allein ging, fühlte ich doch oft in mir einen Druck, mit ihr zu gehen, weil ich – wie gesagt – die Befürchtung hegte, ich würde sie verlieren. Das gab meinem Ärger natürlich immer wieder neue Nahrung.

Auch was die Inhalte von Filmen anbelangt, wichen unsere Vorstellungen auf einmal ziemlich drastisch voneinander ab. Früher störten wir uns nicht weiter daran, wenn ein Film vor Gewalt, vulgären Ausdrücken und vor mehr oder weniger schlüpfrigen Szenen nur so strotzte. Nach ihrer Bekehrung hatte Leslie keinen Gefallen mehr daran. Stattdessen schlug sie tiefgründige Filme vor, die mich nicht die Bohne interessierten.

Ich fing an, mich für manche Gewohnheiten und Verhaltensweisen schuldig zu fühlen, weil Leslie sie ablehnte, obwohl sie früher nie Anstoß daran genommen hatte. Meine Ausdrucksweise war oft roh und ziemlich vulgär. So sprechen Reporter in der Redaktion nun mal miteinander. Leslie sagte nie etwas, wenn ich eine Salve von Gotteslästerungen oder Schimpfworten von mir gab, aber ich kannte sie gut genug, um in ihrer Mimik auch das leiseste Unbehagen zu erkennen. Besonders schien sie sich daran zu stören, wenn ich den Namen Gottes missbrauchte. Auch meine geschmacklosen Witze fand sie auf einmal nicht mehr lustig. So erlegte ich mir zu Hause eine strenge Zensur auf, was meine Stimmung wiederum nicht gerade entspannte.

War meine Ausdrucksweise ihr ein Dorn im Auge, so war es erst recht mein Umgang mit Alkohol. Einfach nur ab und zu in Gesellschaft zu trinken war nicht mein Ding. Warum am Glas nippen, wenn ich es auch in einem Zug herunterkippen konnte? Warum mit einem kleinen Schwips vorlieb nehmen, wenn ich auch die volle Dröhnung haben konnte? Ich trank, um mich von Hemmungen zu befreien, damit ich dann so richtig lachen und mich amüsieren konnte. Ich war kein Alkoholiker, weil ich nie abhängig war, aber ich machte reichlich vom Alkohol Gebrauch, um meinem Leben den „richtigen Schwung" zu verpassen.

Leslie hatte dagegen nie sonderlich viel für Alkohol übrig gehabt. Nach ihrer Bekehrung merkte ich, dass sie sich an meinen gelegentlichen Saufgelagen störte. Ich wusste nicht einmal mehr, ob es in Ordnung war, wenn ich mir beim Essen ein Glas Wein bestellte. Auf einmal schien alles so kompliziert. Sie hat mich niemals gebeten, mit dem Trinken aufzuhören, aber ihre Körpersprache verriet mir alles!

Ich ärgerte mich mehr und mehr über Leslie, denn in meiner Wut und meinem Selbstmitleid erschien es mir so, als läge ständig ein subtiler Druck auf mir, mich zu ändern. Natürlich sah ich geflissentlich darüber hinweg, wie oft Leslie diejenige war, die nachgab und mir meinen Willen ließ, um die Situation nicht noch mehr zu verschärfen. Ich sah in erster Linie mich selbst, und ich fühlte mich in meiner Haut verdammt unwohl!

Zukunftsängste

Dann war da diese Angst. Ich begann, um unsere gemeinsame Zukunft zu bangen, wenn Leslie ihren Glauben immer mehr zu ihrem Lebensmittelpunkt machte. Je mehr sie sich veränderte, desto weiter schienen wir uns auseinander zu entwickeln, und das beunruhigte mich zutiefst.

Ich befürchtete auch, Leslie könnte mich vielleicht einmal vor meinen Freunden blamieren, indem sie ihnen zu verstehen gab, wie sehr sie ihre Sprache oder ihre Einstellungen missbilligte. Wäre es sogar möglich, dass sie irgendwann einmal Druck auf mich ausübte, den einen oder anderen meiner alten Freunde aufzugeben, weil sie ihrer Auffassung nach einen schlechten Einfluss auf mich hatten?

Bei einem alten Bekannten, einem alkoholabhängigen Mann mit einem besonders üblen Vokabular, hatte ich tatsächlich einmal den Eindruck, dass sie es lieber gesehen hätte, wenn der Kontakt zu ihm abgerissen wäre. „Warum gibst du mir nicht eine Liste mit Namen, wen ich treffen darf und wen nicht?“, fuhr ich sie ärgerlich an.

Dabei hatte sie nie auch nur ein Wort über meine Freunde verloren. Doch da Leslie nun ganz andere Wertvorstellungen hegte, nahm ich einfach an, dass sie meinen Umgang mit bestimmten Leuten nicht guthieß. Ich ärgerte mich über die Dinge, die Leslie in meiner Vorstellung dachte. Sie hatte eigentlich keine Chance! Ob sie mich nun wegen meines Umgangs mit bestimmten Leuten offen konfrontierte oder nicht, ich ärgerte mich so oder so über sie!

Schließlich störte mich der Gedanke, Leslie könnte bei ihren Gebetstreffen Dinge aus unserem Privatleben offen legen. Ich hatte ja keine Ahnung, was sich in diesen „geheimen Zusammenkünften“ abspielte; ich befürchtete nur das Schlimmste. Ich wollte nicht, dass Fremde erfuhren, was zwischen Leslie und mir vor sich ging oder was mir hinter verschlossenen Türen so an unbedachten Worten über die Lippen kam, wenn ich einmal wieder eine meiner Schimpftiraden von mir gab. Ich hatte ja immerhin ein gewisses Ansehen in der Öffentlichkeit, das ich keinesfalls aufs Spiel gesetzt sehen wollte.

Ich befürchtete, Leslie könnte ihren Gebetspartnern gegenüber zum Beispiel Dinge wie diese äußern: „Bitte betet für Lee. Er ist so unreif, moralisch verdorben, überlastet und verbittert. Und ihr wisst, wie sehr ich ihn liebe!“

Es gab zwar keinerlei Anhaltspunkte dafür, dass sie so über

mich sprach, aber wenn man sich in völlig anderen Kreisen bewegt und ganz andere Freunde hat als der Ehepartner, dann ist man eben auf seine Fantasie angewiesen; und ich neigte dazu, das Schlimmste anzunehmen.

Was ist mit den Kindern?

Besondere Sorgen bereitete mir der Gedanke, was aus unseren Kindern werden würde. Ich sah endlose Streitereien über Erziehungsfragen auf uns zukommen. Potenzielle Anlässe gab es ja zuhauf. Welche Filme durfte ich mir mit meinen Kindern im Kino anschauen, wenn sie erst einmal 14 oder 15 waren? Sollten sie als Teenager Zugang zu Verhütungsmitteln haben? Sollte ich ihnen beibringen, dass die Evolution Gott überflüssig gemacht hatte? Woher sollte ich mir meine Erziehungsratschläge holen: von Dr. Sommer oder von Dr. Dobson?

Und wenn Alison und Kyle nun auch Christen würden, welchen Eindruck würden sie dann von mir haben? Ich wollte nicht, dass die Kinder sehen, wie ich sonntags zu Hause saß und Zeitung las, während sie in den Gottesdienst gingen und dann hinter meinem Rücken flüsterten: „Armer Papa! Auch so ein armer Heide, der auf dem Weg zur Hölle ist! Er tut mir einfach nur Leid!"

Ich wollte nicht von meinen Kindern bemitleidet werden! Als Vater will man von seinen Kindern bewundert werden, man will ihr größtes Vorbild sein. Ich wollte nicht, dass sie mich als armen Wicht ansahen, als einen gestrauchelten Sünder, der in der Hölle enden würde. Ich wollte nicht, dass sie mich wegen meiner Trinkgewohnheiten, meines Vokabulars oder wegen meiner Freunde verurteilten. Ich wollte nicht, dass sie ihren Jugendpastor zu ihrem Vorbild machten und nicht mich. Ich wollte auch nicht, dass ich irgendwann einmal zum Ziel ihrer Evangelisationsbemühungen würde. Ich sorgte mich also um mein Ansehen und meine Glaubwürdigkeit in den Augen der Kinder.

Ich erinnere mich, wie ich die kleine Alison einmal nach der Kirche von ihrer Kindergottesdienstgruppe abholte. „Was hast du denn heute gelernt?", fragte ich sie.

„Dass Gott mich liebt", antwortete sie. „Er liebt uns alle – dich und Mama auch."

Leslie freute sich; ich dagegen sah die Sache kritischer. Es störte mich, dass diese Christen meinem Kind ihre Theologie einflößten, bevor es alt genug war, um sich kritisch mit all den Dingen auseinander zu setzen, die ihm da erzählt wurden. Sie vermittelten meiner Tochter Werte und Gedanken, die meinen atheistischen Überzeugungen diametral entgegengesetzt waren. Was gab ihnen das Recht, Kinder dazu zu bringen, Mythen nachzuplappern, als wären es erwiesene Tatsachen? Für mich bedeutete das nichts anderes, als einen tiefen Graben zwischen uns aufzuwerfen. Zugleich wusste ich aber, dass jeder Versuch meinerseits, die Dinge, die man ihr in der Kirche erzählte, richtig zu stellen, sie nur noch mehr verwirren würde; Alison wäre in unserem kleinen Ehekrieg zwischen die Fronten geraten.

Meine Kinder waren mir über die Maßen kostbar. Ich wollte ihr Bestes. Für mich war das gleichbedeutend damit, sie „abzuhärten", sie zu selbstsicheren, kritischen und unabhängigen Menschen zu machen, die in dieser hässlichen und erbarmungslosen Welt bestehen konnten.

Das, was sie wirklich brauchten, kam mir gar nicht in den Sinn: eine liebevolle, persönliche Beziehung zu ihrem Schöpfer, die ihnen ein unerschütterliches Selbstwertgefühl vermittelt und ihnen Kraft und Mut gibt, um dem Leben gegenüberzutreten, einen moralischen Kompass, um ihnen Orientierung zu geben und ein felsenfestes Vertrauen in die Ewigkeit.

„Bait and Switch" – erst geködert, dann umgepolt

Ganz tief in mir schwelte die Furcht, dass Leslie womöglich einer dubiosen Sekte auf den Leim gegangen war, die nun über jeden Bereich ihres Lebens Kontrolle ausüben wollte, von der Kindererziehung über die Lebensgestaltung bis hin zu ihrem Freundeskreis. Und überhaupt, was geschah hier mit ihrer Persönlichkeit? Ihr Charakter und ihre Wertvorstellungen waren in einem derart rasanten Wandel begriffen, dass ich befürchtete, sie könnte sich am Ende so radikal verändern, dass eine ganz andere Leslie aus ihr würde, die ich nicht mehr lieben konnte.

In gewisser Weise kam ich mir vor wie das Opfer einer windigen Verkaufsmasche, die unter Eingeweihten „Bait and Switch" genannt wird: Ködern und Umpolen. Der Kunde wird mit einem billigen Lockangebot geködert, für das besonders ansprechend geworben wird. Ist er dann einmal im Laden, dann versucht der Verkäufer, ihn von diesem Produkt abzubringen und ihn auf ein teureres umzupolen, das dem Händler mehr Profit einbringt.

So etwa fühlte ich mich nach Leslies Bekehrung. Ich hatte eine Frau geheiratet, die gern Spaß hatte, die risikobereit und experimentierfreudig war, und auf einmal verwandelte sie sich vor meinen Augen in eine andere Person. Es gab auch gewisse Aspekte ihrer neuen Persönlichkeit, denen ich durchaus etwas abgewinnen konnte, aber alles in allem fühlte ich mich betrogen. Ich wollte meine alte Leslie zurück!

Als ungläubiger Ehemann macht man hier richtiggehend eine Art „Trauerprozess" durch. Man betrauert den Verlust des Partners, so wie man ihn einmal kannte und liebte und den man mit niemandem zu teilen brauchte. Es kann hier zu richtiggehenden Phasen von Depression und Desorientierung kommen.

„Wann immer man im Leben schwere Verlusterfahrungen macht, durchlebt man den Prozess des Trauerns", so der britische Pastor Michael Fanstone, der schon viele Ehepaare seelsorgerlich begleitet hat, bei denen einer der Partner Christ geworden war. „Wenn ein nicht gläubiger Ehemann das Gefühl hat, seine Frau an Jesus zu ‚verlieren', dann löst das sehr häufig Trauer aus." Fanstone fügt hinzu: „Sie hat eine Person namens Jesus kennen gelernt, zu der sie nun eine Liebesbeziehung unterhält. Für den Partner, der bei dem ganzen Geschehen am Rande steht, ist das oft ein Schock. Er erlebt das Ganze als einen Angriff auf seine Ehe, bei dem eine dritte Person Anspruch auf seine Frau erhebt. Der Verlust der früheren Beziehung zu seiner Frau ist schmerzlich, auch wenn sie weiterhin die Wohnung und das Bett mit ihm teilt. Die Exklusivität ihrer Liebe, die sie einmal füreinander hatten, ist nicht mehr in dieser Form vorhanden."[18]

Der Mann im Spiegel

All diese Emotionen – Kränkung, Eifersucht, Enttäuschung, Angst – führten dazu, dass bei mir unter der Oberfläche beständig eine latente Wut brodelte. Von Zeit zu Zeit brach sie sich Bahn, indem ich laut wurde und meinem Zorn sogar tätlich Ausdruck verlieh. Einmal zum Beispiel überkam es mich, und ich trat ein Loch in die Wand unseres Wohnzimmers. Leslie war wie vom Donner gerührt und Alison brach in Tränen aus. Ich fühlte mich wie ein Vollidiot.

Wenn Sie mich damals gefragt hätten, wie es zu diesem kindischen Wutausbruch kam, ich hätte mir keinen Reim darauf machen können. Heute, mit dem nötigen Abstand, sehe ich, welches einer der ausschlaggebenden Faktoren war. Damals hätte ich es freilich nie so sehen können. Vielleicht hilft Ihnen meine Erkenntnis ein wenig zu verstehen, warum Ihr Mann manchmal so die Kontrolle über sich zu verlieren scheint. Heute weiß ich, dass Leslie durch ihre Hinwendung zu Jesus und die Veränderungen, die in ihrem Verhalten erkennbar waren, unwillkürlich den Finger auf meine eigene Schlechtigkeit, meine Selbstsucht und meinen verdorbenen Lebensstil legte.

Anders ausgedrückt, je mehr sie sich um Reinheit, Aufrichtigkeit, Ehrlichkeit und Vergebungsbereitschaft bemühte, desto klarer wurde, wie sehr mein eigenes Leben und meine Beziehungen zu meinen Mitmenschen von Zynismus, Bitterkeit, Oberflächlichkeit und Selbstbezogenheit durchdrungen waren.

Leslie brauchte mich nicht verbal zu konfrontieren, mir Vorträge zu halten oder an mir herumzumäkeln. Sie vermied es sogar peinlich, diese Dinge zu tun. Allein schon die Tatsache, dass sie vor meinen Augen ganz bewusst als Christin lebte, reichte aus, um mir einen Spiegel vorzuhalten. Auf einmal sah ich den grellen Kontrast zwischen meinem Zynismus und ihrer Gelassenheit, zwischen meinem verkrampften Geltungsdrang und ihrer Hingabe an Gott, zwischen meiner hässlichen und ihrer guten Einstellung, zwischen meinen Ängsten und ihrem inneren Frieden, zwischen meiner Habgier und ihrer Großzügigkeit, zwischen der moralischen Verkommenheit, die aus mir heraus kam, und der moralischen Reinheit, die aus Gott heraus kam.

Zum ersten Mal sah ich mich so, wie ich wirklich war – *und was ich sah, gefiel mir überhaupt nicht!* Ich wollte doch so gerne an der Illusion festhalten, dass ich eigentlich ein ganz netter Kerl war, der seine Sache gut macht. Doch der Vergleich mit Leslies aufrichtigem christlichen Lebensstil machte den wirklichen Zustand meines Ichs überdeutlich. Ich wurde von meiner eigenen

Sündhaftigkeit überführt, und das machte mich wütend, weil ich den Tatsachen nicht ins Auge sehen wollte.

Einerseits löste das in mir einen Wust von undefinierbaren Gefühlen aus: Empörung, Ärger und Opposition. Ich konnte mir nicht erklären, wie es dazu kam – sie waren einfach da.

Andererseits gebrauchte Gott diese Erfahrung, um mir vor Augen zu führen, wie es wirklich um mich bestellt war. Angesichts der guten Einstellung, die ich bei Leslie sah, fiel es mir zusehends schwerer, mein Selbstbild als ein unabhängiger, erfolgreicher und an sich guter Mensch aufrechtzuerhalten. Mit anderen Worten: Mein Weg zu geistlicher Erkenntnis begann damit, dass mir meine Sündhaftigkeit bewusst wurde – und das ist ein ganz wesentlicher Schritt auf Gott zu.

Ich hoffe, dass die Dinge, die ich hier berichte, für Sie eine Ermutigung sind, wenn Sie vielleicht bei Ihrem Partner ganz ähnliche Reaktionen beobachten. So Furcht erregend seine Wut auch manchmal sein mag, so kindisch seine beleidigten Rückzüge in den Schmollwinkel, so unfair er Sie auch oft behandelt und so sehr Sie sein eisiges Benehmen manchmal aus der Fassung bringen mag, es wäre immerhin möglich (wenn auch nur vielleicht), dass gerade diese Verhaltensweisen ein Hinweis darauf sind, dass Gott anfängt, Ihren Partner von seiner Sünde zu überführen.

Eines dürfen Sie nicht vergessen: Ebenso, wie Gott Sie inmitten Ihrer zuweilen chaotischen Partnerschaft nicht vergessen hat, so hat er auch Ihren Mann nicht vergessen. „Der Herr zögert nicht mit der Erfüllung seiner Verheißungen, wie einige von euch meinen, die von Verzögerung reden", so schreibt Petrus, „er ist nur geduldig mit euch, weil er nicht will, dass jemand zugrunde geht, sondern dass alle sich bekehren."[19]

Was in Ihrem Partner vorgeht

Vor einiger Zeit trafen Leslie und ich uns mit unserer Freundin Betty, die mit einem Nichtchristen verheiratet ist, in einem Café. „Ich verstehe einfach nicht, warum Ed so reagiert", sagte sie tief frustriert. „Ich versuche nicht, ihm meinen Glauben aufzudrängen. Warum wird er dann immer so schnell böse? Warum ist er so voller Misstrauen? Können wir nicht einfach in Frieden geteilter Meinung über Gott sein?“

Ich nahm mir einige Minuten Zeit, um ihr zu erklären, wie ich seinerzeit auf Leslies Bekehrung reagiert hatte und was in mir vorgegangen war. Ich konnte richtig sehen, wie ihre Augen sich aufhellten.

„Jetzt verstehe ich“, sagte sie am Ende. „Für mich sind die Veränderungen, die Gott in mir bewirkt, etwas Positives. Ich hätte nie gedacht, dass Ed sie vielleicht gerade als negativ empfindet. Das hat mir jetzt wirklich geholfen!“

Ebenso hoffe ich, dass diese Einblicke in das Innenleben eines ehemals nicht gläubigen Ehemanns einer gläubigen Frau auch Ihnen eine Hilfe waren, die Sie vielleicht heute um das Überleben Ihrer Ehe mit Ihrem nichtchristlichen Partner ringen. Natürlich reagiert jeder Mensch anders auf Veränderungen in seiner Partnerschaft, und letztlich ist es an Ihnen zu entscheiden, was sich davon auf Ihre eigene Situation übertragen lässt.

Ein Verständnis der Hintergründe dessen, was in Ihrem nicht gläubigen Partner vorgeht, ist freilich nur eine der Voraussetzungen, um Ihr Zusammenleben harmonisch zu gestalten. Es gibt noch eine Vielzahl von anderen Lektionen, die wir damals gelernt haben und die letztlich dazu beigetragen haben, dass unsere Ehe vor dem Scheitern bewahrt wurde. Im weiteren Verlauf werden wir im Einzelnen darauf eingehen, was Sie tun können, damit Ihre Partnerschaft trotz aller Schwierigkeiten gelingt.

Teil II

Was Sie tun können, damit Ihre Partnerschaft mit einem Nichtchristen gelingt

4. Die Mitspieler: Gott, Ihr Partner, Sie selbst und ein Mentor

Leslie ist von Natur aus optimistisch. Sie geht immer davon aus, dass die Dinge sich irgendwann zum Besten wenden und am Ende alles gut geht, wenn alle Beteiligten guten Willens sind und an einem Strang ziehen. Doch einige Monate nach ihrer Bekehrung, als die Situation in unserer Ehe zunehmend festgefahren war, dämmerte ihr eine erschreckende Erkenntnis: Womöglich würde ihr Ehemann niemals zu Jesus finden.

Der Gedanke daran stürzte sie in tiefste Verzweiflung. Das hieße nichts anderes, als dass die Gefühle, die ihre Seele vergifteten – Angst, Einsamkeit, Frustration, Schuldgefühle, Wut und Verbitterung – auf unabsehbare Zeit andauern würden. Das hieße auch, dass meine Zornesausbrüche, mein Sarkasmus und meine Feindseligkeit, die unser Zusammenleben zeitweise fast unerträglich machten, niemals endeten, solange wir beieinander waren. Leslie wurde von tiefer Hoffnungslosigkeit ergriffen.

Dennoch gab sie nicht auf, sondern traf einen festen Entschluss: Sie würde alles tun, was in ihrer Macht stand, damit unsere Partnerschaft trotz allem gelang! Mit Gottes Hilfe würde sie nichts unversucht lassen, damit unsere Ehe so erfüllend, so harmonisch und so glücklich wie nur irgend möglich würde. Leslie nahm sich fest vor, inmitten aller Schwierigkeiten nicht nur zu überleben, sondern sogar zu wachsen und zu gedeihen. Sie war auch entschlossen, unseren Kindern ein positives Umfeld zu geben und ihnen, so gut sie konnte, christliche Werte und Glaubensinhalte zu vermitteln.

Leslie zog eine Linie im Sand und sagte: „Ich werde nicht weglaufen. Von diesem Punkt an werde ich weniger auf die widrigen Umstände unserer ungleichen Partnerschaft schauen, sondern vielmehr auf unsere Möglichkeiten, in eine gemeinsame Zukunft hineinzuwachsen. Soweit es an mir liegt, werde ich mit der Hilfe des Heiligen Geistes das meine dazu tun, *dass diese Ehe gelingt.*“

Von da an hielt sie verbissen an Philipper 4,13 fest: „Allem bin ich gewachsen, weil Christus mich stark macht."[20]

Dies war für sie selbst, ebenso wie für uns alle, ein entscheidender Augenblick. Der Entschluss, den sie hier fasste, nicht in Sorgen, Angst und Bitterkeit zu versinken, sondern sich stattdessen voller Zuversicht auf die Suche nach den Entwicklungsmöglichkeiten unserer Partnerschaft zu begeben, brachte uns an einen Wendepunkt, der unsere Haltungen veränderte. Das Klima unserer Ehe begann, sich grundlegend zu wandeln. Viele der Spannungen, die daraus resultierten, dass sie zu Anfang auf Biegen und Brechen versucht hatte, mich für den Glauben zu interessieren, verflüchtigten sich allmählich.

Christen, die mit einem nicht gläubigen Partner verheiratet sind, kommen oft irgendwann an einen solchen Punkt in ihrer Beziehung. Eine Freundin aus Südkalifornien, bei der dieser spannungsreiche Zustand bereits seit 19 Jahren andauert, brachte es folgendermaßen zum Ausdruck: „Mir wurde klar, dass wir zum Stillstand verurteilt waren und niemals über diesen Punkt hinauskommen konnten, solange ich unsere Beziehung ausschließlich von unserem Konflikt bezüglich Gott her definierte. Wenn ich meinte, nie wieder glücklich sein zu können, solange mein Mann nicht Christ wurde, dann gab ich ihm viel zu viel Kontrolle über mein Leben. Es war an der Zeit, dass ich anfing, mich auf unsere Gemeinsamkeiten zu besinnen, die Bereiche hervorzuheben, in denen unsere Überschneidungspunkte lagen, und Wege zu finden, wie wir trotz unserer Situation ein glückliches und erfülltes Leben miteinander führen konnten."

Nancy Kennedy, die eine Reihe von Zeitschriftenartikeln und Büchern über ihre Partnerschaft mit einem nicht gläubigen Partner geschrieben hat, sagte einmal, sie habe sich immer gefragt, warum Gott in Bezug auf ihre Ehesituation nichts tue. Irgendwann kam für sie der Wendepunkt, wo ihr bewusst wurde, dass Gott sehr wohl etwas tut: „Er hat diese Situation für mich und meinen Ehemann maßgeschneidert. Gerade durch diese Umstände wird er verherrlicht, und ich werde ihm ähnlicher."

Viele ihrer Ängste lösten sich und sie konnte den Entschluss fassen, das Beste aus ihrer Partnerschaft zu machen und dennoch weiter auf den Tag zu hoffen, an dem ihr Mann zu Jesus findet. „Gott hat alles unter Kontrolle, und darum brauche ich nicht unruhig und sorgenvoll zu sein", so sagt sie. „Ich kann mich einfach entspannen und meinen Mann so genießen, wie er ist. Auch wenn es noch einmal 40 Jahre dauern sollte, [bis er zum Glauben kommt,] dann sollten es wenigstens gute Jahre sein, Jahre, die von Lachen und Freude erfüllt sind. Das bin ich meinem Mann schuldig, und ich denke, dass dies auch Gottes Absicht entspricht."[21]

Wie aber können wir als Christen unserer Partnerschaft Auftrieb verleihen und eine liebevoll-vertrauensvolle Atmosphäre schaffen, wenn unser Partner auf einer anderen geistlichen Wellenlänge verharren will? „Ich glaube, am meisten habe ich aus meinen Fehlern gelernt", so berichtet Leslie. „Ich habe einfach vieles ausprobiert, zwei Schritte vorwärts in eine bestimmte Richtung und einen – oder auch drei – wieder zurück. Ich wünschte nur, ich hätte damals schon all das gewusst, was ich heute weiß!"

Es gibt natürlich kein Patentrezept, wie Ihre Partnerschaft auf einen Schlag umgekrempelt werden kann. Dennoch hat Leslie insgesamt 12 Punkte zusammengetragen, die nach unserer Erfahrung entscheidend zum Erhalt unserer Ehe in jener schwierigen Zeit beigetragen haben. Auf die meisten davon werden wir in den beiden folgenden Kapiteln zu sprechen kommen. Doch zunächst werden wir uns vor allem mit den ersten drei Punkten beschäftigen, denn sie befassen sich mit drei Beziehungen, die für den Ausgang Ihrer Ehesituation von ausschlaggebender Bedeutung sind.

Diese drei Schlüsselbeziehungen sind erstens Ihre Beziehung zu Gott, zweitens die Beziehung zu Ihrem Partner und drittens die Beziehung zu einem geistlichen Mentor, der Sie auf Ihrem Weg durch das Minenfeld Ihrer Partnerschaftskrise begleitet. Hier nun also die Grundsätze, die unsere Ehe vor dem Scheitern bewahrt haben:

1. Schauen Sie auf Ihren Erlöser, anstatt wie gebannt auf Ihre Schwierigkeiten zu starren

Wenn Sie im Spannungsfeld zwischen zwei gegensätzlichen Polen leben, die Sie in jeweils unterschiedliche Richtungen ziehen – auf der einen Seite der Heilige Geist, der Sie zu Gott hinzieht, auf der anderen Seite Ihr Partner, der Sie von Gott wegziehen will –, dann ist es unerlässlich, dass Sie sich beständig Ihre Prioritäten vor Augen halten. Im ersten Gebot werden wir angewiesen, Gott über alles und jeden zu stellen.[22] Und im ersten Teil des „wichtigsten Gebots", das Jesus uns gegeben hat, heißt es: „Darum sollst du den Herrn, deinen Gott, lieben von ganzem Herzen und ganzer Seele, mit all deinen Gedanken und all deiner Kraft."[23] Eugene Peterson gibt 2. Korinther 5,14 in seiner Bibelübertragung *„The Message"* (dt. „Die Botschaft") wie folgt wieder: „[Christi] Liebe hat in allem, was wir tun, das erste und das letzte Wort."

Allzu leicht wenden wir unsere Aufmerksamkeit von Gott ab und starren wie das Kaninchen vor der Schlange auf das Elend unserer schwierigen Ehesituation. Dadurch bleiben unsere Augen auf das Problem fixiert, anstatt auf die Lösung zu schauen. Es gibt mindestens 7 Gründe, warum wir Gott in unserem Leben an die erste Stelle setzen müssen:

Wir setzen Gott an die erste Stelle, weil ihm unsere Treue gebührt

Gott ist unser Schöpfer, der uns nach seinem Bild geschaffen hat, und er ist es, der unser Leben erhält. Er ist unser Erlöser, dessen Sohn für unsere Sünden gestorben ist, und unser Vater, der uns als seine Kinder angenommen hat. „Denn groß ist der Herr und hoch zu preisen", schreibt der Psalmist, „mehr zu fürchten als alle Götter. Alle Götter der Heiden sind nichtig, der Herr aber hat den Himmel geschaffen."[24] Wir setzen Gott vor allem deshalb an die erste Stelle, weil dies der Ehrenplatz ist, der ihm ganz einfach gebührt, angesichts dessen, was er getan hat. Und denen, die sich Gott nähern, gibt die Bibel folgende Verheißung: „Sucht die Nähe Gottes; dann wird er sich euch nähern."[25]

Wir setzen Gott an die erste Stelle, weil unser Leben dadurch die richtige Ausrichtung bekommt

„Das Bemerkenswerte an der Gottesfurcht", so Oswald Chambers, „ist die Tatsache, dass wir nichts anderes zu fürchten haben, wenn wir Gott fürchten. Wenn wir hingegen Gott nicht fürchten, fürchten wir alles andere." Mit anderen Worten, wenn wir Gott die Achtung und Ehrfurcht zollen, die ihm als unserem allerersten Liebhaber gebührt, dann wird uns auf einmal klar, dass letztlich nichts und niemand uns schaden kann. „Der Herr ist mein Licht und mein Heil: Vor wem sollte ich mich fürchten?", fragte König David.[26] Wenn Sie sich darauf besinnen, dass Gott die Kontrolle über Ihre Lebensumstände hat, dann beginnen sich Ihre Ängste bezüglich Ihrer Partnerschaftssituation zu verflüchtigen.

Wenn Sie dagegen zulassen, dass Gott die Vorrangstellung in Ihrem Leben einbüßt, dann werden Sie auf einmal feststellen, dass Sie vor jeder Ungewissheit erschaudern. Alles, was jenseits Ihrer Kontrolle liegt, wird unweigerlich Angst in Ihnen auslösen. „Wenn Gott die Mitte meines Lebens ist, dann habe ich unermessliche Freiräume und genieße ein erstaunliches Maß an Ungezwungenheit", so schreibt Peterson. „Wenn dagegen mein Eigenwille die Mitte meines Lebens ist, dann schrumpft meine Freiheit zusammen und ich lebe gehemmt und voller Ängste."[27] Es ist so, wie es unser Freund Phil Callaway einmal beschrieb:

Glaube vertreibt die Furcht.
Furcht macht uns zu Gefangenen. Glaube befreit uns.
Furcht macht uns sorgenvoll. Glaube lässt uns triumphieren.
Furcht drückt uns nieder. Glaube erhebt uns zu unseren Möglichkeiten.
Furcht macht uns verzagt. Glaube gibt uns Mut.
Furcht verdunkelt uns. Glaube erhellt unseren Blick.
Furcht verkrüppelt uns. Glaube heilt uns.
Furcht macht Hoffnungslosigkeit zum Mittelpunkt unseres Lebens. Glaube legt die Furcht zu Gottes Füßen.[28]

Wir setzen Gott an die erste Stelle, weil er Bedürfnisse in uns stillt, die unser Partner niemals erfüllen könnte

Der Eheberater Gary Smalley beschreibt das Phänomen, dass viele Leute eine Ehe oder auch schon eine Freundschaft in der irrigen Erwartung eingehen, dass ein anderer Mensch in der Lage sein könnte, alle ihre Bedürfnisse zu erfüllen. „Wir vertrauen darauf, dass eine Person oder eine Gruppe von Personen unsere Bedürfnisse nach Liebe, nach Anregung und Bestätigung sowie nach Sinn und Erfüllung im Leben zu erfüllen vermag", so schreibt er. „Und was geschieht früher oder später unweigerlich? Sie enttäuschen uns, weil sie auch nur Menschen sind.“[29]

Es ist im Grunde zutiefst unfair, von unserem Ehepartner zu erwarten, dass er Bedürfnisse stillt, denen eigentlich nur Gott wirklich gerecht werden kann. Wenn das möglich wäre, dann bräuchten wir Gott nicht mehr! Wenn wir die Befriedigung unserer tiefsten Sehnsüchte im Leben bei Gott suchen, dann befreien wir unseren Partner von der Last unrealistischer Erwartungen, die nur zu Frustration und Enttäuschung führen können.

Wir setzen Gott an die erste Stelle, weil er uns die Kraft gibt, unseren Partner auch dann zu lieben, wenn er nicht besonders liebenswert ist

In 1. Korinther 13 finden wir die klassische Beschreibung der Liebe: „Liebe ist geduldig und freundlich. Sie kennt keinen Neid, keine Selbstsucht, sie prahlt nicht und ist nicht überheblich. Liebe ist weder verletzend noch auf sich selbst bedacht, weder reizbar noch nachtragend. Sie freut sich nicht am Unrecht, sondern freut sich, wenn die Wahrheit siegt. Diese Liebe erträgt alles, sie glaubt alles, sie hofft alles und hält allem stand.“[30] Dies mögen sehr erhabene Empfindungen sein – aber versuchen Sie doch einmal, sie aus eigener Kraft zu leben!

Meine Wutausbrüche, meine beständige Feindseligkeit und meine Arroganz machten es Leslie oft schwer, mich zu lieben. Zum Glück gab Gott ihr die nötige Kraft zum Durchhalten. In Galater 5,22 wird uns zugesagt, dass der Heilige Geist unsere Fähigkeit erweitert, andere zu lieben, wenn wir in enger Verbindung zu Gott bleiben. Mutter Teresa gebrauchte hier einmal das Bild der Elektrizität: „Du und ich sind der Draht; Gott ist der Strom“, so schrieb sie. „An uns ist es, den Strom durch uns hindurchfließen zu lassen und es ihm zu gestatten, uns als Leiter zu gebrauchen, um das Licht der Welt hervorzubringen – Jesus.“

Wir setzen Gott an die erste Stelle, weil er aus dem Elend unserer schwierigen Partnerschaft etwas Gutes machen kann

„Wir wissen, dass Gott bei denen, die ihn lieben, alles zum Guten führt, bei denen, die nach seinem ewigen Plan berufen sind“, so steht es in Römer 8,28 geschrieben. Das heißt freilich nicht, dass Gott unsere schwierige Ehesituation sofort aus der Welt schafft, es wird uns aber zugesagt, dass er unsere Umstände – so schwer sie auch sein mögen – gebrauchen wird, um daraus für unser Leben und unsere Charakterentwicklung etwas Gutes hervorzubringen.

Jakobus beschrieb es wie folgt: „Liebe Brüder! Ihr braucht nicht zu verzweifeln, wenn euer Glaube immer wieder hart auf die Probe gestellt wird. Im Gegenteil: Freut euch darüber! Denn durch solche Bewährungsproben wird euer Glaube fest und unerschütterlich. Bis zuletzt sollt ihr so unerschütterlich festbleiben, damit ihr in jeder Beziehung zur vollen geistlichen Reife gelangt und niemand euch etwas vorwerfen kann oder etwas an euch zu bemängeln hat.“[31] Wenn wir an Jesus festhalten, dann kann er unsere Erfahrungen als Christ, der mit einem Nichtchristen verheiratet ist, gebrauchen, um unseren Charakter in einer Weise zu formen, wie es ohne all diese Kämpfe und Schwierigkeiten niemals möglich wäre.

Wir setzen Gott an die erste Stelle, weil er selbst dann unser Partner sein kann, wenn unser irdischer Partner nicht da ist

In Zeiten, in denen die geistlichen Differenzen mit Ihrem Partner dazu führen, dass Sie sich ein wenig wie eine „geistliche Witwe“ fühlen – abgeschnitten, einsam und von Ihrem Partner durch dessen eisiges Verhalten abgekanzelt –, dann ist Gott da, um Ihnen Trost, Mut und Bestätigung zu geben. „Denn dein Schöpfer ist dein Gemahl, ‚Herr der Heere‘ ist sein Name. Der Heilige Israels ist dein Erlöser, ‚Gott der ganzen Erde‘ wird er genannt.“[32] Gottes Verheißung ist: „Denn es sollen wohl Berge weichen und Hügel hinfallen, aber meine Gnade soll nicht von dir weichen, und der Bund meines Friedens soll nicht hinfallen, spricht der Herr, dein Erbarmer.“[33] Und in Hebräer 13,5 bekundet er: „Ich will dich nicht verlassen und nicht von dir weichen.“

Schließlich setzen wir Gott an die erste Stelle, weil er unseren Partner noch viel mehr liebt als wir

Als die religiöse Elite zu Jesu Zeiten sich darüber entsetzte, dass Jesus Sünder in seine Nähe kommen ließ, da tat er etwas nie zuvor da Gewesenes. Um seiner Antwort Nachdruck zu verleihen, entschloss sich Jesus, eine richtiggehende Feuersalve von drei Geschichten abzugeben. In der Bibel wird keine andere Begebenheit berichtet, bei der er seine Kritiker mit einem solchen Sperrfeuer von Gleichnissen eindeckte, um ganz sicherzugehen, dass sie die Lektion auch verstanden, die er ihnen hier erteilen wollte.

Jesus erzählte von einem verzweifelten Hirten, der Buschwerk und Dornengestrüpp durchkämmt, um ein einziges verirrtes Schaf wiederzufinden. Weiterhin berichtete er von einer Witwe, die auf der Suche nach einer verlorenen Münze fieberhaft ihre bescheidene Hütte auf den Kopf stellt. Schließlich folgt die Geschichte von einem zutiefst unglücklichen Vater, der seine Augen Tag für Tag über den Horizont schweifen lässt in der Hoffnung, dass sein verlorener Sohn zu ihm zurückkehrt.[34]

Mein geistlicher Mentor Bill Hybels wies darauf hin, dass diese Geschichten drei Gemeinsamkeiten aufweisen: (1) Etwas ist verloren gegangen, das einen unschätzbaren Wert besitzt; (2) der Verlust ist so groß, dass er eine intensive Rundum-Suchaktion rechtfertigt; und (3) als die Suche Erfolg hat, ist die Freude übergroß. Es gab eine unmissverständliche Botschaft, die Jesus den hartherzigen religiösen Leitern mit diesen Geschichten vermitteln wollte: Menschen, die geistlich verloren sind, liegen Gott sehr am Herzen. Sie sind es wert, dass Gott und wir uns intensiv darum bemühen, dass sie zum Glauben kommen, und wenn auch nur eine Person gerettet wird, ist das Grund genug, um ein großes Fest zu feiern.[35]

Christen, die mit einem nicht gläubigen Partner zusammenleben, müssen immer wieder zu Jesu Füßen sitzen und diese Lektion lernen. Trotz ihres nicht selten abstoßenden Lebensstils, ihres üblen Wortschatzes, ihrer Saufgelage und ihrer Gleichgültigkeit Gott gegenüber, sind sie in Gottes Augen von unschätzbarem Wert.

Wenn Sie in enger Verbindung zu Gott bleiben, dann wird er Ihr Herz Ihrem nicht gläubigen Partner gegenüber immer wieder weich machen, damit Sie nicht so werden wie die religiösen Snobs zur Zeit des Neuen Testaments, deren selbstgerechte Haltung in Jesu Augen zutiefst abstoßend war. Gott wird dafür sorgen, dass Sie niemals in eine „Ich-gegen-dich"-Mentalität verfallen und Ihren Ehepartner nicht mehr als eine von Gott geliebte Person ansehen können, sondern nur noch als „Feind".

Dies sind freilich nur einige der Gründe, warum wir Gott immer die erste Stelle in unserem Leben einräumen sollten. In Lukas 12,31 heißt es: „Gott wird euch von Tag zu Tag alles zukommen lassen, was ihr braucht, *wenn* ihr das Reich Gottes zu eurem vorrangigsten Anliegen macht."[36] Alles hängt an diesem einen Wort „wenn". Wenn wir Gott und seine Anliegen zu unserem obersten Ziel machen, dann richten wir die Kompassnadel unseres Lebens quasi auf den wahren Nordpol aus – alles andere ordnet sich von daher.

Nun ergibt sich freilich die Frage: *Wie können wir sicherstellen, dass Gott den ersten Platz in unserem Herzen einnimmt?* Im mitunter rauen Alltag einer Ehe mit einem nichtchristlichen Partner ist dies oft nicht einfach.

Unter dem Radar hindurch

Oft nimmt der ungläubige Partner gerade an den Dingen besonders Anstoß, die für den christlichen Partner eine besondere Hilfe sind, um zu einer dauerhaften Vertrautheit mit Gott zu kommen: wenn er oder sie im Gebet mit Gott spricht, wenn er oder sie regelmäßig in der Bibel liest und wenn er oder sie den Kontakt mit anderen Christen innerhalb einer christlichen Gemeinde sucht. Immer wenn Leslie in meiner Gegenwart betete, beschwerte ich mich, sie würde „eine fromme Show abziehen". Wenn ich sah, wie sie in der Bibel las, fing ich an, mit ihr über die Glaubwürdigkeit der Bibel zu streiten. Und wenn sie in die Gemeinde gehen oder sich mit ihren christlichen Freunden treffen wollte, dann beklagte ich mich, sie hätte nicht mehr genug Zeit für mich.

„Ich stellte sehr schnell fest", so sagt Leslie, „dass ich bestimmte geistliche Aktivitäten, die mir halfen, in Gottes Nähe zu bleiben, am besten so praktizierte, dass ich dabei von Lees Radarschirmen nicht bemerkt wurde."

So stand Leslie frühmorgens auf, als ich noch schlief, und

setzte sich an den Küchentisch, um zu beten und in der Bibel zu lesen. Für Leslie waren dies ganz besondere Zeiten des intensiven Austauschs mit Gott, in denen sie sich für den Tag ausrichtete. Während der zwei Jahre, in denen wir geistlich voneinander getrennt lebten, war das Erste, was ich morgens sah, wenn ich aus dem Flur in die Küche kam, Leslie, wie sie leise ihre Bibel zuklappte, aufstand und mich mit einem warmen Lächeln umarmte. Ohne ein Wort zu sagen gab sie mir damit zu verstehen: *Ich habe gerade mein geistliches Frühstück gehabt; wollen wir doch das Thema Gott heute nicht zwischen uns kommen lassen.*

Ihren Gebetskreis legte Leslie so, dass ich gerade im Büro, auf Reisen oder anderweitig beschäftigt war. Auf viele Angebote in der Gemeinde, die ihrem geistlichen Wachstum gut getan hätten – Freizeiten, Seminare, Bibelstunden –, verzichtete sie, um die Spannungen in unserer Ehe nicht noch weiter zu verschärfen. Umso wichtiger war ihr die intensive Mentorbeziehung zu ihrer Freundin Linda.

Wir werden auf die Notwendigkeit eines geistlichen Mentorings im nächsten Abschnitt noch zu sprechen kommen. An dieser Stelle soll nur erwähnt werden, dass Leslies Glaubenswachstum während der ersten beiden Jahren ihres Christseins ganz entscheidend darauf zurückzuführen ist, dass sie sich regelmäßig mit Linda zum Bibellesen und zum Austausch traf. Hier konnte sie ihre Fragen loswerden und hatte jemanden, der mit ihr zusammen betete und ihr mit Rat und Tat zur Seite stand. Mit anderen Worten: Linda half Leslie, Jesus nah zu bleiben, indem sie die Funktionen übernahm, die normalerweise durch die Gemeinde ausgefüllt werden.

Lassen Sie mich an dieser Stelle betonen, dass Leslie niemals versuchte, ihr Christsein und ihre Beziehung zu Jesus vor mir zu verstecken. Sie führte kein Doppelleben, bei dem sie mir etwas vormachte und nur in verborgenen Momenten ihr wahres Gesicht offenbarte. Ich war mir sehr wohl bewusst, dass Leslie zu Jesus gehörte, dass sie betete und in der Bibel las und dass ihr diese Zeiten zunehmend wichtiger wurden.

Doch im Laufe der Zeit wurde sie auch sensibler dafür, was mir und unserer Beziehung gut tat, indem sie ihr geistliches Leben weitgehend so auslebte, dass ich nicht viel davon mitbekam. Dies war einfach ein Zugeständnis an meine Feindseligkeit Gott gegenüber. Es ist gut möglich, dass auch Sie solche Maßnahmen ergreifen müssen, um sich gegen die Kritik und Feindseligkeit Ihres Ehepartners abzuschotten. Überlegen Sie, welche Optionen Sie haben, um Ihre Beziehung zu Jesus so auszuleben, dass Sie gewissermaßen „unter der Radarüberwachung“ Ihres Partners hindurchfliegen.

All dies war für Leslie sehr wichtig, damit sie in ihrem geistlichen Leben wachsen konnte. Nur dadurch, dass sie mit Gott in enger Verbindung lebte, war es ihr möglich, den nächsten Schritt zu tun, ohne die Rangfolge der Prioritäten in ihrem Leben durcheinander zu bringen.

2. Machen Sie Ihren Partner zum wichtigsten Menschen in Ihrem Leben

Im letzten Kapitel habe ich meine Ängste beschrieben, dass ich meine Frau an einen männlichen Rivalen – Jesus – verlieren könnte und dass daraus in mir ein tiefes Gefühl von Angst und Unsicherheit resultierte. Ich war schließlich sehr erleichtert, als ich feststellte, dass Leslies Liebe zu mir durch ihre Hingabe an Jesus sogar noch tiefer wurde und dass sie seit ihrer Bekehrung besonders daran interessiert schien, ihre Beziehung zu mir zu stärken. Anstatt mich zu vernachlässigen, um mehr und mehr Zeit für Jesus und für ihre christlichen Freunde zu haben, verdoppelte sie ihre Bemühungen, mir eine aufmerksame und fürsorgliche Ehefrau zu sein.

Mit der Zeit verstand ich, dass ich immer noch die wichtigste Person in ihrem Leben war, und auch sie war für mich der wichtigste Mensch. Tag für Tag stellte sie ihre eigenen Bedürfnisse hinter meine zurück und diente mir auf eine liebevoll unaufdringliche Art und Weise. Dies steht im Gegensatz zu allem, was in unserer Kultur immer wieder propagiert wird, aber genau darum geht es in der Ehe. Und eben darum geht es auch beim Christsein – dem Meister nachzufolgen, der „nicht kam, um sich dienen zu lassen, sondern um zu dienen.“[37] Leslies beständige Bemühungen, mich ihrer Liebe und Treue zu versichern, haben ganz wesentlich dazu beigetragen, die Wogen in unserer Ehebeziehung zu glätten.

Nach den Aussagen des Apostels Petrus besteht einer der Schüssel im Umgang mit einem nichtchristlichen Ehemann darin, ihm „einen vorbildlichen Lebenswandel" zu demonstrieren und ihm „in Achtung zu begegnen."[38] Achtung voreinander ist in der Ehe von zentraler Bedeutung, vor allem für den Mann. Sie signalisieren Ihrem Partner damit, dass Sie ihn schätzen, dass er Ihnen etwas bedeutet, dass Sie an ihn glauben, dass Sie ihn bewundern, dass Sie dankbar für ihn sind und dass Sie eine hohe Meinung von ihm haben.

Wenn Sie die Achtung vor Ihrem Partner verlieren, dann kann dies der Anfang vom Ende Ihrer Beziehung sein, weil er Ihre Enttäuschung spüren wird. Der Verlust Ihrer Achtung wird sich unweigerlich in negativen und herabwürdigenden Bemerkungen niederschlagen, die Ihren Partner tief verletzen. Schließlich wird er sich innerlich, und vielleicht sogar äußerlich, von Ihnen zurückziehen.

In ihrem Buch „*When a Believer Marries a Nonbeliever*" (Wenn ein Gläubiger einen Nichtgläubigen heiratet) schreibt Bebe Nicholson (ihr Ehemann, der schließlich vom Skeptiker zum Christen wurde, heißt übrigens ironischerweise auch Lee): „Es ist ganz entscheidend, den anderen zu achten, seine schwachen und verwundbaren Punkte nicht als Angriffsflächen auszunutzen und selbst in der Hitze des Gefechts Liebe und Freundlichkeit zu wahren. Ansonsten kommt es leicht zu einer negativen Abwärtsspirale innerhalb der Paarbeziehung. Wir müssen lernen, unseren Partner in einem positiven Licht zu sehen, und seien die Meinungsverschiedenheiten noch so ausgeprägt. Es ist wichtig, dass wir uns immer auf die Sache beschränken und nicht persönlich beleidigend werden. Wir müssen auch der Versuchung widerstehen, unsere Differenzen in Gegenwart anderer auszutragen oder mit anderen negativ über unseren Partner zu reden. Es ist entscheidend, unsere negativen Gedanken immer wieder durch positive Gedanken zu ersetzen."[39]

Was also meint Petrus, wenn er von einem „vorbildlichen Lebenswandel" spricht? Viele Bibelübersetzungen verwenden hier den Begriff der „Reinheit", und in einigen älteren Übersetzungen wird von „Keuschheit" gesprochen.[40] Ein Gelehrter wies darauf hin, dass dieser Begriff „sich keineswegs auf die Reinheit im sexuellen Bereich beschränkt, er beschreibt die Reinheit des Charakters und des Verhaltens, die für das ganze Leben des Christen kennzeichnend sein sollten."[41]

Obwohl ich Leslies Glauben ablehnte, konnte ich doch nicht verleugnen, dass die Reinheit und Echtheit dessen, was sie vorlebte, etwas sehr Anziehendes und Überzeugendes hatte. Menschen, bei denen Charakter und Verhalten mit ihren inneren Überzeugungen übereinstimmen, muss man einfach achten und anerkennen. In einer Welt, in der alles verwässert und relativiert wird, wo jeder danach fragt, was für ihn dabei herausspringt, und wo der Zweck die Mittel heiligt, da gewinnen Leute wie Leslie, deren Leben sich durch eine bescheidene Treue zu Jesus auszeichnet, oft die Anerkennung von Nichtchristen.

Ein Musterbeispiel dafür, wie eine Ehefrau ihren Partner „durch Achtung und einen vorbildlichen Lebenswandel" für Jesus gewinnt, wurde schon vor vielen hundert Jahren von Augustinus, dem großen christlichen Philosophen, beschrieben. Augustinus beobachtete, wie seine Mutter, Monika, ihrem Ehemann viele Jahre lang selbstlos diente und schrieb an Gott: „... und tat alles, was in ihrem Vermögen lag, um ihn für dich zu gewinnen, sie bezeugte dich ... durch ihr Betragen [d.h. ihr Verhalten], durch welches du sie in den Augen ihres Mannes liebenswert und achtbar gemacht hast.... Und als ihr Mann am Ende seines irdischen Lebens angelangt war, da gewann sie ihn für dich."[42]

Wie sah dieser „vorbildliche Lebenswandel" bei Leslie in der Praxis aus?

Leslie suchte aktiv nach Möglichkeiten, um mir zu dienen

Billy Graham sagte einmal, einer der größten Feinde der Ehe sei die Selbstbezogenheit. Beide Partner in einer Beziehung sollten einander dienen, die Wünsche und Bedürfnisse des anderen erkennen und nach Wegen suchen, um zu ihrer Erfüllung beizutragen. Am Abend unserer Hochzeit prägte meine Mutter den Satz: „Die Ehe ist kein Halbe-Halbe-Geschäft, beide müssen 100 Prozent beisteuern. Jeder von beiden muss alles einsetzen, um dem anderen zu dienen, ihn zu lieben und für ihn da zu sein."

Ein christlicher Autor schlug vor, wir sollten uns jeden Morgen, wenn wir aufwachen, die Frage stellen: „‚Wie kann ich meinen Partner heute glücklich machen?' Wenn der christliche Partner eine solche Einstellung in seiner Ehe entwickelt, dann wird der andere oft hellhörig und fängt an, sich Fragen zu stellen, wer Gott ist und auf welche Weise er wirkt.“[43]

Genau dies geschah in unserer Ehe. Als Leslie anfing, kleine Dinge zu tun, einfach um mir eine Freude zu bereiten – indem sie beispielsweise mein Lieblingsabendessen kochte, mir ein Buch kaufte, von dem sie wusste, dass es mir Freude machen würde, oder mittags überraschend im Büro aufkreuzte und mich zum Mittagessen ausführte –, sprach all das Bände, wie sie von mir dachte. Und je mehr Leslie mir diente, desto mehr wuchs mein Wunsch, Wege zu finden, wie *ich ihr* dienen konnte!

Eines ist dabei wichtig: Wann immer Leslie etwas für mich tat, dann waren es Dinge, die ich wirklich mochte. Es ging ihr nie darum, mir zu zeigen, was ich als Gegenleistung für sie tun könnte. „Achten Sie genau darauf, wie er reagiert“, schlug Carole Mayhall vor. „Vielleicht ist er Ihnen dankbar, wenn Sie einmal eine soziale Verpflichtung absagen, weil Sie wissen, dass er an diesem Tag viel um die Ohren gehabt hat und ihm Ihre Liebe zeigen, indem Sie beispielsweise auf seinem Kissen aus ganz vielen Smarties ‚Ich liebe dich‘ schreiben.“[44]

Leslie hörte mir wirklich genau zu, wenn ich etwas sagte

Zwischen Hören und Zuhören besteht ein gewaltiger Unterschied! „Beim Hören nehmen wir einfach bestimmte Inhalte auf, um unser eigenes Informationsbedürfnis zu erfüllen“, so Eheberater Norman Wright. „Beim Zuhören dagegen geht es uns um *den anderen*, darum, was in ihm vorgeht. Beim Zuhören versuchen wir, seine Gefühle zu verstehen. Es ist also ein Hören um des anderen willen.“[45]

Wenn ich mich mit Leslie unterhielt, wusste ich, dass sie wirklich ganz da ist. Ich hatte niemals den Eindruck, um ihre Aufmerksamkeit kämpfen zu müssen, und das zeigte mir, dass sie mich achtete. In Jakobus 1,19 heißt es: „Jeder Mensch soll schnell bereit sein zu hören, aber zurückhaltend im Reden.“

Leslie gab mir das Gefühl, dass sie mich braucht

Wenn ich es damals auch nie so hätte benennen können, war es doch eine meiner Befürchtungen, dass ich meine Bedeutung in ihrem Leben verlieren und überflüssig für sie werden könnte. Als ihr Mann hatte ich das Bedürfnis, sie zu beschützen und für sie zu sorgen. Was nun, wenn sie die Erfüllung ihrer Bedürfnisse mehr und mehr von Gott erwartete? Würde ich dadurch für sie nicht automatisch weniger wert?

In ihrem Buch „*Caught in the Middle*“ gehen Beverly Bush Smith und Patricia DeVorss auf genau dieses subtile und doch nicht minder bedeutsame Problem ein: „Der Herr verheißt, dass er für alle unsere Nöte aufkommen wird ... und somit sind wir nicht mehr so sehr auf andere Leute angewiesen. So wohltuend dieses Gefühl der Unabhängigkeit sein mag, unsere Ehemänner fühlten sich ursprünglich gerade deshalb zu uns hingezogen, weil sie für uns sorgen wollten. Es ist wichtig, dass wir unseren Männern das Privileg zugestehen, ihren Schutz und ihre Fürsorge zu brauchen.“[46]

Im weiteren Verlauf schlagen sie eine Reihe von Dingen vor, die Leslie damals ganz von sich aus tat: „Zeigen Sie Ihrem Mann Ihre Dankbarkeit dafür, dass er den Lebensunterhalt verdient ... Seien Sie dankbar für alles, was er Ihnen dadurch ermöglicht, anstatt wegen dem zu meutern, was Ihnen fehlt. Und wenn er sich Sorgen darüber macht, dass Sie abends allein im Auto unterwegs sind oder allein auf Reisen gehen, dann nehmen Sie keinen Anstoß daran. Er geht nur seinem göttlichen Auftrag nach, Ihr Beschützer zu sein.“[47]

Leslie zeigte ihre Wertschätzung für unsere Beziehung dadurch, dass sie unsere Gemeinsamkeiten suchte und betonte

Natürlich, es gab wegen unserer unterschiedlichen religiösen Überzeugungen einen Bruch zwischen uns. Doch wir mussten unsere Gemeinsamkeiten in anderen Bereichen ja nicht vernachlässigen. Leslie und ich hatten geheiratet, weil wir beide die Gesellschaft des anderen schätzten und eine Vielzahl von Interessen miteinander teilten. Leslie gab sich große Mühe, gerade diese

Dinge aufzuspüren und dafür zu sorgen, dass wir sie gemeinsam weiterverfolgten.

So machte es uns große Freude, zusammen zu verreisen und neue Restaurants und Sehenswürdigkeiten zu erkunden. Leslie drängte darauf, dass wir eine mehrtägige Reise zu einer malerischen Ferienanlage in Wisconsin machten. Wir ließen also unsere Meinungsverschiedenheiten über Gott zu Hause und verbrachten unsere Zeit damit, lange Waldspaziergänge zu machen, uns beim Abendessen in tiefgründigen Gesprächen zu verlieren und abends mit dem Fahrrad auf abgelegenen Nebenstraßen zu fahren.

„Eine Ehe wird nicht durch Ketten zusammengehalten", wie Simone Signoret einmal sagte. „Es sind Fäden, Hunderte von winzigen Fäden, durch die zwei Menschen über die Jahre miteinander verwoben werden."[48] Leslie sorgte dafür, dass unsere geistliche Disharmonie nicht dazu führte, dass unsere ganze Beziehung sich aufzulösen drohte. Sie fand die Kettfäden, die unser Leben zusammenhielten, und tat ihr Möglichstes, um sie zu stärken.

Leslie verglich mich nie mit christlichen Ehemännern

Wohl jeder von uns denkt gelegentlich einmal darüber nach, wie es wäre, mit einem anderen Partner verheiratet zu sein. Doch Leslie achtete sehr darauf, mich niemals mit christlichen Ehemännern zu vergleichen oder mir auch nur im Geringsten zu verstehen zu geben, dass ich an die geistliche Reife oder den bewundernswerten Umgang mit ihren Frauen, die christliche Männer so aufzuweisen hatten, nicht heranreichte. „Solche Vergleiche sind gefährlich, weil wir damit unseren Partner entehren (wir geben ihm indirekt zu verstehen, dass wir eigentlich lieber mit einem anderen Menschen verheiratet wären) und die Verantwortung für unser Handeln von uns abwälzen", schreibt Elisabeth Cody Newenhuyse. „Anstatt unsere Unzufriedenheit mit unserer Ehe zu lindern, flüchten wir uns in die Phantasie: ‚Wenn es doch bei uns nur so sein könnte wie bei den Smiths.' Natürlich kann es bei uns niemals so sein, und so sind wir der Notwendigkeit enthoben, etwas an unseren Umständen zu ändern."

Ihr Rat: Wir sollten lieber unsere Ehebeziehungen vergleichen, nicht unsere Partner. „Wenn ich darüber sinniere, wie es wohl wäre, wenn mein Mann unserem Freund Greg ähnlicher wäre, der seine Frau laufend ausführt, dann bin ich drauf und dran, meinen Mann zu entehren. Wenn ich dagegen meinem Partner gegenüber ganz beiläufig die Bemerkung mache, ‚Die Johnsons haben neulich einen sehr netten Abend im Theater verbracht – vielleicht sollten wir da auch mal hingehen', dann mache ich einen konstruktiven Vorschlag, durch den sich mein Mann nicht bedroht fühlen muss."[49]

Anstatt mir zum Beispiel unseren Nachbarn Bill als Vorbild unter die Nase zu reiben, der für seine Familie ein starker Impulsgeber in geistlichen Dingen ist, formulierte Leslie ihre Anregungen konstruktiv: „Bill und Janet lassen ihre Kinder an einem Jugendprogramm der Gemeinde teilnehmen, um ihnen eine gesunde Basis an Wertmaßstäben zu vermitteln. Vielleicht wäre so etwas auch für Alison und Kyle gut." Solche Vorschläge hatten für mich nichts Bedrohliches und griffen meinen Selbstwert nicht an.

Leslie liebte mich als Ehepartner, nicht als Evangelisationsobjekt

Es war für mich ganz entscheidend, dass ich nie das Gefühl hatte, Leslies Liebe zu mir sei an bestimmte Bedingungen geknüpft oder aus ihrem Wunsch heraus motiviert, mich für Jesus zu gewinnen. Ich war ihr Ehemann, nicht nur das Objekt ihrer missionarischen Bemühungen. Ich brauchte einfach die Gewissheit, dass sie mich auch dann noch als vollwertigen Partner respektierte, wenn ich ihr in religiösen Dingen kein Gegenüber sein konnte. Im Rückblick sehe ich, wie oft ich ihr das Leben schwer gemacht habe. Dennoch vermittelte sie mir niemals den Eindruck, dass sie mich mehr lieben, achten oder wertschätzen würde, wenn ich kein Skeptiker, sondern ein Christ wäre.

Indem Leslie in der Zeit, wo wir geistlich getrennte Wege gingen, diese sechs Prinzipien befolgte, zog sie an den vielen kleinen Fädchen, die uns miteinander verbanden und wob sie auf diese Weise immer fester. Damals war mir gar nicht bewusst, wie sehr ihre Beziehung zu Jesus ihr dabei half und sie immer befähigte, mir in Liebe zu begegnen. Eines aber sah ich: Wann immer die Fliehkräfte, die durch unsere Meinungsverschiedenheiten in religiösen Dingen auf unserer Ehe lasteten, überhand nahmen und unsere Beziehung zu zerreißen drohten, dann suchte sie umso mehr meine Nähe und gab mir die Gewissheit, dass sie für mich da war. Ich wiederum fühlte mich dadurch stärker zu ihr hingezogen.

Es gab jedoch noch eine dritte Beziehung, die in diesen Jahren eine entscheidende Rolle spielte, wenn ich damals auch nichts davon wahrnahm.

3. Sichern Sie sich die Unterstützung durch einen geistlichen Mentor, der Ihnen Anleitung gibt, Sie ermutigt und unterstützt

Haben Sie auf einer Sommerfreizeit oder bei einer ähnlichen Gelegenheit schon einmal Armbänder aus Leder oder anderen Fäden geknüpft? Wenn Sie nur zwei Stränge verwenden, ist das Ergebnis nicht gerade sehr eindrucksvoll. Mit drei Strängen sieht die Sache gleich ganz anders aus! Genau dieses Prinzip wird in der Bibel in Prediger 4,9-12 beschrieben:

„Zwei sind besser als einer allein, falls sie nur reichen Ertrag aus ihrem Besitz ziehen. Denn wenn sie hinfallen, richtet einer den anderen auf. Doch wehe dem, der allein ist, wenn er hinfällt, ohne dass einer bei ihm ist, der ihn aufrichtet. Außerdem: Wenn zwei zusammen schlafen, wärmt einer den andern; einer allein – wie soll er warm werden? Und wenn jemand einen Einzelnen auch überwältigt, zwei sind ihm gewachsen, und eine dreifache Schnur reißt nicht so schnell."

Sie brauchen einfach einen engen Vertrauten, um mit dem emotionalen Kuddelmuddel einer geistlich ungleichen Partnerschaft zurechtzukommen. Doch diese beiden Beziehungsfäden werden nie wirklich ausreichen, solange Sie nicht den dritten Faden, Gott, in Ihr Leben voll mit einspinnen. Wenn Sie das tun, dann haben Sie eine starke Quelle übernatürlicher Kraft zu Ihrer Verfügung. Gott kann diese vertraute Person gebrauchen, um seinem Willen in Ihrem Leben zum Durchbruch zu verhelfen und sich Ihnen in liebevoller Weise mitzuteilen.[50]

Diese Rolle hatte Linda in Leslies Leben. Gott verband sich ganz stark mit den beiden und schuf dadurch eine starke dreifache Schnur, die den Belastungen einer spannungsreichen Partnerschaft gewachsen war. Wenn Sie für eine solche Position eine Stellenausschreibung machen wollten, dann würde diese etwa folgendermaßen klingen:

Gesucht wird ein reifer, geistlich erfahrener Christ mit einem hohen Maß an Weisheit, Sensibilität, Warmherzigkeit und Findigkeit. Zu Ihren Aufgaben gehört die Unterstützung durch Gebet, Ermutigung und Beratung. Sie brauchen wasserfeste Schultern, an denen man sich ausheulen kann, belastbare Knie für lange Phasen des Gebets und ein gesundes Rückgrat, um wenn nötig einem Freund entgegenzutreten. Sinn für Humor ist unverzichtbar. Sie sollten jeden Tag rund um die Uhr erreichbar sein. Es gibt keine Vergütung, dafür aber reichen Lohn.

Dies ist eine gute Beschreibung für Linda. Obwohl sie selbst nie in einer Partnerschaft mit einem Nichtchristen gelebt hat, hatte sie doch von Gott so viel Einfühlungsvermögen bekommen, dass sie Leslies Situation verstehen und ihre Schwierigkeiten ermessen konnte. Sie erfüllte im Wesentlichen drei Rollen in Leslies Leben.

Sie war eine geduldige und aufmerksame Lehrerin

Wie bereits erwähnt brauchte Leslie unbedingt eine Person, die ihr Gott näher brachte und ihr Hilfestellung dabei gab, mit ihm im Alltag zu leben. Dies tat Linda, indem sie mit Leslie Studienmaterial durcharbeitete, christliche Bücher mit ihr besprach, die die beiden jeweils parallel lasen, und Leslies zahllose Fragen über den Glauben beantwortete. Da Linda im selben Mietshaus wohnte, war es für die beiden einfach, sich zur Not auch ganz kurzfristig zu treffen, wenn ich gerade einmal weg war.

„In gewisser Weise war sie für mich Pastor, Lehrer, Mentor und Trainer in einer Person“, so beschreibt Leslie die Rolle, die Linda in ihrem Leben spielte. „Glücklicherweise hatte Gott ihr die richtigen Begabungen und die geeignete Persönlichkeit gegeben, dass sie all diesen Rollen sehr gut gerecht wurde. Sie tat die Dinge nicht widerwillig; es machte ihr Freude, mit mir zusammen zu sein und mir beim Wachstum im Glauben zu helfen.“

Sie war ein gutes und anschauliches Rollenmodell

Leslie und ich hatten noch nie zuvor ein Ehepaar gekannt, bei dem beide Partner wirkliche Christen waren. Noch bevor Leslie sich bekehrte, beobachteten wir über eine lange Zeit hinweg insgeheim, wie sich Linda und Jerry als Ehepaar verhielten.

War bei ihnen etwas von frommer Überheblichkeit gegenüber Leuten zu spüren, die ihre theologischen Ansichten nicht teilten? Wie gingen sie mit Konflikten in ihrer Partnerschaft um? Setzten sie einfach ihre fromme Maske auf und überspielten allen Ärger, alle Ängste und Frustrationen? Blieben sie in ihren Äußerungen immer bei der Wahrheit? Konnten sie andere um Verzeihung bitten, wenn sie Fehler gemacht hatten? Wir wollten sehen, ob bei ihnen Bitterkeit zurückblieb, wenn wir einmal etwas taten, das sie verletzte, ob sie auch in Kleinigkeiten ehrlich waren und wie sie über andere Leute redeten.

Wir beobachteten sie über eine lange Zeit hinweg. Nun raten Sie mal, was wir feststellten. Sie waren nicht vollkommen, aber auf der anderen Seite machten sie auch keinen Hehl daraus.

Was uns in erster Linie an ihnen auffiel, war die Haltung liebevoller Offenheit, die sie uns entgegenbrachten. Sie waren demütig genug und scheuten sich nicht, ihre Fehler einzugestehen, und wenn es Konflikte gab, waren sie immer um Versöhnung bemüht. Sie waren immer bereit, ihre rauen Ecken und Kanten zu sehen, und taten ihr Möglichstes, um daran zu arbeiten. Niemals versuchten sie uns vorzuspielen, das Leben als Christ sei immer glücklich, und sie gaben sogar zu, dass sie von Zeit zu Zeit ihre Glaubenskämpfe auszufechten hatten. In allem, was sie taten, konnten wir das ehrliche Bemühen sehen, Stück für Stück immer etwas mehr wie Jesus zu werden. Kurz gesagt: Sie waren einfach *echt*.

Ihr echter und tief verwurzelter Glaube drückte etwas von dem Salz und Licht aus, das die Jünger nach den Worten Jesu in der Welt repräsentieren sollten.[51] Sie sollten Salz und Licht sein, indem sie ein Leben führen, das in anderen den Durst nach Gott weckt, das der Welt Würze gibt und das den moralischen Verfall der Gesellschaft aufhält. Er wollte, dass sie Lichter sind, die den Menschen seine Wahrheit aufzeigen, die sein Erbarmen an dunkle Orte voller Hoffnungslosigkeit und Verzweiflung bringen und dadurch andere zu Jesus ziehen – weil ER das wahre Licht des Lebens ist.

Gott gebrauchte Lindas und Jerrys glaubwürdigen christlichen Lebensstil mit all seiner Würze und Strahlkraft, um Leslie zum Glauben an Jesus zu bringen. Er gebrauchte ihre Ehe, um Leslie Tag für Tag vor Augen zu führen, wie eine Partnerschaftsbeziehung fest auf Jesus gegründet sein kann. Leslie beobachtete in aller Stille, wie eine Partnerschaft nach neutestamentlichen Maßstäben aussehen kann. Und obwohl Leslie den beiden näher stand als ich, fühlte auch ich mich durch ihre gewinnende und anziehende Art, miteinander umzugehen, unweigerlich angezogen.

Sie war eine herzliche und hilfsbereite Gefährtin

„Es gab Zeiten, da war ich so ärgerlich über dich, dass ich hätte schreien können“, gab Leslie zu, als wir dieses Kapitel zusammen durchsprachen. „Ich habe sogar geschrieen, nur konnte ich mir glücklicherweise verkneifen, dich anzuschreien. Das hätte die Sache nur noch schlimmer gemacht! Wenn mir zum Schreien zumute war, bin ich zu Linda gegangen. Dort durfte ich mich ausjammern und ausheulen. Sie hat sich immer Zeit für mich genommen, ganz gleich ob sie noch im Pyjama war oder ob sich das Geschirr in ihrer Spüle auftürmte. Ich fühlte mich immer willkommen. Ich weiß beim besten Willen nicht, was ich ohne sie gemacht hätte!“

Obwohl Linda zuließ, dass Leslie ihre Gefühle ungefiltert und ungeschminkt ausdrückte, achtete sie doch sehr darauf, mit Leslie und Gott zusammen keine Allianz gegen mich zu schmieden. Es wäre allzu einfach gewesen, in all den vielen Streitpunkten immer für Leslie Partei zu ergreifen und mich als Feind anzusehen. Doch Linda wurde nicht müde, immer wieder meine guten Seiten hervorzuheben und Leslie aufzuzeigen, dass nicht alle unsere Eheprobleme darauf zurückzuführen waren, dass ich nicht gläubig war.

„Linda hat nie zugelassen, dass ich im Selbstmitleid versank“, berichtet Leslie. „Sie hörte mir zu, fühlte mit mir, tröstete mich, aber sie führte mich immer an den Punkt, wo sie mir die Tränen abwischte und mir half, wieder auf die Beine zu kommen. Sie hob das Positive hervor und machte mir konkrete Vorschläge, was ich tun konnte, um die Dinge wieder ins Lot zu bringen. Sie ließ nicht zu, dass ich im Negativen verharrte. Sie wies mir immer den Weg nach vorne und zu Gott hin."

Sie war eine liebevolle und doch bestimmte Seelsorgerin

Linda widerstand der Versuchung, Leslie immer die Dinge zu sagen, die sie hören wollte. Sie gab ihr immer wieder biblisch fundierte Ratschläge, auch wenn sie für Leslie in diesem Moment schwer zu akzeptieren waren.

So hatte ich Leslie an einem Wochenende gebeten, nicht in die Gemeinde zu gehen, weil ich mit ihr etwas unternehmen wollte. Leslie wurde wütend und lief zu Linda hinüber, um ihrer Enttäuschung Luft zu machen. Leslie erinnert sich noch gut an jenen Morgen: „Ich sagte Linda, dass es mir ganz egal sei, wie du (Lee) darüber denkst – ich wollte einfach in den Gottesdienst gehen, und damit basta!"

Wie einfach wäre es für Linda in dieser Situation gewesen, Leslie zur Seite zu springen und zu sagen: „Recht hast du! Geh nur in die Gemeinde, wenn dir danach ist, und Lee muss einfach sehen, wie er damit klarkommt."

Doch Linda war sich sehr bewusst, welchen Schaden Leslie durch solch eine Sturheit in unserer wackeligen Beziehung anrichten würde. So sagte sie zu ihr: „Gott will nicht, dass du in die Kirche gehst, um Lee eins auszuwischen. Ich glaube, Gott würde sich eher freuen, wenn du heute mal zu Hause bleibst und Lee dadurch zeigst, dass er dir wichtig ist. Dadurch kannst du ihm deinen Respekt zum Ausdruck bringen, auch wenn ihr geteilter Meinung seid."

Wie reagierte Leslie auf Lindas Einwand? „Er passte mir überhaupt nicht in den Kram", erinnert sie sich heute. „Ich wollte einfach böse auf dich sein – du hattest es verdient! Ich wollte dir so gern eins auswischen. Doch als ich so darüber nachdachte und noch mal ins Gebet ging, da wurde mir klar, dass Linda Recht hatte. Ich gab also nach, mit der Konsequenz, dass sich die Fronten zu Hause weit weniger verhärteten, als wenn ich auf meiner Absicht beharrt hätte."

Lindas liebevoller und bestimmter Rat hat uns vor einer Menge Leid bewahrt und mit dazu beigetragen, dass es zu einer erstaunlichen Begebenheit kam, die Leslie daran erinnerte, dass Gott sie nicht vergessen hatte.

Ein kleines Wunder

Bei dieser Begebenheit wollte Leslie Geld für ein Bauprojekt der Gemeinde spenden. Wie Leslie in einem früheren Kapitel berichtete, explodierte ich schier, als sie den Vorschlag zur Sprache brachte, und bestand darauf, dass kein Pfennig von unserem Geld an die Gemeinde ging. Hier wollen wir Ihnen die Geschichte nun zu Ende erzählen.

In der darauf folgenden Woche stieß Leslie auf eine Zeitungsannonce, in der Leute gesucht wurden, die daran interessiert waren, von zu Hause aus mit einem Telefonjob Geld zu verdienen. Das war eine geniale Lösung, dachte sie. Sie konnte ihr eigenes Geld verdienen, um dann der Gemeinde etwas davon zu spenden. Dagegen würde ich nichts einwenden können, denn schließlich was es ja nicht *mein* Geld, das zu diesen „Scharlatanen" floss.

Nun, ich hatte trotzdem etwas dagegen einzuwenden. Als Leslie mir von ihren Plänen erzählte, sagte ich: „Das ist eine prima Idee, aber ich denke, wir können das zusätzliche Geld besser gebrauchen, um für unseren Urlaub oder für ein neues Auto zu sparen! Ich möchte nicht, dass du davon etwas an die Kirche spendest! Dann könnten wir es ebenso gut zum Fenster hinauswerfen!"

Am nächsten Tag ging Leslie zu Linda und schüttete ihr Herz aus: „Ich weiß einfach, dass Gott mir diese Stelle gegeben hat, damit ich etwas zum Spenden habe. Ich muss eine Möglichkeit finden, einen Teil dieses Geldes beiseite zu schaffen, und es dann einfach heimlich der Gemeinde zukommen lassen."

Auch hier war Lindas Rat nicht gerade das, was Leslie gerne gehört hätte. „Leslie", sagte sie, „der Herr braucht dein Geld nicht. Ihm ist es wichtiger, dass eure Ehe Bestand hat und du deinem Mann mit Achtung begegnest."

„Das kann doch wohl nicht dein Ernst sein", erwiderte Leslie zutiefst frustriert. „Ich habe diese Stelle doch gerade angenommen, um etwas zum Bauprojekt beisteuern zu können. Es sind nur noch wenige Wochen bis zum Stichtag, und ich wäre tief enttäuscht, wenn ich nichts dazu beitragen dürfte. Ist *das* etwa auch Gottes Wille?“

Doch Linda hielt an ihrem weisen Ratschlag fest: „Wenn Gott will, dass du dich beteiligst, dann wird er auch einen Weg finden, um es dir zu ermöglichen, ohne dass du Lee belügen und hinter seinem Rücken Geld abzweigen musst. Täuschung ist jedenfalls nicht gerade die richtige Methode, um in eurer Ehe Vertrauen zu schaffen.“

Linda und Leslie entschlossen sich, es auf konstruktive Weise zu versuchen: Sie vereinbarten, dafür zu beten, dass Gott meine Haltung verändern würde.

Nach unserem Streit über Leslies Arbeit war bei uns zu Hause über Tage hinweg dicke Luft. Hinter den Kulissen jedoch war Gott dabei, mein Herz weich zu machen und mich dazu zu bringen, meine Haltung zu überdenken. Mir wurde bewusst, dass ich Leslie einfach zu sehr liebte, um so mit ihr umzuspringen. Eines Abends kam ich zu ihr in die Küche und setzte mich an den Tisch.

„Du, Leslie, ich habe viel über deinen Wunsch nachgedacht, etwas zu diesem Baufonds beizutragen“, sagte ich. „Ich verstehe zwar nicht, warum du so etwas Verrücktes unbedingt tun willst, aber du hast Recht: Schließlich hast du das Geld verdient, und wenn du die Stelle nicht angenommen hättest, um der Gemeinde etwas spenden zu können, hätten wir es gar nicht zur Verfügung. Also ist es nur richtig, dass du deinen Beitrag leistest.“

Leslie war überglücklich. „Danke!“, sagte sie und fiel mir um den Hals. „Ich weiß, dass du das nicht verstehen kannst, aber es bedeutet mir wirklich enorm viel.“

„Nein“, sagte ich und schüttelte meinen Kopf, „ich verstehe es wirklich nicht. Aber ich liebe dich, und wenn es dir so wichtig ist, dann soll es mir recht sein.“

So schrieb Leslie ihren Scheck an die Gemeinde aus. Linda hatte Recht gehabt, es fühlte sich wirklich viel besser an, als wenn Leslie hinter meinem Rücken Geld gespendet hätte. Doch damit war die Episode noch nicht abgeschlossen. Gott wollte nicht nur mein Herz berühren, er wollte zugleich uns beiden eine Lektion über seine Treue erteilen – und seinen Humor ...

Am nächsten Tag klingelte das Telefon. Es war Leslies Vorgesetzter. Er erklärte ihr, sie hätten gerade festgestellt, dass sie ihre Arbeitszeitbögen falsch ausgefüllt hätte.

Leslie wurde ganz blass. „Heißt das, dass Sie mir zu viel bezahlt haben und ich Ihnen etwas schuldig bin?"

„Aber nein", erwiderte er. „Im Gegenteil. Wir schulden Ihnen Geld."

„Wie viel ist es denn?", fragte Leslie.

Er nannte ihr den Betrag. *Es war genau die Summe, die Leslie an den Baufonds der Gemeinde gespendet hatte!* Welch ein wunderbarer Gott! Er gebrauchte dieses kleine Wunder, um Leslie seine Güte und Liebe zu zeigen. Dank Lindas Rat hatte sie genau das Richtige getan und sich nicht dazu hinreißen lassen, mich zu hintergehen; und Gott hatte sie dafür belohnt. Ich selbst war zutiefst verblüfft! Es war einer jener erstaunlichen „Zufälle", die dazu führten, dass ich die halbe Nacht wach lag und mich fragte, ob es nicht doch einen Gott gibt, der sich für seine Kinder interessiert und für sie sorgt.

Wie können Sie eine solche Linda finden?

Wenn Sie mit einem Nichtchristen verheiratet sind, dann werden wir Sie sicherlich nicht erst mühsam davon überzeugen müssen, dass Sie so jemanden wie Linda in Ihrem Leben brauchen. So wie Gott die Seelen von David und Jonathan ganz innig miteinander verband, so muss er auch zwischen Ihnen und einer anderen Person – und natürlich IHM selbst – eine ganz innige Beziehung stiften.[52] Auf einer Plakette habe ich mal folgende Definition von Freundschaft gelesen: „Ein Freund ist jemand, der weiß, wer du bist, der versteht, wo du herkommst, der dich so akzeptiert, wie du bist, und der dich dennoch ganz sachte dazu anregt, über den Status quo hinauszuwachsen."[53]

Hier ein paar Ideen, wie Sie jemanden finden können, der Ihnen zu einem solchen Freund werden kann:

▷ Bitten Sie Gott, jemanden wie Linda in Ihr Leben zu bringen. Beten Sie vor allem, dass er Ihnen einen Menschen schenkt, der Ihnen zu einem Ermutiger, Mentor und Freund wird, der Ihnen hilft, Ihren Glauben zu vertiefen, und der Sie durch schwere Zeiten begleitet.

- Fragen Sie die Leiterin der Frauenarbeit in Ihrer Gemeinde (oder, wenn Sie ein Mann sind, den Leiter der Männerarbeit), ob sie (bzw. er) jemanden kennt, der Freude daran hätte, eine Mentoringbeziehung mit Ihnen anzufangen. Suchen Sie nach einer Person, die über einige der folgenden Geistesgaben verfügt: Ermutigung, Unterscheidung, Weisheit, die Gabe des Lehrens und eine Hirtengabe. Es ist natürlich hilfreich, wenn die betreffende Person selbst einmal mit einem nichtchristlichen Partner verheiratet war bzw. ist. Dies würde es ihr ermöglichen, sich besonders gut in Ihre Situation einzufühlen.
- Wenn Sie in Ihrer Gemeinde keinen geeigneten Mentor finden, dann versuchen Sie doch einmal, sich einer Kleingruppe in Ihrer Gemeinde anzuschließen. Eine Gruppe von Leuten, die sich zu einer Tageszeit trifft, die für Ihre Ehe nicht belastend ist, kann für Sie zu einer Nabelschnur werden. Möglicherweise finden Sie gleich eine ganze Reihe von Lindas – oder Sie fühlen sich einer Person aus der Gruppe besonders verbunden, mit der Sie dann eine Art informelles Mentorenverhältnis begründen können. Einige wenige Gemeinden bieten sogar Kleingruppen an, die sich ganz speziell an Leute richten, die mit einem nichtchristlichen Partner verheiratet sind.
- Es gibt auch übergemeindliche Organisationen, die Ihnen möglicherweise helfen können. So hat sich Leslie beispielsweise, nachdem wir aus Illinois weggezogen sind, an „Stonecroft Ministries“ gewendet, eine Arbeit, die christliche Frauentreffen im ganzen Land organisiert. In Deutschland könnten Sie sich an „Team F“ (ehemals „Neues Leben für Familien“) wenden (Adresse siehe Anhang). Internet: www.nlff.de. Diese Organisation bietet Rat und Hilfe, auch in Form von Seminaren, an.

Es ist wichtig, dass Sie eine solche Beziehung von vorneherein als ein Geben und Nehmen verstehen. Erwarten Sie nicht, dass Sie in dieser Freundschaft immer nur empfangen können. Wenn wir wie selbstverständlich davon ausgehen, am nehmenden Ende der Beziehung zu sitzen, dann sind Enttäuschungen vorprogrammiert. Gott wird vielmehr Sie beide gebrauchen, um einander zu dienen und sich gegenseitig zu ermutigen, vorausgesetzt natürlich, dass auch die andere Person die prinzipielle Bereitschaft dazu mitbringt.

„Sie können nur das behalten, was Sie bewusst weggeben", sagte Ted Engstrom einmal. „Verschenken Sie Ihre Freundschaft, und Sie werden Freundschaft ernten. Verschenken Sie sich selbst, und Ihr ‚besseres' Selbst kommt vielfach zu Ihnen zurück."[54]

Eine solide Basis

Sie haben also angefangen, in einer engen, echten und tiefen Abhängigkeitsbeziehung zu Gott zu leben. Sie haben den festen Entschluss gefasst, dass Ihr Partner die wichtigste menschliche Bezugsperson in Ihrem Leben bleiben soll. Und Sie haben sich mit einer Person wie Linda angefreundet, die Ihnen hilft, immer wieder neuen Mut zu schöpfen und zu überleben, ja sogar zu wachsen und zu gedeihen, trotz Ihrer konfliktträchtigen Ehe. Dies sind die drei wichtigsten Voraussetzungen, um das Beste aus Ihrer geistlich unausgewogenen Partnerschaft zu machen. Sie bekommen dadurch für alle weiteren Schritte eine solide Basis unter die Füße.

Das ist freilich keineswegs alles, was Sie tun können. Im nächsten Kapitel wollen Leslie und ich Ihnen die nächsten 9 Schritte vorstellen, die ebenfalls einiges dazu beitragen können, dass die Partnerschaft fürs Leben auch tatsächlich ein Leben lang hält.

5. Geben Sie Ihrem Partner, was Gott Ihnen gegeben hat

In der Fernsehserie *„Roseanne"* kommt eine Nachbarin herüber und hält eine Zeitung in der Hand. „Hallo, Roseanne, hör dir mal diese Überschrift an: ‚HAUSFRAU IN UTAH ERSTICHT EHEMANN MIT 37 MESSERSTICHEN.'"

„Ich bewundere ihre Beherrschung", antwortet Roseanne, ohne auch nur einen Moment zu überlegen.[55]

Das war natürlich nur scherzhaft gemeint! Es ist aber keine Frage, dass die Spannungen innerhalb einer Ehe zuweilen tiefe Feindseligkeit und auch heftige Wut auslösen können. In Ehen, wo Meinungsunterschiede in Glaubensfragen herrschen, gilt dies oft in besonderem Maße. Hier gibt es nicht selten tief verwurzelte Frustrationen und Missverständnisse. Mal abgesehen von gelegentlichen sarkastischen Bemerkungen wie die von Roseanne ist körperliche Gewalt jedoch eher eine Ausnahmeerscheinung. Und dennoch können die Wunden durch subtile psychologische Grausamkeiten und jahrelangen emotionalen Missbrauch fast ebenso schmerzlich sein.

Wahrscheinlich lesen Sie dieses Buch, weil Sie selbst in einer Ehe mit einem nicht gläubigen Partner stecken. Und Sie haben eine Wahl zu treffen. Entweder lassen Sie sich durch die reißenden Strudel von Konflikten und Missverständnissen wegreißen oder Sie ergreifen selbst die Initiative, um das Klima in Ihrer Partnerschaft zu verbessern und das Beste aus der Situation zu machen.

Leslie und ich möchten Ihnen gerne helfen, diese positive Marschroute zu ergreifen. Die ersten Schritte hatten wir Ihnen ja bereits im letzten Kapitel vorgestellt: Geben Sie Gott wirklich die Herrschaft in Ihrem Leben, stellen Sie sicher, dass Ihr Partner Ihre wichtigste menschliche Bezugsperson ist und finden Sie einen geistlichen Mentor, der Ihnen helfen kann, mit Ihrer Situation zurechtzukommen. Wenn diese Fundamente stimmen, dann gibt es noch eine ganze Reihe von weiteren Schritten, wie Sie inmitten Ihrer widrigen Umstände die Oberhand behalten können.

4. Verwandeln Sie Ihre Ehe, soweit es Ihnen möglich ist, in eine „christliche Partnerschaft", indem Sie göttliche Prinzipien zum Maßstab Ihres Lebens machen

Sie haben keine Kontrolle über die geistlichen Ansichten Ihres Partners; wenn Sie es könnten, dann wäre er bereits ein Christ! Sie haben es aber in der Hand, wie Sie *selbst* leben. Und Sie können Ihren Glauben auch einseitig ausleben und so Ihre Ehe und Ihre Kinder mit christlichen Wertmaßstäben beeinflussen, auch wenn Ihr Partner Sie dabei nicht aktiv unterstützt. In ihrem Buch *„Beloved Unbeliever"* (deutsche Ausgabe: Wenn du doch glauben könntest, Schulte & Gerth 1999) macht Jo Berry folgende wichtige Beobachtung:

„Auch wenn es uns ganz und gar nicht recht ist, müssen wir uns doch alle miteinander eingestehen, dass unsere Ehen im Allgemeinen nur so gut oder schlecht sind, wie wir sie selbst machen. Jede Frau kann auch in einer Ehe mit einem nicht gläubigen Mann eine christliche Partnerschaft leben, wenn sie gewillt ist, sich selbst göttliche Verhaltensmaßstäbe zu Eigen zu machen."[56]

Das ist ein befreiender Gedanke! Wenn Sie sich entschließen, in Ihrer Partnerschaft christliche Prinzipien, Werte und Moralvorstellungen auszuleben, dann verändert dies Ihre ganze Beziehung. „Eine Partnerschaft ist zu Anfang nichts als ein leeres Gefäß", so Eheexperte J. Allan Petersen. „Sie müssen etwas hineinfüllen, bevor Sie etwas daraus entnehmen können."[57] Und wenn Sie biblische Maßstäbe und Entscheidungen, die Jesus gefallen, hineinfüllen, dann wird das naturgemäß einen Einfluss darauf haben, was Sie und der Rest Ihrer Familie aus dieser Ehe herausziehen. Der christliche Lebensberater Larry Crabb drückt es so aus:

„Möglicherweise wird Ihr Partner diesen Weg zu größerer Offenheit nicht mit Ihnen gehen. Sie aber können zu Ihrem Vorsatz stehen. Dienen Sie Gott an allererster Stelle, und nutzen Sie jede sich bietende Gelegenheit, um Ihrem Partner zu dienen. Es ist gut *möglich* (in den meisten Fällen sogar *wahrscheinlich*), dass dies zu einer Verbesserung Ihrer Ehe führen wird. Ganz *sicher* aber wird es Sie Jesus näher bringen und Sie zu einer geistlich reiferen Person machen."[58]

Inwieweit Sie zu Hause biblische Maßstäbe vertreten können, hängt natürlich nicht zuletzt davon ab, wie Ihr Partner dem christlichen Glauben gegenüber eingestellt ist. Wenn er oder sie einfach nur gleichgültig ist, werden Sie vermutlich relativ freie Hand haben. Wenn er oder sie dagegen dem Glauben offen feindselig gegenübersteht, werden Ihnen wahrscheinlich nicht allzu viele Bewegungsspielräume bleiben.

„Meinem Mann ist es eigentlich ziemlich egal, ob ich zur Gemeinde gehe, ob ich unsere Kinder christlich erziehe oder ob ich meinen Glauben in unserer Beziehung auslebe", so berichtet eine Frau, die seit zwölf Jahren in einer geistlich ungleichen Partnerschaft lebt. „Er hat nichts gegen christliche Werte einzuwenden, er hat nur einfach kein persönliches Interesse an Gott. So habe ich zu Hause alle Freiheiten, eine christlich geprägte Atmosphäre zu schaffen."

Gary Oliver, der Leiter eines Instituts für Ehe- und Familienforschung, berichtete in der Zeitschrift „Christianity Today", dass es zunächst zu einem „Verlust des Gleichgewichts" komme, wenn sich einer der beiden Partner in einer Ehe bekehrt. Der nichtchristliche Teil ist verunsichert und fragt sich, ob sein Partner nun zu einem frommen Fanatiker wird, der ihn ständig mit Bibelsprüchen bedrängt und die ganze Zeit zu Gebetskreisen rennt. Er sorgt sich vielleicht, dass von nun an jede Art von Vergnügen verpönt ist und der Partner auch keinen Sex mehr will.

Er fügte jedoch hinzu, dass die längerfristigen Auswirkungen der Bekehrung eines Partners auf die Ehe im Allgemeinen positiv sind. Warum? Weil der christliche Partner sich nun einem christlichen Verständnis von Ehe verpflichtet fühlt. „Daraus ergibt sich beinahe zwangsläufig ein verstärktes (...) Bedürfnis, zum Gelingen der Ehe beizutragen." Und außerdem, so Crabb, spielten „die Unterstützung durch christliche Freunde, die Kraft des Heiligen Geistes sowie die Ermutigung durch biblische Verheißungen eine bedeutende Rolle."[59]

Wenn Sie also eine christliche Partnerschaft wollen, brauchen Sie nicht zu warten, bis Ihr Partner sich bekehrt. Bis zu einem gewissen Grad können Sie hier und jetzt eine christliche Ehe haben. An Ihnen ist es, Ihren Glauben praktisch umzusetzen: indem Sie die Wahrheit sagen, indem Sie dem anderen dienen, indem Sie gern vergeben sowie durch Ihre Demut, Integrität, Barmherzigkeit, Freundlichkeit und Selbstbeherrschung. Ihre Partnerschaft wird in dem Maße „christlich" sein, wie Sie sich dazu verpflichten, Jesus nachzufolgen und Ihr ganzes Leben unter seine Herrschaft zu stellen.

5. Anstatt äußeres Wohlbefinden zu suchen, gönnen Sie sich das Vorrecht, sich an Ihrem Gott zu freuen

Das Zusammenleben mit einem Nichtchristen kann beim christlichen Partner mit der Zeit zu einem Zustand tiefer Entmutigung führen. Unglücklicherweise resultiert dadurch leicht eine Abwärtsspirale. Um Ihrer selbst willen – und um Ihres Partners willen – müssen Sie diese Spirale aufhalten. Dazu reicht es nicht aus, dass Sie einfach positive Gefühle dagegensetzen; Sie müssen lernen, in der Nähe zu Gott zur Ruhe zu kommen. Es gibt einen großen Unterschied zwischen äußerem Wohlbefinden, das weitgehend von Ihrer Umwelt abhängig ist, und Freude, die sich auf die Gegenwart Jesu in Ihrem Leben gründet.

Allzu oft lassen wir unsere Stimmung weitgehend durch unsere äußeren Lebensumstände und insbesondere das Auf und Ab unserer geistlich unausgewogenen Partnerschaft bestimmen. Wenn der Partner Ihrem Glauben gegenüber tolerant eingestellt ist und vielleicht sogar anfängt, sich selbst dafür zu interessieren, fühlen Sie sich vielleicht ganz wunderbar. Wenn er dagegen Anstoß an Ihrem Glauben nimmt, wenn er sich dagegen sträubt, mit Ihnen in den Gottesdienst zu kommen, wenn ihm die Hutschnur platzt, weil Sie am Wochenende lieber an einem Seminar in der Gemeinde teilnehmen, als mit ihm zusammen ins Fußballstadion zu gehen, dann fallen Sie in tiefe Depressionen. Je nach den äußeren Umständen sind Ihre Gefühle wechselhaft wie ein Jojo: im einen Moment fröhlich, im nächsten Augenblick niedergeschlagen.

Nach den Aussagen der Bibel ist echte Freude ein Nebenprodukt unserer persönlichen Beziehung zu Gott, durch die wir ihn Tag für Tag erleben, auf seine Fürsorge vertrauen und uns seines ewigen Lebens sicher sind. In Galater 5,22 steht die Freude an zweiter Stelle der Früchte, die der Heilige Geist mit der Zeit im Leben eines Christen hervorbringt. Der Apostel Paulus, der schreckliche Leiden und Entbehrungen erlitt, schrieb aus römischer Haft an die Philipper. Trotz aller äußeren Widrigkeiten ist die Freude in diesem Brief ein beständig wiederkehrendes Motiv. Wie der Evangelist Billy Sunday einmal bemerkte: „Wenn Sie keine Freude haben, dann ist irgendwo in Ihrem Christsein ein Leck." Und J. Steven Lang, Autor von nahezu einem Dutzend Büchern über die Bibel, ist voller Erstaunen darüber, wie tonangebend das Thema Freude trotz Leid und Verfolgung in der Heiligen Schrift ist. „Wer mit Gott im Reinen ist, der kann in jeder Situation Freude empfinden, weil seine Gefühle nicht von äußeren Umständen abhängig sind", so schreibt er. „Nach biblischem Verständnis ist Freude nicht mit Vergnügen oder Wohlgefühlen gleichzusetzen. Sie ist dauerhafter, weil sie nicht auf den angenehmen Empfindungen des Augenblicks beruht, sondern auf einer langfristigen Perspektive. Wir können Gottes Gegenwart hier und jetzt genießen und uns zugleich auf die Ewigkeit freuen."[60]

Denken Sie nur nicht, dass Sie darauf warten müssen, bis Ihr Partner Christ geworden ist, um Freude zu erleben. Ihr Leben kann hier und heute durch eine positive Perspektive geprägt sein. Lernen Sie wieder zu lachen! Vielleicht ist es einfacher, als Sie denken. Der kanadische Komiker Phil Callaway schreibt, es gäbe eine Vielzahl von kleinen Dingen, die unserem Herzen seine Unbeschwertheit zurückgeben können. Er schlägt vor, wir sollten uns mit optimistischen Leuten anfreunden, Gott dafür danken, dass es einem anderen Menschen gut geht, andere loben, mit geschlossenen Augen Musik hören, im Auto laut singen, uns für unangenehme Aufgaben Hilfe suchen, jedes Frühjahr etwas anpflanzen, uns sonntags ausruhen, uns einen guten sauberen Witz merken, einen Schwatz mit dem Nachbarn halten, Blumen kaufen und daran riechen, bevor wir sie verschenken, Gott für den Sonnenuntergang danken, für ausreichend Schlaf sorgen und einfach einmal etwas Neues ausprobieren.[61]

Oder vielleicht besorgen Sie sich einmal ein amüsantes christliches Buch, wie beispielsweise das „Tagebuch eines frommen Chaoten" von Adrian Plass (Brendow Verlag, Moers), „Stinknormal und einfach herrlich" von Bianka Bleier (Brockhaus Verlag), „Neuer Saft für müde Birnen“ von Ken Davis (Schulte & Gerth) oder „Hermanns Hauskreis“ von Thees Carstens (Brockhaus Verlag).

Denken Sie daran, was für positive Auswirkungen es auf Ihren Ehepartner haben wird, wenn Sie guter Dinge sind und eine positive Einstellung haben. Wenn Sie mit einer beschwingten und lebensfrohen Haltung durch den Tag gehen, dann hat Ihr Leben eine ganz andere Strahlkraft, als wenn Sie düster und trübsinnig dreinschauen. Jeder kann bezeugen, dass Humor eines der besten Mittel ist, um die unvermeidlichen Spannungen, zu denen es in jeder Partnerschaft kommt, zu bewältigen. „Der kürzeste Weg zwischen zwei Menschen führt über das Lachen“, wie es Victor Borge so treffend formuliert. Humor löst Spannungen, bringt Menschen zusammen und trägt dazu bei, eine Atmosphäre zu schaffen, die von Liebe und Vergebung geprägt ist. Leslie und ich können gar nicht zählen, wie oft uns ein Scherz im rechten Augenblick half, die negative Kettenreaktion des Streits zu unterbrechen.

Freude fängt immer mit einer Entscheidung an. Paulus schrieb, wir sollten den Entschluss fassen, „uns im Herrn zu freuen zu jeder Zeit.“[62] Swindoll drückt es folgendermaßen aus: *„Freude ist etwas, wofür wir uns bewusst entscheiden.* Sie ist eine Grundhaltung, die sich auf das Vertrauen in Gott gründet – Gott ist am Werk, und er hat alles unter Kontrolle. Er ist in allem, was geschah, was gerade geschieht und was noch geschehen wird. Wir können unseren Blick darauf richten und den Entschluss fassen, uns einfach wieder zu freuen, oder wir können uns voller Zagen und Klagen durchs Leben schleppen und immer in dem Gefühl verharren, um etwas betrogen worden zu sein, das uns rechtmäßig zusteht.“[63]

Treffen Sie diese Entscheidung also ganz bewusst! *Entscheiden Sie sich für die Freude.* Lassen Sie sich zum Lachen bringen. Seien Sie guter Dinge. Freuen Sie sich an jedem Augenblick. Ringen Sie sich immer wieder ein Lächeln ab, bis es sich ganz natürlich anfühlt. Haben Sie immer einen Scherz auf den Lippen. Entscheiden Sie sich dafür, die Dinge von ihrer positiven Seite zu sehen. Das hat nichts mit Verdrängung zu tun; Sie entschließen sich vielmehr dazu, Ihren Schwierigkeiten ins Auge zu sehen und sie dennoch in einem größeren Kontext wahrzunehmen. „Wer sich zur Freude entschließt, sieht nicht einfach über die Umstände hinweg“, wie unser Freund Phil Callaway es ausdrückt, „er überwindet sie.“[64]

Diese Sichtweise gefällt uns sehr: „Was auch immer gut oder schlecht gehen mag – Gott hat alles unter Kontrolle. Und eines Tages, vielleicht schon morgen, vielleicht auch erst in einer Woche, werde ich die Dinge mit Gottes Augen sehen können. Warum also sollte ich mich nicht einfach schon jetzt zu einem Lachen durchringen?“[65]

6. Anstatt Ihrem Partner so zu begegnen, wie er es verdient, begegnen Sie ihm so, wie Gott Ihnen begegnet

Leslie hatte die Nase voll. Sie konnte mein ständiges Herumhacken auf ihrem Glauben einfach nicht mehr ertragen. Alles in ihr drängte danach, es mir endlich heimzuzahlen, mich mit meinen eigenen Waffen zu schlagen und meinem Sarkasmus nun ihrerseits mit einer geharnischten Dosis zu kontern. Schließlich stammte sie aus Chicago, wo man nach dem Motto lebt: „Don’t get mad, get even!“ („Nicht aufregen – abrechnen!“) Sie stellte sich genüsslich vor, wie sie Feuer mit Feuer beantwortete und mir endlich zeigte, wo es langging. Was konnte es Befriedigenderes geben, als mich endlich einmal so richtig zurechtzustutzen?

Doch sie widerstand dieser Versuchung. Nur unter allergrößten Anstrengungen – und aus einem radikalen Vertrauen auf Gott heraus – konnte sie sich zurückhalten. Es war ihr klar, dass Vergeltung den Niedergang unserer Beziehung nur beschleunigen würde. Außerdem war es nicht das, was Jesus tun würde. Wie A. M. Hunter so treffend sagte: „Böses mit Bösem vergelten ist des Teufels Art, Gutes mit Gutem vergelten ist des Menschen Art, Böses mit Gutem vergelten ist Gottes Art.“

Einer der Hauptfaktoren, warum unsere Ehe in jener haarsträubenden Zeit intakt blieb, war die Tatsache, dass Leslie sich so tapfer dagegen wehrte, sich auf mein Niveau herabzulassen und mich mit Worten so einzustampfen, wie ich es ohne Zweifel verdient hätte. Sie schaffte es, ihre Interessen zu vertreten, ohne dabei Öl ins Feuer zu gießen.

Ganz ohne Zweifel war das eine große Herausforderung für sie.

Was war Leslies Geheimnis? Sie rief sich immer wieder ins Gedächtnis, dass Gott ja auch ihr nicht so begegnete, wie *sie* es verdiente. „Er handelt an uns nicht nach unseren Sünden und vergilt uns nicht nach unserer Schuld", so heißt es in Psalm 103,10. Wenn Gott uns mit gleicher Münze heimzahlen wollte, wie wir ihn behandelt haben, dann wären wir alle arm dran. Stattdessen jedoch bietet er jedem seine Gnade an, der sie in Demut empfängt. „Gott aber hat seine Liebe zu uns darin erwiesen, dass Christus für uns gestorben ist, als wir noch Sünder waren", heißt es in Römer 5,8.

Alle, die ihm nachfolgten, wies Jesus an, anderen gegenüber gnädig zu sein, selbst gegenüber denen, die sie misshandelten. Er ging sogar so weit, dass er in der Bergpredigt sagte: „Denn wenn ihr den Menschen ihre Verfehlungen vergebt, dann wird euer himmlischer Vater auch euch vergeben. Wenn ihr aber den Menschen nicht vergebt, dann wird euch euer Vater eure Verfehlungen auch nicht vergeben."[66]

Wenn ein Mann und eine Frau einander das Eheversprechen geben, dann geloben sie damit vor allem, dass sie einander tagein, tagaus vergeben werden. „Eine gute Ehe", so sagte Billy Grahams Frau Ruth einmal, „ist die Gemeinschaft zweier Menschen, die einander vergeben."[67] In einer geistlich unausgewogenen Beziehung, in der die Gefühle immer wieder verletzt werden und in der die Nerven oft blank liegen, ist dies umso wichtiger.

Wann immer ich an Vergebung denke, fällt mir die Illustration des Tauziehens ein. Wenn nach der Bekehrung des einen Partners ein Konflikt in der Partnerschaft entsteht, dann entsteht ein Knoten in dem Seil ihrer Beziehung. Wenn dann beide Partner jeweils mit ganzer Kraft an ihrem Ende des Seiles zerren, wird der Knoten, der anfangs noch lose ist, fester und fester. Irgendwann ist er schließlich so festgezogen, dass er sich nicht mehr auflösen lässt.

Vergebung heißt nun, dass einer von beiden Partnern sein Seilende loslässt. Dadurch lässt die Spannung nach; der Knoten zieht sich nicht weiter zu, sondern bleibt so lose, dass er irgendwann einmal von beiden Seiten her entwirrt werden kann. Die Person am anderen Ende des Seils mag ziehen, so viel sie will, doch es führt zu nichts. Wie es in einem alten Sprichwort heißt: „Wer vergibt, der beendet den Streit."

Der Apostel Paulus drückte es so aus: „Soweit es euch möglich ist, haltet mit allen Menschen Frieden!"[68] Klingt vernünftig, nicht wahr? Aber die eigentliche Frage ist doch, *wie* wir in Frieden mit jemandem leben können, der ganz offensichtlich auf Streit aus ist. Die Antwort liegt in etwas, das ich den „PEACE-Prozess" (Friedensprozess) nennen möchte. Es ist ein Plan, der aus 5 Schritten besteht, die sich jeweils mit einem Buchstaben dieses Wortes überschreiben lassen. Wann immer Sie das Bedürfnis haben, Ihrem Partner eins auszuwischen, statt ihm zu vergeben, dann gehen Sie folgendermaßen vor.

▷ **Das *P* in PEACE steht für *Pray (Beten)*.** Bringen Sie Gott im Gebet Ihre Gefühle ganz ehrlich zum Ausdruck und bitten Sie ihn um Hilfe. Wenn Ihnen nicht danach ist, Ihrem Partner zu vergeben, dann sagen Sie das Gott ganz offen. Manchmal betete Leslie: „Herr, ich könnte ihm den Hals umdrehen, aber ich weiß, dass du willst, dass ich ihm vergebe. Bitte, Herr, gib mir die Gnade und die Kraft, das zu tun. Ich schaffe es einfach nicht allein!" Dann beten Sie, dass Gott Ihren Partner segnet, ermutigt und ihn zu sich zieht. Es wird Ihnen schon bald sehr schwer fallen, einer Person noch lange böse zu sein, für die Sie so ernsthaft beten.

▷ **Das *E* in PEACE erinnert uns daran, *empathisch* mit unserem Partner zu sein.** Betrachten Sie die Situation von seiner Warte aus. Versuchen Sie herauszufinden, was hinter seinem Verhalten stecken könnte. Vielleicht lesen Sie noch einmal das Kapitel, in dem ich von meiner emotionalen Reaktion auf Leslies Bekehrung berichte. Vielleicht hilft Ihnen das, Ihren Mann ein wenig besser zu verstehen. Vergessen Sie nicht, dass man von einem Nichtchristen wohl kaum verlangen kann, dass er sich wie ein Christ verhält. Ich will damit nicht sagen, dass Sie sein Verhalten gutheißen müssen. Um es in den Worten von Ralf Luther auszudrücken: „Wenn Sie eine Perle im Matsch liegen sehen, dann brauchen Sie nicht den Matsch zu lieben, in dem die Perle liegt; es reicht, wenn Sie die Perle lieben."

▷ **Das *A* in PEACE steht für *aktives Handeln*.** Auch wenn uns nicht danach ist, dem anderen zu vergeben, sollten wir doch ganz konkrete Schritte in diese Richtung unternehmen, und zwar schlicht und einfach deshalb, weil Gottes Wort uns dazu anhält. Rufen Sie einen einseitigen Waffenstillstand aus und stoppen Sie die Wortgefechte. „Segnet die, die euch verfluchen“, sagt Jesus.[69] Wenn Ihr Partner Sie beispielsweise mit bitteren Worten eindeckt, dann treffen Sie ganz bewusst die Entscheidung, rücksichtsvoll und freundlich darauf zu reagieren. Wenn Sie im Glauben Gottes Anweisungen Folge leisten, auch wenn es schwierig ist, dann können Sie darauf vertrauen, dass er Ihnen alle Kraft geben wird, die Sie brauchen.

- **Das *C* in PEACE steht für *Confess* (Bekennen).** Oft sind wir selbst nicht ganz unschuldig daran, dass unser Partner gegen unseren Glauben opponiert, weil wir ihn selbst in diese Rolle hineingedrängt haben. Manchmal ist es unsere eigene Haltung, unsere Sturheit, unser Stolz, die – zumindest teilweise – zum Riss in der Paarbeziehung beitragen. Die Bibel lehrt uns, dass zwischen Sündenbekenntnis und Heilung ein direkter Zusammenhang besteht.[70] Wenn wir die Situation ehrlich betrachten und dann uns selbst, Gott und schließlich auch unserem Partner eingestehen, dass wir selbst einen Teil der Verantwortung für die Situation tragen, dann kann dies sehr zur Heilung unserer Ehe beitragen. Ich selbst kann das bezeugen: Jedes Mal, wenn Leslie mich um Verzeihung für ihren Anteil an der Situation bat, und war er noch so gering, dann linderte dies in aller Regel meinen Ärger und vergrößerte meine Bereitschaft, meinerseits zuzugeben, dass ich selbst einen weit größeren Teil der Schuld trug.

- **Das letzte *E* in PEACE schließlich steht für *Emulate* (Nacheifern).** Wann immer wir uns unsicher sind, wie wir unserm Partner in Liebe begegnen können, wenn er sich uns gegenüber lieblos verhält, wann immer wir uns nicht entschließen können zu vergeben, weil wir nicht mehr so recht weiterwissen, wann immer wir uns fragen, ob wir mit unserer Versöhnungsbereitschaft weit genug gegangen sind, können wir uns am Beispiel Jesu orientieren und ihn nachahmen. Jesus hat in Sachen Vergebung ja einen sehr hohen Standard gesetzt. Er bat sogar seinen Vater, den Soldaten zu vergeben, die ihn zu Tode folterten! Angesichts der Tatsache, dass Gott uns unsere eigene schwere Sünde vergeben hat, wie können wir es da wagen, unserem

Partner die Vergebung für sein Fehlverhalten zu verweigern? „Ertragt euch gegenseitig, und vergebt einander, wenn einer dem andern etwas vorzuwerfen hat“, so steht es in Kolosser 3,13. „Wie der Herr euch vergeben hat, so vergebt auch ihr!“

Wenn Sie Gottes Hilfe nicht in Anspruch nehmen, um wirklich von Herzen vergeben zu können, dann wird Ihre konfliktträchtige Partnerschaft mehr und mehr zu einem Trümmerfeld von Verwundungen, aufgestautem Ärger und Groll, von kleinlichen Gekränktheiten, zerbrochenen Träumen und nagender Bitterkeit. Ja, es ist schwer zu vergeben – und es ist noch schwerer, der Versuchung zu widerstehen, die Fehler, die Ihr Partner in der Vergangenheit gemacht hat, im geeigneten Moment herauszukramen und sie ihm genüsslich unter die Nase zu reiben. Wie Marlene Dietrich es so treffend ausdrückte: „Wenn eine Frau ihrem Mann einmal vergeben hat, dann darf sie ihm seine Sünden nicht zum Frühstück wieder aufs Brot schmieren.“

Wenn wir unserem Partner gegenüber Gnade walten lassen, dann merken wir, wie es in uns zu einer Reihe von Veränderungen kommt: Wir kommen Gott näher, unser Charakter reift heran, unser Rachebedürfnis lässt nach, die Spannung weicht aus unserer Beziehung, und wir kommen auf einmal aus den Fängen der Bitterkeit frei, die uns sonst immer heruntergezogen hat.

In der Bibel lesen wir, wie ein Mensch in seinem Herzen denkt, „so ist er“.[71] Menschen, die chronisch bittere und rachsüchtige Gedanken gegen ihren Partner hegen, werden oft selbst durch und durch bitter und rachsüchtig und stoßen andere Menschen von sich weg. Im Grunde genommen sind nicht sie es, die an ihrer Bitterkeit festhalten, die Bitterkeit hält sie fest in ihren Pranken. Wie es in einem alten Sprichwort heißt: „Wer vergibt, setzt einen Gefangenen frei und stellt am Ende fest, dass er selbst der Gefangene war.“

7. Hüten Sie sich vor unrealistischen Erwartungen

Als ich noch eingefleischter Atheist war, hatte Leslie ein Bild vor Augen, wie ich sein würde, wenn ich erst einmal Christ wurde. Sie stellte sich vor, wie ich zu einem vollkommenen Ehemann mutierte. Ich würde die Kinder wickeln, den Rasen mähen, das Geschirr abspülen, die Bäder putzen und ganz ohne Gejammer den Müll nach draußen bringen. Meine Wutausbrüche würden sich in Luft auflösen, ich würde plötzlich um Jahre reifen und in Weisheit, Langmut und Barmherzigkeit über mich hinauswachsen.

Nun, ich wurde tatsächlich Christ und ... na ja, ich habe Leslies hoch gesteckte Erwartungen nur teilweise erfüllen können! Gott hat meine Werte, Prioritäten und meine Weltanschauung über die Jahre verändert, und dafür bin ich sehr dankbar. Aber ich bin eben doch *ich* geblieben. Gott hat wohl einige meiner Ecken und Kanten abgeschliffen, aber ich bin bei weitem kein perfekter Ehemann.

„Ich kann nur jedem Christen, der mit einem nicht gläubigen Partner verheiratet ist, raten, seinem Partner gegenüber den Realismus zu wahren", sagt Leslie. „Nicht alles, was Sie an ihm stört, rührt daher, dass er kein Christ ist. Wenn Sie meinen, dass er zu einem perfekten Menschen würde, sobald er sich bekehrt, dann legen Sie ihm eine unangemessene Bürde auf, und Sie werden unweigerlich enttäuscht. Im Übrigen geben Sie ihm eine bequeme Ausflucht an die Hand, warum er sich als Ehemann und Vater nicht weiterentwickeln kann, wenn Sie alle seine Fehler auf sein mangelndes geistliches Interesse zurückführen."

Solche unrealistischen Erwartungen rühren zum Teil daher, dass man bei Gemeindeveranstaltungen beobachtet, wie christliche Paare miteinander umgehen. In der Öffentlichkeit zeigen sich christliche Ehepaare in der Regel von ihrer besten Seite. Sie verhalten sich ihren Frauen gegenüber liebevoll, fürsorglich und zuvorkommend. Wenn eine christliche Frau, die mit einem nicht gläubigen Partner verheiratet ist, so etwas beobachtet, dann ist sie leicht geneigt – fälschlicherweise – anzunehmen, dass diese Ehemänner sich in allen Lebenslagen so benehmen.

Am besten ist es, so empfiehlt Leslie, einmal an der netten Oberfläche zu kratzen und sich einen Eindruck zu verschaffen, wie es in diesen christlichen Ehen wirklich aussieht. Eine gute Möglichkeit dafür ist es, sich einer Kleingruppe anzuschließen, in der Christen eher bereit sind, reale Einblicke in die Hintergründe ihrer Beziehung zu gewähren. Vielleicht ergibt sich bei einer Verabredung mit einer verheirateten christlichen Freundin auch einmal die Möglichkeit, auf vertraulicher Basis darüber ins

Gespräch zu kommen, wie ihre Ehe hinter den Kulissen aussieht.

„Sie werden sehr schnell feststellen, dass auch ihre Partnerschaft nicht ideal ist", so Leslie. „Auch bei ihnen gibt es Streit, und auch sie benehmen sich von Zeit zu Zeit kindisch. Und wahrscheinlich gibt es auch dort ständig ein Hickhack darüber, wer dran ist, den Müll hinauszutragen. Das ist einfach ein Stück Normalität, und mir persönlich hat diese Erkenntnis sehr dabei geholfen, realistischer zu werden."

Infolgedessen gab sie es auf, darauf zu warten, dass meine Bekehrung mich irgendwann zum idealen Ehemann machen würde. Stattdessen bemühte sie sich, mich sanft, aber bestimmt dazu anzuregen, an meinen Schwächen zu arbeiten. Wir hatten immer wieder ehrliche Aussprachen darüber, was wir gemeinsam tun könnten, um unsere Beziehung harmonischer zu gestalten. Ein angenehmer Nebeneffekt davon war, dass dadurch unsere Meinungsverschiedenheiten über den Glauben etwas aus dem Zentrum der Aufmerksamkeit rückten.

8. Behalten Sie im Blickfeld, was Sie an Ihrem Partner schätzen

In einer Ehe mit einem Nichtchristen ist es ganz natürlich, dass der gläubige Partner völlig auf den zentralen Makel seines Lebensgefährten fixiert ist, der Tatsache eben, dass er kein Christ ist. Je mehr wir uns zu dieser Sichtweise hinreißen lassen, desto mehr wird unser Partner den Eindruck gewinnen, für uns eine einzige Enttäuschung zu sein. In der Regel hat der nichtchristliche Partner ein sehr feines Gespür dafür. So konnte ich mich in unserer Ehe eine Zeit lang des Gefühls nicht erwehren, dass ich Leslies Bedürfnissen überhaupt nicht gerecht wurde und als Ehemann völlig versagte. Das war für mich sehr belastend.

Glücklicherweise wurde sich Leslie bewusst, dass sie mir unterschwellig negative Signale übermittelte. Wann immer sie versuchte, mich „zurechtzubiegen", indem sie meine Fehler hervorhob, musste sie sehr schnell erkennen, dass sie dadurch eher die unerwünschten Verhaltensweisen noch verstärkte. Sie kam schließlich zu dem Schluss, dass es unserer Beziehung wesentlich zuträglicher ist, wenn sie stattdessen die Dinge betont, die sie an mir schätzt. Denn wann immer sie meine guten Seiten sah und lobte, war ich umso motivierter, mich ihres Lobes würdig zu erweisen. „Ich habe in vielen harten Lektionen gelernt, dass Menschen in der Regel genau die Eigenschaften entwickeln, die andere an ihnen hervorheben", sagt Leslie.

Praktisch sah das etwa folgendermaßen aus: Zum einen widerstand sie der Versuchung, mich abzustempeln. Jawohl, ich war ein Atheist, aber sie weigerte sich, diesen Begriff als Etikett für mich zu verwenden. Stattdessen bemühte sie sich, mich mit Gottes Augen zu sehen: als einen wertvollen Teil seiner Schöpfung, als ein menschliches Wesen, das nach seinem Ebenbild geformt ist, ein irregeleiteter Sohn, zu dem er gerne Verbindung aufnehmen wollte. Wenn wir Menschen abstempeln, verstärken wir ihre negativen Verhaltensmuster. Denken Sie daran, wie viele Kinder in einer negativen Weise gebrandmarkt sind und dann schließlich ihr Leben ruinieren, weil sie unbewusst diesem Bild von sich selbst genügen müssen.

Zweitens versuchte Leslie, sooft wie möglich ihre Wertschätzung für mich zum Ausdruck zu bringen. Sie tat dies zum Beispiel, indem sie mich lobte, wann immer ich etwas richtig machte, durch kleine Notizzettel mit ein paar lieben Worten, die sie mir in die Aktentasche legte, oder indem sie in Gegenwart anderer Gutes über mich sagte. Leslie bemühte sich, ermutigende, aufbauende Worte und kritischere Bemerkungen etwa in einem Verhältnis von zehn zu eins zu halten. Natürlich gab es auch Momente, wo sie mich mit Fehlern konfrontieren musste, aber durch die viele Anerkennung und Bestätigung, die sie mir immer entgegenbrachte, war ich dann viel eher geneigt, auch ihren kritischen Anfragen Gehör zu schenken, ohne mich gleich verteidigen zu müssen, so wie es eigentlich meiner Natur entsprach.

Auch nachdem ich Christ wurde, haben wir beide an diesem Grundsatz festgehalten. Wir werden nicht müde, die Vorzüge des anderen hervorzuheben, wir geben einander die Gewissheit, dass wir uns bedingungslos wertschätzen, wir versichern uns gegenseitig unserer Liebe, und wir versuchen, einander vor Augen zu stellen, was Gott mit uns zu tun vermag, wenn wir an ihm festhalten. Ich möchte Ihnen dazu ein Beispiel geben. Vor einigen Jahren, als David Lettermans „Top Ten"-Listen (David Letterman ist ein bekannter Fernsehmoderator in den USA) überall der letzte Schrei waren, schrieb ich Leslie eine solche Liste auf ein edles Blatt Papier. Sie ist sicherlich nicht über die Maßen poetisch, und eigentlich war es auch nie beabsichtigt, dass irgendjemand außer Leslie sie jemals lesen sollte. Doch dies sind die Dinge, die ich Leslie sagen wollte:

EINE KLEINE AUSWAHL VON ZEHN DINGEN, DIE ICH AN LESLIE MAG

10. Sie ist die hübscheste Person, die mir je begegnet ist.
9. Manchmal ist sie einfach verrückt – und erlaubt es mir auch, einfach verrückt zu sein.
8. Sie ist die beste Mutter der Welt.
7. Sie ist voller Liebe, Freude, Friede, Langmut, Freundlichkeit, Güte, Treue, Sanftmut und Selbstbeherrschung.
6. Sie ist mein größter Fan!
5. Sie geht gerne mit mir auf lange Spaziergänge und hält meine Hand.
4. Sie ist eine treue und fürsorgliche Freundin, und jeder, der ihr nahe steht, weiß das.
3. Sie geht gerne auf lange gemeinsame Touren, bei denen man mit ihr entweder über alles Mögliche reden kann oder einfach zusammen schweigen.
2. Sie genießt das Abenteuer unseres gemeinsamen Lebens in vollen Zügen.
1. Sie brachte mir ihren besten Freund nahe – Jesus.

Ich möchte Ihnen gerne folgende Frage stellen: *Was möchten Sie in Ihrem Partner heranreifen sehen?* Malen Sie es sich ruhig einmal aus! Schreiben Sie Ihre eigene „Top Ten“-Liste der Eigenschaften, die Sie an Ihrem Partner am meisten schätzen und lassen Sie sich überraschen, ob Ihr Partner in der Zukunft nicht zunehmend genau diese Eigenschaften an den Tag legt. „Über eure Lippen komme kein böses Wort“, so schreibt Paulus in Epheser 4,29, „sondern nur ein gutes, das den, der es braucht, stärkt, und dem, der es hört, Nutzen bringt.“

Denken Sie daran, dass es triftige Gründe dafür gab, warum Sie gerade diese Person geheiratet haben. Halten Sie sich dies immer wieder vor Augen, wenn die fehlende Übereinstimmung in Glaubensdingen Ihrer Beziehung den Lebensnerv abzudrücken droht. Sie haben viele Dinge gemeinsam – vielleicht gehen Sie gerne zusammen im Wald spazieren oder schauen sich im Kino die neuesten Filme an. Vielleicht probieren Sie gerne exotische Restaurants aus oder spielen Tennis zusammen. Halten Sie diese Gemeinsamkeiten fest und Sie werden sehen, wie Ihre Beziehung dadurch immer wieder belebt wird, trotz all der Differenzen in geistlichen Dingen, die Ihre Ehe belasten.

9. Lernen Sie, unterschiedlicher Meinung zu sein, ohne sich zu überwerfen

Konflikte sind in jeder Ehe unausweichlich. Wenn Partner sich über ein so vielschichtiges Thema wie den Glauben uneins sind, dann gilt dies natürlich in einem besonderen Maße. Aber in jedem Konflikt steckt auch zugleich eine Chance. „Konflikte gehören dazu, damit Vertrautheit miteinander wachsen kann", so der Eheberater Gary Oliver. „Da viele Menschen Konflikte wie die Pest meiden, findet auch kein Wachstum und keine Veränderung statt. Wir kommen einander nicht näher und erleben auch keine echte Vertrautheit miteinander. Wir bleiben auf den ausgetretenen Pfaden der Mittelmäßigkeit."[72]

In Sprichwörter 27,17 heißt es: „Eisen wird an Eisen geschliffen; so schleift einer den Charakter des anderen." Haben Sie jemals gesehen, wie ein Stück Stahl ein anderes Stück Stahl schleift? Da gibt es Lärm, Reibung, Hitze und die Funken sprühen. Dieses biblische Bild bringt zum Ausdruck, dass wir sowohl an unserer Persönlichkeit als auch in unserer Partnerbeziehung reifen, wenn wir unsere Konflikte durcharbeiten.

Unsere unterschiedlichen Auffassungen über den Glauben haben uns sicherlich jede Menge Anlass zu Konflikten gegeben. Aber weil Leslie die Situation damals konstruktiv und mit viel Gebet anging, kam es in unserer Ehe nicht zu einer Kernschmelze. Vielmehr gebrauchte Gott diese Zeit, um uns ein besseres Verständnis und größere Wertschätzung füreinander zu geben. Was aber waren im Einzelnen die Dinge, die Leslie damals im Umgang mit unseren Konflikten richtig gemacht hat? Hier ein paar Gedanken dazu:

Leslie lernte, wann sie festbleiben musste, und wann Kompromisse angebracht waren

Auf diese Weise bewahrte sie uns davor, dass unsere Ehe zu einem einzigen Schlachtfeld wurde, wo jeder kleine Schritt vorwärts durch schwerste Kämpfe erkauft werden muss. „Wenn ich aus jedem kleinen Problem, das aus unseren Glaubensdifferenzen resultierte, eine große Sache gemacht hätte – au weia! Wir hätten uns nur noch gestritten", sagt Leslie.

An einem Sonntag zum Beispiel startete die Gemeinde in ihren Wochenendgottesdiensten eine neue Serie zum Thema Ehe. Ich wurde zu der Zeit gerade etwas offener, auch einmal in die Gemeinde mitzukommen, und aus Leslies Sicht war diese neue Predigtreihe für uns beide eine hervorragende Gelegenheit, etwas über die Ehe aus biblischer Sicht zu erfahren. Als sie mich Anfang der Woche fragte, ob ich mitkommen wollte, sagte ich: „Ja, vielleicht, warum nicht." Für mich war damit noch alles offen, doch Leslie nahm es als eine Zusage. Als der Freitag gekommen war, schlug ich vor, ob wir nicht übers Wochenende zusammen nach Wisconsin fahren wollten, weil die Woche für mich sehr stressig gewesen war und ich gerne ein wenig ausspannen wollte.

Leslie hätte sich hier quer stellen und mich festnageln können: „Du hattest mir doch versprochen, dass wir dieses Wochenende zusammen in die Gemeinde gehen! Das ist eine sehr wichtige Themenreihe! Nein, wir fahren nicht nach Wisconsin, wir müssen an den Fundamenten unserer Ehe arbeiten." Aber als wir anfingen, darüber zu diskutieren, merkte sie sehr schnell, dass ich mich innerlich nicht so festgelegt hatte, am Wochenende in die Gemeinde zu kommen, wie sie dachte. Und selbst wenn sie mich mit allen Mitteln überredet hätte, wäre ich sicherlich nicht sonderlich geneigt gewesen, wirklich hinzuhören, was der Pastor sagt. So lenkte Leslie ein: „Ich hätte gerne den Anfang dieser Predigtserie zum Thema Ehe mitbekommen, aber ich weiß, dass du ziemlich abgespannt bist und gut ein paar Tage draußen in der Natur gebrauchen könntest. Eigentlich klingt das auch ziemlich verlockend – wir könnten zusammen ein wenig wandern und uns entspannen. Ich hab da auch noch eine Kassette von einer früheren Predigt zum Thema Ehe. Wäre es für dich in Ordnung, wenn wir uns die auf der Fahrt nach Wisconsin anhören?“

Ich hatte nichts dagegen. Ich wollte nur ein paar Tage raus, um meine Gedanken zu ordnen und wieder einen klaren Kopf zu bekommen. Wir haben uns die Kassette auf der Fahrt zusammen angehört, und siehe da: Der Vortrag sprach mich sehr an. Wir hatten danach eine Menge Gesprächsstoff für unsere langen Spaziergänge im Wald. Leslies Klugheit ist es zu verdanken, dass wir an dieser Stelle nicht in einen Ehestreit abglitten, der nur wieder neue Barrieren aufgebaut hätte. Durch ihre Kompromissbereitschaft fand sich schließlich sogar eine Lösung, bei der ich auf meine Kosten kam und Leslie ihr ursprüngliches Ziel trotzdem erreichte.

Einige Themen sind einfach zu unwesentlich, um darüber einen Streit vom Zaun zu brechen. Sie gewinnen vielleicht eine Schlacht, aber es kann gut sein, dass Sie dabei am Ende den Krieg verlieren, weil Sie und Ihr Partner sich immer mehr voneinander entfremden. „Behalten Sie das Wesentliche im Auge und lassen Sie das Ringen um Nebensächlichkeiten“, rät Leslie.

In anderen Bereichen ist dagegen eine feste Haltung und Kompromisslosigkeit gefordert. Wenn Ihr Partner Sie dazu überreden will, Dinge zu tun, die unbiblisch oder gar ungesetzlich sind oder wenn er Sie an etwas beteiligen möchte, das sich mit Ihrem Gewissen als Christ nicht vereinbaren lässt, dann müssen Sie ihm deutlich machen, warum das für Sie nicht in Frage kommt. Vermeiden Sie es in solchen Fällen, Ihrem Partner mit einem vorwurfsvollen oder gar herablassenden Ton zu begegnen. Machen Sie ihm einfach deutlich, wie Sie darüber empfinden und warum Sie bei so etwas nicht mitmachen wollen. Ich selbst habe Leslie immer im Stillen bewundert, wenn sie für ihre Überzeugungen einstand. Es zeigte mir, dass ihr Glaube nicht nur Spielerei war, sondern wirklich die treibende Kraft ihres Lebens.

Leslie lernte, in Konflikten erst einmal innezuhalten, nach Alternativen zu suchen und genau zuzuhören

Immer, wenn es zu Missverständnissen zwischen uns kam, vor allem im Hinblick auf geistliche Fragen, tat Leslie drei Dinge.

Zuallererst *hielt sie inne*, hörte auf, sich um jeden Preis zu verteidigen und stellte sich ehrlich die Frage, ob die Dinge, die ich sagte, vielleicht ein Körnchen Wahrheit enthielten. In dem oben genannten Beispiel hielt Leslie lange genug inne, um festzustellen, dass es für mich überhaupt keine feststehende Sache war, an dem Wochenende in die Gemeinde zu gehen. Sie hatte meine Worte zwar als Zusage aufgefasst, aber sie war bereit, die Dinge aus meiner Warte zu sehen und einzugestehen, dass die Sache gar nicht so klar gewesen war.

Danach begann sie, *nach Alternativen Ausschau zu halten*, die für uns beide akzeptabel waren und mit denen nicht nur der Konflikt selbst beseitigt werden konnte, sondern zugleich eine neue Basis zum Umgang mit künftigen Problemen der gleichen Art geschaffen wurde. In diesem Beispiel ging es ihr darum, mir ein biblisches Eheverständnis zu vermitteln, ich dagegen wollte einfach übers Wochenende in die Wälder entfliehen. Sie suchte nach einer Lösung, die den Bedürfnissen von uns beiden gerecht wurde. Dadurch wurde nicht nur unser aktuelles Problem gelöst, Leslie schuf zugleich einen Präzedenzfall für ähnliche Interessenkonflikte in der Zukunft. Wenn ich dazu bereit wäre, auf gemeinsamen Autofahrten Kassetten zu hören, dann eröffnete dies für die Zukunft eine Fülle von Möglichkeiten, mich mit geistlichen Inhalten vertraut zu machen, auch wenn ich noch nicht bereit war, verbindlich und regelmäßig mit in die Gemeinde zu kommen.

Und schließlich war sie bereit, mir *zuzuhören*. „Jeder Mensch soll schnell bereit sein zu hören, aber zurückhaltend im Reden und nicht schnell zum Zorn bereit“, so steht es in Jakobus 1,19. Als wir darüber diskutierten, ob ich nun zugesagt hatte, am Wochenende in die Gemeinde zu gehen oder nicht, betrachtete Leslie ihre Sicht der Dinge nicht einfach als gegeben, um mir dann vorzuwerfen, dass ich mich nur um die Erfüllung meines Versprechens drücken wollte. Stattdessen hörte sie sich an, was ich sagte und wie ich es sagte, und kam zu dem Schluss, dass ich wirklich erschöpft war und ein paar Tage Erholung gebrauchen konnte.

Mit der Zeit gewöhnte sich Leslie daran, wie Theodore Reik es ausdrückt, mit dem „dritten Ohr“ zu hören. Das bedeutet, auch die Gefühle wahrzunehmen, die sich hinter den gesprochenen Worten verbergen. Von Zeit zu Zeit, wenn wir uns über belanglose Dinge stritten, sagte Leslie: „Du klingst sehr verletzt. Das kann doch nicht nur wegen dieser Kleinigkeit sein. Was ist es, worüber du dich wirklich geärgert hast?“ Dadurch brachte sie unser Gespräch auf eine viel tiefere Ebene. Anstatt einfach an der Oberfläche zu kratzen, kamen wir nun auf einmal an die Wurzel des Problems und konnten die verborgenen Gefühle ansprechen, die sich hinter unserem Verhalten verbargen.

Leslie lernte, fair zu streiten

In einer Partnerschaft zwischen einem christlichen und einem nichtchristlichen Partner kommt es unweigerlich zu Unstimmigkeiten. Dabei kann es sich zum Beispiel um Fragen der Kindererziehung handeln: So mag Papa nichts dagegen einzuwenden haben, wenn sein Sohn Internetseiten anschaut, auf denen Bilder enthalten sind, die normalerweise erst ab 18 Jahren zugänglich sind, während Mama weiß, dass so etwas nicht gut ist. Es kann auch um ethische Konflikte gehen: Mama möchte bei der Steuererklärung ein wenig schummeln, während Papa darauf besteht, ganz ehrlich zu bleiben. Oft geht es auch um ganz praktische Fragen: Mama möchte am Wochenende auf eine Frauenfreizeit fahren, aber Papa ist nicht sonderlich begeistert darüber, dass er derweil die Kinder hüten soll. Manchmal ist die Streifrage auch rein intellektueller Art: Papa glaubt, dass er gute Gründe vorzuweisen hat, warum die Bibel ein historisch fundiertes Dokument ist, doch Mama will davon nichts wissen.

Der christliche Partner hat es in der Hand, ob eine solche Unstimmigkeit zur offenen Feldschlacht mit vielen Verletzungen auf beiden Seiten eskaliert.

Leslies Motto war Psalm 4,5: „Ereifert ihr euch, so sündigt nicht!“ Mit anderen Worten war es völlig in Ordnung, wenn sie spürte, wie Ärger in ihr aufkam, weil wir wieder einmal aneinander geraten waren, aber sie versuchte, alles zu vermeiden, was unserer Beziehung schaden oder die Situation unnötig verschärfen konnte.

So achtete sie immer darauf, mir als Ehemann Respekt zu erweisen und sich bissige, sarkastische Kommentare zu verkneifen, die mehr darauf abzielten, mich zu verletzen, als Licht auf die Sache zu werfen, um die es gerade ging. Sie bemühte sich darum, nicht unnötig Staub aufzuwirbeln, indem sie Nebensächlichkeiten aufs Tapet brachte oder mir Vergehen aus der Vergangenheit unter die Nase rieb. Sie war immer bemüht, korrekt und sachlich zu bleiben und nahm unbedachte Äußerungen, die ihr manchmal in der Hitze des Streits entfuhren, schnell wieder zurück. Sie warf nicht die Grundregeln des Benehmens und der Höflichkeit aus dem Fenster, nur weil wir uns stritten. Wo immer möglich versuchte sie, aufgestaute Spannungen durch Humor abzubauen. Und sie lief bei Diskussionen nie davon, bevor wir zu einer einvernehmlichen Lösung gekommen waren oder gemeinsam beschlossen, das Thema zu einem anderen Zeitpunkt wieder aufzugreifen.

Ohne sich dessen bewusst zu sein, setzte sie genau die Prinzipien um, die der Eheberater Gary Smalley in seinem Bestseller *„Making Love Last Forever“* („Damit Liebe auf immer Bestand hat“) empfiehlt, wo er unter anderem folgende „Streitregeln“ für Paare auflistet:

- Halten Sie so viel Körperkontakt wie möglich. Halten Sie sich gegenseitig oft an den Händen.
- Vermeiden Sie „hysterische“ Übertreibungen und grobe Verallgemeinerungen. („Das klappt ja doch nie!“ „Du bist einfach genau wie dein Vater!“)
- Versuchen Sie, Ihre Konflikte grundsätzlich so zu lösen, dass Sie beide etwas davon haben. Beide Seiten müssen dem Ergebnis zustimmen. Versuchen Sie erst dann, zu einer Lösung zu kommen, wenn Sie beide die Gefühle und Bedürfnisse des jeweils anderen verstehen.[73]

Ich möchte hier keineswegs den Eindruck vermitteln, dass Leslie ihre Emotionen immer völlig unter Kontrolle hatte. So sehr sie sich auch in unseren Auseinandersetzungen um Fairness bemühte, gab es doch immer wieder Zeiten, wo wir uns gegenseitig an die Gurgel gingen, anstatt besonnen nach einem gemeinsamen Nenner zu suchen. Immer wieder einmal gab es Tage, an denen wir einander frostig aus dem Weg gingen, anstatt an einer Lösung unseres Problems zu arbeiten. Doch im Großen und Ganzen war es Leslies Einstellung, unsere Konflikte auf eine Weise zu bearbeiten, die Gott Ehre machte, voller Demut und Vergebungsbereitschaft. Ich selbst habe dadurch viel darüber gelernt, wie Jesus ist.

Doch was können Sie tun, wenn die Konflikte zu einer zunehmenden Entfremdung führen? Welche Schritte sollte die christliche Partnerin ergreifen, wenn sie spürt, dass die beständigen Auseinandersetzungen über Glaubensthemen ihren Mann dazu bringen, mehr und mehr auf Distanz zu ihr zu gehen?

Auch wir mussten uns mit diesem Problem auseinander setzen, und wir haben einige Lektionen gelernt, über die wir Ihnen gerne im nächsten Kapitel berichten wollen. Hier werden wir auch unsere zwölf Punkte, wie Sie das Beste aus Ihrer konfliktträchtigen Partnerschaftssituation machen können, zum Abschluss bringen.

6. Wenn es frostig wird, die Sache mit den Kindern und die zentrale Frage überhaupt

C. C. und ihr Ehemann drifteten in verschiedenster Hinsicht auseinander. Vor ihrer Hochzeit hatte er ihr immer wieder versichert, dass er an Gott glauben würde, doch nun war er unwillig, mit ihr zur Gemeinde zu gehen. Sonntag für Sonntag saß sie alleine im Gottesdienst. Beide vertieften sich mehr und mehr in ihre Karriere. „Allzu oft gab es Kommunikationsfehler zwischen uns; eisige Zeiten des Schweigens und lieblose Worte brachten uns immer weiter auseinander", berichtet sie. „Schließlich haben wir nicht einmal mehr miteinander geschlafen."[74]

Es ist fast schon ein wenig grotesk, dass ausgerechnet die Frage nach Gott – demjenigen, der die Ehe erfunden hat und der beide Partner über alles liebt – einen Keil in eine Paarbeziehung treiben kann, wenn es geistliche Differenzen gibt. Normalerweise sind unterschiedliche Einstellungen in religiösen Fragen nicht der einzige Konfliktherd in einer Partnerschaft, sie können aber ein sehr brisanter Zündstoff sein, an dem sich immer wieder Ärger und Streit entflammt. Selbst wenn der christliche Partner fest entschlossen ist, alles zu tun, um mit Konflikten in einer Weise umzugehen, die Gott Ehre macht, können doch verletzte Emotionen und aufwallende Gefühle leicht die Oberhand gewinnen und die besten Absichten zunichte machen. In der Folge kommt es zu einer eisigen Distanz zwischen den beiden Partnern.

Wir haben bereits 9 Punkte aufgezählt, wie Sie Ihrer Ehe trotz geistlicher Differenzen zum Erfolg verhelfen können. In diesem Kapitel wollen wir Ihnen noch drei weitere Lektionen zeigen, die wir selbst mühsam lernen mussten. Zu Beginn wollen wir uns mit der Frage beschäftigen, was Sie tun können, wenn in Ihrer Beziehung auf einmal ein kalter Wind weht. Hier ist schnelles Handeln erforderlich, wenn Sie verhindern wollen, dass Ihre Ehe in eine Eiszeit abgleitet.

10. Wenn Ihr Partner auf Abstand zu Ihnen geht, ergreifen Sie auf eine sanfte Weise die Initiative, um wieder Nähe herzustellen

Als erste Reaktion auf Konflikte – vor allem wenn es um religiöse Fragen ging – wurde ich zunächst mal wütend und explodierte. Wenn meine Wut sich legte, zog ich mich zurück und erstarrte in eisigem Schweigen. Das ist eine sehr verbreitete Reaktion unter Männern, die im Umgang mit den dynamischen Prozessen in Beziehungen ungeübt sind. Mein frostiger Rückzug in mich selbst war meine unreife Art, Leslie zu bestrafen und zugleich das Thema, um das sich unser Streit gedreht hatte, zu vermeiden. Manchmal sprach ich tagelang kein Wort mit ihr.

Hätte Leslie darauf in gleicher Weise reagiert und mir mit beleidigtem Schmollen und Sturheit tagelang die kalte Schulter gezeigt, dann wäre es schnell zu einem bedrohlichen Bruch in unserer Ehe gekommen. Doch Leslie rettete unsere Beziehung, indem sie sanft und liebevoll versuchte, jede Mauer zu überwinden, die ich zwischen uns aufzurichten begann. Sie tat das immer rechtzeitig, sodass sich die Fronten nie völlig verhärten konnten, und zwar keineswegs aus dem verzweifelten Versuch heraus, mich zu manipulieren oder mich um jeden Preis zu halten. Es war immer ein echter Ausdruck von Gnade – und dies verhinderte letztlich, dass unsere Ehe erkaltete.

Oft tat sie dabei zunächst kleine Schritte, die ich im ersten Augenblick kaum bemerkte, und die doch ihre Wirkung entfalteten und das Eis zwischen uns zum Schmelzen brachten. Zum Beispiel achtete sie darauf, dass sie zur gleichen Zeit ins Bett ging wie ich. Das klingt ziemlich simpel, nicht wahr? Aber denken Sie doch einmal: Wenn ein Partner schlafen geht, während der andere noch lange fernsieht, dann verstärkt das den Eindruck nur noch, dass ein Bruch zwischen beiden besteht. Wenn man dagegen zur selben Zeit ins Bett geht, dann schafft man damit auf subtile Weise ein Gefühl von Einheit, so als würde man sagen: „Wir haben zwar unsere Differenzen, aber wir gehen da gemeinsam miteinander durch!“ Außerdem fängt man oft ganz unwillkürlich an, sich aneinander zu kuscheln.

Leslie sorgte auch dafür, dass wir das Abendessen gemeinsam am Tisch einnahmen, wann immer es möglich war. Damit schuf sie eine Insel der Ruhe in unserem hektischen Alltagsleben, eine Atmosphäre, die uns dabei half, miteinander ins Gespräch zu kommen. Darüber versuchte sie, gemeinsame Aktivitäten anzuregen, die wir beide genossen. Sie schnitt zum Beispiel einen Zeitungsartikel über ein Restaurant aus und präsentierte ihn mir, während sie ganz beiläufig die Frage aufwarf, ob wir nicht zusammen dorthin essen gehen wollten. Manchmal zeigte sie mir auch eine Zeitungsanzeige für einen neuen Kinofilm, in dem unsere Lieblingsschauspieler mitspielten, und fragte, ob wir in die Spätvorstellung gehen wollten. Auch wenn ich den Vorschlag ablehnte, verstand ich doch immer die Botschaft, die sie mir übermitteln wollte: *Lass uns doch aufhören, diesen unsinnigen Groll zwischen uns zu nähren.*

Manchmal erzählte sie mir auch einen Witz, um das Eis zwischen uns zu brechen, kochte mein Lieblingsessen zum Abendbrot oder hängte mir einfach einen Zettel an den Rasierspiegel, auf dem beispielsweise stand: „Waffenstillstand???“ Was aber noch wichtiger war, Leslie hielt auch in schwierigen Zeiten Körperkontakt zu mir. Sie kam beispielsweise beim Frühstück vorbei und umarmte mich einfach kurz von hinten. Sie legte mir beiläufig die Hand auf die Schulter, wenn wir im Flur kurz miteinander sprachen. Sie gab mir einen Gute-Nacht-Kuss. Und wenn wir beim Einkaufen an der Kasse warteten, nahm sie meine Hand.

Einfache Berührungen haben etwas zutiefst Beruhigendes und Bestätigendes. Sie bringen Zärtlichkeit, Wärme und Vergebung zum Ausdruck. „Wenn wir jemanden berühren, dann signalisieren wir ihm Annahme, auch wenn er in einem rauen Ton zu uns spricht, falsche Beschuldigungen vorbringt oder sich lieblos und rücksichtslos verhält“, so Bobbie und Myron Yagel, die seit über 20 Jahren Eheseminare abhalten. „Eine der besten Methoden, um in einer Ehe Zornesausbrüche des Partners schon in der Entstehungsphase zu unterbinden, besteht darin, dass wir den anderen sanft berühren, sobald wir merken, dass Ärger im Anmarsch ist. Auf diese Weise verhindern wir den Bruch, bevor er überhaupt auftaucht. Es ist fast unmöglich, jemanden zu hassen, wenn man seine Hand hält."[75]

Doch auch über diese Initialphase des Streits hinaus ist Körperkontakt durchaus noch von Nutzen. Sogar, als wir schon dabei waren, auseinander zu driften – ja gerade deshalb, weil wir auseinander drifteten –, scheute sich Leslie nicht, Zärtlichkeiten zwischen uns zu initiieren. Sexualität war eine wichtige Klammer, gerade in jenen Zeiten, als unsere Ehe sich aufzulösen drohte.

„Make Love, Not War"

Wie viele andere nichtchristliche Männer hatte ich das Vorurteil, dass christliche Frauen total verklemmt sind, eine Aversion gegen Sex haben und sich ihres Körpers schämen. Eine meiner größten Befürchtungen, als Leslie zum Glauben kam, bestand darin, dass sie nun prüde und sexuell unansprechbar würde und dass Sexualität von nun an bestenfalls ein notwendiges Übel und schlimmstenfalls ein völliges Tabuthema sei. In meinen schlimmsten Albträumen sah ich schon, wie auf ihrer Seite des Bettes ein Schild mit der Aufschrift „Zutritt verboten" stand.

Dieses Stereotyp ist so hartnäckig, dass ein Forschungsteam an der Universität von Chicago mit Bestürzung reagierte, als die von ihnen durchgeführte Erhebung über die sexuellen Gewohnheiten der Amerikaner ergab, dass die Gruppe der konservativ-protestantischen Frauen die größte sexuelle Zufriedenheit angab. Diese Frauen berichteten statistisch signifikant häufiger als alle anderen untersuchten Frauengruppen, dass sie beim Geschlechtsverkehr immer zum Orgasmus kommen. An zweiter und dritter Stelle folgten die liberaleren Protestantinnen und die Katholikinnen. An letzter Stelle rangierten die Frauen, die sich keiner Religionsgemeinschaft zurechneten.[76]

„[Dies] erscheint überraschend", so schrieben die Forscher, „weil konservativ religiöse Frauen so oft als sexuell verklemmt dargestellt werden. Protestantische Frauen glauben daran, dass die Ehe etwas Heiliges ist und dass die Sexualität Ausdruck ihrer Liebe zu ihrem Ehemann ist. (...) So populär das Bild des zugeknöpften konservativen Protestanten auch sein mag, gibt es doch deutliche Indizien, die dafür sprechen, dass es sich hierbei um einen Mythos handelt ..."[77]

Das Stereotyp sexueller Frigidität entbehrt jeder biblischen Grundlage. Nach Gottes Plan sollte Sex ein wunderbarer Teil der Verbindung zwischen Mann und Frau sein. Sexualität dient nicht nur der Fortpflanzung, sondern auch dem reinen Vergnügen. Die Bibel spricht davon, dass Mann und Frau bei der sexuellen Vereinigung eine einzigartige Form der Einheit miteinander erleben.[78] Wenn unsere Sexualität im Kontext einer liebenden, exklusiven, vertrauensvollen und dauerhaften ehelichen Gemeinschaft ausgelebt wird, dann ist sie eine geheimnisvolle Art der Mathematik, bei der 1 + 1 = 1 ergibt.

Gottes Absicht ist es, dass Mann und Frau eine lebendige, regelmäßige und für beide Partner befriedigende Form der sexuellen Beziehung genießen. Die Bibel lehrt, dass der Körper des Mannes und der Körper der Frau nicht nur ihnen selbst gehört, sondern auch ihrem Partner. Es heißt auch: „Entzieht euch einander nicht, außer im gegenseitigen Einverständnis und nur eine Zeit lang, um für das Gebet frei zu sein.“[79] Zwischen den Partnern innerhalb der Ehe ist jede Form der sexuellen Betätigung zulässig, sofern sie für beide angenehm ist und niemandem schadet.[80]

„Guter Sex fängt in der Bibel an“, so drückt es mein Freund Robert Moeller sehr treffend aus. „Anstatt uns für unsere sexuellen Bedürfnisse zu verdammen, sagt unser Herr: ‚Still dein Bedürfnis in der Gemeinschaft mit deinem Partner. Er ist mein Geschenk an dich, eine beständige Quelle der Befriedigung und Erfrischung.‘“[81] Der Schriftsteller Mike Mason schreibt in seinem lyrischen Buch *„Das Geheimnis der Ehe. Die geistliche Dimension des gemeinsamen Lebens:* ‚Gibt es irgendeine andere Aktivität, die ein erwachsener Mann und eine erwachsene Frau miteinander teilen können (vielleicht abgesehen von der Anbetung), die kindlicher, reiner und natürlicher, wohltuender und unbestreitbar richtiger wäre als der Liebesakt? Wenn die Anbetung der tiefste mögliche Akt der Gemeinschaft mit Gott ist (und insbesondere jene besondere Form der Anbetung, die wir im Abendmahl vollziehen), dann ist Sex wohl ohne Frage die tiefste Form der Einheit, die zwei menschliche Wesen miteinander haben können.‘“[82]

Es gibt drei wichtige Gründe, warum Leslie in der Zeit, als wir beide geistlich keine Einheit waren, einen so großen Wert darauf legte, die körperliche Verbindung mit mir zu suchen, gerade dann, wenn wir in unserer Beziehung auseinander zu driften drohten:

- Erstens: Weil ich selbst unsicher war, wie Leslies Bekehrung sich auf ihre Einstellung zu sexuellen Dingen auswirkte und darum körperlich eher zurückhaltend war. Ich fürchtete, dass sie mich zurückweisen könnte. Stattdessen ergriff Leslie selbst die Initiative und zerstreute meine Ängste.
- Zweitens: Indem sie mir zeigte, dass unser Liebesleben von unseren Differenzen in Glaubensfragen nicht berührt wurde, entkräftete sie einen meiner Haupteinwände gegen ihre Bekehrung. Als ich realisiert hatte, dass sich an diesem wichtigen Aspekt unserer Beziehung nichts ändern würde, lösten sich viele meiner Vorbehalte gegen das Christentum in Luft auf.
- Drittens: Ich hegte die stille Sorge, dass ich Leslie nun, da sie Christ geworden war, als Mann nicht mehr ausreichte, weil ich nicht an Jesus glaubte. Als die Meinungsverschiedenheiten über unsere unterschiedlichen religiösen Überzeugungen mehr und mehr zwischen uns standen, fragte ich mich insgeheim, ob Leslie wirklich die Versöhnung mit mir wollte oder ob sie nicht am Ende doch einen Partner bevorzugen würde, der ihren Glauben teilte. Indem sie sexuell die Initiative ergriff, zeigte sie mir auf sehr „greifbare“ Weise, dass sie mich ungeachtet unserer Differenzen noch immer liebte. Sie gab mir zu verstehen, dass sie alles in ihrer Macht Stehende tun würde, um zu verhindern, dass unsere emotionale und körperliche Intimität an unserer Trennung im geistlichen Bereich litt.

Wenn die gläubige Partnerin in die Offensive geht und durch kleine versöhnliche Gesten, freundliche Worte und körperliche Beweise von Zuneigung die innere Verbindung zu ihrem Partner wiederherstellt, dann erfüllt sie damit Gottes Anweisung, ihren Partner zu ehren und ihm Erbarmen und Vergebung entgegenzubringen. Wenn beide Partner Christen sind und den Heiligen Geist in sich haben, dann sind beide gleichermaßen dafür verantwortlich, Schritte zur Versöhnung zu ergreifen. Wenn der eine Partner ungläubig ist, bleibt diese Aufgabe im Allgemeinen am gläubigen Partner hängen.

Oft fühlt es sich ein wenig merkwürdig an, in einer solchen

Situation den ersten Schritt zu tun. Um ein Beispiel zu geben, wie ein solcher Schritt aussehen könnte, wollen wir noch einmal auf die Geschichte von C. C. zurückkommen, von der wir Ihnen bereits zu Anfang des Kapitels berichtet hatten. Sie war bereits 30 Jahre lang mit David verheiratet, und ihre unterschiedlichen Auffassungen über Gott waren nur einer der Gründe, warum sie sich auseinander gelebt hatten und im Wesentlichen ihre eigenen Wege gingen, auch wenn sie noch unter demselben Dach zusammenwohnten. C. C. war schließlich so verzweifelt, dass sie bei der bestmöglichen Quelle um Rat nachsuchte.

Tauwetter

Auf der Suche nach Antworten stieß sie auf die Bibel. Als sie 1. Petrus 3,1-2 las, sprang es ihr förmlich ins Auge: „Ohne viele Worte sollt ihr Frauen allein durch euer Vorbild eure Männer für Christus gewinnen, die bisher nicht an sein Wort glaubten." Sie verstand zwar, was damit gemeint war, hatte jedoch keine Ahnung, was sie ganz praktisch tun könnte. „Wie soll ich David für Jesus gewinnen, wenn ich immer so leicht wütend werde?", fragte sie sich. Nachdem sie sich eine Weile herumgequält hatte, betete sie ein einfaches Gebet: „Verändere mich, Herr – ich will alles tun, was du mir sagst."

Sie versuchte, das Eis in ihrer Ehe durch kleine Gesten zum Schmelzen zu bringen. Eines Tages feierte sie den halben Geburtstag ihres Mannes, indem sie ihn mit einem halben Kuchen überraschte, den sie ihm gebacken hatte. Sie machte sich sogar die Mühe, ihm immer wieder ihre Anerkennung dafür zum Ausdruck zu bringen, dass er Tag für Tag zur Arbeit ging. „Doch ich scheute davor zurück, eine körperliche Verbindung herzustellen und ihn zu berühren", berichtet C. C. Hören Sie, wie die Sache weiterging:

„Wir hatten seit zwei Jahren nicht mehr miteinander geschlafen. Sieben Mal hintereinander hatte ich versucht, die Initiative zu ergreifen, und jedes Mal handelte ich mir eine Abfuhr ein. Da sprach der Herr mitten in meine Ängste hinein: *Fang klein an.* So begann ich, ihn gelegentlich am Arm anzufassen, wenn wir miteinander sprachen oder ihm einmal die Hand auf den Rücken zu legen.

Nach einigen Tagen des langsamen ‚Antauens' ging ich einen Schritt weiter: ‚David, ich glaube, ich brauche jetzt einmal eine Umarmung.' Unser erster Versuch war ziemlich steif, wir waren fast ein wenig verlegen. Von da an holte ich mir jeden Tag neu diese paar Momente belebender Wärme. Eines Tages kam David von sich aus mit ausgebreiteten Armen auf mich zu.

Eines Samstags schließlich ergriff David meine Hand und schaute mir zärtlich und sehnsüchtig in die Augen. Wir umarmten uns und unsere Herzen schmolzen einfach dahin. Vergebung floss, und alle Befürchtungen, alle Verlegenheit und alle alten Verletzungen waren wie weggeblasen. Der Zeitpunkt, der Ort, die äußeren Umstände – alles war von Gott vorbereitet. Wir kamen zusammen, völlig natürlich und ohne dass es uns irgendwie komisch vorgekommen wäre, wie zu Anfang unserer Ehe. Damit vollzogen wir den letzten Schritt zurück auf dem Weg zueinander."[83]

Wer weiß, wo C. C.'s Ehe heute stünde, hätte sie damals nicht die Reife, den Mut und den Charakter gehabt, um den ersten Schritt zur Versöhnung zu tun? Ihr Lösungsansatz kann jedem von uns zur Orientierung dienen: Sie suchte nach Weisheit aus der Bibel, betete um Gottes Hilfe, begann mit kleinen, einfachen Schritten und blieb beharrlich, ohne sich durch anfängliche Misserfolge entmutigen zu lassen. Schließlich, nach vielen Jahren, bekehrte sich David und nahm Jesus als seinen Herrn an.

Wenn in Ihrer Ehe ein eisiger Wind weht, so dass Ihre Herzen zu erstarren drohen, dann zögern Sie nicht, Schritte zu tun, um Ihre Beziehung wieder anzuwärmen. Gehen Sie liebevoll und vergebungsbereit auf Ihren Partner zu. Dadurch überbrücken Sie nicht nur die Kluft in Ihrer Beziehung, Sie geben Ihrem Partner damit zugleich ein Sinnbild dafür, wie sein himmlischer Vater in Jesus die Initiative ergriff, um die Verbindung zu ihm für alle Ewigkeit wiederherzustellen.

11. Vermitteln Sie Ihren Kindern christliche Werte, aber achten Sie darauf, dass sie nicht gegen Ihren Partner eingenommen werden

Für Kinder sind Glaubensdifferenzen zwischen den Eltern mit all den Konflikten und Turbulenzen, die dadurch ausgelöst werden, oft sehr belastend. Sie lieben beide Eltern, und selbst in sehr jungen Jahren haben sie schon eine untrügliche Fähigkeit, Spannungen zu Hause wahrzunehmen. Weil Kinder sich nach Stabilität sehnen, macht es ihnen Angst, wenn zwischen ihren Eltern Streit und Uneinigkeit herrschen. Wenn ihre Mama und ihr Papa auf einmal anfangen, ihnen widersprüchliche Botschaften zu vermitteln, dann ist das für die Kinder überaus verwirrend.

Mama erzählt ihnen, wie wichtig es für sie ist, mit zur Kirche zu kommen, doch warum bleibt Papa zu Hause in seinem Lieblingssessel und sieht fern, anstatt sie zu begleiten? Mama bringt ihnen bei, keine Schimpfworte zu benutzen, doch Papa macht davon reichlich Gebrauch, wenn er sich mit dem Hammer auf den Daumen haut oder seine Lieblingsmannschaft im Baseball verliert. Mama liest in der Bibel, doch Papa liest immer nur den Wirtschaftsteil der Tageszeitung. Mama sagt, sie sollten auf Gott vertrauen, doch Papa hämmert ihnen ein, sie könnten sich nur auf sich selbst verlassen.

Wenn sie älter werden, erklärt ihnen Mama, warum sie sich bestimmte Filme nicht anschauen dürfen, doch wenn sie darüber jammern, dass alle ihre Freunde sie schon gesehen haben, fällt Papa Mama in den Rücken und bringt das ersehnte Video mit nach Hause. Mama sagt, dass die Kinder keinen Sex vor der Ehe haben sollten, doch Papa steht auf dem Standpunkt, dass man als Jugendlicher eben alles Mögliche ausprobiert und dass es die Hauptsache ist, dabei aufzupassen und an Verhütung zu denken. Solche widersprüchlichen Signale gibt es zuhauf, wenn die Eltern nicht an einem Strang ziehen, und sie bringen Verwirrung, Unsicherheit und Beklommenheit über die Kinder.

Bevor Leslie und ich zum Glauben kamen, waren wir naiv genug anzunehmen, wir könnten unsere Kinder so erziehen, dass sie selbstständig entscheiden können, wie sie ihr Leben gestalten wollen. Das Problem ist jedoch ganz anders gelagert: Wenn Sie in

Ihrem Haus ein geistliches Vakuum zulassen, werden unweigerlich die Falschen eindringen und es erfüllen.

Der Materialismus lockt Ihre Kinder mit der Vorstellung, dass der Wert eines Menschen an der Menge seiner Besitztümer gemessen werden kann. Der Hedonismus macht ihnen vor, es ginge im Leben lediglich darum, Spaß zu haben, egal ob andere dabei zu Schaden kommen. Der säkulare Humanismus erstickt alle gottgegebenen ethischen Prinzipien in ihnen. Die „New Age"-Ideologie will ihnen einreden, sie seien selbst Götter und könnten die Erfüllung in sich selbst finden. Der Ehrgeiz treibt sie an, die Nummer 1 werden zu wollen und dabei auf niemanden Rücksicht zu nehmen. Und dann gibt es da jene Kakophonie von Gurus, die widersprüchliche geistliche Ratschläge erteilen und ihnen vormachen, es komme eigentlich gar nicht so sehr darauf an, welchen Pfad man einschlägt, weil sie ohnehin alle zum selben Ziel führen.

Erst unsere Nachbarin Linda machte Leslie klar, wie töricht die Annahme ist, wir könnten unseren Kindern die Entscheidung, nach welchen Moralvorstellungen sie ihr Leben ausrichten wollen, selbst überlassen. Schließlich leben wir in einer Welt, die zunehmend verwirrend ist, in der die Grenzen zwischen Gut und Böse verschwimmen, in der ethische Vorstellungen im beständigen Wandel begriffen sind, in der Tugenden nicht mehr zählen und in der nichts mehr sicher scheint außer der Unsicherheit. Es wäre eine Verletzung der elterlichen Pflicht, wenn man seine Kinder ohne solide moralische Fundamente in eine solche feindselige Welt entließe.

Bestimmte Bibelstellen brachten Leslie nach ihrer Bekehrung zum Umdenken, so zum Beispiel Sprichwörter 22,6: „Erzieh den Knaben für seinen Lebensweg, dann weicht er auch im Alter nicht davon ab." Sie erkannte, dass sie Alison und Kyle göttliche Werte, göttliche Moralprinzipien und göttliche Wahrheiten weitergeben musste, ob ich dabei nun mitmachen wollte oder nicht. Hier einige Lektionen, die sie auf diesem Weg gelernt hat.

Unter Umständen ist der nichtchristliche Partner durchaus offen für eine christliche Erziehung der Kinder, wenn die Vermittlung von moralischen Werten im Vordergrund steht

Als Leslie mir vorschlug, Alison und Kyle am Kinderprogramm der Gemeinde teilnehmen zu lassen, hob sie hervor, dass sie auf diese Weise ein gesundes Empfinden für moralische Werte vermittelt bekämen. Das erschien mir vernünftig. Ich wollte gern, dass meine Kinder selbstbewusst und durchsetzungsfähig werden, aber auf der anderen Seite sollten sie auch Werte wie Ehrlichkeit, Respekt, Verantwortungsbewusstsein, Mut und Dankbarkeit vermittelt bekommen. Als Leslie mir sagte, dass es sich dabei um biblische Werte handele, war ich einverstanden, die Kinder mit in die Gemeinde gehen zu lassen.

Auch aus ganz pragmatischen Gründen schien es mir besser, wenn die Kinder mit Leslie gingen. Leslie war ohnehin fest entschlossen, den Gottesdienst zu besuchen. Hätte sie die Kinder nicht mitgenommen, dann hätte ich früher aufstehen und sie beschäftigen müssen. So konnte ich in aller Ruhe meinen Rausch ausschlafen. Außerdem sollten sich meine Kinder selbst entscheiden, was sie glauben wollten, und darum war es nur gut, wenn sie verschiedene Ansichten mitbekamen. So störte es mich nicht weiter, dass sie in der Gemeinde mit dem christlichen Glauben konfrontiert wurden.

Sehr häufig hat der nichtchristliche Elternteil nichts dagegen einzuwenden, dass die Kinder den Kindergottesdienst besuchen. Einer Erhebung zufolge lassen 48 Prozent der Eltern, die selbst der Kirche fern stehen, ihre Kinder an einer religiösen Früherziehung teilnehmen.[84] „Ich will Ihnen gerne sagen, warum ich meine Kinder zum Kindergottesdienst schicke“, sagte mir mal ein nicht gläubiger Vater: „Als ich noch klein war, wurden uns in der Schule noch in einem gewissen Rahmen moralische Werte vermittelt. Heute bin ich mir nicht sicher, ob man darauf noch hoffen darf. Ich möchte, dass meine Kinder richtig und falsch unterscheiden können, und wenn die Kirche dabei hilft, soll es mir nur recht sein.“

Aus demselben Grunde schicken nicht gläubige Eltern ihre Kinder auch auf christliche Privatschulen. Sie wollen ihren Kindern nicht nur ethische Perspektiven vermitteln, sondern ihnen auch eine hochwertigere Ausbildung ermöglichen, als sie staatliche Schulen oft gewährleisten. Unsere Tochter Alison unterrichtet mittlerweile an einer christlichen Schule, die einen so guten Ruf hat, dass Eltern mit verschiedensten Glaubensüberzeugungen ihre Kinder dorthin schicken.

Es ist aber nicht immer so, dass sich der nichtchristliche Elternteil so kooperativ verhält. Für einige, vor allem aus der postmodern geprägten Elterngeneration des letzten Jahrzehnts, hat „religiöse Toleranz" einen extrem hohen Stellenwert. In ihren Augen bedeutet dies nicht nur, Menschen aller Glaubensrichtungen zu akzeptieren, sondern auch, dass alle religiösen Überzeugungen den gleichen Stellenwert besitzen. Infolgedessen scheuen sie oft davor zurück, ihre Kinder am Kindergottesdienst teilnehmen zu lassen, weil sie befürchten, dass man ihnen dort vermittelt, es gäbe nur einen Weg zu Gott.

Wenn dies zu einem Hinderungsgrund wird, kann es hilfreich sein, seinen Partner dazu zu bringen, dass er sich selbst einen Eindruck über die Ziele und Inhalte der gemeindlichen Kinderarbeit verschafft. Oft wird er feststellen, dass die Inhalte vor allem für die jüngeren Altersgruppen gar nicht so anstößig sind, weil der Schwerpunkt darauf liegt, den Kindern Gottes Liebe zu vermitteln, ihnen ein gesundes Selbstwertgefühl zu geben und mit Hilfe von biblischen Geschichten ein Gerüst von elementaren Grundwerten in ihnen anzulegen. Wenn Ihr Partner trotzdem noch Einwände dagegen hat, die Kinder in den Gottesdienst zu lassen, dann wird der nächste Punkt umso bedeutsamer sein.

Christliche Eltern sollten ihre Kinder grundsätzlich zu Hause unterrichten

Ich vermute, dass an dieser Stelle viele von Ihnen die Stirn runzeln werden! In Amerika ist es möglich, Kinder gar nicht auf eine Schule zu schicken, sondern sie selbst zu Hause zu unterrichten. Darum geht es hier aber nicht.[85] Wir wollen damit auch keineswegs sagen, dass christliche Eltern ihre Kinder zwangsweise von staatlichen Schulen nehmen sollten, auch wenn private christliche Schulen durchaus ihre Vorteile haben. Leslie und ich zum Beispiel haben unsere Kinder an staatliche Schulen geschickt. Wir meinen aber, dass christliche Eltern ganz bewusst und planvoll die Gelegenheiten nutzen sollten, die sich zu Hause jeden Tag bieten, um ihren Kindern biblische Werte nahe zu bringen. So steht es in Deuteronomium 6,4-9: „Höre, Israel! Jahwe, unser Gott, Jahwe ist einzig. Darum sollst du den Herrn, deinen Gott, lieben mit ganzem Herzen, mit ganzer Seele und mit ganzer Kraft. Diese Worte, auf die ich dich heute verpflichte, sollen auf deinem Herzen geschrieben stehen. Du sollst sie deinen Söhnen wiederholen. Du sollst von ihnen reden, wenn du zu Hause sitzt und wenn du auf der Straße gehst, wenn du dich schlafen legst und wenn du aufstehst. Du sollst sie als Zeichen um das Handgelenk binden. Sie sollen zum Schmuck auf deiner Stirn werden. Du sollst sie auf die Türpfosten deines Hauses und in deine Stadttore schreiben."

Anders ausgedrückt, wann immer sich die Möglichkeit bietet und Sie mit Ihren Kindern etwas Zeit haben, vermitteln Sie ihnen etwas von Gott. Hängen Sie Bibelverse an die Wände im Kinderzimmer. Weisen Sie in Ihrem Umgang und in Ihren Gesprächen mit den Kindern immer wieder auf Gott hin. Suchen Sie im Alltag nach Anknüpfungspunkten, um daraus eine Lektion fürs Leben abzuleiten. Wenn zum Beispiel ein Kind in der Nachbarschaft zum Außenseiter wird, weil es anders ist als die anderen, dann ist dies eine hervorragende Gelegenheit, Ihren Kindern deutlich zu machen, dass Jesus uns dazu auffordert, allen Menschen in Liebe zu begegnen. Es gibt jeden Tag eine Fülle von Anlässen, um über Ehrlichkeit, schlechtes Gerede über andere, Tapferkeit und Dankbarkeit zu reden. Wir müssen nur bereit sein, sie wahrzunehmen.

Eine weitere Möglichkeit, um den Kindern die Lehren der Bibel nahe zu bringen, sind altersgerechte christliche Medien. Alle Kinder schauen gerne Videofilme. Warum sollten wir ihnen also nicht hochwertige Videos mit biblischen Inhalten zugänglich machen, die ihnen etwas davon vermitteln, wer Gott ist und wie wir nach seinen Vorstellungen leben sollten?

Die meisten Eltern lesen ihren Kindern vor dem Schlafengehen etwas vor. Warum lesen Sie Ihren Kindern nicht einfach biblische Geschichten vor, die in kindgerechter Form aufbereitet sind? Die christlichen Buchhandlungen sind voll von hervorragenden Kinderbüchern zum Vorlesen oder zum Selbstlesen.

Auch für Jugendliche gibt es eine Fülle von guten Büchern. Zwei meiner eigenen Titel, *„The Case for Christ"* (Deutscher

Titel: *„Der Fall Jesus. Ein Journalist auf der Suche nach Wahrheit“*, Projektion J, 1999) und *„The Case for Faith“* (Deutscher Titel: *„Glaube im Kreuzverhör. Ein Journalist hinterfragt das Christentum“*, Projektion J, 2001), in denen ich die vielen Beweggründe erläutere, die mich selbst dazu gebracht haben, meine atheistischen Überzeugungen über Bord zu werfen und Christ zu werden, sind auch jeweils in einer Jugendbuch-Version erschienen. (*„Der Fall Jesus für Teens“*, der Titel *„Glaube im Kreuzverhör“* ist im Deutschen bislang noch nicht in einer Fassung für Jugendliche erschienen). Hier habe ich den Text so umgearbeitet, dass er für Jugendliche besonders ansprechend und gut nachvollziehbar ist. Hervorragend ist auch die Teenager-Version der spannenden Endzeit-Story „Finale“, erschienen bei Projektion J.

Materialien wie diese können entweder als Ergänzung dienen oder gegebenenfalls den Kindergottesdienst ersetzen, falls Ihr Partner nicht will, dass Ihre Kinder daran teilnehmen. In jedem Falle muss der christliche Elternteil beständig auf der Suche nach Möglichkeiten sein, um den fehlenden Beitrag des nichtchristlichen Partners auszugleichen.

Lassen Sie Ihre Kinder wissen, dass jede Frage erlaubt ist und dass alle Gefühle grundsätzlich sein dürfen

Der britische Pastor Michael Fanstone hebt dies in seinem Buch *„Unbelieving Husbands and the Wives Who Love Them“* (Ungläubige Ehemänner und die Frauen, die sie lieben) immer wieder hervor. „Für Kinder mit ihrem unerschöpflichen Reservoir von drängenden Fragen ist nichts besser als ein stetiger Strom von direkten Antworten“, so schreibt er. „Offene und ehrliche Gesprächen miteinander haben den Vorteil, dass Missverständnisse und unnötige Ängste schnell ausgeräumt werden können. In der Vorstellung von Kindern erscheinen die Probleme oft viel dunkler, als sie in Wirklichkeit sind.“[86]

Leslie erinnert sich noch gut an die Zeit, als Alison gerade vier Jahre alt war und etwas davon mitbekam, dass es bei uns Gerangel um Glaubensfragen gab. Als die beiden einmal allein waren, fragte Alison ganz besorgt: „Bist du böse auf Papa?“

Leslie war froh, dass Alison sich sicher genug fühlte, um das Thema anzuschneiden, statt ihre Sorgen in sich hineinzufressen und mit der schwelenden Angst zu leben, dass Mama und Papa sich möglicherweise trennen könnten. Ich bin sehr froh, dass Leslie ihre Sache damals so gut gemacht hat.

„Ich konnte ihr sagen, dass Mama und Papa sich sehr lieb haben, aber dass sie eben manchmal unterschiedlicher Meinung sind und dass so etwas völlig in Ordnung ist“, sagt Leslie. „Ich erinnerte sie daran, dass sie und ihre Freundin Sarah ja auch ihre Meinungsverschiedenheiten hätten, und dass sie trotzdem ihre beste Freundin sei. Ich versicherte ihr, dass Mama und Papa sie und Kyle sehr lieb haben und dass sich daran nie etwas ändern wird. Damit schien sie zufrieden zu sein. Sie wollte sich wohl einfach nur rückversichern.“

Die Spannungen, die zwischen dem gläubigen und dem nicht gläubigen Partner zuweilen bestehen, können bei Kindern Besorgnis, Unsicherheit und Ängste hervorrufen. Darum ist es sehr wichtig, dass sie die Freiheit haben, ihre Gefühle den Eltern gegenüber zum Ausdruck zu bringen. Lassen Sie Ihre Kinder immer wieder spüren, dass alle ihre Gefühle zunächst einmal ihre Berechtigung haben und dass sie zu Hause ganz offen zur Sprache gebracht werden dürfen. Wenn die Kinder Ihnen zum Beispiel signalisieren, dass sie Angst haben, dann weisen Sie sie dafür nicht zurecht oder vermitteln ihnen den Eindruck, dies sei etwas Dummes. Erkennen Sie die Gefühle Ihrer Kinder an und ergründen Sie, wo sie herrühren.

Leslie berichtet: „Jeden Abend, wenn ich die Kinder ins Bett brachte, hatten sie die Gelegenheit, alles zu sagen, was ihnen auf dem Herzen lag. Immer, wenn sie eine Frage stellten, eine Sorge äußerten oder ein bestimmtes Gefühl zum Ausdruck brachten, dankte ich ihnen ganz bewusst dafür. Auf diese Weise blieben die Kommunikationswege zwischen uns offen, und die Kinder konnten unbeschwert einschlafen.“

Denken Sie daran, dass Sie ein wandelnder Werbespot für Jesus sind

Ein altes Sprichwort besagt, dass man Werte nicht erlernt, sie färben ab. Wenn Sie der einzige Christ in der Familie sind, dann sind automatisch alle Augen auf Sie gerichtet. Ihr Partner und auch Ihre Kinder wollen sehen, wie Sie sich als Christ verhalten. Sie sind die einflussreichste christliche Bezugsperson im Leben Ihrer Kinder. Das, was sie an Ihnen sehen, wird der unwiderlegbare Beweis, dass man mit Jesus am besten durchs Leben kommt.

Leslie konnte den Kindern so viele Bibelgeschichten über Ehrlichkeit erzählen, wie sie wollte – was wirklich Eindruck auf sie machte, war eine Begebenheit, als Leslie nach dem Einkaufen feststellte, dass die Kassiererin ihr versehentlich zu viel Geld herausgegeben hatte. Sie packte die Kinder gleich wieder ins Auto und fuhr zurück zum Markt, um die Sache richtig zu stellen.

Leslie konnte sich den Mund fusselig reden, wie wichtig das Gebet ist, doch nichts bekräftigte diese Botschaft mehr, als wenn die Kinder morgens in die Küche kamen und ihre Mutter sahen, die am Küchentisch saß und still für ihre Familie betete.

Ihre Kinder erwarten nicht, dass Sie vollkommen sind. Sie brauchen nur aufrichtig und echt zu sein. Wenn wir Fehler machen, dann ist es für die Kinder sehr eindrucksvoll mitzuerleben, wie Sie Ihre Fehler ehrlich eingestehen und um Vergebung bitten. Ich erinnere mich noch gut daran, wie ich, als ich Christ geworden war, feststellen musste, dass ich in meiner Arbeitssucht meine Kinder vernachlässigt hatte. Ich habe mich vor Alison und Kyle hingekniet, sie in den Arm genommen und mich mit Tränen in den Augen bei ihnen entschuldigt. Ich versprach, dass ich ihnen künftig ein besserer Vater werden wollte, und besiegelte das Ganze mit einem kurzen Gebet um Gottes Hilfe.

Ihr ungläubiger Partner wird Ihnen kaum das Recht absprechen können, den Kindern Ihren christlichen Glauben vorzuleben. Schließlich sind Sie nur sich selbst treu. Sie versuchen nicht, Ihre Kinder zu indoktrinieren oder ihnen Ihren Glauben aufzuzwingen. Sie sind einfach Tag für Tag neu ein lebendiges Beispiel dafür, wie das Leben als Christ in der Praxis aussieht. Ob sie Jesus selbst nachfolgen wollen, ist dann letztlich ihre eigene Entscheidung. Bis sie so weit sind, diese Entscheidung zu treffen, kann es nur nützlich sein, wenn Sie diesen wichtigsten Teil ihres Lebens mit ihnen teilen.

Vermeiden Sie es, Ihre Kinder dazu zu bringen, gegen Ihren Partner Partei zu ergreifen

Kinder nehmen Dinge schneller wahr, als wir manchmal meinen. Wenn Sie Ihren Kindern einen christlichen Lebensstil vorleben, Gelegenheiten ergreifen, um biblische Werte in sie einzupflanzen, wenn Sie sie mit guter christlicher Lehre konfrontieren, dann vermitteln Sie ihnen, dass es etwas Tolles ist, Jesus persönlich zu kennen. Wenn Papa nun aber nicht betet, nicht zur Kirche geht und keine persönliche Beziehung zu Gott hat, dann scheint die logische Konsequenz zu sein, dass er irgendwie nicht so toll ist.

Es ist extrem wichtig, dass der christliche Elternteil den nicht gläubigen Partner ehrt und respektiert und alles unterlässt, was seine Autorität in den Augen der Kinder untergräbt. Leslie achtete immer peinlich genau darauf, mich nie in Gegenwart der Kinder zu kritisieren. Sie wollte unter allen Umständen vermeiden, dass die Kinder den Eindruck gewinnen, sie würde mich nur deshalb weniger achten, weil ich Jesus nicht nachfolge.

„Wenn Alison fragte, warum Papa nicht mit zur Gemeinde kommt, dann sagte ich ihr ganz ehrlich, dass er andere Ansichten über Gott hätte“, berichtet Leslie. „Ich machte ihr klar, dass jeder Mensch, auch sie selbst, sich entscheiden müsste, wie er es mit Gott hält, und dass ich Papa achte und ehre, wie auch immer er sich entscheiden möge. Sie war damals noch sehr klein und hinterfragte nicht alles so genau! Aber es war ihr sehr wichtig, immer wieder zu hören, wie sehr ich ihren Papa und auch sie lieb hatte.“

Wenn Leslie und die Kinder sich auf den Weg zur Gemeinde machten, dann vermittelte Leslie ihnen nie den Eindruck, dass ich ein schlechterer Mensch sei, weil ich zu Hause blieb. Sie gab mir einen Kuss und sagte den Kindern mit fröhlicher Stimme: „Gebt dem Papa einen Kuss! Nachher sehen wir uns wieder!“

Wenn die Kinder älter sind, wird die Sache natürlich etwas komplizierter. Eine Mutter von drei Kindern berichtete, dass ihr Mann befördert wurde, kurz nachdem die Mutter und die Kinder angefangen hatten, für die finanzielle Situation der Familie zu beten. „Was für eine tolle Gebetserhörung!“, rief sie spontan, als der Vater mit der Neuigkeit nach Hause kam. Die Kinder klatschten vergnügt.

„Man kann es aber auch anders nennen“, warf der Ehemann ein.

„Wie denn?“, fragte die Mutter.

„Zufall!“

Eine andere Frau beschreibt, wie ihr Sohn in der Schule etwas über den Darwinismus lernte. Sie begann, dem Jungen die Schwachpunkte der Evolutionstheorie aufzuzeigen, indem sie einige wissenschaftliche Fakten aufzählte, die sie in christlichen Büchern gelesen hatte. Ihr Mann fuhr zornig dazwischen und warf ihr vor, sie würde ihn „mit religiöser Propaganda indoktrinieren“. Am Ende würde sie noch seine Biologienote in Gefahr bringen, wenn sie ihn weiter so „verwirrte“.

In solchen Situationen ist Taktgefühl gefordert. Eine Möglichkeit wäre es, Ihren Partner in einem Gespräch unter vier Augen zu bitten, dass er Ihnen und Ihren Glaubensüberzeugungen ebenso viel Respekt entgegenbringt, wie Sie ihm entgegenzubringen versuchen. Machen Sie ihm deutlich, dass Sie sich selbst ebenso treu sein müssen, wie er sich treu ist. Versuchen Sie, sich darauf zu einigen, einander nie in Gegenwart der Kinder respektlos zu behandeln. Er wird schwerlich etwas dagegen einwenden können, wenn Sie ihm deutlich machen, dass die Kinder verschiedene Standpunkte kennen lernen müssen – den christlichen eingeschlossen –, um sich eine eigene Meinung zu wichtigen Fragen wie der Religion bilden zu können.

Das klingt ganz plausibel, nicht wahr? Doch leider reagieren Menschen nicht immer rational, wenn es um so hoch sensible Themen wie den Glauben geht. Es gibt auch Menschen, die dem Glauben gegenüber so feindselig eingestellt sind, dass sie ihre Kinder gegen jeden christlichen Einfluss abschirmen wollen. In diesen seltenen Fällen bleibt dem christlichen Elternteil nichts anderes übrig, als sich auf das Gebet für die Kinder zu beschränken und sein christliches Zeugnis zu Hause so zu leben, dass es nicht laufend Streit gibt.

12. Stellen Sie sich immer wieder die zentrale Frage überhaupt

Auf der Suche nach einer Antwort, wie Sie das Beste aus Ihrer konfliktträchtigen Situation machen können, haben wir eine Vielzahl von Themenbereichen gestreift. Wir haben uns mit Fragen der Kindererziehung beschäftigt, mit Konfliktlösung, Vergebung und Versöhnung, mit Erwartungen und Einstellungen, mit der Frage, wie wir Ermutigung und Hilfestellung bekommen können und mit der richtigen Prioritätensetzung zwischen Gott und unserem Partner. Wenn wir das Ganze nun in einer Frage zusammenfassen wollten, dann kämen wir zur „zentralen Frage überhaupt". Wie lautet diese Frage?

Immer wenn ich am Anfang eines neuen Jahres einen neuen Kalender bekomme, mache ich Folgendes zuerst. Ich schreibe für jeden ersten Tag des jeweiligen Monats eine provozierende Frage auf, die ich mir mindestens einmal monatlich stellen will, zum Beispiel: *„Wie gerne wäre ich mit mir selbst verheiratet?"*

Oha, welch eine ernüchternde Frage! Sie zwingt mich dazu, mich 12-mal im Jahr einer schonungslosen Selbstbefragung zu unterziehen. Was würde ich an meinem Verhalten ändern, wenn ich mit mir selbst verheiratet wäre? An welchen Seiten meiner Persönlichkeit würde ich mich besonders stören? Wie müssten sich meine Prioritäten ändern? Welche Haltungen würde ich gerne aufgeben, welche anderen würde ich verstärken?

Dies praktiziere ich seit 1995, als ich das Buch *„Becoming Soul Mates"* von Les und Leslie Parrott las. „Diese simple Frage", so schreiben sie, „kann mehr dazu beitragen, Ihrer Ehe zum Erfolg zu verhelfen, als alles andere. Denken Sie mal darüber nach. Wie würden Sie sich selbst als Ehepartner einschätzen? Ist es einfach, mit Ihnen auszukommen? Was tun Sie, um Ihre Partnerschaft zu bereichern? Welche positiven Qualitäten bringen Sie in Ihre Partnerschaft ein?"[87]

In einer Partnerschaft zwischen einem Christen und einem Nichtchristen ist diese Frage besonders relevant. Sie leben in der Kraft des Heiligen Geistes, sind von Gottes Wahrheit geleitet, sind entschlossen, seine Gebote zu respektieren und für ihn zu leben, und doch sind Sie mit einem Menschen verheiratet, der kein Interesse an Gott hat oder ihm sogar feindselig gegenübersteht. Es gibt unzählige verschiedene Möglichkeiten, wie Ihr Partner sich zu Ihrem Leben als Christ und zu Ihren Bemühungen, den Kindern etwas von Ihrem Glauben zu vermitteln, stellen kann. In diesem Buch können wir unmöglich auf alle diese Variationen eingehen. Doch die Frage, die die Parrotts uns hier vorschlagen, kann uns in unserer ganz individuellen Situation zur Richtschnur werden.

Diese Frage ist deshalb eine solche Herausforderung, weil Jesus selbst uns genau dazu angehalten hat: „Alles, was ihr also von anderen erwartet" – und dazu gehört ohne Zweifel auch der nichtchristliche Ehepartner – „das tut auch ihnen! Darin besteht das Gesetz und die Propheten."[88]

Wie gerne wären Sie mit sich selbst verheiratet? Lassen Sie diese Frage das Raster werden, nach dem Sie Ihre Entscheidungen und Reaktionen auf die ständig wechselnde und oft verwirrende Dynamik Ihrer Beziehung zu Ihrem nichtchristlichen Partner beurteilen. Stellen Sie sich dieser Frage immer wieder und seien Sie dabei so ehrlich, dass Ihre Haltung, Ihre Entscheidungen und Ihre Reaktionen dadurch beeinflusst werden.

Auf diese Weise können Sie trotz aller Widrigkeiten das Beste aus Ihrer Partnerschaft machen.

Teil III

Ihre Ehe als Missionsfeld

7. Bevor Sie anfangen, Ihrem Partner von Gott zu erzählen

Es dauerte lange, bis Leslie den Mut gefasst hatte, mit mir ernsthaft über ihren Glauben zu sprechen. Wann immer sie es versuchte, wurde ihr Mund trocken und ihr Puls fing an, zu rasen. Aber sie hatte das Gefühl, dass ihr keine andere Wahl blieb. Sie hielt Ausschau nach der richtigen Gelegenheit, jenen perfekten Moment, von dem sie annahm, dass ich auf ihren Vorstoß voller Enthusiasmus reagieren würde. Leider kam dieser Moment nie.

Dann, eines Morgens beim Frühstück, konnte sie nicht länger damit hinter dem Berg halten. Ich saß ihr gegenüber, die Augen in die Zeitung vertieft, da platzte sie völlig unvermittelt mit der Frage heraus: „Lee, ist dir eigentlich bewusst, dass du Gott unendlich wichtig bist?"

„Kaum waren die Worte über meine Lippen gekommen, hielt ich den Atem an", erinnert sich Leslie heute. „Doch bei dir schien meine Frage gar nicht angekommen zu sein. Es war gerade so, als ob du kein Wort verstanden hättest. Du hast einfach ‚Hm-hm' gemurmelt und bist dann aufgestanden, um deine Aktentasche zu suchen. Du hast meine Frage einfach ignoriert. Ich war völlig fassungslos!"

Vielleicht haben Sie selbst ganz ähnliche Erfahrungen gemacht. Sie versuchten, Ihren Partner auf Gott anzusprechen und standen am Ende wie ein begossener Pudel da, weil Ihnen die rechten Worte fehlten und die Situation einfach zutiefst peinlich war. Am Ende mussten Sie feststellen, dass Sie alles nur noch schlimmer gemacht hatten.

„Ich könnte ein Handbuch darüber schreiben, wie man seinen Partner vom Glauben abschreckt", berichtet Nancy Kennedy. „Jede Minute posaunte ich hinaus, was immer mir gerade in den Sinn kam: ‚Siehst du, wie liebevoll und demütig ich bin?' Ich betete laut in Gegenwart meines Mannes und gab ihm deutlich zu verstehen, dass er ein Sünder auf dem besten Weg zur Hölle ist.

Jedes Traktat, das mir in die Hände fiel, reichte ich ihm prompt weiter.... Wenn er nicht mit in den Gottesdienst kommen wollte, war ich eingeschnappt und sorgte dafür, dass es ihm nachher Leid tat, und es tat ihm Leid – dass er mich geheiratet hatte ...“[89]

Leslie und ich können beide ein Lied davon singen, wie schwierig es ist, den Partner mit dem Evangelium zu erreichen, doch es steht zu viel auf dem Spiel, als dass man es sich erlauben könnte, einfach untätig dazusitzen. Jeden Morgen schaut man über den Frühstückstisch zu dem Menschen hinüber, den man am meisten liebt, und man wünscht sich nichts mehr, als dass auch er Jesus kennen lernt und gerettet wird. Man möchte, dass er nicht nur ein netter Mensch ist, sondern dass in seinem Charakter, in seinen Prioritäten und in seinen Entscheidungen Jesus sichtbar wird. Man möchte, dass auch er die Liebe, die Freude und den Frieden erfährt, den man selbst in der persönlichen Beziehung zu Jesus erlebt. Man wünscht sich, dass der geistliche Graben in der Familie verschwindet und alle miteinander in Einheit Jesus nachfolgen. Und man sehnt sich nach dem Tag, da der Partner dieselben Werte hat wie man selbst und man endlich an einem Strang ziehen kann, im Hinblick auf die Gestaltung der Paarbeziehung, der Beziehungen zu Familie und Freunden, im Hinblick auf die Erziehung der Kinder und den Umgang mit Geld.

Manchmal wird dieser Wunsch im Herzen so stark, dass es beinahe wehtut. Und wenn Ihr Partner darauf desinteressiert oder gar ablehnend und feindselig reagiert, dann fühlen Sie sich zutiefst niedergeschlagen und verzweifelt. Sie fragen sich, ob der Tag jemals kommt, an dem Sie beide gemeinsam vor Jesus knien und ihn anbeten, an dem Sie sich an den Händen halten, während Sie nebeneinander in der Kirche sitzen und begierig die Lehre aus dem Wort Gottes aufsaugen, und an dem Sie sich gemeinsam daran freuen, dass Ihre Geschicke in alle Ewigkeit geklärt sind.

„Ich kann nicht zählen, wie oft ich darüber geweint habe, wie verhärtet dein Herz gegenüber Gott war“, meinte Leslie, als wir die Inhalte dieses Kapitels miteinander durchsprachen. „Ich weiß nicht, wie oft ich kurz davor stand, dich aufzugeben. Ich bin nur froh, dass Gott dich nicht aufgegeben hat! Und das möchte ich allen mitgeben, die mit Nichtchristen verheiratet sind: Gott ist der große Evangelist. Er ist der Spezialist für Reklamationen, wenn es um Menschen geht. Wir müssen einfach nur lernen, mit ihm zusammenzuarbeiten."

Zugegeben, das ist keineswegs eine einfache Aufgabe. Doch nachdem sich Leslie widerwillig auf die raue Schule der harten Rückschläge eingelassen hatte, entdeckte sie eine Reihe von wertvollen Grundlagen, die vielleicht auch Ihnen eine Hilfe sein können, wenn Sie Ihrem Partner den Glauben nahe bringen wollen.

Sie haben eine einzigartige Möglichkeit

Jesus selbst gab vor 2.000 Jahren die Marschordnung aus, die für die Christen aller Generationen die ganze Weltgeschichte hindurch gelten sollte: Unser Auftrag ist es, seine Botschaft so weit wie nur irgend möglich zu verbreiten. Wir sollen Nachbarn, Freunde, Kollegen und Familienmitglieder in eine Beziehung mit ihm hineinführen und dann zuschauen, wie Gott ihr Leben verändert und ihrem Dasein einen neuen Sinn, neue Prioritäten und neue Kraft gibt. Durch seinen Tod und seine Auferstehung hat Jesus die Tür zum Himmel geöffnet, und nun mobilisiert er seine Gemeinde, das ihre dazu zu tun, um den Himmel bis zum Überfließen zu füllen. Der Apostel Paulus nahm die Herausforderung an. „Denn dass ich das Evangelium predige, ist nicht mein persönlicher Verdienst; ich muss es tun!", so schreibt er.[90]

Und – ob Sie es wollen oder nicht – heute, im 21. Jahrhundert, stehen *Sie* an der Front in diesem Kampf. Sie haben richtig gehört – *Sie!* Vielleicht fällt es Ihnen schwer, sich selbst als einen tapferen Missionar in einer göttlichen Mission zu sehen, aber Sie gehören sogar zu einer Gruppe von Menschen, die bei der Evangelisation unseres Landes eine Schlüsselposition innehaben. Es ist wirklich so! Wenn Sie als Christin mit einem Nichtchristen verheiratet sind, dann hat Gott Ihnen damit eine Rolle anvertraut, die ungeahnte Möglichkeiten in sich birgt.

Das ist nicht nur meine Meinung, es ist das Ergebnis einer brandaktuellen Erhebung, die Thom S. Rainer, Dekan der „Billy Graham School of Missions, Evangelism and Church Growth" durchgeführt hat. Eine der verblüffenden Schlussfolgerungen dieser bahnbrechenden Untersuchung im Bereich der Evangelisation lautet wie folgt: „*Die* zentrale Schlüsselfigur, um einen Menschen zu erreichen, der dem Glauben fern steht, ist der Ehepartner."[91] Aufgrund der von ihm und seinem Forschungsteam erhobenen Daten fügt Rainer hinzu: „Wir können die Bedeutung der Ehepartner bei der Bekehrung von Menschen, die der Kirche fern stehen, gar nicht hoch genug einschätzen."[92]

Rainer illustriert seine Statistiken durch konkrete Einzelschicksale. „Der Grund, warum ich heute zu einer Gemeinde gehöre, ist meine Frau", berichtet ein Befragter aus Florida. „Als ich die Veränderungen in ihrem Leben sah, beschloss ich, es einfach auch zu probieren. Heute bin ich ebenfalls Christ, und ich verpasse nur selten einen Gottesdienst."[93]

Ein anderer Ehemann, der im Rahmen dieser Studie interviewt worden war, hatte sich unter dem Einfluss seiner Frau nicht nur bekehrt, er organisiert nun selbst innerhalb seiner Gemeinde eine Gruppe, um christlichen Frauen dabei zu helfen, ihre nicht gläubigen Ehemänner mit dem Evangelium zu erreichen. „Die Ergebnisse sind sehr eindrucksvoll", berichtet Rainer. „Bereits in den ersten drei Monaten waren vier Ehemänner Christen geworden."[94]

All dies veranlasste Rainer zu der Frage, warum in den Gemeinden nicht mehr getan wird, um Frauen dabei zu unterstützen, ihre nichtchristlichen Partner für den Glauben zu gewinnen. Nun, genau das wollen Leslie und ich in den nächsten beiden Kapiteln tun. Dieses Thema liegt uns besonders am Herzen, weil ich es letztlich Leslies Einfluss verdanke, dass ich anfing, mich mit dem Christentum näher zu befassen. Sie hat diesen zarten Trieb in mir über nahezu zwei Jahre hinweg bis zu meiner Bekehrung beharrlich und in aller Stille genährt.[95]

Leslies Erfahrungen haben wir in den beiden kommenden Kapiteln in Form von 8 Punkten für Sie zusammengetragen. Schauen Sie einfach, was Ihnen davon zur Hilfe werden kann, um Ihrem Partner Gott näher zu bringen.

Grundsatz Nr. 1: Verlangen Sie nicht mehr von sich selbst als Gott

Sprechen Sie uns nach – jawohl, sagen Sie es ruhig laut: *„Ich bin nicht dafür verantwortlich, welche Entscheidungen mein Partner* *im Hinblick auf sein geistliches Leben trifft."* Wiederholen Sie das so oft wie nötig und verinnerlichen Sie es!

Wir haben es bereits gesagt, aber wir wollen es an dieser Stelle noch einmal betonen: Gott bürdet uns nicht das ewige Schicksal eines anderen Menschen auf. Diese Last würde uns erdrücken. Die Bibel betont, dass kein Mensch einen anderen bekehren kann. Das ist Gottes Aufgabe. *„Niemand kann zu mir kommen, wenn nicht der Vater, der mich gesandt hat, ihn zu mir führt",* so sagt Jesus selbst in Johannes 6,44.

So sehr Sie es sich auch wünschten, Sie könnten Ihrem Partner bestimmte geistliche Entscheidungen abnehmen, Sie können es nicht. Er – *nicht Sie* – wird eines Tages vor Gott stehen und Rechenschaft darüber ablegen müssen, wie er sich in seinem Leben zu Gott gestellt hat. Ihre Aufgabe ist es ganz einfach, Gott und Ihren Partner zu lieben. Bitten Sie Gott, dass er die Aufmerksamkeit Ihres Partners gewinnt und ihm die Augen öffnet. Anders ausgedrückt: Kooperieren Sie mit dem großen Evangelisten.

„In der Evangelisation gibt es unweigerlich ein Spannungsfeld", schreibt Rebecca Manley Pippert in ihrem Klassiker *„Out of the Salt Shaker and Into the World"* (Raus aus dem Salzstreuer, rein in die Welt). „Einerseits sollte es uns ein dringendes Anliegen sein, das Evangelium zu verbreiten ... Andererseits müssen wir lernen, uns dabei zu entspannen. Weil der Heilige Geist derjenige ist, der Menschen zur Bekehrung führt, brauchen wir keine Furcht zu haben."[96]

Bürden Sie sich also keine ungerechtfertigten Schuldgefühle auf. Gehen Sie nicht dem Irrglauben auf den Leim, wenn Sie nur ein besserer Christ wären, wenn Sie Ihren Glauben nur offensiver vertreten und verständlicher darstellen würden, dann würde er von Bußfertigkeit ergriffen und Jesus auf Knien als seinen Herrn aufnehmen. Lassen Sie es nicht zu, dass Ihr Verhalten von einem unangemessenen Verantwortungsgefühl für den geistlichen Zustand Ihres Partners getrieben ist, denn das wird unweigerlich dazu führen, dass Sie zu viel Druck auf ihn ausüben.

Ihre Verantwortung ist es, Jesus mit Ihrem Leben so gut Sie können Ehre zu machen. Wie mein Freund Don Cousins immer zu sagen pflegt: „Wenn Sie Gott jeden Tag in den kleinen Dingen des Alltags Ehre machen, dann wird er dafür sorgen, dass diese Ehre Ihr ganzes Leben lang auf Sie zurückfällt."

Es ist ohnehin nicht die Regel, dass ein Mensch das Lebensübergabegebet mit seinem Ehepartner spricht. Wahrscheinlich sind Sie nur eine von mehreren Einflussfaktoren, die Gott gebrauchen wird, um das Leben Ihres Partners zu einem Wendepunkt zu bringen. Andere Christen am Arbeitsplatz, in der Nachbarschaft oder anderswo in seinem sozialen Beziehungsnetz ziehen mit Ihnen am selben Strang.

Der Evangelist Cliffe Knechtle drückt es so aus: „Der Weg eines Menschen zu Jesus ist wie eine Kette mit vielen Gliedern. Es gibt ein erstes Glied, Glieder in der Mitte und ein letztes Glied. Wenn ein Mensch sich zu Jesus bekehrt, dann sind diesem Schritt viele Begegnungen und Gespräche vorausgegangen. Manchmal kann ich das erste Glied sein, in der Regel bin ich irgendein Glied in der Mitte, und gelegentlich kommt es vor, dass ich den letzten Schritt mitgehen darf. In jedem Fall freue ich mich, dass ich ein Stückchen in dieser Kette bin. Gott hat mich nicht dazu berufen, immer nur das letzte Glied zu sein. Ich bin berufen, treu zu sein und alle Menschen zu lieben.“[97]

Denken Sie also daran: Wenn es Ihnen nicht vergönnt ist, mit Ihrem Partner das alles entscheidende Gebet zu sprechen, bedeutet das keineswegs, dass Sie als Christ oder als Partner versagt haben. Vielleicht sind Sie nur eines von vielen Gliedern, die Ihren Partner schließlich irgendwann zu Gott hinführen. Wenn das so ist, dann dürfen Sie sich am Ende mit all den anderen Menschen zusammen freuen, die Anteil an diesem Prozess hatten. Vielleicht entscheidet sich Ihr Partner aber auch, die ausgestreckte Hand Jesu auszuschlagen, trotz all Ihrer Bemühungen. Dies entzieht sich Ihrer Kontrolle. Sie müssen einfach nur daran festhalten, was Jesus Ihnen aufgetragen hat: ihm treu zu sein und Ihren christlichen Glauben in der Kraft des Heiligen Geistes so glaubwürdig wie möglich zu leben.

Grundsatz Nr. 2: Eine eindrucksvolle Methode, Ihren Glauben zu bezeugen, besteht darin, ihn vorzuleben

Hätte Leslie damals den Versuch unternommen, mich von der historischen Glaubwürdigkeit der Bibel zu überzeugen, dann wäre das aller Wahrscheinlichkeit nach im Streit geendet. Hätte sie mir etwas von den vier geistlichen Gesetzen erzählt, ich hätte für so viel Naivität nichts als Spott übrig gehabt. Was mich letzten Endes für das Evangelium empfänglich gemacht hat, waren die unübersehbaren positiven Veränderungen, die ich an ihr selbst sehen konnte. Sie waren mir Tag für Tag vor Augen, in jenen stillen unbeobachteten Momenten, und sie konnte mir unmöglich die ganze Zeit etwas vormachen. Da war etwas in ihr – oder war es jemand? –, das sie langsam, aber deutlich wahrnehmbar verwandelte. Das war sehr verblüffend für mich! Und genau dies gebrauchte Gott, um mein Herz zu öffnen.

Es ist ungleich wirkungsvoller, wenn Sie Ihrem Partner Ihren Glauben vorleben, anstatt ihm einfach nur davon zu erzählen. In ihrem Buch *„Bekehre nicht – lebe. So wird Ihr Christsein ansteckend“* schreiben Bill Hybels und Mark Mittelberg: „Wenn wir als Christen wirklich hochansteckend werden wollen, dann müssen wir erst einmal so leben, dass die Menschen um uns herum uns abnehmen, dass wir selbst überhaupt von der Krankheit befallen sind.“[98] Eine alte Redensart besagt: „Ihr Partner braucht vermutlich weniger eine *Definition* als vielmehr eine *Demonstration* des Christentums.“

Im vorangegangenen Kapitel hatten wir erwähnt, dass die Bibel ganz explizit davon spricht, dass ungläubige Ehemänner „durch das Leben ihrer Frauen ohne Worte gewonnen werden können, wenn sie sehen, wie ehrfürchtig und rein ihr lebt.“[99]

Das heißt sicherlich nicht, dass die Frauen ihren Männern gegenüber grundsätzlich nie über ihren Glauben sprechen sollten. Es würde nicht nur ziemlich sonderbar erscheinen, wenn Sie auf die Frage Ihres Mannes, wie es heute in der Kirche war, einfach stumm blieben, es gibt auch genügend Bibelstellen, die uns dazu auffordern, unsere Überzeugungen zu verteidigen und anderen darzulegen, woran wir glauben, wann immer sich die Gelegenheit dazu ergibt.[100] Was der Apostel Petrus meint, ist dies: *Wie wir unseren Glauben im Alltag leben, wird am Ende den größten Eindruck auf unseren Partner machen.*

Dinge sagen sich leicht daher. Jesus hat nicht nur gesagt, dass er die Welt liebt, er hat es durch sein Leben bewiesen, indem er den Armen diente, die Kranken heilte und schließlich sein Leben als Lösegeld hingab. Wenn christliche Ehefrauen und Ehemänner ihren Glauben vor den Augen ihres Partners ohne viele Worte und doch mit aller Entschiedenheit leben, wenn sie ihrem Partner aus einem erneuerten Herzen heraus in aller Demut dienen und wenn sie ihre eigenen Interessen aus Liebe zu ihrem Partner zurückstellen, dann sind sie wie Salz, das Geschmack gibt, und wie Licht, das die Liebe Jesu hell aufstrahlen lässt.

Im Leben von Leslie waren es vor allem drei Aspekte, die in besonderer Weise Eindruck auf mich gemacht haben: ihre anziehende Echtheit, ihre tief verwurzelten Überzeugungen und der Wohlgeruch des Lebens, den ich bei ihr spürte.

Anziehende Echtheit

Von dem Moment an, in dem Sie Ihrem Partner erzählen, dass Sie Christ geworden sind, geraten Sie unter die Kontrolle seines Radarwarnsystems, mit dem er versuchen wird, jede Spur von Heuchelei bei Ihnen aufzudecken. Tag und Nacht wird er nach Anzeichen von Falschheit und Doppelbödigkeit suchen, weil ihm das die Möglichkeit gibt, Ihren Glauben zu entkräften. Und möglicherweise hat er ja auch gute Gründe, skeptisch zu sein. Vielleicht ist es nicht das erste Mal, dass Sie von einer Sache völlig begeistert sind und annehmen, dass Ihr Leben sich dadurch völlig verändern wird.

Hybels und Mittelberg weisen darauf hin, dass Ihre Familie „all Ihre exzentrischen Phasen und verrückten Ideen miterlebt hat: Öko-Schuhe, ausgefallene Diäten, Tai-Chi-Kurse, alternative Marketingkonzepte, esoterische Kassetten mit sublimen Botschaften, die Sie Nacht für Nacht unter Ihrem Kopfkissen laufen ließen, um Ihre innere Einstellung zu verbessern, und vieles andere mehr. Und nun kommen Sie daher und behaupten, dass Sie endlich gefunden hätten, was Ihnen all die Jahre gefehlt hat: Jesus Christus. Und Ihre Familie denkt nur: ‚Ja, ja. War es nicht damals mit der veganen Ernährung genau dasselbe? Wie lange wird *dieser* Spleen wohl anhalten?‘“[101]

Ich kann mich noch gut daran erinnern, wie es war, als Leslie mir berichtete, dass sie nun Jesus nachfolgt. Ich habe mich gefragt, wie lange das wohl dauern wird. War das nur ein kurzer Abstecher in die Welt des Glaubens, der sich bald wieder überlebt haben würde, oder würde sich das Ganze am Ende zu einer

Eskapade in irgendwelche verkorksten Abarten der Spiritualität auswachsen? Doch je mehr sie ihre Glaubensüberzeugungen zu einem Teil ihres Alltags machte, desto mehr wurde mir klar, dass wirklich etwas dran war.

Als ich Leslies Leben mit meinem Radar nach Anzeichen von Heuchelei absuchte, hatte ich nie die Erwartung, dass sie perfekt sein würde. Das wäre unrealistisch. Ich wollte sehen, ob sie integer ist. Was heißt das? Warren Wiersbe weist darauf hin, dass die Worte *Integrität* und das Wort *integral* (was so viel bedeutet wie „ein Ganzes" bzw. „etwas, das für sich steht") vom selben Wortstamm herrühren. Dies kann uns eine Hilfe sein, um der Bedeutung des Begriffs Integrität auf die Spur zu kommen – er beinhaltet Ganzheit, Gesamtheit oder Vollständigkeit. Damit verwandt ist das Wort „integriert", was besagt, dass alle Aspekte des Lebens miteinander in Harmonie sind.[102]

In Bezug auf das Leben eines Christen bedeutet Integrität Übereinstimmung zwischen Glaubensüberzeugungen und praktischem Verhalten. Eine integre Person ist mit sich im Einklang. Ihre Überzeugungen schlagen sich in ihrem Verhalten nieder. Sie tut, was sie sagt. Ihr Glaube beschränkt sich nicht auf einen abgegrenzten Bereich ihres Lebens, er durchzieht alle Aspekte.

Natürlich bleibt jeder Christ zwangsläufig auf die eine oder andere Weise hinter diesem Ideal zurück. Deshalb brauchen wir die geistlichen Übungen, um immer mehr im Glauben zu wachsen und weiterzukommen. Und wir brauchen Einsicht und Vergebung. Nehmen wir zum Beispiel an, dass Sie im Gespräch mit Ihrem Ehemann anfangen, fürchterlich über jemanden zu lästern, den Sie beide kennen. Auf dem Heuchelei-Radarschirm Ihres Mannes werden die Warnleuchten jetzt nur so blinken.

Die Sache sieht allerdings ganz anders aus, wenn Sie später zu ihm gehen und sagen: „Du, was ich da vorhin gesagt habe, war gemein. Ich hätte so nicht reden dürfen. Bitte verzeih mir; ich will mich wirklich bemühen, dass mir so etwas nicht mehr passiert. Ich will anderen Leuten mit meinen Worten keinen Schaden zufügen. Ich hoffe, du vergibst mir." Wenn wir Fehler machen und demütig genug sind, dies vor Gott und Menschen einzugestehen, dann ist das ein Zeichen von Integrität. Eine solche Transparenz ist oft das eindrucksvollste Zeichen dafür, dass Gott in unserem Leben am Werk ist.

Bitte wecken Sie in Ihrem Partner nicht die Erwartung, dass sich in Ihrem Leben nun über Nacht alles geändert hat. Zeigen Sie ihm ruhig, dass das Leben als Christ ein beständiger Wachstumsprozess ist und dass Sie selbst erst nach und nach lernen müssen, die Grundsätze Jesu in Ihrem Alltag anzuwenden und sich der Kraft des Heiligen Geistes anzuvertrauen.

Tief verwurzelte Überzeugungen

Einer der Aspekte in Leslies Leben, die mich am meisten beeindruckten, war die Tatsache, dass sie all unseren Differenzen über den Glauben zum Trotz fest entschlossen war, mit ihren Überzeugungen ernst zu machen. Sie widerstand der Versuchung, ihren Glauben zu verwässern, um ihn mir schmackhafter zu machen. Sie war bereit, fest zu ihren Überzeugungen zu stehen, und ich habe sie dafür insgeheim zutiefst bewundert.

Wir hatten lange genug im Morast unserer unverbindlichen selbst gebastelten Moralvorstellungen gelebt, sodass die glasklaren Maßstäbe, die Leslie aus ihrem neu gefundenen Glauben bezog, etwas richtiggehend Erfrischendes hatten. Meine Überzeugung war es, dass der Zweck die Mittel heiligt. Wenn ich im Zweifelsfalle einmal die Grenze zur Illegalität überschreiten musste, um der Konkurrenz im Wettlauf um eine neue Story eine Nasenlänge voraus zu sein, dann hatte ich nichts dagegen, solange ich annehmen konnte, dass ich dadurch nicht in Schwierigkeiten kam. Als jedoch Leslie anfing, mir vorzuleben, wie radikale Ehrlichkeit in den kleinen Belangen des Alltags aussieht, bekam ich eine große Achtung vor ihrer Gradlinigkeit.

Sie verzichtete darauf, wegen meiner Charakterschwächen, meiner Gleichgültigkeit gegenüber den Nöten anderer oder wegen meines selbstbezogenen und selbstzerstörerischen Lebensstils auf mir herumzuhacken. Mit ihrem Verhalten setzte sie jedoch einen eindrucksvollen Kontrapunkt zu meiner Gottlosigkeit. Sie lebte mir vor, wie Jesus ist und wie gottgefällige Werte aussehen. Wenn sie um ihrer Überzeugungen willen nicht einmal vor einem Streit mit mir zurückscheute, dann erfüllte mich das insgeheim mit Verwunderung und tiefem Respekt.

Im letzten Kapitel hatte ich schon erwähnt, dass Leslie nicht auf Nebensächlichkeiten herumritt. Sie wurde nicht zu einem

Moralapostel, der mir wegen jeder Kleinigkeit die Hölle heiß machte. Sie erhob sich auch nicht zur letzten Instanz der Entscheidung über Gut und Böse. Mit einer Mischung aus Charme und Geschick machte sie mir jedoch unmissverständlich klar, dass sie sich Gott allein verpflichtet fühlte.

Der Wohlgeruch des Lebens

In Johannes 10,10 sagt Jesus: „Ich bin gekommen, damit sie das Leben haben und es in Fülle haben." Wenn Christen wirklich eine solche Fülle von Leben haben – voller Freude, Gnade, Vergebung, Sinn und mit einem klaren Ziel vor Augen –, dann wird das ihrem Partner sicher nicht verborgen bleiben. Bill Hybels machte einmal eine sehr scharfsinnige Bemerkung: „Wenn Ihr Partner unser Leben als Christ beobachtet, dann nimmt er für sich in aller Stille eine Einschätzung vor, ob es sich für ihn selbst lohnt, Jesus nachzufolgen oder nicht. Er fragt sich: *Würde sich meine Situation eher verbessern oder verschlechtern, wenn ich Christ würde?* Wenn Menschen mit dem Gedanken spielen, Christ zu werden, dann wägen sie ab, ob dies, was ihre Lebensqualität angeht, eher einen Aufstieg oder einen Abstieg bedeutet", so Hybels. „Würden Sie Ihren BMW gegen einen Hyundai eintauschen? Wohl kaum. Genauso fragen sich Menschen, die mit dem Glauben nichts am Hut haben: ‚Angenommen, ich würde mich darauf einlassen, was Bill mir hier erzählt, bringt das eher einen Fortschritt oder einen Rückschritt für mich?' Dallas Willard sagt: ‚Jeder Christ ist dafür verantwortlich, unter der liebenden Herrschaft Gottes einen Lebensstil zu entwickeln, der ihm wirkliche Befriedigung verschafft.' Warum? Weil die Menschen um uns herum, wenn sie Johannes 10,10 – ein Leben in Fülle – in uns verwirklicht sehen, unweigerlich mehr darüber erfahren wollen."[103]

So stellt sich die Frage: Ist Ihr Leben als Christ so, dass Ihr Partner es als erstrebenswert ansehen würde? Vermutlich wird er im Augenblick noch gar nicht an die Ewigkeit denken. (Obwohl ewiges Leben mit Jesus letztlich das Erstrebenswerteste ist, was es überhaupt gibt!) Sein Horizont beschränkt sich zunächst einmal auf morgen, die nächste Woche, den nächsten Monat. Wenn Ihr Christsein von einer einschnürenden Gesetzlichkeit geprägt ist, wenn eine bedrückte Stimmung auf Ihnen lastet, die jegliche Freude erstickt, wenn Sie anderen Ihre Überzeugungen aufdrängen und überstülpen wollen oder wenn Sie in Ihrem Christsein selbst unerfüllt und gelangweilt bleiben, dann würde wohl kein Mensch im Vollbesitz seiner geistigen Kräfte auf die Idee kommen, so etwas auch zu wollen.

Sheldon Vanauken, ein bekehrter Agnostiker, sagte einmal: „Das beste Argument für den christlichen Glauben sind die Christen selbst: ihre Freude, ihre Gewissheit, ihre Lebensfülle. Doch das beste Argument gegen den christlichen Glauben sind auch die Christen – wenn sie freudlos und düster sind, eng und verklemmt, dann stirbt das Christentum einen tausendfachen Tod."

Das soll keineswegs heißen, dass Sie so tun müssen, als sei das Leben als Christ ein immer währendes Fest. Es gibt unweigerlich Zeiten der Trauer, Zeiten, in denen Opfer gebracht werden müssen und Zeiten der Auseinandersetzung – Jesus hat uns das ganz klar angekündigt.[104] Doch wie Sie mit Schwierigkeiten und Enttäuschungen umgehen, spricht in den Augen Ihres nicht gläubigen Partners eine beredte Sprache. Menschen ohne Gott haben solchen Momenten oft nichts entgegenzusetzen und fallen in tiefe Hoffnungslosigkeit, Sie aber haben als Kind Gottes Orientierung, Kraft, Trost und zu guter Letzt eine ewige Hoffnung, die Ihnen hilft durchzuhalten.

Welcher Christ würde nicht zustimmen, dass ein Leben in der Nachfolge Jesu das Beste ist, was einem Menschen widerfahren kann? Wir müssen uns diese Überzeugung ganz und gar zu Eigen machen und aktiv mit dem Heiligen Geist zusammenarbeiten, der in uns die Früchte des christlichen Lebens hervorbringt: Liebe, Freude, Friede, Geduld, Freundlichkeit, Güte, Treue, Sanftmut und Selbstbeherrschung.[105] Dies ist eine perfekte Beschreibung jenes zielgerichteten und von der Kraft Gottes durchdrungenen Lebens, das auch Ihr Partner kaum wird ignorieren können.

Denken Sie einmal darüber nach, wie Sie diese Eigenschaften zu einem Teil Ihres Alltags machen können. Wie können Sie liebevoll sein, wenn der Nachbar Ihnen Ärger macht? Wie können Sie die Geduld bewahren, wenn Sie im Stau stehen? Wie können Sie der allein erziehenden Mutter, die bei Ihnen um die Ecke wohnt, eine gute Tat erweisen? Wie können Sie Ihrem Chef, der Ihnen ständig zu viel Arbeit aufbürdet, mit Güte begegnen? Wie können

Sie Selbstbeherrschung üben, wenn Ihre Wünsche Ihre finanziellen Möglichkeiten übersteigen?

„Unsere Berufung als Christen", so Michele Halseide, „... besteht darin, eine lebendige Werbung für Gottes Wesen und seine unfassbare Macht zu sein."

Grundsatz Nr. 3: Um Ihrem Partner in seiner geistlichen Entwicklung helfen zu können, müssen Sie herausfinden, wo er steht

Zwischen Menschen, die Jesus nicht nachfolgen, gibt es erhebliche Unterschiede. Vielleicht ist Ihr Partner ein eingefleischter Atheist, der dem christlichen Glauben gegenüber zutiefst feindselig eingestellt ist. Vielleicht glaubt er auch irgendwie an Gott, aber kann mit der Person Jesu nicht so viel anfangen. Unter Umständen ist er auch ein überzeugter Anhänger einer anderen Religion. Er könnte Jesus gegenüber völlig ablehnend oder aber sehr aufgeschlossen sein. Es ist wichtig, dass Sie sich einen Eindruck davon verschaffen, wie aufnahmebereit Ihr Partner für das Evangelium ist, damit Sie ihm bei passender Gelegenheit Anstöße geben können, die ihn ein Stück näher zu Jesus bringen.

In einem Evangelisationstrainingskurs, den ich als Co-Autor mitverfasst habe, beschreiben wir vier Arten von Nichtgläubigen: Zyniker, Skeptiker, Zuschauer und Sucher.[106] Diese Kategorien bezeichnen den Grad an Empfänglichkeit für Jesus (sie passen auch dann, wenn Ihr Partner einer anderen Religion angehört.) Fragen Sie sich, ob Ihr Partner einer dieser Kategorien angehört und schauen Sie, ob die Schritte, die wir im Anschluss beschreiben, sich in seinem Fall anwenden lassen.

Der zynische Partner

Zu dieser Kategorie gehörte ich, als Leslie gläubig wurde. Wenn Ihr Partner zu dieser Gruppe gehört, dann ist er geistlich nicht ansprechbar. Seine Auffassungen stehen denen des christlichen Glaubens diametral entgegen. Möglicherweise reagiert er feindselig, wenn Sie versuchen, das Gespräch auf Jesus zu lenken, und wird entweder sarkastisch oder wütend. Zyniker haben eine ausgeprägte eigene Meinung und haben nicht selten irgendwann einmal eigene religiöse Erfahrungen gemacht. Sie müssen sich einen Zyniker als einen Menschen vorstellen, der die Augen fest zugekniffen hat, sich die Ohren zuhält und den Kopf abwendet. Es ist ganz offensichtlich, dass diese Menschen für den Glauben am wenigsten ansprechbar sind.

Was können Sie tun, wenn Ihr Partner ein Zyniker ist? Wenn er sich überhaupt auf geistliche Themen einlässt, dann wäre es zum Beispiel eine Möglichkeit, ihn über die Hintergründe seiner Feindseligkeit zu befragen. Richten Sie sich aber darauf ein, dass Sie hier auf eisige Ablehnung stoßen werden. Vielleicht könnten Sie ihm eine Frage stellen wie: „Du bist so unheimlich negativ gegen den Glauben eingestellt, was hat dich eigentlich so wütend auf Gott gemacht?“ Hören Sie ihm mit viel Einfühlungsvermögen zu. Vermutlich wird er nicht an Lösungen und Antworten interessiert sein, aber Sie können ihm ein offenes Ohr schenken und seine Verletzungen ernst nehmen, die ihm den Weg zu Gott versperren.

Wenn Sie ihm Gelegenheit geben, diese Dinge auszusprechen, dann bringen Sie ihn wenigstens dazu, wieder neu über geistliche Themen nachzudenken. Wenn Sie ihm einfach zuhören, ohne ihn zu verurteilen, dann signalisieren Sie ihm damit, dass Sie sich wirklich ernsthaft für diese Seite seines Lebens interessieren und dass Sie ein vertrauenswürdiger Gesprächspartner sind.

Eine andere Möglichkeit besteht darin, dass Sie versuchen, seine Neugier zu wecken, indem Sie beispielsweise sagen: „Du klingst wie ein Atheist, über den ich gerade lese. Er war ein Journalist, der den christlichen Glauben zwei Jahre lang kritisch durchleuchtete und am Ende zu der Überzeugung gelangt ist, dass er tatsächlich Hand und Fuß hat. Hättest du Lust, mal ein Buch von ihm zu lesen?“ Wenn er Interesse signalisiert, dann können Sie ihm ein Exemplar meines Buches *„Der Fall Jesus. Ein Journalist auf der Suche nach der Wahrheit“* geben, in dem ich meinen eigenen Weg vom Atheismus zum christlichen Glauben beschreibe. Im Buch sind auch Interviews mit Wissenschaftlern verschiedenster Disziplinen enthalten, die ich durchgeführt habe und die sehr überzeugende Argumente für das Christentum enthalten.

Außerdem können Sie ja einmal einen Blick auf den „Offenen Brief an einen nicht gläubigen Partner“ werfen, den ich am Ende des Buches angefügt habe. Vielleicht wollen Sie Ihn kopieren und

Ihrem Partner geben. Vermutlich wird er sich sehr gut in jenem Teil wiederfinden, in dem ich meine Reaktion auf Leslies Bekehrung beschreibe.

Dennoch sind diese Partner einfach die schwierigsten Fälle überhaupt. Es ist gut möglich, dass Sie sich gedulden müssen, bis irgendetwas geschieht, das ihn wieder geistlich ansprechbar macht – eine Krise zum Beispiel, die sein Leben durcheinander bringt. Eine solche Situation waren die Terroranschläge am 11. September 2001, die damals alle Amerikaner tief betroffen gemacht haben. Sie führten uns allen drastisch vor Augen, wie verwundbar unser Leben ist, und flößten vielen Nichtchristen Gefühle von Unsicherheit und Zukunftsangst ein.

Am Wochenende danach kamen die nicht gläubigen Partner von Gemeindemitgliedern überall in Scharen zum Gottesdienst. In der Gemeinde, in der Leslie und ich mitarbeiten, traf ich einen Agnostiker, der seit 27 Jahren keinen Fuß mehr in eine Kirche gesetzt hatte. Als ich ihn fragte, was ihn dazu veranlasst hätte, in den Gottesdienst zu kommen, meinte er: „Ich kann es gar nicht genau sagen. Ich fühlte mich einfach wie durch einem Magneten hierher gezogen; ich konnte gar nicht anders!"

Manchmal braucht es einen Anlass, der das ganze Leben ins Wanken bringt, um einen zynischen Ehepartner dazu zu bringen, nach Gott zu fragen. Bis dahin bleiben solche Partner oft schlicht und einfach ein Gebetsanliegen!

Der skeptische Partner

Wenn Ihr Ehepartner in diese Kategorie fällt, dann ist er für geistliche Themen bedingt ansprechbar, aber er ist von Zweifeln geplagt. In der Regel suchen Skeptiker Gott nicht aus eigenem Antrieb. Sie haben bestimmte vorgefasste Einstellungen, beispielsweise: „Ich glaube nicht an Wunder oder an übernatürliche Dinge, aber wenn du mir etwas von Gott erzählen willst, dann bitte schön!" Ein Skeptiker ist einer, der mit verschränkten Armen dasteht und herausfordernd sagt: „Na los, versuch doch, mich vom Unmöglichen zu überzeugen!"

Wenn dies auf Ihren Partner zutrifft, dann ist es gut, wenn Sie ihn dazu ermuntern, seine Zweifel in Worte zu fassen und konkrete Fragen zu formulieren. Vielleicht sagen Sie ihm: „Deine

Zweifel am christlichen Glauben interessieren mich sehr. Sag mir doch mal, womit du im Einzelnen Schwierigkeiten hast." Es ist sehr wahrscheinlich, dass er das noch nie zuvor ausgesprochen hat. Vermutlich ist es eine Mischung aus Fragen, Vorbehalten, Bedenken und einem Gefühl von Verwirrung, die er gar nicht so recht greifen kann. Wenn er sich wirklich die Mühe macht, seine Einwände zu Papier zu bringen, dann ist das ein gewaltiger Durchbruch. Ich weiß von einem Anwalt, der seine Bedenken tatsächlich handschriftlich auf zehn Seiten festhielt!

Eine solche Aufstellung von Fragen kann für Sie eine wertvolle Hilfe sein, um die Dinge auf den Punkt zu bringen, die Ihren Partner von Gott trennen. Sie können ihn ermutigen zu prüfen, ob es nicht ernst zu nehmende Antworten auf diese Fragen gibt. Vielleicht hatten Sie selbst auch schon mit ähnlichen Fragen zu kämpfen. Das könnte eine gute Ausgangsbasis für das Gespräch mit Ihrem Partner sein. In jedem Falle lohnt es sich, Ihren Partner auf Materialien hinzuweisen, die ihm Antworten auf seine Fragen liefern und seine Missverständnisse über Gott ausräumen können. Im Anhang habe ich eine Reihe von entsprechenden Buchtiteln aufgelistet.

„Meinem Mann hat es richtig Spaß gemacht, sich auf die Herausforderung einzulassen, seine Anfragen aufzulisten. Dies war auch zugleich der Wendepunkt", so berichtet eine Frau aus Chicago, deren Mann 1997 Christ wurde. „Das brachte wieder Bewegung in die festgefahrene Situation, und er fragte zum ersten Mal seit seiner Studienzeit wieder nach Gott. Als ich seine Fragen sah, jubilierte ich in meinem Herzen, denn ich wusste, dass es sehr gute Antworten darauf gibt! Nachdem er seine Fragen erst einmal aufgeschrieben hatte, packte ihn auch die Neugier, ihnen auf den Grund zu gehen."

So erging es auch Dr. Vic Olsen, einem erfolgreichen Chirurgen. Er und seine Frau glaubten nicht an Gott, weil sie der Auffassung waren, die moderne Wissenschaft habe gezeigt, dass die Bibel nur aus Fabeln besteht. Sie brachten ihre Fragen auf den Punkt und machten sich daran, ihnen auf den Grund zu gehen. Sie stellten das Christentum von ganz unterschiedlichen Blickwinkeln her auf die Probe, und zwar von der wissenschaftlichen, der juristischen, der archäologischen, der medizinischen und sogar der kriminalistischen Warte her.

Am Ende sind sie nicht nur Christen geworden, sie haben sogar ihre Karriere aufgegeben und ihre medizinischen Fähigkeiten über Jahre hinweg eingesetzt, um Menschen zu helfen, die in Bangladesch in bitterster Armut leben. Olson schrieb ein Buch mit dem viel sagenden Titel *„The Agnostic Who Dared to Search"*[107] (Von einem Agnostiker, der es wagte, nach Gott zu suchen).

Der Partner als Zuschauer

Zu dieser Gruppe zählte Leslie zu Beginn unserer Ehe. Als Zuschauerin war sie dem christlichen Glauben gegenüber weder ablehnend noch gab es da einen Berg von skeptischen Fragen, der ihr den Weg zu Gott versperrt hätte. Sie stand Gott eigentlich ziemlich gleichgültig gegenüber und hatte auch kein Interesse daran, der Sache mit dem Glauben auf den Grund zu gehen. Sie können sich den „Zuschauer" wie jemanden vorstellen, der beim Fußballspiel auf der Tribüne sitzt. Er schaut zu, wie andere Gott nachfolgen, er selbst jedoch hat kein Interesse daran, von seinem bequemen Sitz aufzustehen, sich umzuziehen und aktiv mitzumischen. Manchmal sind Zuschauer in einem christlichen Elternhaus aufgewachsen, in dem das Glaubensleben trocken und inkonsequent war und in dem von einer dynamischen, aufregenden persönlichen Beziehung zu Jesus nichts zu spüren war. Das Ergebnis: Ihr geistliches Leben ist abgestumpft und leblos.

Weil Menschen mit einer Zuschauerhaltung die Bedeutung Gottes für ihr Leben nicht erkennen, ist es für sie hilfreich, wenn sie sich den großen Fragen des menschlichen Daseins stellen: *Woher komme ich? Warum bin ich hier? Was ist mein Lebenssinn? Wo gehe ich hin?* Unter Umständen sind sie so sehr in den alltäglichen Trott ihres Lebens eingebunden, dass sie nie innehalten, um sich mit solchen Themen auseinander zu setzen.

Vielleicht sprechen Sie Ihren Partner einmal ganz direkt darauf an: „Es passiert so schnell, dass wir uns im Getümmel des Alltags nie die Frage stellen, was das Ganze überhaupt soll. Hast du dich jemals gefragt, wozu wir überhaupt leben?"

Sie können Beispiele aus Ihrem eigenen Leben gebrauchen, um ihm zu verdeutlichen, was es für Sie bedeutet, mit Gott durch den Alltag zu gehen. Versuchen Sie, ihm deutlich zu machen, dass das Leben mit Gott heute relevant ist, nicht erst in der Ewigkeit.

Hoffentlich hat er an Ihnen bereits etwas davon gesehen, wie Jesus einen Menschen verändert; unter Umständen ist Ihr lebendes Beispiel gerade das, was Ihren Partner dazu motiviert, seinen Zynismus und seine Skepsis hinter sich zu lassen und sich geistlich zu öffnen.

Wenn er erst einmal anfängt, über die entscheidenden Fragen des Daseins nachzudenken, dann wird er möglicherweise empfänglich dafür, Sie ab und zu einmal in die Gemeinde zu begleiten. Es ist sehr wichtig, dass dies ein Ort ist, an dem die Realität und die persönliche Relevanz der Person Jesu im Mittelpunkt stehen. (Im nächsten Kapitel werden wir noch etwas näher darauf eingehen, wie Sie die geeignete Gemeinde finden können.) Vielleicht ist er auch bereit, ein Buch zu lesen, das davon handelt, wie Gott unser Leben im Alltag beeinflusst.

Es ist auch sehr hilfreich, wenn Sie Ihren Partner mit anderen Christen bekannt machen, die ein authentisches und lebendiges Glaubensleben haben. Wer weiß? Vielleicht wird er durch die Begegnung mit ihnen einfach ganz natürlich angesteckt!

Der suchende Partner

Wenn Ihr Partner ein Sucher ist, dann zeigt er ganz von sich aus Interesse am christlichen Glauben. Er stellt sich ganz natürlich die Frage, ob am Christentum etwas dran ist und sucht aktiv nach Fakten, nach Hintergründen und Antworten auf seine Fragen. Sie können sich einen solchen Menschen als jemanden vorstellen, der mit ausgestreckten Armen auf Gott zugeht.

Ich wurde zu einem Sucher, nachdem mich Leslies Lebensstil davon überzeugt hatte, dass ich regelmäßig in den Gottesdienst gehen sollte. Dort hörte ich, wie das Evangelium auf eine überzeugende und praxisrelevante Weise dargestellt wurde. Ich wurde zunehmend entschlossener, mich selbst davon zu überzeugen, ob der Glaube wirklich Substanz hat oder einfach nur pures Wunschdenken ist. Plötzlich befand ich mich inmitten einer fesselnden und unglaublich viel versprechenden Recherche, die weitaus aufregender war als alles, was ich in meiner ganzen Karriere als Journalist erlebt hatte! Nach nahezu zwei Jahren intensiver Nachforschungen musste ich feststellen, dass das Christentum wahr ist.

Es ist ein großer Fortschritt, wenn Ihr Partner in das Sucherstadium eintritt, weil die Bibel sagt, dass niemand Gott aus eigenem Antrieb heraus sucht.[108] Wenn Ihr Ehepartner anfängt nach Gott zu fragen, dann bedeutet das nichts anderes, als dass Gott schon in seinem Herzen wirkt, um ihn zu sich zu ziehen. Und die Bibel sagt, dass er Gott finden wird, wenn er ihn ernsthaft sucht.

„Sucht ihr mich, so findet ihr mich. Wenn ihr von ganzem Herzen nach mir fragt, lasse ich mich von euch finden", so steht es in Jeremia 29,13-14. Und in Hebräer 11,6 heißt es, dass Gott „denen, die ihn suchen, ihren Lohn geben wird." Jesus sagte in Matthäus 7,7-8: „Bittet, dann wird euch gegeben; sucht, dann werdet ihr finden; klopft an, dann wird euch geöffnet. Denn wer bittet, der empfängt; wer sucht, der findet; und wer anklopft, dem wird geöffnet."

Als Ehepartner eines Suchers ist es Ihre Aufgabe, ihn ganz sachte zu ermutigen, seinen Weg zu Gott hin weiterzuverfolgen. Möglicherweise ist er bereit, mit Ihnen über den Glauben zu sprechen oder zu fragen, welche Bücher oder Kassetten ihm weiterhelfen könnten. Finden Sie heraus, welches die kritischen Fragen sind, bei denen er nicht weiterkommt, damit Sie ihm passende Tipps und Hilfestellungen geben können. Vielleicht fragen Sie ihn einfach ganz direkt, was zwischen ihm und Gott steht. Wenn die Hindernisse erst einmal einen Namen haben, dann ist es viel leichter, sie ganz gezielt aus dem Weg zu räumen.

Wir schlagen vor, dass Sie Ihren Partner ermutigen, das „Gebet für Gottsucher" zu beten. Erwarten Sie nicht, dass er es in Ihrer Gegenwart spricht, dazu schämt er sich möglicherweise zu sehr. Vielleicht fragen Sie ihn gelegentlich, was er denn zu verlieren hat, wenn er einfach betet: „Gott, ich weiß gar nicht, ob es dich wirklich gibt, aber wenn es dich gibt, dann will ich dich kennen lernen. Bitte offenbare dich mir. Schick mir Leute über den Weg; tu, was immer du willst, damit ich herausfinden kann, wer du bist." Wenn Sie Ihren Partner erst einmal auf die Idee gebracht haben, dann ist es ziemlich wahrscheinlich, dass er dieses Gebet irgendwann beten wird, wenn die Zeit dafür reif ist.

Darüber hinaus ist er möglicherweise bereit, im Zuge seiner Suche nach der Wahrheit über Gott die Bibel zu lesen. Sehr viele Menschen, die der Bibel gegenüber kritisch eingestellt sind, haben sich nie die Mühe gemacht, sie wirklich einmal ganz unvoreingenommen zu lesen. Ihre negative Einstellung zur Bibel beruht sehr wahrscheinlich darauf, was andere ihnen erzählt haben, und nicht darauf, was sie wirklich selbst gelesen haben. Wir wissen natürlich, dass nichts Ihren Partner besser zu überzeugen, zu ermutigen und ihm Klarheit zu bringen vermag als die Bibel. „Denn lebendig ist das Wort Gottes", so heißt es in Hebräer 4,12, „kraftvoll und schärfer als jedes zweischneidige Schwert; es dringt durch bis zur Scheidung von Seele und Geist, von Gelenk und Mark; es richtet über die Regungen und Gedanken des Herzens."

Besorgen Sie Ihrem Partner eine Bibelübersetzung, die leicht verständlich und modern ist (zum Beispiel die „Gute Nachricht", „Hoffnung für alle" oder die „Begegnung"). „Vielleicht würden Sie sich nicht als Sucher bezeichnen, aber eigentlich ist das gar nichts Schlechtes", so heißt es in der Einleitung zu *„The Journey"*. „Ganz im Gegenteil, es zeigt, dass Sie bereit sind, sich die Mühe zu machen, nach der Wahrheit zu suchen. Es zeigt, dass Sie bereit sind, Risiken einzugehen, denn wer sucht, dem kann es passieren, dass er auf Antworten stößt, und wenn man auf Antworten gestoßen ist, dann kann dies bedeuten, dass man dadurch ein anderer Mensch wird. Zwar sind Veränderungen oftmals nicht einfach, aber ein Sucher ist bereit Veränderungen in Kauf zu nehmen, wenn er dadurch die Wahrheit findet und mit ihr in Einklang kommt."[109]

Sie sollten Ihrem Ehepartner freilich nicht einfach eine Bibel in die Hand drücken und ihm alles Gute wünschen. Es ist ziemlich wahrscheinlich, dass er einfach im Buch Genesis anfängt und spätestens die Lust verliert, wenn er zum Buch Levitikus gelangt. Machen Sie ihm klar, dass die Bibel eine Sammlung von 66 Büchern ist und dass er ruhig im Neuen Testament anfangen kann, um sich zunächst mit dem Leben Jesu vertraut zu machen.

Wenn er ein sehr nüchterner, sachlicher Typ ist, dann schlagen Sie ihm vor, mit dem Lukas-Evangelium anzufangen. Lukas war sozusagen der Typus des „Reporters" des 1. Jahrhunderts und sein Bericht ist so klar und logisch aufgebaut, dass er besonders ansprechend ist für Leute wie Juristen, Ärzte, Wissenschaftler oder Ingenieure. Wenn Ihr Partner eher eine künstlerische oder philosophische Ader hat, dann könnte er vielleicht eher mit dem Johannes-Evangelium anfangen, das sehr poetisch und stilistisch anspruchsvoll ist. Wenn er einen jüdischen Hintergrund hat, dann schlagen Sie ihm vor, im Matthäus-Evangelium zu beginnen, weil dort die Erfüllung der alttestamentlichen Prophetien durch Jesus im Vordergrund steht.

Eines sollten Sie freilich nicht vergessen: Auch wenn Ihr Partner ein Sucher ist, dürfen Sie nicht erwarten, dass er nun kontinuierlich Fortschritte macht. Es ist nicht ausgeschlossen, dass er heute ganz aufgeschlossen klingt und morgen wieder eher zu den Skeptikern zu gehören scheint. Vielleicht hat er gerade etwas gelesen oder gehört, das ihn besonders angesprochen hat. Dann braucht er womöglich etwas Zeit, um darüber nachzusinnen, bevor er bereit ist, auf dem Weg weiterzugehen. Wenn Sie sich dies vor Augen halten, dann brauchen Sie nicht gleich in Panik zu geraten, wenn Ihr Partner auf einmal nicht mehr so aufgeschlossen und interessiert ist, Gott zu suchen, wie er es bereits einmal war.

Offen sein für Gott

Es kann sehr hilfreich sein, Ihren Partner in diese Kategorien – Zyniker, Skeptiker, Zuschauer und Sucher – einzuordnen, um herauszufinden, wie Sie ihm am besten auf seinem geistlichen Weg helfen können. Bedenken Sie aber, dass er diese Stadien nicht unbedingt im Sinne einer Stufenabfolge durchlaufen muss. Wir haben erlebt, wie Zyniker auf einen Schlag zu Suchern wurden, wenn sie krank wurden oder einen anderen schweren Schlag erlitten. Auch ein Buch oder die Begegnung mit einer beeindruckenden Person kann dazu führen, dass seine subjektive Sicht der Welt mit einem Mal auf den Kopf gestellt wird und er plötzlich anfängt, sich näher mit dem christlichen Glauben zu befassen. Und wir haben gesehen, wie Menschen aus jeder dieser Kategorien unmittelbar zu Christen wurden.

Unabhängig davon, wie offen Ihr Partner Gott gegenüber ist, Sie können für ihn beten, Sie können bestimmte Dinge tun und vor allem Ihr Leben so vor ihm leben, dass er in seinem Interesse an Gott bestärkt wird. Vor allem müssen Sie für den Tag vorbereitet sein, an dem Sie ihm das Evangelium in einfachen Worten zutreffend und überzeugend präsentieren. Wenn Sie nicht so recht wissen, wie Sie das anstellen sollen, dann lesen Sie im nächsten Kapitel weiter. Leslie und ich haben noch weitere fünf Punkte zusammengetragen, die Ihnen auf dem „Missionsfeld Ehe“ nützlich sein können.

8. Was tun, wenn Ihnen die Worte fehlen?

Stellen Sie sich vor, Sie sitzen eines Freitagabends mit Ihrem Mann zusammen vor dem Fernseher. Er hat die Fernbedienung in der Hand und wechselt gelegentlich den Sender, wobei er jeweils einen kurzen Moment innehält. Als er auf einen christlichen Sender trifft, verweilt er ein paar Minuten. Sie raufen sich im Stillen die Haare über den Teleevangelisten mit dem protzigen Goldring, dem glitzernden Anzug und dem gelgetränkten Haar, der mit einem aufgesetzten Lächeln Dinge lehrt, die mit dem, was Sie selbst aus dem Wort Gottes kennen, nur wenig Ähnlichkeit haben.

Ihr Mann seufzt. „Manchmal stoße ich auf diese Leute im Fernsehen, und ich habe keinen Schimmer, wovon sie überhaupt reden", sagt er, während er die Fernbedienung anhebt, um den Sender zu wechseln. „Kann denn niemand einfach mal in verständlichen Worten darlegen, was die Bibel sagt?"

So als wollte er seine eigene Frage beantworten, dreht er sich plötzlich zu Ihnen hinüber und sagt, fast schon ein wenig anklagend: „*Du* bist doch Christ. Was glaubst *du* denn eigentlich?"

Stopp! Film anhalten.

Es kann sein, dass irgendwann der Moment kommt, wo Ihr Partner Ihnen eine solche Frage stellt. Es ist sogar gut möglich, dass diese Frage unerwartet und quasi aus dem Nichts heraus gestellt wird. Sie werden vermutlich nicht die Gelegenheit haben, sich stunden- oder gar tagelang auf die Antwort vorzubereiten. Seine Augen werden auf Sie gerichtet sein, und er wird auf eine kurze, prägnante und folgerichtige Darstellung des Evangeliums warten. Wenn Sie nicht in der Lage sind zu antworten, dann werden Sie möglicherweise in seinen Augen an Glaubwürdigkeit einbüßen, weil er annehmen wird, dass Sie selbst gar nicht wissen, woran Sie glauben. Überlegen Sie also, was Sie sagen wollen.

Wenn der Gedanke an eine solche Situation Ihnen den Angstschweiß auf die Stirn treibt, dann erlauben Sie uns, Ihnen ein paar Hilfestellungen zu geben, um sich auf einen solchen Moment vorzubereiten. In 1. Petrus 3,15 heißt es, dass wir als Christen jederzeit bereit sein sollen, das, woran wir glauben, zu erläutern und zu rechtfertigen. Darum lautet der vierte Grundsatz, den Sie auf dem Missionsfeld Ihrer Ehe beachten müssen, wie folgt:

Grundsatz Nr. 4: Seien Sie immer darauf vorbereitet zu erklären, was Sie glauben und warum

Die meisten meiner Studienkollegen an der juristischen Fakultät haben ein Probeexamen gemacht, bevor der Ernstfall kam. Unsere beiden Kinder haben an einer Probeabschlussprüfung teilgenommen, um besser auf den eigentlichen Abschluss vorbereitet zu sein, der dann für die College-Bewerbungen zählte. Ebenso ist es auch sinnvoll, wenn wir als Christen unter Probebedingungen üben, das Evangelium darzustellen, damit wir vorbereitet sind, wenn unser Partner uns einmal danach fragen sollte.

Darum ist Evangelisationstraining so wichtig. Wenn der Trainingskurs *„Bekehre nicht – lebe. So wird Ihr Christsein ansteckend“* in Ihrer Gemeinde angeboten wird, überlegen Sie, ob Sie daran teilnehmen wollen, um zu üben, wie man mit Nichtchristen über den Glauben diskutiert. Wenn dieser (oder ein vergleichbarer) Kurs in Ihrer Gemeinde noch nicht zum regelmäßigen Angebot gehört, dann sollten Sie anregen, ihn einzuführen. Er vermittelt praktische Anregungen zum Umgang mit Nichtchristen und hilft Ihnen, sich über Ihren persönlichen Evangelisationsstil klar zu werden. Sie lernen, anderen davon zu erzählen, was Gott in Ihrem Leben getan hat, und das Evangelium auf eine ansprechende Art und Weise darzustellen. Ebenso wird geübt, wie Sie mit schwierigen Fragen umgehen können.[110]

Auch Bücher können Ihnen helfen, sich Grundlagen anzueignen. Zwei sehr gute Bücher sind zum Beispiel *„Bekehre nicht – lebe. So wird Ihr Christsein ansteckend“* von Bill Hybels und Mark Mittelberg und *„Weitersagen. Zeugnisgeben – wie macht man das?“* von Paul Little. Diese Bücher wurden zwar nicht spezifisch für Christen mit nicht gläubigen Ehepartnern geschrieben, aber sie enthalten viele Prinzipien, die sich auch auf solche Situationen anwenden lassen.

Bis dahin wollen wir Ihnen einige Hilfestellungen geben, um sich darauf vorzubereiten, wie Sie die Grundzüge des Evangeliums darstellen können, ohne Ihren Partner zu überfordern. Wir wollen es möglichst einfach halten. Als führende evangelikale Leiter sich vor einigen Jahren zusammensetzten, um das Evangelium in eine Kurzfassung zu bringen, kamen sie auf zehn Seiten.[111] Vermutlich wird Ihr Partner Ihnen seine Aufmerksamkeit nicht so lange schenken! Mein Freund Judson Poling hat es jedoch fertig gebracht, den Inhalt der ganzen 66 Bücher der Bibel kurz und knackig in einen Satz zu packen: „Gott hat uns gemacht, wir haben alles versaut, Jesus hat die Strafe auf sich genommen, wir müssen ihn zu unserem Herrn machen."[112] Das dürfte Ihrem Partner dann vermutlich doch etwas zu knapp sein! Wir brauchen etwas, das irgendwo dazwischen liegt.

Wir schlagen vor, dass Sie die Bibel zu Hilfe nehmen, wenn Ihr Partner Sie nach den zentralen Inhalten des christlichen Glaubens fragt, und ihm drei Verse aus dem Römerbrief zeigen. Es ist sicher eine gute Idee, diese drei Verse schon im Voraus anzustreichen, damit Sie sie auch finden, wenn es darauf ankommt. Diese Verse zusammengenommen bilden das, was gemeinhin die „Römerstraße" genannt wird, weil sie den Zuhörer mit auf eine kleine Reise nehmen, in deren Verlauf ihm das Evangelium verständlich wird. Bitten Sie Ihren Partner, die Frage einmal beiseite zu lassen, ob die Bibel wirklich das inspirierte Wort Gottes ist; dieses Thema können Sie ja zu einem anderen Zeitpunkt erörtern. Sagen Sie ihm, dass Sie sich im Augenblick allein darauf beschränken wollen, darzulegen, was die Christen glauben. Sie könnten die Sache etwa folgendermaßen formulieren:

▷ Römer 3,23: *Alle haben gesündigt und die Herrlichkeit Gottes verloren.* „Die Bibel sagt, dass keiner von uns Gottes Maßstäben für unser Leben gerecht wird. Das ist ja eigentlich ziemlich offensichtlich, oder? Wir werden ja schon unseren eigenen Maßstäben nicht gerecht. Darum regt sich unser Gewissen in uns so oft. Da ist es kaum verwunderlich, dass wir Gottes Maßstäben erst recht nicht genügen, die noch um einiges höher sind als unsere eigenen. Ich bin mir jedenfalls vollkommen bewusst, dass ich ihnen nicht genüge."

▷ Römer 6,23: *Denn der Lohn der Sünde ist der Tod, die Gabe Gottes aber ist das ewige Leben in Christus Jesus, unserm Herrn.* „Wir haben ja eben schon gesagt, dass keiner von uns Gottes Maßstäben gerecht wird. Hier erfahren wir nun, dass wir in einem ganz schönen Dilemma sitzen. Es heißt: *Der Lohn der Sünde ist der Tod.* Damit ist die ewige Trennung von Gott gemeint. Das ist also die Konsequenz dessen, dass wir Gottes Maßstäben nicht gerecht werden. Gott ist vollkommen, wir sind unvollkommen, und unser Fehlverhalten trennt uns von ihm. Wenn diese Trennung nicht irgendwie überwunden wird, dann bleibt es bis in alle Ewigkeit dabei. Auf uns selbst gestellt sind wir also in einer völlig hoffnungslosen Lage."

▷ „Die gute Nachricht kommt im zweiten Teil des Verses. Wir können von diesem geistlichen Tod, den wir aufgrund unserer Sünde verdient hätten, verschont bleiben, denn es heißt da: *Die Gabe Gottes aber ist das ewige Leben in Christus Jesus, unserm Herrn.* Er lebte ein vollkommen sündloses Leben und starb an unserer Stelle den Tod am Kreuz, um die Strafe für all unser Fehlverhalten auf sich zu nehmen. In seiner Gnade macht er uns das Angebot, uns unsere Sünde zu vergeben und uns in den Himmel aufzunehmen, als ein Geschenk, das wir uns niemals selbst verdienen könnten. Aber das Bewusstsein dieser Tatsache allein reicht nicht, wir müssen aus diesem Bewusstsein heraus entsprechend handeln."

▷ Römer 10,13: *Denn jeder, der den Namen des Herrn anruft, wird gerettet werden.* „Dieser Vers zeigt, dass wir von den Konsequenzen unseres Fehlverhaltens gerettet werden, wenn wir bereit sind, bei Jesus die Vergebung dafür zu suchen und uns von ihm leiten zu lassen. So wie ein Weihnachtsgeschenk uns nicht gehört, solange wir es nicht in Empfang nehmen, genauso wird das Geschenk der Vergebung und des ewigen Lebens nur dann unser Eigentum, wenn wir sowohl das Geschenk als auch Jesus, der uns das Geschenk macht, persönlich annehmen. Wenn wir dies tun, dann ist die Trennung zwischen uns und Gott augenblicklich überwunden, weil alle unsere Sünden – vergangene, gegenwärtige wie zukünftige – voll und ganz bezahlt sind. Deshalb können wir jetzt eine Beziehung zu Gott beginnen, die unser ganzes Leben lang andauert und darüber hinaus in alle Ewigkeit fortbestehen wird.“[113]

Eine der am meisten verbreiteten falschen Vorstellungen über den christlichen Glauben betrifft das Verständnis der Gnade Gottes. Viele Menschen – vor allem Männer, die gelernt haben, sich selbst zu genügen und nur sich selbst zu vertrauen – glauben, dass der Himmel nur denen offen steht, die sich irgendwie Gottes Wohlwollen verdienen. In der Tat basiert jede andere Religion, die ich kennen gelernt habe, auf der Idee, dass Menschen sich irgendwie ihren Zugang zum Heil verdienen. Wenn Ihr Partner ebenfalls so denkt, dann können Sie seine Neugier anregen, indem Sie einfach einmal die Behauptung in den Raum stellen, dass zwischen Religion und Christsein ein himmelweiter Unterschied besteht. Wenn er dann wissen will, worin dieser Unterschied besteht, dann könnten Sie sagen:

„Religion buchstabiert man T-U-N – man *tut* gute Werke, zum Beispiel beten oder den Armen helfen, um sich den Zugang zum Himmel zu verdienen. Das Problem dabei ist, dass man niemals sicher sein kann, auch wirklich genug getan zu haben. Was noch schlimmer ist, die Bibel sagt sogar, dass wir überhaupt niemals genug Gutes tun können, um das ewige Leben zu verdienen.

Das Christsein dagegen buchstabiert man G-E-T-A-N. Jesus hat für uns getan, was wir selbst niemals hätten tun können. Er lebte ein vollkommenes Leben und starb als Sühneopfer für unser Fehlverhalten. Aber allein das Wissen darum reicht nicht aus. Wir müssen das, was er für uns getan hat, in Demut annehmen. Das tun wir, indem wir ihn bitten, uns zu vergeben, und die Führungsrolle in unserem Leben zu übernehmen.“[114]

Im Anschluss ist es sinnvoll, wenn Sie Ihrem Partner darlegen, wie das Evangelium Ihr eigenes Leben beeinflusst hat. Welche positiven Auswirkungen hat Ihre Beziehung zu Jesus in Ihrem Leben gehabt? Auf welche Weise hat er Sie gestärkt und ermutigt und Ihnen geholfen, sich schwierigen Herausforderungen zu stellen? Wie hat er Sie in Zeiten der Trauer getröstet? Setzen Sie nicht voraus, dass Ihr Partner aufmerksam genug war, um all diese Dinge von sich aus zu bemerken. Beschreiben Sie offen und ehrlich, wie Jesus Ihr Leben zum Besseren verändert hat. Das wird ihm helfen zu verstehen, dass das Evangelium nicht nur ein theologischer Lehrsatz ist, sondern eine lebensverändernde Realität, die unsere individuelle Welt völlig umkrempelt.

Wenn Sie Ihm das Evangelium auf eine lebendige und verständliche Weise präsentiert haben, dann fragen Sie ihn, wie er darüber denkt, ohne ihn jedoch unter Druck zu setzen. Geben Sie ihm die Möglichkeit zu reagieren. Möglicherweise ist er offen genug zu sagen, dass er Ihre Ausführungen verstanden hat, vielleicht wird er anfangen, mit Ihnen zu diskutieren, oder er wird das Ganze einfach an sich abprallen lassen. Wenn er Fragen stellt, dann tun Sie Ihr Bestes, um sie zu beantworten. Wir schlagen vor, dass Sie sich einige der Bücher besorgen, die wir in Anhang 3 aufgeführt haben. Sie können Ihnen ein grundlegendes Rüstzeug vermitteln, wie Sie zu Anfragen an den Glauben Stellung nehmen können.

Wenn Ihr Partner Sie mit einer Frage überrascht, auf die Sie spontan keine Antwort wissen, dann geraten Sie nicht aus der Fassung! Es ist das Beste, in einem solchen Fall einfach ganz ehrlich zu sein. Zum Beispiel könnten Sie folgendermaßen reagieren: „Das ist eine sehr berechtigte Frage, und ich weiß darauf im Moment auch keine Antwort. Aber wenn es dich interessiert und du wirklich gern eine Antwort hättest, dann würde ich mich gern informieren und dann weiter mit dir darüber reden." Wenn es sich arrangieren lässt, könnten Sie zum Beispiel ein weiterführendes Buch zusammen lesen. Auf diese Weise finden Sie beide Antwort auf die offene Frage.

Halten Sie sich immer vor Augen, dass es nicht so sehr darauf ankommt, wie Ihr Partner im Moment reagiert, sondern wie er sich auf Dauer zum Evangelium stellt. Vielleicht wechselt er ganz schnell das Thema. Das ist nicht schlimm. Jetzt, wo er die Botschaft Jesu gehört und hoffentlich verstanden hat, braucht er vielleicht einfach etwas Zeit, um darüber nachzusinnen. Das Einzige, was zählt, ist die Frage, zu welchem Ergebnis er am Ende kommt – und unter Umständen kann es noch eine lange Zeit dauern, bis er so weit ist.

Da er das Thema aber nun schon einmal zur Sprache gebracht hat, können Sie zu einem späteren Zeitpunkt wieder darauf zurückkommen und beispielsweise sagen: „Weißt du noch, wie du mich vor einiger Zeit mal gefragt hast, was Christen glauben und ich dir dann die Römerstraße erklärt habe? Sind dir seitdem noch irgendwelche Fragen dazu in den Sinn gekommen?" Vielleicht nutzen Sie auch die Gelegenheit, an Ihr Gespräch anzuknüpfen, indem Sie ihm ein Buch schenken: „Du hattest doch neulich die Frage aufgeworfen, was Christen glauben, und da dachte ich mir, dass du dieses Buch hier vielleicht interessant finden würdest.“

Am Ende werden Sie vermutlich ziemlich überrascht sein, wie wenig Ihr Partner letztlich über den christlichen Glauben weiß. So viele Kirchen und Gemeinden verkünden nur ein verkürztes Evangelium oder haben sich von den historischen Fundamenten des Glaubens entfernt, dass die meisten Menschen heute ohne eine richtige Kenntnis der Bibel aufgewachsen sind. Der Talkshow-Moderator Jay Leno liefert uns dafür sehr lebendiges Anschauungsmaterial. Er geht regelmäßig „Jaywalking“ („Jaylaufen“), wie er es nennt. Dabei spricht er Menschen auf der Straße an und bittet sie, einfache Fragen zur Bibel zu beantworten. Auf die Frage, wie eines der Zehn Gebote heißt, rieb sich einer der Befragten angestrengt die Augenbrauen und meinte dann: „Redefreiheit?“ In einer Umfrage wusste die Hälfte der Teilnehmer nicht, warum die Christen Ostern feiern.[115]

Es ist also gar nicht unwahrscheinlich, dass die Ablehnung, die Ihr Partner gegen den christlichen Glauben hegt, mehr auf Fehlinformation und Verwirrung beruht als auf sorgfältig abgewogenen Argumenten. Darum ist es sehr wohl die Mühe wert, dass Sie sich in die Lage versetzen, den Glauben in allgemein verständlichen Worten darzulegen und auf die meistgestellten Fragen zu antworten. Vielleicht ist es gut, wenn Sie sich mit einem anderen Christen zusammentun, der/die ebenfalls in einer Ehe mit einem nicht gläubigen Partner lebt, und sich gemeinsam darauf vorbereiten. Wenn sich die Gelegenheit bietet, mit Ihrem Partner über den Glauben zu sprechen, dann werden Sie möglicherweise froh sein, dass Sie sich diese Mühe gemacht haben.

Grundsatz Nr. 5: Wenn Ihr Partner sich bereit erklärt, mit Ihnen in die Gemeinde zu kommen, dann stellen Sie sicher, dass die Gemeinde auf Menschen eingestellt ist, die auf der Suche sind

Unsere Freundin Natalie war begeistert. Nach Jahren der Gleichgültigkeit Gott gegenüber erklärte sich ihr Mann Jack endlich bereit, an Ostern mit in die Gemeinde zu kommen. Sie betete, dass ihm dies zu einem Durchbruch in seiner Beziehung zu Gott verhelfen würde. Als wir ihr einige Wochen darauf wieder begegneten, war sie noch mutloser als je zuvor.

„Es war ein Desaster", berichtete sie. „Jack wollte nicht in meine Gemeinde mitkommen, weil ihm der Weg zu weit war. Also gingen wir in eine Kirche in der Nachbarschaft. Der Gottesdienst war todlangweilig! Die Predigt enthielt nichts, womit Jack auch nur irgendetwas anfangen konnte. Am Ende machte der Pastor einen Bekehrungsaufruf und alle Augen waren auf Jack und mich gerichtet. Wir waren die einzigen Fremden, die anwesend waren. Es war einfach unheimlich peinlich."

„Wie ging Jack damit um?", fragte ich sie.

Sie schüttelte nur niedergeschlagen den Kopf und sagte: „Nun, ich denke mal, er hat fürs Erste genug von Kirche."

Viele Gemeinden sind für die Jacks dieser Welt einfach völlig ungeeignet. Ihre Gottesdienste sind ganz auf Leute ausgerichtet, die bereits überzeugte Christen sind, und nicht auf die, die noch auf der Suche sind. Die Predigten sind oft von einem christlichen Jargon durchsetzt, der für Außenstehende nahezu unverständlich ist. Es wird im Allgemeinen vorausgesetzt, dass niemand ernsthafte Anfragen an die grundsätzliche Richtigkeit des christlichen Glaubens stellt. Wenn jemand neu in den Gottesdienst kommt, dann wird er nicht selten so in den Mittelpunkt der Aufmerksamkeit gestellt, dass es ihm peinlich wird. Eine Umfrage ergab, dass 91 Prozent der Nichtchristen annehmen, die Kirche habe keinen wirklichen Zugang zu ihren Nöten und Bedürfnissen.[116] Wenn Sie Ihren nicht gläubigen Partner in eine solche Gemeinde bringen, dann kann es gut sein, dass Ihre evangelistischen Bemühungen einen herben Rückschlag erleiden.

Andere Gemeinden sind dagegen so ausgerichtet, dass sie den Bedürfnissen von Menschen besser gerecht werden können, die dabei sind, sich für den christlichen Glauben zu öffnen. Alles, was diese „sucherfreundlichen" Gemeinden tun – angefangen vom Stil ihrer Gemeindeangebote über Kinder- und Jugendprogramme bis hin zu den Themen, die angesprochen werden und sogar der verwendeten Ausdrucksweise –, ist darauf ausgerichtet Nichtchristen anzusprechen. In der Regel sind diese Gemeinden zeitgemäß, kreativ und wohl organisiert; in allem, was sie tun, haben sie beständig die geistlich verwirrten Menschen in unserer säkularisierten Gesellschaft vor Augen.

Diese Beschreibung trifft zum Beispiel auf die *Willow Creek Community Church* in South Barrington, Illinois, zu, die Gemeinde, zu der Leslie als Erstes hinging und zu der sie auch mich später mitnahm. Derzeit gehören weltweit insgesamt 7.000 Gemeinden aus 80 verschiedenen Denominationen zur *Willow Creek Association* (WCA), einem Netzwerk von Gemeinden und christlichen Werken, die alle nach demselben Muster arbeiten. Ein anderes gutes Beispiel ist die *Saddleback Valley Community Church* in Lake Forest, Kalifornien, wo ich heute als Lehrpastor arbeite. Das Buch *„Kirche mit Vision"* von Rick Warren, dem visionären Begründer der *Saddleback*-Gemeinde, hat bereits vielen Pastoren in aller Welt geholfen, Gemeinden zu gründen, die so ausgerichtet sind, dass Menschen, die nach Gott suchen, sich dort hingezogen fühlen, um die Botschaft von Jesus zu hören.

In meinem Buch *„Beim Wort zum Sonntag schalt' ich ab. Die Welt eines Kirchendistanzierten verstehen"* gehe ich sehr detailliert darauf ein, warum eine sucherfreundliche Gemeinde wie *Willow Creek* einen Atheisten wie mich anzog, sodass ich in der Zeit meiner Suche nach Gott Woche für Woche wiederkam. Vor allem gefiel mir, dass die Gemeinde anziehend war, ohne mich zu sehr zu bedrängen; ich hatte alle Freiheit, mich eingehender mit dem christlichen Glauben zu befassen, ohne dass mir jemand Druck machte. Schließlich wurden viele Themen angesprochen, die mich sehr interessierten, ohne dass ich jemals den Eindruck gewann, mit einfachen Antworten abgespeist zu werden. Das beeindruckende Qualitätsniveau, das alle Gemeindeaktivitäten hatten, die Echtheit, die ich überall spürte, die herausfordernden Inhalte und die spürbare Gegenwart Gottes, die mich emotional sehr stark berührte – all das trug dazu bei, dass ich in der Gemeinde heimisch wurde.

Manchmal wird den sucherfreundlichen Gemeinden vorgeworfen, dass sie das Evangelium verwässern, um nur ja niemandem auf den Schlips zu treten. „Es geht das Gerücht um, dass man Leute, die der Kirche fern stehen, ganz einfach anziehen könne, wenn man ihnen nur sagt, was sie hören wollen“, so schreibt Mittelberg, der in der WCA für Evangelisation zuständig ist und der das Buch *„So wird Ihre Gemeinde ansteckend. Evangelisation und Mission neu entdeckt“* geschrieben hat. „Wir haben genau das Gegenteil festgestellt. Die Leute halten Ausschau nach Leitern, die den Mut haben, ihnen die Wahrheit zu sagen. Sucherfreundlich zu sein heißt nichts anderes als die Sprache der Leute zu lernen, die man erreichen will, damit man ihnen die Botschaft mit voller Wucht präsentieren kann.“[117]

Eine geeignete Gemeinde kann Ihnen eine unschätzbare Hilfe sein, um Ihren Partner für Jesus zu gewinnen. Hier einige Tipps:

▷ *Gehen Sie nicht automatisch davon aus, dass Ihre Gemeinde auch für Ihren Partner am besten geeignet ist.* Erinnern Sie sich noch an Linda, die Leslie zu Jesus geführt hat? Sie wusste nur zu gut, dass Leslie mit dem Musikstil, der Predigt, die primär auf Gläubige ausgerichtet war, und mit den ganzen Ritualen eines traditionellen Gottesdienstes in ihrer Gemeinde nicht viel hätte anfangen können. Stattdessen brachte sie Leslie in die *Willow Creek*-Gemeinde, weil sie davon ausging, dass der sucherfreundliche Stil ihr zusagen würde. Nachdem sich Leslie dort gut eingelebt hatte, kehrte Linda in ihre eigene Gemeinde zurück.

▷ *Erkunden Sie eine Gemeinde immer zuerst selbst, bevor Sie Ihren Partner dorthin einladen.* Allein die Tatsache, dass eine Gemeinde in dem Ruf steht, sucherfreundlich zu sein, heißt noch lange nicht, dass sie Ihrem Partner auch entsprechen wird. Gehen Sie dort erst selbst einmal in den Gottesdienst und versuchen Sie, alles mit den Augen Ihres Partners zu sehen. Bilden Sie sich ein Urteil über die Art der Predigt, den Musikstil, die Glaubwürdigkeit der Leiter und die ganze Haltung der Gemeinde. Danach entscheiden Sie, ob die Gemeinde etwas für Ihren Partner wäre.

▷ *Erkundigen Sie sich, worum es in der Predigt geht, bevor Sie mit Ihrem Partner zusammen in den Gottesdienst kommen.* Einer Umfrage zufolge wollten 54 Prozent der befragten kirchenfremden Personen das Thema der Predigt im Voraus wissen – vor allem deshalb, weil sie ihre wertvolle Zeit nicht mit einem Thema verschwenden wollen, das für sie persönlich uninteressant ist.[118] Das Thema der Predigt am nächsten Sonntag können Sie in aller Regel telefonisch bei der Gemeinde erfragen. Oft gibt auch die Internet-Homepage der Gemeinde Auskunft darüber.

▷ *Schauen Sie sich nicht nur den Wochenendgottesdienst der Gemeinde an.* Viele sucherfreundliche Gemeinden bieten eine Vielzahl von Veranstaltungen, Seminaren und Programmen an, um Menschen auf ihrer Suche nach Gott Hilfestellungen zu geben. Einige Gemeinden haben beispielsweise Kleingruppen für Menschen, die geistlich auf der Suche sind. Hier treffen sich Nichtchristen regelmäßig mit einem christlichen Leiter, um über geistliche Themen zu sprechen. Wenn auch Menschen auf ihrer Suche nach Gott meist anonym bleiben wollen, gibt es doch auch eine Reihe von Leuten, die auf ihrem geistlichen Weg Anregung und Austausch in Gemeinschaft anderer suchen. Eine Gemeinde berichtet, dass von den Leuten, die an einer solchen Kleingruppe teilnehmen, 80 Prozent Christen werden.

Angesichts der Tatsache, dass es so wichtig ist, eine geeignete Gemeinde mit dem richtigen Schwerpunkt und der passenden Atmosphäre zu finden, wäre es sicher gut, wenn Sie sich schon frühzeitig auf die Suche machen, noch bevor Ihr Partner überhaupt auf die Idee kommt, einmal in einen Wochenendgottesdienst mitzukommen. Eine Suche im Internet kann ein guter Ausgangspunkt sein. Auf der WCA-Webseite gibt es eine Suchhilfe für Gemeinden, über die Sie die Adresse einer Mitgliedsgemeinde in Ihrer Gegend herausfinden können.[119] Wenn Sie sich einen Eindruck von einer Gemeinde machen wollen, finden Sie bereits auf der

Internetseite der Gemeinde wahrscheinlich viele wertvolle Hinweise. Auf der Homepage der örtlichen Tageszeitung können Sie möglicherweise eine Archivrecherche nach Zeitungsartikeln über sucherfreundliche Gemeinden in Ihrer Umgebung machen.

Die beste Informationsquelle ist und bleibt jedoch der persönliche Kontakt. Fragen Sie Christen, welche Gemeinde vor Ort für Ihren nicht gläubigen Ehepartner geeignet sein könnte. Vergessen Sie vor allem nicht, die Gemeinde selbst zu erkunden. Niemand kennt Ihren Partner besser als Sie. Sie kennen seine Persönlichkeit, sein Temperament, seine Eigenarten und seine Vorlieben. Versuchen Sie, eine Gemeinde zu finden, in der er sich voraussichtlich wohl fühlen wird, die ihn bei seiner Suche nach Gott über einen längeren Zeitraum hinweg begleiten kann und die ihn mit einer biblisch orientierten und zeitgemäßen Lehre herausfordert, wo er glaubwürdigen und begeisterten Christen begegnet und mit der Notwendigkeit konfrontiert wird, die Vergebung und Gnade Jesu zu empfangen.

Grundsatz Nr 6:
Ergründen Sie die emotionalen Barrieren, die Ihren Partner davon abhalten, sich für Gott zu öffnen

Was hält Ihren Partner *wirklich* von Gott ab? Er mag den christlichen Glauben mit lässiger Hand als dümmlich abtun, er mag beharrlich den Standpunkt vertreten, jegliche Religion sei nur eine Illusion. Vielleicht führt er auch eine Reihe von vordergründig stichhaltigen Einwänden gegen den Glauben an. Wenn Sie jedoch einen Blick hinter die Fassade werfen, dann werden Sie möglicherweise überrascht sein, was Ihren Partner wirklich daran hindert, sich auf Jesus einzulassen. Möglicherweise ist er sich selbst gar nicht bewusst, dass es in seinem Innern tief sitzende emotionale und psychologische Hürden gibt, die ihn von Gott trennen. Wenn es Ihnen möglich ist, diese Hindernisse aufzuspüren, dann können Sie Ihrem Partner gegebenenfalls besser helfen, sie zu überwinden.

So könnte es zum Beispiel sein, dass Ihr Partner vor tieferen und vertraulicheren Beziehungen jeder Art zurückschreckt, sei es zu Gott oder zu irgendjemand anderem. „Manche Menschen sind oberflächlich sehr warmherzig und gesellig und fühlen sich trotzdem durch Intimität sehr bedroht", schreibt John Guest. „Sie können fröhlich plaudern und lachen und eine sehr verbindliche Art haben, und dennoch kommt man ihnen niemals wirklich nahe; das ist von ihnen auch gar nicht beabsichtigt. Wir sprechen hier also keineswegs vom Typus einer unterkühlten und abweisenden Persönlichkeit. Es gibt eine ganze Reihe von Persönlichkeitstypen, die lediglich eine Fassade sind, hinter der sich Menschen ganz bewusst verbergen und zuweilen ein Leben in völliger Isolation führen."[120]

Genau hier ist der Haken: Da es sich beim Christsein um eine tiefe, offene und vertrauensvolle Abhängigkeitsbeziehung zu Jesus handelt, wird ein Mensch, der vor intimen Beziehungen zurückschreckt, dazu neigen, alle möglichen Ausflüchte zu suchen, warum der christliche Glaube nichts für ihn ist.

Deshalb, so Guest, sucht er sein Heil unter Umständen eher in der New-Age-Bewegung, wo man sich in sich selbst zurückzieht, um das Göttliche im eigenen Inneren zu finden, anstatt den wahren Gott zu suchen, der in einer tiefen, freundschaftlichen Weise zu ihm in Beziehung treten will. Er findet es möglicherweise befriedigender, ein sinnloses Mantra zu rezitieren oder einfach nur zu meditieren, als das Risiko einzugehen, sich verwundbar zu machen und zu einem Gott zu beten, der ihm in einer persönlichen Beziehung begegnen will.

„In einer solchen Religion geht es um Rückzug, nicht um Beziehung, um die Suche nach sich selbst, nicht die Suche nach Gott, um Versenkung in sich selbst, nicht Anbetung Gottes", schreibt Guest.[121]

Sie können auch danach Ausschau halten, inwieweit Ihr Partner in Ersatzbefriedigungen verstrickt ist, die unsere Gesellschaft anstelle echter Intimität und Vertrautheit propagiert, wie beispielsweise Pornographie oder Alkohol, um im Umgang mit anderen lockerer sein zu können.

Vielleicht ist sich Ihr Partner dieser Dynamiken in seinem Leben überhaupt nicht bewusst. Doch wenn Sie beobachten, dass er dazu neigt, immer auf Distanz zu anderen Menschen zu gehen, dann liegt die Frage nahe, ob er vielleicht aus denselben Gründen auch Gott gegenüber lieber auf Distanz bleibt.

Meine anfänglichen Widerstände beruhten auf genau dieser

Angst vor Nähe. Über die Jahre jedoch wuchs in mir die Bereitschaft, mich auf engere Beziehungen zu anderen Menschen einzulassen. Dies ist in allererster Linie eine Frucht der Beziehung zu Leslie, die mit der Zeit immer inniger und vertrauter wurde. Ich denke, dass dies auch dazu beitrug, in mir den Boden dafür zu bereiten, dass ich mich Jesus öffnen konnte.

Wenn Sie den Eindruck haben, dass die Angst vor Nähe zumindest teilweise dafür verantwortlich ist, dass Ihr Partner vor Gott zurückscheut, dann kann mein Beispiel Ihnen vielleicht zu einer Ermutigung werden. Versuchen Sie alles, um die Vertrautheit in Ihrer Beziehung zu Ihrem Partner zu stärken. Es gibt eine Fülle von Büchern, die Ihnen hierzu wertvolle Anregungen geben können. Wenn Ihre Ehe offener und vertrauensvoller wird und Ihr Partner zunehmend die positiven Früchte dessen zu schätzen lernt, dann wird möglicherweise auch seine Bereitschaft wachsen, sich für eine persönliche Beziehung zu Gott zu öffnen.

Die Vaterhürde

Andere ungläubige Partner haben ungelöste Probleme mit ihren Vätern. Ihre irdischen Väter haben sie missbraucht oder im Stich gelassen, und so gibt es tief in ihnen unausgesprochene, aber doch sehr deutliche Widerstände gegen die Vorstellung eines himmlischen Vaters. So machen sie, ohne sich dessen bewusst zu sein, einen weiten Bogen um Gott herum.

Paul C. Vitz, ein Psychologe, der an der Stanford-Universität promovierte und heute Professor an der Universität von New York ist, hat sich intensiv mit den Biografien einflussreicher Atheisten der Weltgeschichte befasst und ein erstaunliches Muster gefunden, das alle diese Männer miteinander verbindet: Viele von ihnen waren in jungen Jahren von ihren Vätern verlassen worden oder verloren ihren Vater durch Tod. Andere hatten eine sehr traumatische Beziehung zu ihren Vätern.

Sie brauchen die Liste nur herunterzugehen: Friedrich Nietzsche, der wohl berühmteste Atheist der Weltgeschichte, der den Ausspruch „Gott ist tot" prägte, hatte eine sehr innige Beziehung zu seinem Vater, bis dieser kurz nach Nietzsches fünftem Geburtstag plötzlich verstarb. Der schottische Skeptiker David Hume verlor seinen Vater im Alter von zwei Jahren. Der Vater des bekanntesten englischen Atheisten Bertrand Russel starb, als Bertrand vier Jahre alt war. Der französische Existenzialist Jean-Paul Sartre verlor seinen Vater schon im Kleinkindalter und der Vater von Albert Camus, einem anderen französischen Atheisten, starb, als Camus gerade ein Jahr alt war. Der britische Atheist und Journalist Richard Carlisle verlor seinen Vater mit vier Jahren und der englische Freidenker Robert Taylor mit sieben Jahren. Samuel Butler wurde von seinem Vater geschlagen und terrorisiert und hatte nichts als Furcht und Hass für ihn übrig. Der bekannte Psychologe Albert Ellis, der jede Form von Religion als irrational bezeichnet, wurde von seinem Vater im Stich gelassen. Madalyn Murray O'Hair, Begründerin der „American Atheist Incorporation", hasste ihren Vater so sehr, dass sie einmal mit einem großen Fleischermesser auf ihn losging und schrie: „Ich will, dass du stirbst! Ich kriege dich noch! Irgendwann werde ich auf deinem Grab tanzen!"[122]

Ganz ohne Frage: Für einen Menschen, der von seinem Vater missbraucht wurde oder der seinen Vater durch Scheidung oder Tod verloren hat, kann es unter Umständen schwer sein, sich für Gott zu öffnen, der in der Bibel immer wieder als Vater dargestellt wird.

Die meisten Menschen gehen allerdings nicht so weit, wirkliche Atheisten zu werden. Wenn jedoch ihr irdischer Vater ihnen als zornspeiender Unmensch in Erinnerung geblieben ist, dann ist es gut möglich, dass sie annehmen, der himmlische Vater sei ebenso hart und rachsüchtig. Kein Wunder, wenn sie es vorziehen, auf Abstand zu bleiben. Wenn ihr Vater sie als Kind verlassen hat, ob nun tatsächlich oder in emotionaler Hinsicht, dann scheuen sie womöglich davor zurück, eine Beziehung zu einem himmlischen Vater einzugehen, aus Furcht, er könnte sie eines Tages genauso sitzen lassen und ihnen erneut das Herz brechen. Vielleicht ist ihr Selbstbild angeschlagen, weil sie irgendwo tief in sich zu der Überzeugung gelangt sind, dass ihr Vater wohl sicherlich gute Gründe gehabt haben wird, sie schlecht zu behandeln oder zu verlassen, und dass sie als Person offenbar einfach minderwertig sind. Aus diesem Grund können sie sich nur schwer vorstellen, dass ihr himmlischer Vater sie einfach bedingungslos so liebt, wie sie sind.

Überlegen Sie einmal, was Sie über die Beziehung Ihres Partners zu seinem Vater wissen. War sie von negativen Erfahrungen geprägt, war der Vater überstreng und gewalttätig oder war die Beziehung quasi gar nicht existent? Hat Ihr Partner seinen Vater durch Scheidung oder Tod oder einfach durch dessen mangelndes Interesse verloren? Eine solche Erfahrung kann ein wichtiger Schlüssel sein, um zu verstehen, warum er die Möglichkeit, sich einem Vater im Himmel zuzuwenden, überhaupt nicht in Betracht ziehen würde. Was können Sie tun, um ihm hier zu helfen?

- Erstens kann allein das Wissen um diese Dynamik bereits von Vorteil sein, wenn sich einmal eine Gelegenheit ergibt, mit Ihrem Partner über Gott zu sprechen. Vergleichen Sie Gott nicht mit dem Bild eines irdischen Vaters, sondern stellen Sie Gott dem Bild des irdischen Vaters als Kontrast gegenüber. Zeigen Sie auf, dass Gott anders ist, immer liebevoll, anwesend und zugewandt, während irdische Väter leider unweigerlich unvollkommen sind.
- Zweitens stellen Sie fest, ob Ihr Partner willens ist, vielleicht Stück für Stück etwas von seinen Gefühlen für seinen Vater herauszulassen. Allein die Möglichkeit, über die Beziehung zu reden, führt manchmal bereits dazu, aufgestaute Wut und verdrängten Ärger zu lösen. Wenn er bereit ist, zu einem guten Seelsorger oder Therapeuten zu gehen, kann ihm dies ebenfalls sehr weiterhelfen.
- Drittens loben Sie ihn für seine eigenen Bemühungen im Umgang mit seinen Kindern. Wenn er seinen Kindern ein guter Vater ist, dann lassen Sie ihn das wissen. Wenn sich die Möglichkeit ergibt, dann sagen Sie ihm, dass sein liebevolles Verhalten als Vater gegenüber seinen Kindern etwas davon widerspiegelt, wie sein Vater im Himmel ihm gegenüber empfindet.

„Daves Vater ist eigentlich nie für ihn da gewesen“, so berichtet Sharon über ihren Mann. „In seinem Herzen war er voller Wut darüber. Eines Tages waren wir mit unserer Tochter in Disneyland. Plötzlich bemerkten wir, dass wir sie verloren hatten. Wir waren in heller Panik aufgelöst und suchten überall. Selbst das Sicherheitspersonal des Parks half uns bei der Suche. Sie können sich sicher gut vorstellen, wie erleichtert wir waren, als wir sie schließlich und endlich gefunden hatten! Auf dem Heimweg machte ich Dave darauf aufmerksam, dass wir an diesem Tag wohl einen kleinen Geschmack davon bekommen hätten, wie Gott fühlt, wenn wir ihm davongelaufen sind und wieder nach Hause kommen. Das hat ihn tief beeindruckt! Bevor Dave selbst Vater war, konnte er damit nichts anfangen, weil er niemals das Gefühl hatte, dass sein Vater sich sonderlich für ihn interessierte. Doch nun, da er selbst Vater war, konnte er sich in die Gefühle des Vaters gegenüber dem verlorenen Sohn (in Lukas 15) hineinversetzen. Dies bereitete in seinem Inneren den Boden für den Gedanken daran, dass es vielleicht tatsächlich einen himmlischen Vater geben könnte, der sich danach sehnt, wieder mit seinem verlorenen Sohn vereint zu sein.“

Solche subtilen Abneigungen gegen Nähe und verkappte Vaterprobleme können unter Umständen ziemlich kompliziert sein. Darüber hinaus besteht die Gefahr, dass Sie hier zum Amateurpsychotherapeuten für Ihren Partner werden! Dennoch kann es allein schon ein großer Schritt sein, die Hindernisse aufzudecken, die zwischen ihm und Gott stehen.

Grundsatz Nr. 7: Erlernen Sie die Kunst, die richtigen Fragen zu stellen

Jesus gebrauchte häufig Fragen, um wichtige Lektionen zu vermitteln oder um in einem Gespräch über ein geistliches Thema einen Durchbruch zu erzielen. So fragte er seine Jünger: „Wer sagt ihr, dass ich sei?“, um seine wirkliche Identität ans Licht zu bringen. Ein anderes Mal stellte er die Frage: „Was nützt es dem Menschen, wenn er die ganze Welt gewinnt und nimmt doch Schaden an seiner Seele?“, um die Menschen, die ihm nachfolgten, zum Nachdenken darüber zu bringen, was wirklich wichtig ist. Schließlich fragte er Petrus: „Liebst du mich?“, um die Tiefe seiner Hingabe zu testen.

In gleicher Weise können auch Sie lernen, kreativ herausfordernde Fragen zu stellen, wenn Sie mit Ihrem Partner über den Glauben sprechen. Dies ist weitaus weniger offensiv und bedrohlich, als wenn Sie versuchen, ihm eine Predigt zu halten. Aus Fragen ergeben sich Gespräche, aus Gesprächen ergeben sich Einsichten und aus Einsichten resultiert ein Verständnis von Tatsachen und Zusammenhängen. Anstatt zu versuchen, dem anderen etwas verständlich zu machen, regen Sie Ihren Gesprächspartner an, selbst Antworten zu finden. Wenn wir Fragen stellen und unseren Gesprächspartner nach seiner Meinung fragen, vermitteln wir ihm zugleich, dass wir ihn achten und respektieren.

„Wir können lernen, gute Fragen zu stellen", schreibt Pippert. „Allzu oft lassen wir uns in die Defensive drängen. Die Dynamik ändert sich schlagartig, wenn wir den Spieß umdrehen und anfangen, dem Gespräch durch geschickte Fragen eine andere Richtung zu geben."[123]

Die meisten Menschen sind von Natur nicht bereit, sich sagen zu lassen, was sie glauben sollen. Denken Sie daran, wie Teenager darauf reagieren, wenn sie sich von den Eltern bedrängt fühlen: „Hör auf, mir Vorträge zu halten!", heißt es dann oft. Die meisten Leute fühlen sich dagegen geschmeichelt, wenn man sie nach ihren Ansichten, Erfahrungen und Glaubensüberzeugungen fragt – und daraus ergeben sich oft die besten Anknüpfungspunkte für ein Gespräch über Gott.

Für die Ehebeziehung ist es gut, wenn wir ernsthafte Gespräche über wichtige Themen miteinander führen. Je mehr wir mit der Gedankenwelt des anderen vertraut werden, desto näher kommen wir einander. Wir besprechen unsere Hoffnungen und Ängste, unsere Pläne und Vorhaben, unsere beruflichen und familiären Belange miteinander – warum sollten da unsere Glaubensüberzeugungen eine Ausnahme sein? Da unsere persönliche religiöse Überzeugung zu einem starken Grad bestimmt, wer wir sind – angefangen von unserem Selbstbild bis hin zu unseren Hoffnungen für die Zukunft –, sollten wir irgendwann in der Lage sein, darüber miteinander ins Gespräch zu kommen.

Natürlich müssen Sie zunächst ergründen, wie offen Ihr Partner dafür ist, über seine Haltung zum Glauben zu sprechen. Wenn Ihr Partner ein Zyniker ist, wird er sich vielleicht verweigern; wenn er dagegen nach Gott sucht, wird er sich sicher gern auf ein Gespräch einlassen. Wenn Sie den Eindruck haben, dass er einem Gespräch nicht abgeneigt ist, dann fangen Sie nicht damit an, ihn zu belehren. Stellen Sie ihm eine Frage, auf die er nicht nur einfach mit Ja oder Nein antworten kann, sondern die ihn zum Nachdenken anregt.

Vielleicht beginnen Sie Ihre Frage in etwa folgendermaßen: „Du weißt ja schon, dass ich Christ bin, aber ich weiß eigentlich gar nicht so recht, wie du über Gott denkst. Was glaubst du denn eigentlich?“

Geben Sie ihm den Raum, so ausführlich zu antworten, wie er möchte. Fragen Sie immer wieder nach und finden Sie im Einzelnen heraus, was er denkt. Fragen Sie ihn auch nach den Hintergründen seiner Überzeugungen. Wann und wieso kam er dazu? Wer oder was hat sein Denken beeinflusst? Was veranlasst ihn dazu anzunehmen, dass seine Informationsquelle zuverlässig ist? Kommen ihm jemals Zweifel daran? Welcher Art sind seine Zweifel? Inwieweit sind seine Glaubensüberzeugungen ihm eine Hilfe, um sich im Alltag zurechtzufinden? Ist er für neue Gedanken aufgeschlossen? Warum – oder auch warum nicht? Hören Sie ihm mit aufrichtigem Interesse zu. Widerstehen Sie der Versuchung, ihm bei der ersten sich bietenden Gelegenheit Ihre eigenen Anschauungen aufzutischen. Helfen Sie ihm vielmehr durch Ihre Fragen, sich darüber klar zu werden, was er eigentlich glaubt.

In Wahrheit haben die allermeisten Menschen überhaupt keine stark ausgeprägten geistlichen Überzeugungen. Sie haben ein paar Gedanken vom einen oder anderen Lehrer aufgeschnappt, die sich mit den Restbeständen aus Kindergottesdienst und Konfirmandenzeit mischen. Hinzu kommen noch ein paar Dinge, die sie in Zeitungsartikeln gelesen oder in Reportagen gesehen haben, und dann sind sie natürlich dadurch beeinflusst, was ihre Freunde und Bekannten denken. Ihre religiösen Überzeugungen bleiben jedoch insgesamt nebulös und schwammig. Eine Studie ergab, dass die Hälfte aller Menschen in Amerika gar keine definierte Lebensphilosophie hat.[124]

Im einen oder anderen Fall, wenn der Partner sich näher darüber klar zu werden versucht, was er glaubt, wird ihm auf einmal bewusst, dass er selbst gar nicht so recht weiß, was er glaubt und warum. Seine Ausführungen erscheinen ihm selbst hohl und voller Klischees. Unter Umständen wird ihm dadurch erstmals selbst klar, dass Spekulationen nicht ausreichen, um sein Leben und seine Ewigkeit darauf zu gründen.

Gebrauchen Sie Ihre Fragen nicht als Aufhänger, um Ihren Mann anzupredigen. Lassen Sie Ihre Frage nicht nur einen Köder sein, mit dem Sie ihn aus der Reserve locken, während es Ihnen in Wahrheit nur darum geht, ihm Ihre Antworten zu verkaufen. Haben Sie Geduld, bis ihm selbst Zweifel an seinen Überzeugungen kommen. Es ist sehr gut möglich, dass ihm der Mangel an geistlicher Gewissheit, der durch Ihre Fragen in ihm aufgedeckt wurde, in den nächsten Wochen und Monaten in ruhigen Augenblicken immer wieder einmal sauer aufstößt.

Irgendwann schließlich wird er wissen wollen, was *Sie* glauben. Warum glauben Sie? Und da Sie sich die Mühe gemacht haben, sich seine Überzeugungen im Detail anzuhören, wird er nun vielleicht umso offener sein, Ihnen zuzuhören, wenn Sie ihm erzählen, wie Jesus Ihr Leben verändert hat.

Wie steht es mit anderen Religionen?

Nun gibt es freilich auch Fälle, in denen Ihr Partner *sehr genau* weiß, woran er glaubt, und zwar deshalb, weil er selbst ein religiöser Mensch ist. Er fühlt sich einem anderen Glauben zugehörig, beispielsweise dem Judentum, dem Islam oder dem Hinduismus, oder aber er gehört zu einer Religionsgemeinschaft, die sich äußerlich einen christlichen Anstrich gibt, aber zentrale Lehren des Christentums ablehnt, wie die Mormonen, die Zeugen Jehovas oder die Unitarier. Er ist für die Überzeugungen seiner eigenen Gruppierung aufgeschlossen, den Ihren jedoch begegnet er mit Skepsis.

Auch hier kann es hilfreich sein, einfach die richtigen Fragen zu stellen. Dies hilft Ihnen, zunächst einmal festzustellen, inwieweit er überhaupt von den Lehren seiner Religion überzeugt ist oder ob er sich lediglich seinem kulturellen oder familiären Erbe verpflichtet fühlt. Vermutlich wird er Ihrem Glauben gegenüber eher aufgeschlossen sein, wenn seine religiösen Anschauungen nur „ererbt" sind und nicht wirklich seiner persönlichen Überzeugung entsprechen.

Zweitens stellen Sie durch Fragen fest, wo unter Umständen Gemeinsamkeiten zwischen Ihnen bestehen. Bei allen unüberbrückbaren Differenzen zwischen dem Christentum und anderen Religionen – sie beruhen auf dem Verständnis von Jesus Christus als dem Sohn Gottes und dem Heilsverständnis, das nicht auf Werken („TUN"), sondern auf Gnade („GETAN") basiert – gibt es doch Ähnlichkeiten hinsichtlich bestimmter elementarer Wertvorstellungen, wie beispielsweise Ehrlichkeit, Aufrichtigkeit, Barmherzigkeit gegenüber sozial Schwachen usw. Wenn Ihr Partner diese Gemeinsamkeiten sieht, trägt dies möglicherweise dazu bei, dass er Ihren Glauben respektiert und dass er sich einer christlichen Erziehung, die Ihren Kindern solche Werte vermittelt, nicht versperrt.

Drittens bringen Sie Ihrem Partner Ihren Respekt zum Ausdruck, wenn Sie ihm in seinen Glaubensüberzeugungen echtes Interesse zeigen. Dies wird möglicherweise sehr dazu beitragen, dass er Ihrem Glauben seinerseits mit Respekt begegnet. *Denken Sie daran: Es ist wichtig, dass Sie seinem Glauben Toleranz entgegenbringen, ohne dabei Ihre eigenen Überzeugungen preiszugeben.* Sie müssen sich darüber informieren, was seine Religion lehrt und wo die Unterschiede zum Christentum sind, damit Sie nicht aus Unkenntnis heraus Kompromisse machen.

Viertens: Wenn Sie ihm aufrichtige Fragen über seinen Glauben stellen, dann ist es sehr gut möglich, dass er daraufhin anfängt, sich ernsthaft auch mit Ihrem Glauben zu befassen. Vielleicht schlagen Sie vor, dass Sie Bücher austauschen. Geben Sie ihm ein gutes Buch, das sich mit zentralen Fragen des Christentums auseinander setzt. Dadurch wird er mit den Argumenten für den christlichen Glauben konfrontiert, und Sie haben neue Anknüpfungspunkte zum Gespräch. Sie müssen diese Idee aber aus dem Gebet heraus angehen und mit einem erfahrenen Christen an Ihrer Seite, der sich gut genug auskennt, um Ihnen gegebenenfalls Argumentationshilfen geben zu können.

„Halten Sie sich bei jeder Diskussion vor Augen, dass diese andere Religion vermutlich reale und durchaus berechtigte Bedürfnisse Ihres Gegenübers erfüllt“, schreibt Mark Mittelberg. „Beten Sie für ihn und versuchen Sie ihm aufzuzeigen, wie seine Bedürfnisse durch Jesus auf einer viel tieferen Ebene erfüllt werden können. Wenn sich die Gelegenheit dazu ergibt, dann beantworten Sie seine Fragen und stellen Sie dabei die Tugenden Jesu und die Vorteile des Lebens in der Gemeinschaft mit anderen Christen heraus. Vor allem aber können Sie darauf vertrauen, dass die Botschaft vom Evangelium selbst ‚eine Kraft Gottes [ist], die jeden rettet, der glaubt‘, wie es in Römer 1,16 heißt.“

Gehen Sie nicht der Täuschung auf den Leim, dass alle Religionen im Grunde dasselbe wollen und alle gleichermaßen zu Gott führen. „Wer behauptet, dass die Weltreligionen sich im Wesentlichen gleichen, der zeigt damit, dass er nichts davon verstanden hat“, schreibt Ravi Zacharias, ein Christ, der in Indien geboren wurde und mit einer Vielzahl von religiösen Ausdrucksformen bestens vertraut ist.[125] So tröstlich es sicherlich wäre, wenn wir annehmen könnten, dass alle Religionen ihre Anhänger zur ewigen Errettung führen, Jesus selbst lehrt uns etwas anderes: „Ich bin der Weg und die Wahrheit und das Leben; niemand kommt zum Vater außer durch mich.“[126]

Grundsatz Nr. 8: Vergessen Sie nicht, dass Sie in langen Zeiträumen denken müssen

Wir leben in einer kurzatmigen Welt mit Schnellrestaurants, Online-Kommunikation, Geldautomaten, Handys, Düsenflugzeugen und Kabelfernsehen, das uns Tag und Nacht die aktuellsten Neuigkeiten aus aller Welt „live“ ins Haus bringt. Wenn wir etwas wollen, dann wollen wir es jetzt sofort, und wir sind es gewohnt, dass wir oft tatsächlich umgehend bekommen, was wir wollen.

Im geistlichen Bereich laufen die Dinge zumeist anders. Natürlich gibt es Ausnahmen. So fegte Gott Saul von Tarsus kurzerhand vom Pferd und verwandelte ihn auf einen Schlag in den Apostel Paulus. Auf einer Missionsreise nach Südostindien habe ich selbst erlebt, wie junge Leute den Namen Jesus zum ersten Mal hörten, sofort Buße taten und Jesus in ihr Leben aufnahmen.

Bei mir war die Sache freilich etwas anders. Ebenso bei Leslie. Vermutlich hat es auch bei Ihnen etwas länger gedauert. Unser Weg zu Gott brauchte Zeit. Wir mussten über die Botschaft nachdenken, eine Menge von Fragen loswerden und uns darüber klar werden, inwieweit die Bibel wirklich zuverlässig ist. Schließlich mussten wir unseren Stolz und unser Ego überwinden, bevor wir unserer Sünde ins Auge blicken konnten und schließlich unsere Knie vor Jesus beugten. Bei Leslie dauerte es einige Monate, ich selbst habe knapp zwei Jahre dazu gebraucht. Andere waren jahrzehntelang auf dem Weg zu Jesus. Ich habe einmal eine Frau getroffen, deren Ehemann ganze 50 Jahre gebraucht hat!

Bei aller Frustration darüber, dass Sie Ihren Glauben nicht mit Ihrem Partner teilen können, ist es doch wichtig, dass Sie sich eines vor Augen halten: Evangelisation ist ein Prozess, kein einmaliges Ereignis. Sie brauchen unbedingt eine langfristige Sicht, und zwar aus folgenden Gründen:

Erstens hilft Ihnen das, Ihrem Partner den Glauben in kleinen aber kontinuierlichen Schritten nahe zu bringen, mit denen Sie letztendlich viel mehr erreichen, als wenn Sie versuchen, auf große Schritte zu drängen. So ist er vielleicht noch gar nicht bereit, mit Ihnen in die Kirche zu kommen. Viele Nichtchristen fühlen sich durch die fremdartige Atmosphäre einer Gemeinde zutiefst verunsichert. Sie können sich das vielleicht gar nicht so recht vorstellen, aber denken Sie doch mal daran, wie es Ihnen erginge, wenn Ihr muslimischer Freund oder Ihre muslimische Freundin Sie zum Gottesdienst in einer Moschee einladen würde. Ganz ohne Zweifel würden Sie Nervosität und Unsicherheit empfinden, weil Sie nicht wissen, was Sie dort erwartet, und weil Sie Angst hätten, vielleicht unbeabsichtigt etwas Falsches zu machen. Ganz ähnlich ergeht es vielen nichtchristlichen Partnern, wenn sie von ihrer Frau zum ersten Mal in die Gemeinde „mitgeschleppt" werden.

Doch vielleicht ist Ihr Partner bereit, kleinere Schritte zu tun. Sucherfreundliche Gemeinden bieten oft sportliche Aktivitäten an, viele haben zum Beispiel eine Fußball- oder Basketballmannschaft. Wäre er bereit, an so etwas teilzunehmen? Vermutlich würde er sich in einem solchen Umfeld, in dem körperliches Training und lockerer sportlicher Wettbewerb im Vordergrund stehen, eher wohl fühlen, und für Sie wäre es ein großer Erfolg, dass er sich mit anderen Christen abgibt. Von Zeit zu Zeit führen sucherorientierte Gemeinden auch Podiumsdiskussionen durch, wie die Debatte zwischen einem Atheisten und einem Christen, die Mark Mittelberg und ich vor einigen Jahren in *Willow Creek* durchführten.[127] Andere bieten Seminare zu verschiedenen theologischen Fragen an, zum Beispiel: „Ist Jesus Christus wirklich auferstanden?" Häufig gibt es auch eher praktisch ausgerichtete Kurse zu Themen wie Partnerschaft oder Kindererziehung. Vielerorts gibt es Frühstückstreffen oder Vortragsveranstaltungen mit bekannten christlichen Spitzensportlern, Autoren oder Geschäftsleuten.

Falls Ihr Mann Interesse daran hat, Leuten in Not zu helfen, dann können Sie ihm vorschlagen, an einem „Habitat for Humanity"-Bauprojekt, einem Nachhilfekreis für Kinder in sozialen Brennpunkten oder an einem Hilfseinsatz der Gemeinde teilzunehmen. Wenn man mit anderen Christen zusammen Menschen in Not hilft, dann ergeben sich daraus viele Gelegenheiten zu tief gehenden Gesprächen und möglicherweise sogar freundschaftliche Beziehungen zu Christen. Vielleicht wäre Ihr Mann bereit, an einer Dinnerparty bei einem der Gemeindeleiter zu Hause teilzunehmen. Wer weiß, was geschieht, wenn er mit aufgeschlossenen Christen ins Gespräch kommt, die mit beiden Beinen im Leben stehen. All dies können Schritte auf dem Weg sein, die ihn mit der Zeit näher zu Gott bringen.

Im Zickzack-Kurs auf Gott zu

Ein zweiter Grund, warum es gut ist, eine langfristige Perspektive zu haben, ist der, dass Sie dadurch auch kleine Fortschritte bemerken und schätzen. So sieht es nicht nach einem großen Sieg aus, wenn Ihr Partner ein christliches Buch liest. Wenn er aber über Jahre hinweg immer sehr feindselig gegenüber dem Glauben eingestellt war und sich niemals auch nur im Entferntesten für Jesus interessiert hat, dann bekommt dieser kleine Schritt eine ganz neue Bedeutung. Wenn Sie ihn zu solchen kleinen Schritten ermuntern können, dann folgen daraus womöglich neue, größere.

Drittens, wenn Sie sich vor Augen halten, dass Evangelisation oft ein langwieriger Prozess ist, dann werden Sie mehr Geduld haben, wenn der Weg Ihres Partners zu Gott kein gerader ist. Es wird eher ein Zickzack-Kurs mit viel Auf und Ab sein, auf dem es auch Phasen des Stillstands oder gar des Rückschritts gibt.

Leslie und ich sprachen gerade neulich über dieses Phänomen. Sie erinnert sich noch gut daran, wie es bei uns damals war: „Du hast mich damals einfach wahnsinnig gemacht. Mal warst du ganz angetan vom Glauben und fest entschlossen, dich näher damit zu befassen, dann gab es Perioden, wo du offenbar wieder völlig das Interesse verlorst und sogar zu deiner alten feindseligen Haltung zurückkehrtest. Oder aber du warst ganz motiviert, jetzt regelmäßig mit in die Gemeinde zu kommen, und dann auf einmal bliebst du wieder zu Hause, ganz ohne ersichtlichen Grund. Dann hast du ein christliches Buch gelesen, aber nie etwas dazu gesagt. Einen Tag brachtest du das Gespräch von dir aus auf Gott, um danach wieder für einen Monat komplett die Rollläden herunterzulassen. Es war zum Verrücktwerden!“

Ich habe diese Wechselbäder damals keineswegs absichtlich inszeniert! Manchmal sind mir einfach bestimmte Dinge klar geworden, die mich sehr herausgefordert haben und die ich erst mal für eine Weile verdauen musste, bevor ich weitergehen konnte. Dann gab es Momente, wo mir einfach alles zu schnell ging, und ich trat ein wenig auf die Bremse. Es gab auch Momente, wo Leslie mir einfach zu enthusiastisch reagierte, wenn ich einen Schritt auf den Glauben zu gemacht hatte, und es überkam mich die Befürchtung, sie und ihre christlichen Freunde könnten mich womöglich überrumpeln. Es gab viele Gründe für das beständige Auf und Ab auf meinem Weg zu Gott.

Als Leslie einmal akzeptiert hatte, dass mein Weg zu Gott ein Langstreckenlauf sein würde, konnte sie sich mehr entspannen, und die emotionalen Wechselbäder hörten auf. „Ich habe mich natürlich auch weiterhin sehr darüber gefreut, wenn du mit in die Gemeinde kamst oder Fragen über den Glauben stelltest", so sagt sie heute, „aber ich versuchte einfach, realistischer zu sein. Ich habe mir immer wieder vor Augen gehalten, dass du jederzeit auch mal wieder für eine Weile den Rückwärtsgang einlegen könntest. Ich versuchte, jeden kleinen Durchbruch ganz bewusst zu feiern, ohne einfach vorauszusetzen, dass es von nun an immer nur noch vorwärts gehen würde. Wenn du ein christliches Buch in die Hand nahmst – super! Wenn du in den Weihnachtsgottesdienst mitkamst – juchhu! Ich freute mich über jeden kleinen Fortschritt und verkniff mir die Enttäuschung, wenn danach erst mal wieder eine Weile nichts passierte."

Das sagt sich leicht, aber in der Praxis ist es oft sehr schwer, innerlich eine etwas neutralere Haltung zu bewahren. Vielleicht hängen Sie in dieser Achterbahn der Gefühle einfach fest, die sich aus dem geistlichen Auf und Ab Ihres Partners ergibt. Die Hälfte der Zeit sind Sie da, ermuntern ihn und drücken die Daumen, die andere Hälfte der Zeit schütteln Sie nur ungläubig den Kopf. Das Beste, was Sie tun können, ist einfach Gott zu vertrauen. Denken Sie daran, dass ER selbst der große Evangelist ist. Er sehnt sich noch weitaus mehr als Sie selbst nach dem Tag, an dem Ihr Partner endlich ein Kind in seinem Reich wird. Haben Sie einfach Zutrauen zu ihm und lassen Sie sich immer wieder von ihm ermutigen.

Darum ist es so wichtig, dass Sie für Ihren Partner beten.

Vielleicht ist es Ihnen schon aufgefallen, dass bislang bei keinem der 8 Grundsätze zum Umgang mit Ihrem Partner etwas über die Macht des Gebets gesagt wurde. Nein, wir haben das Gebet keineswegs übersehen! Wir sind zutiefst von der Macht des Gebetes überzeugt. Deshalb widmen wir auch das ganze nächste Kapitel der Frage, wie Sie mit dem Vater über Ihre Partnerschaftssituation ins Gespräch kommen können. Außerdem haben wir am Ende dieses Buches einen 30-tägigen Gebetsleitfaden angefügt.

Wir sind zutiefst davon überzeugt, dass die Schritte, die wir in den letzten beiden Kapiteln beschrieben haben, wirklich wichtige Hilfestellungen sind, um Ihrem Partner den Weg zu Gott zu bereiten. Dennoch wird alles kraftlos bleiben, wenn es nicht vom Heiligen Geist durchdrungen ist. Wir müssen regelmäßig und intensiv darüber beten, was wir tun können, wie wir es tun können und was wir lieber nicht tun sollten. Glücklicherweise sind Sie auf diesem Weg nicht auf sich gestellt! Gott ist da. Er hört Sie, Sie sind ihm wichtig und er wartet darauf, dass Sie sich auf das Abenteuer des Gebets für Ihren Partner und Ihre Ehebeziehung einlassen.

9. Was das Gebet des Partners vermag

Die Taufgottesdienste der *Willow Creek Community Church*, in der ich jahrelang hauptamtlich als Pastor tätig war, waren für mich immer ganz besondere Ereignisse. Es war immer wieder ein Erlebnis, wenn so viele Menschen öffentlich ihren Glauben an Jesus bekannten und von den Veränderungen berichteten, die er in ihrem Leben bereits bewirkt hatte. Einer der absoluten Höhepunkte meines Lebens war es, meine eigenen Kinder zu taufen – Sohn und Tochter eines ehemals unverbesserlichen Atheisten! Es gibt jedoch noch einen anderen Augenblick, der mir bis heute unvergesslich geblieben ist. Er hat mir die Kraft des Gebets noch einmal ganz neu vor Augen geführt.

An diesem besagten Wochenende tauften wir insgesamt 700 neu bekehrte Christen. Im ersten Teil des Gottesdienstes wurden noch einmal die wesentlichen Elemente des Evangeliums erläutert und anschließend fanden sich die ersten Täuflinge auf unserer Riesenbühne ein, um sich von einem der Pastoren taufen zu lassen. Es ist bei uns üblich, dass die Taufkandidaten eine ihnen nahe stehende Person mit auf die Bühne bringen können, weil es für viele von ihnen etwas Einschüchterndes hat, vor 4.000 Zuschauern zu stehen.

Eine Frau, die so um die 60 gewesen sein muss, kam in Begleitung ihres Mannes, der aussah wie ein rauer Bauarbeiter. Ich begrüßte sie warmherzig und fragte sie: „Haben Sie Jesus Christus als Ihren Herrn und Erlöser angenommen?"

„Ja, das habe ich", antwortete sie mit einem breiten, strahlenden Lächeln, „ohne Einschränkungen!"

Ich wollte sie gerade taufen, als ich mich vom Heiligen Geist gebremst fühlte. Ich wandte mich dem Mann zu, der ein wenig nervös an ihrer Seite stand. „Und Sie sind ihr Mann", hörte ich mich sagen. Eigentlich hatte ich das Ganze als Frage formulieren wollen, aber nun klang es doch mehr wie eine Feststellung.

„Ja, das bin ich", sagte er.

Ich schaute ihm direkt in die Augen und fragte entschlossen: „Haben *Sie* denn Jesus *Ihr* Leben gegeben?"

Einen Augenblick lang sagte er gar nichts. Sein Gesicht wurde ganz versteinert. Ich war darauf gefasst, dass er gleich in die Luft gehen und mich anschreien würde. Dann brach er auf einmal ganz unvermittelt in Tränen aus. „Nein, das habe ich nicht", schluchzte er. „Aber ich will es gleich jetzt und hier tun!"

Ich war völlig verdutzt und seiner Frau blieb der Mund offen stehen. Ich wusste plötzlich nicht mehr weiter. Sollten wir jetzt den Gottesdienst unterbrechen? Dann wurde mir klar, dass wir im Grunde einfach weitermachen konnten. In den folgenden Minuten bekannte der Mann vor Tausenden von Zuschauern seine Sünden und betete mit mir ein Übergabegebet. Wir alle weinten Freudentränen, als ich seine Frau und ihn zusammen taufte.

Als ich nach dem Gottesdienst die Bühne verließ, kam eine mir unbekannte Frau auf mich zugerannt, fiel mir um den Hals und schluchzte nur immer wieder: „Neun Jahre, neun Jahre, neun Jahre!"

Nach einer Weile konnte ich mich befreien und fragte: „Wer sind Sie denn eigentlich und was meinen Sie mit ‚neun Jahre'?"

Sie drehte sich um und deutete zur Bühne hinüber: „Das war mein Bruder, den Sie da eben mit seiner Frau zusammen getauft haben", erklärte sie. „Neun lange Jahre habe ich für ihn gebetet, und er hat niemals auch nur einen Funken geistliches Interesse gezeigt. Aber nun schauen Sie, was Gott heute getan hat!"

Geben Sie niemals auf

Sie können sich sicherlich ebenso über diese Lebensentscheidung freuen wie ich, und dennoch denken Sie jetzt vielleicht: „Neun Jahre! Das ist ja ein Witz! Ich bete für meinen Partner schon seit 12 oder 15 oder 25 Jahren und habe noch immer keinen geistlichen Fortschritt gesehen!"

Wenn das so ist, dann waren Sie vermutlich schon mehr als einmal geneigt, aufzugeben. Sie haben es mit dem Gebet versucht, monate- und jahrelang, aber mittlerweile wünschen Sie sich nur noch, dass es doch irgendeinen Kniff oder eine Abkürzung geben könnte, damit Ihr Partner endlich zum Glauben an Jesus kommt.

Trotzdem würde Ihnen jene Frau nur eines raten: *„Hören Sie niemals auf zu beten!"*

Auch Jesus hat niemals aufgegeben und immer wieder für die Menschen gebetet, die von Gott weit entfernt waren – einschließlich derer, die sich voller Zorn von ihm abgewandt hatten. Bis zu seinem Tod hat Jesus weitergebetet. Mit Blick auf die im griechischen Urtext angewandte Vergangenheitsform kommt der britische Pastor John Stott zu folgendem Verständnis der Kreuzigungsszene: „Es sieht so aus, als hätte Jesus in der Tat ohne Unterlass für seine Peiniger gebetet, während sie die Eisennägel durch seine Hände und Füße trieben. Wieder und wieder sprach Jesus sein Gebet: ‚Vater, vergib ihnen, denn sie wissen nicht, was sie tun!'"[128]

Hier stellt sich unweigerlich die Frage: Wenn Jesus noch nicht einmal aufhörte, für die Soldaten zu beten, die ihn brutal ans Kreuz nagelten, wie können wir dann überhaupt in Erwägung ziehen, mit Beten aufzuhören? Das gilt natürlich nicht nur für unsere Feinde, sondern erst recht für die Menschen, die wir am meisten lieben und in ganz besonderem Maße für unseren Partner.

Als ich einmal als Gastredner auf einer Konferenz war, fiel mir ein Mann auf, der ganz allein in einem Gang stand. Sein Gesicht spiegelte in einer Weise den Frieden Gottes wider, wie ich es schon sehr lange bei keinem Menschen mehr beobachtet hatte. Sein ganzes Wesen strahlte tiefe Zufriedenheit aus! Als ich ihn auf das Geheimnis seiner Ausstrahlung ansprach, verwies er auf seine Frau, die 27 Jahre lang treu für ihn gebetet hatte, bis er endlich Jesus annehmen konnte. Über all diese Jahre hinweg war er ein eingefleischter Agnostiker gewesen. Seine Bekehrung eröffnete ihm einen völlig neuen Ausblick auf die Ewigkeit, veränderte seine Ehe und brachte ihm einen Frieden, der alles Verstehen übersteigt.

27 Jahre! Und falls Sie glauben, das sei eine übermäßig lange Zeit, dann habe ich hier noch ein extremeres Beispiel: Gerade neulich erhielt ich einen Brief von einem Christen, der 48 Jahre und 348 Tage lang für seinen atheistischen Bruder gebetet hatte, bis dieser sich endlich bekehrte, kurz bevor er an einem Krebsleiden verstarb. „Ich musste einfach immer weiter für ihn beten", sagte er mir später in einem Telefongespräch. „Ich hatte keine andere Wahl."

Ich hoffe, dass auch Sie einen solchen unwiderstehlichen Drang verspüren, für die Errettung Ihres Ehepartners zu beten. Und ich hoffe, dass ich Sie durch diese Beispiele ermutigen konnte dranzubleiben, auch wenn Sie vielleicht nur geringe oder gar keine Anzeichen für einen geistlichen Fortschritt bei Ihrem Partner erkennen können. Vielleicht sind Sie aber auch unzufrieden mit Ihrem Gebetsleben. Haben Sie eine Vorstellung davon, wie Sie für Ihren Partner beten können? Was sollten Sie überhaupt beten und welche Fallen sollten Sie dabei vermeiden?

Gott, ein Meister des Gesprächs

Als der CNN-Talkmaster Larry King einmal den christlichen Kommentator Cal Thomas zum Thema Gebet befragte, gab Thomas folgende Antwort: „So wie Sie, Larry, ist auch Gott ein Meister des Gesprächs."[129]

Gebet ist nichts anderes als das Gespräch mit dem Allmächtigen. Es kann formell gestaltet werden oder auch sehr persönlich. Es kann intensiv und leidenschaftlich sein oder auch ruhig und tiefgründig. Es gibt kurze und lange Gebete, laute und leise; Sie können nachts beten oder am Tag, unter Tränen oder lachend, im Sitzen oder im Stehen, inmitten einer Menschenmenge oder auch ganz allein in Ihrem Zimmer.

Wenn Sie das Gefühl haben, mit Ihrem Latein am Ende zu sein und einfach nicht mehr wissen, wie Sie die Wogen in Ihrer Partnerschaft noch glätten können, dann denken Sie an die Worte des britischen Pastors Ronald Dunn: „Gebet heißt, dass ich niemals das Gefühl zu haben brauche, ich könnte nichts mehr tun. Ich kann immer etwas tun, etwas sehr Bedeutsames sogar.... Ich brauche nicht einfach passiv herumzusitzen – ich kann aktiv werden und beten."[130]

Gegen Ihre Gebete ist Satan machtlos, und auch Ihr Partner kann den Effekt Ihres Betens nicht einfach abschütteln. „Er kann sich wohl weigern, mit Ihnen zur Kirche zu gehen", schreibt Dunn, „und falls er sich doch einmal entschließt, Sie zu begleiten, kann er einfach auf Durchzug schalten und die Risse in der Decke zählen." Er kann den Fernsehevangelisten abschalten, Ihren Vorschlag, ein christliches Buch zu lesen, abblocken, das Traktat, das ihm jemand auf der Straße zugesteckt hat, wegwerfen; und wenn der Pastor der Gemeinde, die er mit Ihnen zusammen besucht hat, ihn in der darauf folgenden Woche anruft, dann kann er einfach den Hörer auflegen, wenn ihm danach ist.

„Aber“, so Dunn, „er kann nichts dagegen tun, wenn Jesus als Antwort auf unsere Fürbitte an die Tür seines Herzens klopft. Menschen, die ansonsten geistlich völlig unzugänglich sind, können auf dem Weg über den Thron der Gnade erreicht werden.“[131]

Worum aber sollten wir Gott konkret bitten? Dass er den freien Willen unseres Partners übergeht und ihn dazu zwingt, sich ihm zuzuwenden? Das kann wohl kaum das Ziel sein, denn „erzwungene Liebe“ ist ein Widerspruch in sich; um eine andere Person wirklich aufrichtig lieben zu können, muss es immer auch die Option geben, das Liebesangebot auszuschlagen. Die Liebe zu Gott bildet hier keine Ausnahme. Wenn wir unseren Partner im Gebet zum Thron Gottes erheben, dann sollten wir uns auf die folgenden drei Anliegen konzentrieren: unseren Partner, uns selbst und unsere Ehe.

Beten Sie für Ihren *Partner*, dass Gott ...

▷ ihn zu sich hinzieht.
▷ seine Augen für die Leere in seinem Leben öffnet.
▷ ihm hilft, die Notwendigkeit der Vergebung zu erkennen.
▷ seine verworrenen Vorstellungen von Jesus und dem Göttlichen ordnet und ihm die Qualität des Lebens vor Augen führt, das Gott ihm schenken möchte.
▷ ihm hilft, die Bedeutung und den herausragenden Stellenwert des Kreuzes Christi zu verstehen.
▷ ihm das Herz für die göttliche Liebe und Wahrheit öffnet.

Beten Sie für *sich selbst*, dass Gott ...

▷ Ihnen dabei hilft, einen glaubwürdigen und attraktiven christlichen Lebensstil zu entwickeln.
▷ Sie durch die Höhen und Tiefen des täglichen Lebens authentischer und ehrlicher macht.
▷ Ihnen Weisheit bei der Gestaltung Ihrer Partnerschaft gibt.

- Ihr Wissen und Ihre Erkenntnis vertieft, damit Sie in Zukunft besser vorbereitet sind, wenn sich die Gelegenheit zu Gesprächen über das Evangelium ergibt.
- Ihnen den nötigen Mut verleiht.
- Sie dazu gebraucht, Ihren Partner in eine Beziehung zu ihm zu führen.

Beten Sie für Ihre *Ehe*, dass Gott ...

- Tiefe und Vertrauen in Ihrer Beziehung wachsen lässt.
- Ihren Ehebund stärkt.
- Ihre Kinder vor den Folgen Ihrer geistlichen Differenzen behütet.
- Gelegenheiten für geistliche Gespräche schenkt.
- seine Hand über die Gespräche hält und ihren Inhalt, ihre Intensität und Häufigkeit in seiner Weisheit ordnet.[132]

Es heißt, dass eine Sache, die man dreißig Tage lang treu wiederholt hat, zur festen Gewohnheit geworden ist. Um Ihnen bei der Einübung ins Gebet für Ihren Partner, sich selbst und Ihre Ehe auf die Sprünge zu helfen, haben Leslie und ich das „30-tägige Gebetsabenteuer" entworfen, das Sie am Ende dieses Buches finden. Bitte verstehen Sie diesen Anhang als eine Anregung, wie Sie das Anliegen der Errettung Ihres Partners in Ihr Gebetsleben integrieren können. Aber vergessen Sie nicht, dass dies immer nur ein Teil Ihres gesamten Gebetslebens sein kann.

Verbindung zu unserem Schöpfer herstellen

Wenn das Gebet nichts anderes als eine ganz normale Form der Kommunikation ist, warum fällt es uns dann häufig so schwer, mit Gott persönlich ins Gespräch zu kommen? Unsere Bekannte Sharon Sherbondy hat diese frustrierende Erfahrung in einen kleinen Sketch gefasst: Eine junge, nicht berufstätige Mutter bemüht sich seit längerer Zeit verzweifelt darum, in ihrem Alltag Raum für ein besseres Gebetsleben zu finden. Eines Tages ist ihr Baby ganz unerwartet eingeschlafen. Sie kämpft tapfer gegen die Versuchung an, einfach den Fernseher einzuschalten, und fällt schließlich im

Wohnzimmer zwischen verstreutem Babyspielzeug und allen möglichen anderen Utensilien auf die Knie, um zu beten.

Aber schon nach kurzer Zeit wird sie abgelenkt: „Dieser Haushalt ist ein einziges Chaos“, murmelt sie vor sich hin, während sie mit einem geöffneten Auge ihren Blick schweifen lässt. „Wann habe ich eigentlich das letzte Mal hier aufgeräumt?“ Sie steht auf, um das Wohnzimmer ein wenig in Ordnung zu bringen, fängt sich aber gerade noch rechtzeitig und versucht nun erneut, sich auf das Gebet zu konzentrieren.

Als sie für ihren Ehemann betet, überwältigt sie eine Flut von Eindrücken. „Dieser Mann macht mich so wütend“, sagt sie zu sich selbst. „Es ist mir völlig unverständlich, warum er morgens nicht einfach ein paar Minuten einplanen und sein schmutziges Frühstücksgeschirr selbst abspülen kann, bevor er zur Arbeit geht!“ Schon nach kurzer Zeit steht der Ärger über seine mangelnde Sensibilität im Vordergrund ihrer Überlegungen, bis sie sich wieder zur Ordnung ruft und weiterbetet.

Immer wieder wird sie von irgendwelchen Nebensächlichkeiten und ihren schmerzenden Knien abgelenkt. Schließlich döst sie mitten in einem Satz ein. Kurze Zeit später wird sie vom Summen des Wäschetrockners aufgeschreckt. Mit aller Kraft versucht sie, sich erneut auf ihr Gebet zu konzentrieren, kann aber den Gedanken an ihr gutes Kleid nicht abschütteln, das langsam im Trockner zerknittert wird, wenn sie es nicht schnell herausholt. Schließlich ist sie so frustriert, dass sie herausplatzt: „Vater, danke, dass du mich lieb hast und mein Gott bist … Ich kann es jetzt einfach nicht mehr aushalten, ich muss dieses Kleid rausholen. Amen!“[133]

Normalerweise bricht das Publikum bei diesem Sketch in schallendes Gelächter aus, weil sich jeder darin wieder finden kann. So sehr wir uns auch vornehmen, konzentriert und voller Leidenschaft zu beten, meist dauert es nicht lange, bis unsere Gedanken ziellos umherschweifen, bis wir schließlich ins Grübeln verfallen. Wir sind einfach allzu leicht ablenkbar. Am Ende springen wir rasch wieder auf die Füße, um in die Tretmühle unseres Alltagslebens zurückzukehren.

Wie können wir aktiv gegen diese Tendenz angehen? Manchmal kann es hilfreich sein, eine Struktur in unser Gebetsleben zu bringen. Dadurch haben Sie nicht nur eine Art „Tagesordnung“, um in Ihren Gesprächen mit Gott nicht mehr so leicht ablenkbar zu sein. Eine gewisse Struktur schützt Sie gleichzeitig auch davor, in Ihrem Gebet zu sprunghaft zu werden. Zum echten Gebet gehört wesentlich mehr als die schlichte Bitte an Gott, Ihren Partner von einem Atheisten in einen Heiligen zu verwandeln, auch wenn das natürlich ein ganz wichtiger Aspekt ist! Wir müssen jedoch zu einer Ausgewogenheit im Gebet gelangen.

Vor Jahren habe ich einen Gebetsplan entwickelt, den ich die acht A's des Gebets genannt habe. Ich habe für mein eigenes Gebetsleben herausgefunden, dass diese acht Bereiche meiner Kommunikation mit Gott zu einer Ausgewogenheit verhelfen – *avoid* (Ausweichen), *approach* (Annähern), *adore* (Anbeten), *acknowledge* (Anerkennen), *admit* (Aufdecken, eingestehen), *ask* (Anliegen äußern, bitten), *align* (Ausrichten) und *act* (Aktiv handeln). Probieren Sie doch einfach einmal selbst, ob Ihnen dieser Ansatz dabei helfen kann, ein beständiges, intensives und ausgewogenes Gebetsleben aufzubauen.

1. *Ausweichen* – Vermeiden Sie alles, was Ihre Gebete behindern könnte

Damit unser Gebetsleben an Tiefe und Bedeutung gewinnt, müssen wir vermeiden, was Bill Hybels „Gebetskiller“ nennt. Dabei geht es um Blockaden, die wir zwischen Gott und uns aufbauen und die unser Gebetsleben unweigerlich behindern werden.

In seinem bekannten Buch *Aufbruch zur Stille* nennt Hybels nicht bekannte Sünde als eines der größten Hindernisse in unserer Kommunikation mit Gott. „Was zwischen euch und eurem Gott steht, das sind eure Vergehen“, sagt Jesaja 59,2. „Eure Sünden verdecken sein Gesicht, sodass er euch nicht hört.“ Hybels sagt dazu: „Wenn Sie in Ihrem Leben Sünde bewusst zulassen, dann verschwenden Sie mit dem Beten nur Ihre Zeit, es sei denn, es handelt sich um ein Gebet der Buße.“[134]

Ebenso weist uns die Bibel darauf hin, dass ungelöste Beziehungskonflikte – Streitigkeiten unter Ehepartnern natürlich eingeschlossen – unsere Gebete unwirksam machen können. Der Apostel Petrus hat insbesondere die Ehemänner ganz ausdrücklich gewarnt, dass ihre Gebete bei Gott nicht das erwünschte

Gewicht haben werden, wenn sie ihren Ehefrauen nicht das gebührende Maß an Respekt und Beachtung schenken.[135]

Es ist Gott so wichtig, dass wir unsere Beziehungen in Ordnung bringen, dass uns die Bibel dazu auffordert, sogar auf dem Weg zur Kirche noch innezuhalten, umzukehren und uns mit den Leuten zu versöhnen, mit denen wir im Streit liegen. Erst wenn wir alles in unserem Rahmen Mögliche getan haben, um die Beziehungskonflikte beizulegen, sollten wir wieder in die Gemeinde kommen.[136]

Das Leben in einer geistlich ungleichen Partnerschaft bietet reichlich Konfliktstoff. Deshalb ist es für Christen in einer solchen Situation besonders wichtig, Unstimmigkeiten zu bereinigen, bevor sie ins Gebet gehen. Vielleicht müssen Sie sich für unfaire Bemerkungen entschuldigen, die Sie Ihrem Partner in einem Anflug von Ärger an den Kopf geworfen haben. Vielleicht ist es auch nötig, dass Sie wegen der Spannungen in Ihrer Ehe das Gespräch mit ihm suchen. In Römer 8,12 werden wir aufgefordert: „Soweit es euch möglich ist, haltet mit allen Menschen Frieden ..."

Natürlich haben wir es nicht in der Hand, wie unser Partner auf unsere Versöhnungsbemühungen reagiert. Hybels gibt folgenden guten Rat: „Manchmal ... ist es dem Gegenüber lieber, im Kriegszustand zu verharren, als unsere Entschuldigung zu akzeptieren. Wenn dies der Fall ist, dann schauen Sie tief in Ihr Herz. Haben Sie wirklich aufrichtig versucht, die Beziehung wiederherzustellen, oder halten Sie noch gewisse Bereiche zurück? Wünschen Sie sich wirklich eine Bereinigung der Fronten oder sind Sie eher geneigt, den Riss noch tiefer werden zu lassen? Wenn Ihr Versuch wirklich aufrichtig war und von ganzem Herzen kam, dann wird Gott nicht zulassen, dass die gebrochene Beziehung Ihren Gebeten im Wege steht. Aber wenn der Anlauf zur Versöhnung von Ihrer Seite nur halbherzig und vielleicht sogar von selbstsüchtigen Motiven geprägt war, dann versuchen Sie es einfach noch einmal, und gehen Sie diesmal richtig vor."[137]

Es gibt noch andere Dinge, die unsere Verbindung zu Gott empfindlich stören können. Dazu gehören Selbstsucht (Jakobus 4,3: „Wenn ihr freilich Gott nur darum bittet, eure selbstsüchtigen Wünsche zu erfüllen, wird er euch nichts geben." [Hoffnung für alle]) sowie ein taubes Ohr für die Nöte der Bedürftigen (Sprichwörter 21,13: „Wer sein Ohr verschließt vor dem Schreien der Armen, wird nicht erhört, wenn er um Hilfe bittet.").[138] Wann immer wir solche Fehlhaltungen in unserem Leben entdecken, dann sollten wir sie so schnell wie möglich korrigieren.

„Unsere Motive sind deshalb so entscheidend, weil unsere persönliche Beziehung zu Gott das Fundament unseres Gebets darstellt", so schreibt Leith Anderson in seinem Buch *Praying to the God You Can Trust* (Beten zum vertrauenswürdigen Gott).

„Beziehungen sind in Gottes Augen das Allerwichtigste überhaupt … Er freut sich, wenn wir eine ungestörte und innige Beziehung zu ihm haben, und ist tief enttäuscht, wenn das nicht möglich ist. Das bedeutet nichts anderes, als dass Gott, wenn er unser Gebet erhört, eher unsere innige Beziehung zu ihm anschaut, als die Tiefe unserer Sehnsucht, unser Gebetsanliegen erfüllt zu sehen."[139]

Selbst unsere Motive im Hinblick auf unseren nicht gläubigen Partner können in Wirklichkeit ziemlich selbstsüchtig sein. Wir mögen für seine Errettung beten, aber eigentlich geht es uns mehr darum, eine Person an unserer Seite zu haben, mit der wir zu Gemeindeveranstaltungen gehen können. Wir mögen für die Bekehrung unseres nicht gläubigen Freundes beten, aber im Grunde geht es uns darum, endlich freie Fahrt zu haben, um diesen Menschen zu heiraten. Es kann sehr unangenehm sein, unsere Motive kritisch zu hinterfragen, aber es ist ein überaus wichtiger Schritt.

2. Annähern – Kommen Sie mit der richtigen Haltung zu Gott

Weiterhin möchte ich sichergehen, dass ich Gott mit der richtigen Haltung begegne. In Hebräer 6,11 lesen wir: „Ohne Glauben aber ist es unmöglich, Gott zu gefallen; denn wer zu Gott kommen will, muss glauben, dass er ist und dass er denen, die ihn suchen, ihren Lohn geben wird."

Glaube hat nichts damit zu tun, einfach irgendetwas für wahr zu halten und allen Widrigkeiten zum Trotz an seiner Überzeugung festzuhalten. In der Fernsehserie *Friends* behauptete Phoebe ihren Freunden gegenüber steif und fest, die Katze, die ihr zugelaufen war, sei in Wirklichkeit ihre reinkarnierte Mutter, die einige Zeit zuvor Selbstmord begangen hatte. Um ihre Gefühle nicht zu verletzen, haben die anderen das Spiel einfach mitgespielt. Aber ganz gleich, wie sehr diese junge Frau auch an ihre Version der Realität geglaubt haben mag – sie wurde dadurch nicht wahr.

Das Christentum ist nicht deshalb wahr, *weil* wir daran glauben; es ist einfach die Wahrheit *und* wir glauben daran. Unser Glaube ist in der absoluten Wahrheit der Schrift und in der Auferstehung Jesu verankert. Wir können uns also Gott im Gebet mit der tiefen Gewissheit nähern, dass die Aussagen der Bibel verlässlich sind. R.A. Torrey lehrt, dass wir den Willen Gottes am besten durch das Studium der Bibel herausfinden können: „Wir können nicht glauben, indem wir uns einfach dazu zwingen. Das wäre naives Wunschdenken und kein Glaube", bemerkt er. „Die Garantie dafür, dass unser Glaube nicht nur pure Einfalt ist, sondern auf gesundem Menschenverstand beruht, ist das Wort Gottes. Paulus hat dies in Römer 10,17 wie folgt formuliert: ‚So gründet der Glaube in der Botschaft, die Botschaft im Wort Christi.'"[140]

Weiterhin sollten wir Gott immer in einer Haltung der Demut begegnen. Der bekannte Talkmaster Larry King stellte einmal persönliche Nachforschungen zum Thema Gebet an, weil er besser verstehen wollte, was es damit auf sich hat. Rabbi Marvin Hier meinte dazu, die besten Gebete seien immer diejenigen, die frei von Selbstsucht sind. In diesem Interview erwähnte er interessanterweise, dass ein bekannter Rabbi sich einmal näher mit den Unterschieden zwischen den beiden Namen Gottes *Adonai* und *Elohim* befasst habe. Er stellte fest, dass Juden im Gebet ausschließlich den Namen Adonai benutzen. Er führte aus: „Dies erklärt sich aus der Tatsache, dass der Name Elohim Gott als den Schöpfer des Kosmos, des unendlichen Universums bezeichnet ... Wenn wir uns einen solchen Gott vorzustellen versuchen, dann ist er zwangsläufig weit entfernt. An diesen Gott denken Menschen, wenn sie sich überlegen fühlen ... und beruflichen Erfolg haben. Wenn Menschen Gott aus diesem Blickwinkel heraus betrachten, ist er zwangsläufig weit entfernt am anderen Ende des Weltalls.

Um dem Gott namens Adonai zu begegnen, muss man die Bereitschaft mitbringen, Niederlagen einzustecken, sich zu unterwerfen. Man muss der Erkenntnis Raum geben, dass man im Leben nicht immer siegreich sein kann … Ein Mensch muss bereit sein, sich vor dem allmächtigen Schöpfer geschlagen zu geben. In diesem Moment der Unterwerfung begegnet er Gott nicht mehr als dem weit Entfernten, sondern als Freund, als einem Vertrauten, an dessen Schulter man sich anlehnen kann.“[141]

Wir müssen uns also davor hüten, Gott aus einer Haltung von Arroganz heraus unsere Forderungen aufzutischen, in der Annahme, dass er uns gefälligst zu geben habe, was uns unserer Meinung nach zusteht. Vielmehr sollten wir dem Herrn im tiefen Bewusstsein unserer Gebrochenheit begegnen und unsere Bitten voller Respekt und Bescheidenheit vor ihn bringen, so wie Kinder, die zu Füßen eines großmütigen und liebenden Vaters sitzen.

Als Christen wissen wir, dass Gott uns immer nahe ist. Er ist uns sogar näher, als je ein anderer Mensch es sein kann, denn der Heilige Geist lebt in uns. Wir dürfen uns unserem Retter nähern, der sich um uns kümmert und der ausschließlich das Beste für uns will. Außerdem macht es ihm Freude, mit uns zu kommunizieren. „Ihr seid meine Freunde“, sagt Jesus in Johannes 15,14, „wenn ihr tut, was ich euch auftrage.“

3. *Anbeten* – Beten Sie Gott um seiner selbst willen an

Nachdem ich alle Gebetskiller beseitigt und meine Haltungen korrigiert habe, beginne ich mein Gebet mit einer Zeit der Anbetung. Ich führe mir vor Augen, wer Gott ist, was er getan hat und was er in der Zukunft tun will. Dafür bete ich ihn an. In Hebräer 12,28 lesen wir, dass wir uns Gott mit „ehrfürchtiger Scheu“ nähern sollten und Psalm 100,2 fügt hinzu: „Dient dem Herrn mit Freude!“

Gott zu loben ist nicht nur deshalb angebracht, weil ihm die Ehre gebührt. Lobpreis rückt unsere Perspektiven zurecht. Wir erkennen, dass wir geschaffene Wesen sind, die in allen Belangen von ihrem Schöpfer abhängig sind. Diese Erkenntnis wird uns während der gesamten Gebetszeit begleiten.

Aus einer solchen Grundhaltung heraus kann Anbetung sehr kreativ sein. Es kann möglich sein, dass wir Gott Gedichte schreiben, ihm Lieder singen, über seine Wesenszüge meditieren (seine

Heiligkeit, Kraft, Güte oder Gnade, um nur einige zu nennen). Vielleicht lesen wir einen Psalm, malen ein Bild oder bewundern die Natur, die er geschaffen hat. Hier hat alles Raum, was Gott verherrlicht und ihm Ehre gibt.

Für uns bedeutet Gott loben und preisen, dass wir uns seine Größe vergegenwärtigen und dann als Reaktion darauf Gott anbeten, erheben und verehren. Mit anderen Worten, wir geben Gott die Ehre, weil er Gott ist. „Singt dem Herrn und preist (segnet) seinen Namen, verkündet sein Heil von Tag zu Tag!“[142]

4. Anerkennen – Lernen Sie Gottes Güte in Ihrem Leben schätzen

Es ist außerordentlich wichtig, dass wir Gottes Güte ganz bewusst zur Kenntnis nehmen – das heißt, dass wir ihm ausdrücklich für alles danken, was er für uns getan hat. Ich will es nicht den neun Leprakranken gleichtun, die zwar von Jesus Heilung empfingen, sich aber niemals die Mühe machten, umzukehren, um ihm für ihre Heilung zu danken. Ganz im Gegenteil: Ich möchte mir ein Beispiel an dem einen Leprakranken nehmen, der bereit war, auch einen Umweg in Kauf zu nehmen, um Jesus seinen Dank auszudrücken.[143] In 1. Thessalonicher 5,16-17 lesen wir: „Freut euch zu jeder Zeit! Betet ohne Unterlass! Dankt für alles; denn das will Gott von euch, die ihr Christus Jesus gehört.“

Der christliche Moralphilosoph William Law spekulierte einmal darüber, wer die bedeutendsten Christen sind. Er kam zu folgendem Ergebnis: „Es sind nicht diejenigen, die am meisten fasten oder am längsten beten, es sind auch nicht diejenigen, die am intensivsten gelebt haben. Es sind vielmehr jene, die Gott gegenüber immer dankbar sind, die alle Dinge als Zeichen der Güte Gottes annehmen und ihn im Herzen dafür loben.“[144]

Wenn wir uns die Zeit nehmen, innezuhalten und Gott zu danken, dann erinnern wir uns zugleich daran, dass alles, was wir haben, seiner liebevollen Versorgung entsprungen ist. Gott regelmäßig zu danken hat aber auch noch einen anderen Effekt. Wir bleiben demütig und erliegen nicht so leicht der Versuchung, unseren materiellen Besitz zum Gegenstand unserer Anbetung zu machen. Deuteronomium 8,17-18 warnt uns: „Nimm dich in Acht und denk nicht bei dir: Ich habe mir diesen Reichtum aus eigener Kraft und mit eigenen Händen erworben. Denk vielmehr an den Herrn, deinen Gott: Er war es, der dir die Kraft gab, Reichtum zu erwerben."

Ich denke oft daran, dass Jesus einen hartherzigen und dickköpfigen Atheisten wie mich nie aufgegeben hat. Immer wieder hat er mich angesprochen und mir Vergebung und ewiges Leben angeboten. Das erfüllt mich mit tiefer Dankbarkeit. „Dankt dem Vater mit Freude!", fordert uns Paulus in Kolosser 1,12 auf. „Er hat euch fähig gemacht, Anteil zu haben am Los der Heiligen, die im Licht sind."

Leslie kann sich an Zeiten erinnern, in denen die Sorge um meine Errettung und die Entmutigung über meinen offensichtlichen geistlichen Stillstand wie eine dunkle Wolke über ihr hing. „Dieses Thema nahm einen so übergroßen Raum in meinem Gebetsleben ein, dass es fast meine Dankbarkeit für die vielen Bereiche erstickt hätte, in denen mich Gott gesegnet hatte", erinnert sie sich. „Irgendwann jedoch besann ich mich, holte tief Luft und hielt mir Gottes unglaubliche Segnungen in meinem Leben vor Augen. Ich nahm mir die Zeit, einmal alles aufzuschreiben, was Gott mir geschenkt hatte. Diese Liste war ein hervorragendes Hilfsmittel, das mir half, Gottes Güte schwarz auf weiß vor mir zu haben. Meine gesamte Perspektive änderte sich von da an."

5. *Aufdecken* – Gestehen Sie Ihre Sünden vor Gott ein

Sie haben Ihrem 12-jährigen Sohn die Erlaubnis gegeben, mit seinen Freunden zum Bowling zu gehen. Im Lauf des Nachmittags schaut Ihr Nachbar vorbei und erwähnt ganz nebenbei, dass er gesehen hat, wie Ihr Sohn ins Kino ging – in einen Film, der erst ab 16 zugelassen ist und den zu sehen Sie ihm ohnehin verboten hatten.

Einige Zeit später poltert ihr Sohn durch die Hintertür herein. Sie stehen gerade am Herd und bereiten das Abendessen vor, als er in die Küche kommt und in einem Anflug von Heißhunger über den Kühlschrank herfällt. Sie entschließen sich, die Sache ruhig anzugehen.

„Wie war's denn beim Bowling?", fragen Sie beiläufig.

„Ach … ganz gut. Eigentlich war es echt gut. Wir mussten ganz schön lange warten, bis wir endlich eine Bahn bekommen haben. Aber es hat Spaß gemacht."

„Hast du Jimmy diesmal schlagen können?"

„Na, ja … nur einmal von insgesamt vier Spielen. Er ist ziemlich gut, weißt du doch."

Was hätten Sie sich in dieser Situation am meisten von Ihrem Sohn gewünscht? Eigentlich nur sein Eingeständnis, dass er gegen Ihren Willen ins Kino gegangen ist. Hätte er einfach zugegeben, dass er Sie hintergangen hat, wäre die Sache damit bereinigt gewesen. Doch je länger er mit der Wahrheit hinter dem Berg hält, desto härter muss die Strafe am Ende ausfallen.

Genauso fühlt Gott uns gegenüber. Er weiß ohnehin von vornherein, was wir gemacht haben! Für ihn ist das kein Geheimnis! Solange wir uns drehen und wenden und versuchen, uns aus der Verantwortung zu ziehen, solange wir uns mit Haarspaltereien aufhalten oder einfach so tun, als wäre alles in Ordnung, solange wird Gott einfach stehen bleiben und warten. Er wird warten, bis wir endlich bereit sind, mit der Wahrheit herauszurücken. Und solange dies nicht geschieht, lügen wir ihn schlichtweg an, wenn wir behaupten, es sei alles in Ordnung.

Und genau wie das Verhältnis zwischen Ihnen und Ihrem Sohn belastet ist, bis er sein Fehlverhalten endlich zugibt, ebenso wird es in der Beziehung zwischen Ihnen und Gott Schwierigkeiten geben, solange Sie die Wahrheit verdrehen und behaupten, es sei nichts gewesen, obwohl Gott doch genau weiß, dass Sie lügen.

„Nicht bekannte Sünden werden zwar Gottes *Bund* mit uns nicht zerstören, aber sie werden unsere *Gemeinschaft* mit Gott beeinträchtigen", so Hank Hanegraaff, Autor des Buches *The Prayer of Jesus* (Das Gebet Jesu).[145] Mit anderen Worten: Wenn wir unsere Schuld verschweigen, dann wird unsere Verbindung zum Herrn zwar nicht völlig unterbunden, aber die Leitung wird in jedem Falle gestört sein. Hanegraaff bemerkt: „Das Herzstück unseres Sündenbekenntnisses ist die Einsicht, dass wir im Angesicht der Gerechtigkeit Gottes schuldig sind. Seine Gegenwart lässt keinen Raum für Selbstgerechtigkeit. Es gibt nur einen Weg, wie wir eine innige Beziehung mit Gott haben können: Wir müssen unsere Schuld eingestehen und von ganzem Herzen seine Vergebung suchen. Der Apostel Johannes fasst diesen Sachverhalt sehr schön zusammen: ‚Wenn wir unsere Sünden bekennen, ist er treu und gerecht; er vergibt uns die Sünden und reinigt uns von allem Unrecht‘ (1. Johannes 1,9).“[146]

Unsere Sünden zu bekennen bedeutet nicht nur, ein paar vage, allgemeine Andeutungen zu machen, wie beispielsweise: „Du weißt, Herr, dass ich mich in dieser Sache nicht ganz hundertprozentig korrekt verhalten habe.“ Es geht darum, der Wahrheit ins Auge zu sehen und auch schmerzliche Details nicht auszusparen. Wir müssen Gott unsere Schuld in allen Einzelheiten eingestehen: *„Ich habe meinen Ehepartner unfair behandelt und bin ungehalten mit ihm/ihr umgegangen. Ich habe ihn kritisiert, weil er sich nicht wie ein Christ benimmt, dabei ist er noch nicht einmal gläubig. Ich habe meiner Freundin gegenüber so getan, als wollte ich ihr ein Gebetsanliegen mitteilen, aber im Grunde wollte ich einfach nur über meinen Partner herziehen. Ich versuche, ihn zu manipulieren, damit er mit mir in die Gemeinde kommt. Ich bin auf andere Frauen neidisch, deren Männer gläubig sind.“*

„Ich kann mich noch gut daran erinnern, wie ich meine Fehler in unserer Ehe immer wieder vor Gott bekannte“, erzählte mir Leslie gerade kürzlich. „Bei diesen Gelegenheiten machte mich der Heilige Geist dann oft gleich auch noch auf andere Sachen aufmerksam, die ich entweder großzügig unter den Teppich gekehrt oder gar nicht bemerkt hatte. Wenn ich dann alles ans Licht gebracht hatte und Gott gegenüber ehrlich gewesen war, fühlte ich mich immer ganz befreit. Es war herrlich, mir bewusst zu werden, dass Gott mir alles vergeben hatte und dass unsere Beziehung nun wieder ganz und gar bereinigt war. Dabei hatte ich oft noch nicht einmal bemerkt, wie mich diese Sünden heruntergezogen hatten.“

6. Anliegen vorbringen – Tragen Sie Ihre Bitten vor Gott

Wenn wir unseren Geist durch Lobpreis und Anbetung neu auf den Herrn ausgerichtet haben, wenn wir ihm für seine Güte gedankt und die Hindernisse unserer Schuld aus dem Weg geräumt haben, erst dann ist es an der Zeit, unsere Bitten vor Gott zu bringen.

„Wir haben ihm gegenüber die Zuversicht, dass er uns hört, wenn wir etwas bitten, das seinem Willen entspricht", so heißt es in 1. Johannes 5,14-15. „Wenn wir wissen, dass er uns bei allem hört, was wir erbitten, dann wissen wir auch, dass er unsere Bitten schon erfüllt hat."

Wir brauchen uns nicht zu scheuen, unserem himmlischen Vater unsere Bitten zu unterbreiten. Jesus ermutigt uns, für unser „täglich Brot" zu bitten.[147] Der Theologe Martin Chemnitz meint, dass dies „alle Dinge mit einschließt, die für die Erhaltung unseres Körpers und unseres Lebens notwendig sind."[148] Bei einem Christen, der mit einem nicht gläubigen Partner verheiratet ist, wird sich das Gebet zu einem nicht geringen Teil darum drehen, dass sich Gott seinem Partner persönlich offenbart. Ebenso können wir an dieser Stelle mit Ausdauer und Hingabe für uns selbst, unseren Partner und unsere Ehe beten; wir hatten darüber ja bereits früher in diesem Kapitel ausführlich gesprochen.

Leslie kann ein Lied davon singen, wie emotional belastend es sein kann, wenn man Gott immer wieder darum bittet, im Leben seines Partners etwas zu bewegen, ohne dass unmittelbare und einschneidende Veränderungen sichtbar sind. Aber Gottes Verständnis von Zeit unterscheidet sich grundlegend von unserem, und außerdem ist eine Bekehrung ein sehr komplexer Vorgang, weil der freie Wille des betreffenden Menschen immer von ganz zentraler Bedeutung ist. Dennoch ist keine Minute, die wir im Gebet verbringen, verschwendete Zeit, denn in jedem Falle wird der betende Mensch selbst unmittelbar verändert.

„Bei mir ist immer etwas passiert, wenn ich für dich gebetet habe", berichtet Leslie. „Erstens einmal war jeglicher Ärger auf dich schnell verflogen, wenn ich dich im Gebet zu Gott hochhielt. Manchmal kochte ich vor Wut über irgendetwas, das du gesagt oder getan hattest, aber nachdem ich eine Weile für dich gebetet hatte, waren die Wogen wieder geglättet, und ich war bereit, alles in meiner Macht Stehende zu tun, um mich wieder mit dir auszusöhnen. Außerdem blieb mir deine Errettung ein brennendes Anliegen, wenn ich regelmäßig für dich betete, und so nutzte ich jede sich bietende Gelegenheit, um mit dir über geistliche Inhalte zu sprechen. Letztlich war es für mich immer wieder etwas sehr Tröstliches, für dich zu beten, denn Gott rief mir jedes Mal in Erinnerung, dass ich nicht alleine dastand. Mein himmlischer

Vater war bei mir, er hörte mir zu und stillte meine Ängste und Sorgen."

Es ist wahr: Gebet verändert uns. Im Gebet vertiefen wir unsere Beziehung zu Gott. Wir mögen ihn im Gebet bestürmen, uns eine bestimmte Sache zu geben, weil wir fest davon überzeugt sind, dass wir sie brauchen, aber Gott weiß, dass wir im Gebet alles finden, was wir wirklich benötigen. Wir werden abhängiger vom Herrn, unsere Liebe zu ihm vertieft sich, unsere Sensibilität dem Heiligen Geist gegenüber nimmt zu und unsere Motivation, ihm zu gehorchen und seiner Leitung zu folgen, wird gestärkt.

7. Ausrichten – Ordnen Sie Ihre Vorstellungen dem Willen Gottes unter

Wenn wir Gott alles gesagt haben, was uns auf dem Herzen liegt, enden wir typischerweise mit dem Wort „Amen". Aber ist uns bewusst, was dieser Ausdruck bedeutet? Im Klartext sagen wir damit Folgendes: „In Übereinstimmung mit dem Wort Gottes soll es so sein."[149] Mit anderen Worten, wir bringen vor Gott zum Ausdruck, dass wir uns *seinem* Willen unterordnen. Er weiß es am besten, er will nur das Beste für uns, und aus diesem Grund sagen wir Gott, dass wir das von uns Erbetene nur in Übereinstimmung mit seinem Willen beanspruchen wollen. Vergessen Sie nicht, was uns Johannes sagt: „Wir haben ihm gegenüber die Zuversicht, dass er uns hört, wenn wir etwas bitten, *das seinem Willen entspricht.*"[150]

Denken Sie an das Gebet Jesu im Garten Gethsemane, kurz bevor die Qualen der Kreuzigung begannen: „Mein Vater, wenn es möglich ist, gehe dieser Kelch an mir vorüber." Dieser Wunsch kam aus der Tiefe seines Herzens. Aber dann fügte er gleich hinzu: „Aber nicht wie ich will, sondern wie du willst."[151]

„Wir würden in größte Schwierigkeiten geraten, wenn Gott uns alles, worum wir bitten, auch tatsächlich geben würde", sagt Hanegraaff. „Letztlich haben wir nämlich keine Ahnung, was wirklich das Beste für uns ist."[152] Aber wir können uns in der Gewissheit bergen, dass unser allwissender Vater im Himmel den Überblick hat.

Mit Sicherheit sind wir mitten im Willen Gottes, wenn wir für unseren nicht gläubigen Ehepartner beten. In der Bibel lesen wir, dass es Gottes erklärter Wille ist, „dass alle Menschen gerettet werden und zur Erkenntnis der Wahrheit gelangen.“[153] Ebenso möchte er nicht, „dass jemand zugrunde geht, sondern dass sich alle bekehren.“[154] Zugleich jedoch respektiert Gott die geistlichen Entscheidungen eines jeden Menschen.

Es sollte uns immer ein zentrales Anliegen sein, uns in unserem Gebet völlig eins mit dem Willen Gottes zu machen. Deshalb ist es eine sehr gute Gewohnheit, diesen Entschluss zum Ende unserer Gebetszeit noch einmal mit dem Wort „Amen“ zu besiegeln und uns auf diese Weise daran zu erinnern, dass wir Gottes Willen suchen und nicht unseren eigenen.

Damit ist unsere Konversation mit Gott freilich nicht am Ende. Es könnte durchaus möglich sein, dass er auch uns etwas mitzuteilen hat. Darum ist dieser abschließende Punkt so wichtig.

8. Aktiv handeln – Leben Sie dem Willen Gottes entsprechend

Unsere Kommunikation mit Gott war niemals als Einbahnstraße gedacht. Nachdem wir unser Herz und unsere Gedanken vor Gott ausgeschüttet haben, sollten wir ihm die Gelegenheit geben, zu uns zu sprechen. Es gibt eine Fülle von Möglichkeiten, wie Gott zu uns spricht – durch die Bibel, durch befreundete Christen, durch innere Eindrücke, die oft nur schwer in Worte zu fassen sind. „Zum einen teilt Gott allgemeine Wahrheiten mit, die zu allen Zeiten Gültigkeit haben, zum anderen gibt er mir ganz spezifische Anweisungen, die für mich persönlich in diesem Augenblick wichtig sind“, so drückte es Cal Thomas im Interview mit Larry King aus.[155]

Deshalb habe ich es mir zur Angewohnheit gemacht, am Ende meiner Gebetszeit noch einmal innezuhalten, um Gott die Gelegenheit zu geben, zu mir zu reden. James Dobson, Leiter des Werks „Focus on the Family“ in den USA, tut dies immer, indem er betet: „Herr, ich brauche Klarheit, was ich hier tun soll, und ich bin bereit, auf dich zu hören. Bitte sprich zu mir durch Freunde, durch Bücher, Zeitschriften und durch äußere Umstände.“

Viele Menschen empfinden es als hilfreich, diese täglichen

Gespräche mit Gott auf einen Zeitpunkt zu legen, an dem sie innerlich ein wenig abschalten können. Sie waschen vielleicht das Auto, mähen den Rasen oder spülen das Geschirr ab, um ihr Gehirn zur Ruhe kommen zu lassen, damit sie Gottes Stimme klarer heraushören können.

Wenn ich versuche, innerlich still zu werden und mich auf Gott auszurichten, vernehme ich meistens erst einmal gar nichts. Das ist in Ordnung. Es kommt darauf an, dass ich wirklich die Bereitschaft mitbringe, auf ihn zu hören. Wenn ich den Eindruck habe, dass Gott mir etwas mitteilen möchte, dann ist es wichtig, dass ich zwischen seiner Stimme und meinen eigenen Wünschen und Motiven unterscheide. In 1. Thessalonicher 5,21 finden wir die Warnung: „Prüfet alles, und behaltet das Gute!"

Wenn wir gerade eine neue Freundschaft schließen, kann es uns zu Beginn passieren, dass wir die Stimme dieser Person am Telefon nicht gleich erkennen. Mit der Zeit jedoch wird der Klang dieser Stimme uns immer vertrauter werden, sodass uns schon nach den ersten Worten klar ist, wer da anruft. Genauso wird es uns auch mit Gottes Stimme gehen. Schon bald können wir sein Reden von den Hintergrundgeräuschen in unserer Gedankenwelt unterscheiden. „Meine Schafe hören auf meine Stimme; ich kenne sie und sie folgen mir", sagt Jesus in Johannes 10,27.

Gott wird uns niemals etwas auftragen, das nicht im Einklang mit der Schrift steht. Er bleibt sich immer treu. Er wird auch nie zwei Christen widersprüchliche Botschaften geben; deshalb lohnt es sich grundsätzlich, unsere Eindrücke mit einem reiferen Christen zu erörtern. Ein wertvoller Prüfstein ist auch die Frage, ob Gott oder wir selbst die Ehre bekommen, wenn wir einen bestimmten Eindruck weiter verfolgen. Wenn in erster Linie wir selbst gut dastehen, dann ist die Wahrscheinlichkeit sehr groß, dass der Impuls auf das Konto unserer eigenen Wunschvorstellungen geht!

Gott kommuniziert sehr häufig durch die Bibel mit uns. Es kann zum Beispiel vorkommen, dass der Heilige Geist eine Schriftstelle so betont, dass sie uns förmlich anzuspringen scheint. Vielleicht ermutigt sie uns in einer besonderen Weise oder sie überführt uns. Leslie und ich könnten Ihnen einige Schriftstellen nennen, die Gott benutzt hat, um unserem Leben an Wendepunkten eine neue Richtung zu geben.

„In der Zeit, wo ich für deine Errettung gebetet habe, hat Gott mir immer wieder ganz konkrete Impulse gegeben“, berichtet Leslie. „Manchmal hatte ich das Gefühl, dass ich mich bei dir entschuldigen sollte, weil ich dich zu sehr unter Druck gesetzt hatte. Ein anderes Mal wollte Gott, dass ich dich ermutige oder dir gegenüber einen ganz bestimmten Standpunkt vertrete. Am wichtigsten war mir dabei jedoch, dass mich der Heilige Geist auf diese Weise immer wieder bestätigte und in mir das Vertrauen wuchs, dass er immer für mich da ist.“

Wenn Sie sich fest entschlossen haben, auf Gottes Stimme zu hören und ihm zu gehorchen, egal, was es Sie kosten mag, dann können Sie sich auf Überraschungen gefasst machen! Es werden unglaubliche Dinge passieren. Genau wie Gott dem Propheten Jeremia auftrug: „Rufe zu mir, so will ich dir antworten und dir große, unfassbare Dinge mitteilen, die du nicht kennst.“[156] Gilt diese Verheißung auch für uns? Auf diese Frage kann ich nur mit meiner eigenen Erfahrung antworten: Wann immer Leslie und ich den festen Entschluss gefasst haben, Gott ohne Rücksicht auf Kosten und Konsequenzen zu gehorchen, haben wir unglaubliche Dinge erlebt.

Ich möchte Ihnen hier ein Beispiel geben. Während einer Gebetszeit hatte ich einmal den klaren Eindruck, dass Leslie und ich einer neu bekehrten Christin, die finanziell gerade so über die Runden kam, 500 Dollar schenken sollten. Da dieser Betrag auch für uns eine große Summe war, war mir bewusst, dass es sich nicht um pure Einbildung handeln konnte! Ich bat auch Leslie darum, in dieser Angelegenheit Gott zu fragen und sie hatte ebenso den Eindruck, dass der Impuls vom Herrn war.

Wir hatten beide das Gefühl, wir sollten diesen Betrag an einem bestimmten Samstagmorgen von der Poststelle ihres Wohnortes abschicken, sodass sie das Geld am Montagnachmittag bekäme. Einen Absender gaben wir nicht an.

Am Montagmorgen rief mich diese Frau an. Sie war außer sich. „Bitte betet für mich“, flehte sie. „Am Samstagnachmittag ist mein Auto kaputtgegangen, und die Reparatur soll etwa 500 Dollar kosten. Ich habe das Geld einfach nicht. Was soll ich bloß tun?“

„Natürlich werden Leslie und ich für dich beten“, gab ich lächelnd zurück.

Am Nachmittag klingelte das Telefon erneut. „Ihr werdet niemals glauben, was mir heute passiert ist!“, rief sie ins Telefon. „Ich habe meine Post aufgemacht, und in einem Umschlag war eine Karte ohne Namen mit genau 500 Dollar drin!“

Ist Gott nicht erstaunlich? Als wir ihr das Geld schickten, hatten wir keine Ahnung, dass ihr Auto an diesem Nachmittag kaputtgehen würde – Gott allein wusste das. Wir wussten nicht, warum wir die Karte und das Geld genau an diesem Tag und genau dieser Person schicken sollten und warum es ausgerechnet am Montag dort sein musste – Gott allein wusste es. Er hatte ihr Gebet bereits beantwortet, bevor sie es aussprechen konnte!

Hätte Gott nicht einfach dafür sorgen können, dass das Auto gar nicht erst kaputtgeht? Natürlich, das steht ganz außer Frage. Aber so, wie die Dinge verlaufen sind, wurde der Glaube dieser Frau gestärkt, und wir hatten die Gelegenheit, Gott hinter den Kulissen am Werk zu sehen.

Wenn Sie also für Ihren Partner beten, dann achten Sie darauf, was Gott Ihnen sagt. Ganz ohne Zweifel ist es sehr hilfreich, einen Mentor zu haben, den man inmitten der vielen Schwierigkeiten um Rat fragen kann, aber noch viel wichtiger ist es, dem Rat des Allwissenden und Allmächtigen zu folgen, der Ihren Partner noch viel mehr liebt, als Sie es jemals könnten.

Den Thron der Gnade bestürmen

Sie haben für Ihren Partner gebetet. Sie haben Gott angefleht. Sie haben auf sein Reden geachtet. Und dennoch haben Sie bisher nur herzlich wenig Frucht gesehen. Ihr Partner ärgert sich nach wie vor über die Gemeinde, ist der Bibel gegenüber skeptisch eingestellt und äußert sich zynisch über jede Form von „organisierter Religiosität“. Am liebsten würden Sie einfach aufgeben.

Ich könnte Ihnen viele Beispiele berichten, wo eine christliche Ehefrau genau an diesem Punkt angelangt war, als ihr ungläubiger Partner urplötzlich – ohne jegliche Vorwarnung – einen riesigen Schritt auf Gott zugegangen ist oder sogar direkt Jesus angenommen hat.

Auch Leslie hatte einmal das Gefühl, dass ihre Gebete einfach von den Toren des Himmels abprallten. Anschließend hatten wir beide noch einen riesigen Streit, und ich habe ihr einige üble Bemerkungen an den Kopf geworfen. „Bitte, Herr", betete sie, „erweich doch sein Herz." Als sie diese Worte in ihrem Inneren aussprach, war sie sich überhaupt nicht sicher, ob ihre Gebete jemals eine Wirkung zeigen würden.

Völlig unerwartet tauchte ich kurze Zeit später in der Küche auf, legte meinen Arm um sie und sagte: „Es tut mir wirklich Leid, Leslie, ich habe mich eben ziemlich danebenbenommen. Und mir ist auch bewusst geworden, dass ich dich in letzter Zeit ziemlich unfair behandelt habe. Würdest du mir bitte vergeben?"

Durch diese buchstäblich postwendende Antwort auf ihr Gebet wollte Gott Leslie wissen lassen, dass er sie wirklich hört. Diese Begebenheit gab ihr ausreichend Bestätigung, um weiter durchzuhalten.

Aber wir müssen so ehrlich sein, uns einzugestehen, dass es auch viele Beispiele gibt, wo es nie zu einem Durchbruch kam. Es gibt einfach Ehepartner, die Gott bis zum Ende ihres Lebens bewusst ablehnen.

„Ich habe alle Ratschläge befolgt", sagte Karen, deren Mann 1999 an den Folgen eines Herzinfarktes starb. „Ich liebe Gott und ich habe Rich geliebt. Wie oft habe ich gebetet, dass er sein Herz für den Herrn öffnen kann. Ich stelle mir immer wieder vor, wie er vielleicht in den letzten Sekunden seines Lebens Gott angerufen hat. Aber selbst, wenn das nicht der Fall sein sollte, haben sich die Jahre des Betens dennoch gelohnt. In all den Jahren ist meine Verbindung zu Gott tief und unerschütterlich geworden, mein Charakter wurde geschliffen und mein Durchhaltevermögen gestärkt. Ich habe eine große innere Stärke entwickelt und Frieden gefunden."

Sie müssen beten, weil dies Gottes Willen entspricht. Sie müssen beten, weil Gott durch diese Erfahrung Ihr Herz verändern möchte. Sie müssen beten, weil Gott in einer Weise treu ist, die wir nicht erfassen können, und weil es einfach keinen anderen Weg gibt.

„Bestürme den Thron der Gnade", sagte John Wesley, „lass darin niemals nach … und seine Gnade wird herabkommen."[157]

Teil IV

Vom Umgang mit sonstigen geistlich unausgewogenen Beziehungen

10. Beziehungsfallen vermeiden

Eine Szene aus der Vorabendsendung „*Seinfeld*“:

Elaine: Ich habe mir mal Puddys (ihr Freund) Auto ausgeliehen. Stell dir vor, sein Radio war nur auf christliche Sender programmiert … Meinst du, dass Puddy tatsächlich an etwas glaubt?

Jerry: Es ist schließlich ein Gebrauchtwagen – vielleicht hat er die Speichertasten nie neu programmiert.

Elaine: Stimmt! Er ist faul!

Jerry: Vielleicht weiß er auch gar nicht, wie man neue Sender speichert.

Elaine: Stimmt! Er ist irgendwie dumm!

Jerry: Dir ist es also lieber, dein Freund ist dumm und faul, solange er nicht religiös ist?

Elaine: Unter faul und dumm kann ich mir wenigstens etwas vorstellen.

Donna war intelligent – aufgrund ihrer Leistungen im Biologiestudium an der Universität von South Carolina war ihr im vorletzten Studienjahr die Mitgliedschaft bei Phi Beta Kappa (eine Vereinigung von Eliteakademikern in den Vereinigten Staaten; Anm. des Übersetzers) angeboten worden. Im Abschlussjahr wurde sie aufgrund ihrer exzellenten akademischen Leistungen als herausragende Studentin ihres Jahrgangs geehrt. Ihre Talente waren sehr vielschichtig. Sie war sehr sportlich und leitete die Cheerleader-Gruppe der Universität. Auch war sie wiederholt in Werbespots im Fernsehen aufgetreten und schließlich sogar zur „Miss South Carolina“ gewählt worden.

Und sie war Christin. Während ihrer Kindheit hatte ihre Mutter sie immer treu mit in den Kindergottesdienst und die Gemeinde genommen. Im Alter von fünf Jahren war sie getauft worden. Aber erst als ein Freund sie in der neunten Klasse zu einer

Großevangelisation mitnahm, begann ihre persönliche Beziehung zu Gott. „Gott hat mich damals schwer erwischt“, pflegte sie zu sagen.

Von diesem Tage an drehte sich Donnas Leben um Jugendgruppen, Missionseinsätze und den Kirchenchor, wo sie mitsang. Zum Thema Männer hatte sie eine feste Lebensregel: Für sie kam nur ein Christ in Frage. Alles sah so aus, als ob Donna auf einem sehr viel versprechenden Weg war.

Lassen Sie uns an dieser Stelle ein paar Jahre vorspulen.

Gary Hart, der Senator von Colorado, hatte 1988 als nominierter Präsidentschaftskandidat der Demokratischen Partei zwanzig Punkte Vorsprung. Viele Experten gingen davon aus, dass er die Präsidentschaftswahl mit Leichtigkeit gewinnen würde. Er war beim Volk bis zu dem Tag überaus beliebt, an dem sich die Medien entschlossen, Harts Angebot wahrzunehmen. Es kursierte das Gerücht, Hart sei ein Schürzenjäger und Frauenheld. Um sich von diesen Anschuldigungen zu befreien, hatte Hart die Medien geradezu ermutigt, sein Leben unter die Lupe zu nehmen. Sie erwischten ihn – einen verheirateten Mann – mit einer anderen Frau. Es war Donna.

Eines der bekanntesten Fotos dieses Jahrzehnts ist das Bild von Donna, wie sie an Bord von Harts Privatyacht auf seinem Schoß sitzt. Ironischerweise trug das Boot den Namen *Monkey Business*. (Dies könnte man frei mit „Affentheater“ übersetzen. Anm.d. Übersetzers.) Harts Wahlkampf brach auf der Stelle in sich zusammen, und er musste unter Schimpf und Schande das Rampenlicht der großen Politik verlassen. Bis heute hat er seine Position nicht wiedererlangen können. Donna Rice musste untertauchen, von der Presse als „die andere Frau“ zerrissen. Ihr Ruf und ihre Karriere waren ruiniert.

Was hat Donnas Leben so zum Entgleisen gebracht, dass es schließlich zu einer öffentlichen Demütigung solchen Ausmaßes kommen konnte? Wie wir sehen werden, verbirgt sich hinter der Antwort auf diese Frage eine wertvolle Lektion für jeden, der im Begriff ist, eine Beziehung einzugehen. Natürlich ist Donnas Geschichte insofern ein Einzelfall, da sie sich im Rampenlicht der Öffentlichkeit und unter den kritischen Blicken der Medien abspielte. Und dennoch sind der Kummer und die Schmerzen, die sie erleiden musste, eine ganz gängige Erfahrung vieler Christen, die die Warnung Gottes missachtet haben, nicht mit den Ungläubigen am selben Joch zu ziehen.

Donnas Abstieg

In einem persönlichen Gespräch habe ich Donna gebeten, mir ihre Geschichte zu erzählen. Gab es irgendeinen dominierenden Faktor, der ihr Leben aus der Bahn geworfen hat? Nein, sagte sie, so etwas gab es nicht. „Es war eher eine Reihe von kleinen Fehlentscheidungen. Als ich mitten in diesem schrecklichen Skandal zur Besinnung kam, stellte ich mir ernsthaft die Frage, wie ich jemals in diese Talsohle kommen konnte. Und dann wurde mir bewusst, dass es nicht über Nacht so weit gekommen war. Es waren viele kleine Kompromisse auf dem Weg, die mich an diesen Punkt gebracht hatten."

Gegen Ende ihrer Zeit am College hatte sie angefangen, kleine geistliche Zugeständnisse zu machen. Christliche Mitstudenten, mit denen sie zuvor befreundet gewesen war, zogen nach und nach weg. Mit dem einen oder anderen hatte sie während der Collegejahre eine engere Beziehung gehabt, alles hatte sich aber in gesunden christlichen Grenzen abgespielt. Nun begannen auch die Leute aus ihrer Jugendgruppe, in der sie zuvor ihre engsten Freunde gehabt hatte, aus beruflichen Gründen wegzuziehen. Zu diesem Zeitpunkt fasste sie den Entschluss, es mit ihrem ursprünglichen Vorsatz, dass sie nur mit christlichen Männern näheren Umgang pflegen wollte, nicht mehr ganz so genau zu nehmen. Natürlich wollte sie sich auf keine feste Beziehung einlassen. Es würde schon nichts passieren.

So machte sie schließlich ihren Collegeabschluss, entfernte sich innerlich immer mehr von der Gemeinde und las auch nicht mehr in der Bibel. Sie ließ sich auf eine Bekanntschaft mit einem älteren Mann ein. Eines Abends, nach ein paar Gläsern Wein, nahmen die Dinge ihren Lauf – am Ende zwang er sie schließlich gegen ihren Willen, mit ihm zu schlafen.

„Zu diesem Zeitpunkt war ich mir überhaupt nicht im Klaren, dass er mich entwürdigt, ja letztlich vergewaltigt hatte. Die Schuld an allem gab ich mir selbst. Später rief er an, um sich bei mir zu entschuldigen. Er habe erst hinterher begriffen, dass ich noch

Jungfrau gewesen war und überhaupt nicht mit ihm schlafen wollte. Ich fragte ihn: ‚Was gab es denn da nicht zu verstehen? Ich habe doch immer wieder Nein gesagt!‘ Er antwortete: ‚Ich war davon überzeugt, dass du in Wirklichkeit doch wolltest und nur nein sagtest, um mir etwas vorzuspielen.‘“

Es ist der klassische „Vergewaltigungsmythos“, wie er uns durch pornografische Filme und Fotos immer wieder vorgegaukelt wird: Eine Frau, die „Nein“ sagt, meint in Wirklichkeit genau das Gegenteil, sie wird quasi durch diese Mischung aus Sex und Gewalt erst richtig stimuliert. Dieses Vergewaltigungserlebnis beschleunigte Donnas geistlichen Niedergang nur noch. Es war ihr nicht klar, dass sie auch jetzt noch zu ihren christlichen Standpunkten zurückkehren konnte, selbst wenn sie ihre Jungfräulichkeit verloren hatte. „Diese Erfahrung trug dazu bei, dass ich meine christlichen Werte nun vollends über Bord warf.“

Sie ließ sich mit einem Mann in Florida ein. Später fand sie heraus, dass dieser Mann sie nicht nur betrog, sondern auch noch mit Drogen handelte. „Immer wieder versuchte ich, mich von ihm zu trennen, aber ich kam jedes Mal zu ihm zurück“, sagte sie. „Mit meinem Helfersyndrom wollte ich ihn retten und seine Probleme für ihn lösen … Obwohl ich immer wieder das Gefühl hatte, dass Gott mich zu meinen Wurzeln zurückrief, konnte ich mich einfach nicht aus dieser ungesunden Beziehung befreien. Mir war klar, dass ich meinen Lebensstil würde ändern müssen, konnte mich aber gleichzeitig nicht entscheiden, ob ich dazu wirklich bereit war.“[158]

Schließlich kam ihr Freund ins Gefängnis (Jahre später fand er glücklicherweise tatsächlich zum Glauben an Jesus). Donna lernte Senator Hart auf einer Silvesterfeier in dem schicken Ski-Ort Aspen kennen. Durch Zufall trafen sie sich fünf Monate später wieder. Diesmal wollte er ihre Telefonnummer haben.

Zu Anfang war ihr nicht bewusst, dass Hart verheiratet war. Obwohl sie später davon erfuhr, fuhr sie mit ihm auf die Bahamas. Mit Senator Hart und einem anderen Pärchen verbrachte sie einen Tag an Bord der *Monkey Business* und kehrte am folgenden Morgen zurück. „Danach rief er mich Tag für Tag an. Ich befand mich in einem riesigen Gewissenskonflikt, denn ich war ihm eigentlich bereits verfallen“, erzählte sie mir.

Es war gerade um die Osterzeit 1987 und der Film „Jesus von Nazareth" wurde überall im Fernsehen gezeigt. Als Donna sich diesen Film anschaute, wurde ihr klar, wie weit sie sich von Gott entfernt hatte. „So konnte es mit mir nicht weitergehen", sagte sie. „Also traf ich mit Gott eine Abmachung. Ich war am folgenden Wochenende mit Hart in Washington verabredet. Also sagte ich zu Gott: ‚Weißt du was? Ich muss diesen Mann noch einmal treffen und mit ihm von Angesicht zu Angesicht Schluss machen. Aber ich verspreche dir, dass ich direkt im Anschluss an dieses Wochenende zu dir zurückkomme.'"

In der Zwischenzeit hatte jemand der Presse den Tipp gegeben, dass Hart in Washington eine Frau treffen wollte, und Reporter hatten Harts Wohnung umstellt. Donna wusste nichts davon – die Falle schnappte zu.

„Ich hatte keine Ahnung, was sich innerhalb der nächsten 24 Stunden alles ereignen würde. Mein ganzes Leben wurde auf den Kopf gestellt und eine Reihe von Menschen wurden tief in ihrer Seele verletzt", erzählt sie. „Ich hatte zwar ganz stark den Eindruck, dass ich nicht nach Washington fahren sollte, aber ich dachte, es seien einfach nur Schuldgefühle, und daher ignorierte ich den Gedanken. Ich war schließlich seit vielen Jahren darin geübt, meine Schuldgefühle auszublenden. Heute bin ich mir ziemlich sicher, dass Gott mir in seiner Gnade das Desaster ersparen wollte, das er in Washington auf mich zukommen sah. Aber ich fuhr dennoch hin."

Am 3. Mai 1987 stürzten sich die Medien auf die Geschichte. Einige Berichterstatter stellten Donna in einem überaus hässlichen Licht dar und klagten sie für Dinge an, die sie gar nicht getan hatte. Sie musste für eine Weile aus der Öffentlichkeit verschwinden. „Alles, wofür ich jahrelang gearbeitet hatte – Erfolg, Karriere, Leistung, mein guter Ruf –, wurde über Nacht zerstört", berichtete sie.

Und trotz allem war Gott immer noch für sie da.

Das Tor der Hoffnung

In vieler Hinsicht hat Donnas Geschichte trotz allem eine gute Wendung genommen. Nachdem sie jahrelang nur nach ihren eigenen Vorstellungen gelebt und Gott völlig aus ihrem Leben verdrängt hatte, war der Skandal mit Gary Hart ein böses Erwachen. „Ich sagte zu Gott: ‚Du musstest erst zulassen, dass ich vor den Augen der ganzen Welt auf die Nase falle, um meine Aufmerksamkeit zu gewinnen. In Ordnung, Herr, hier bin ich.'"

Wie die verlorene Tochter kehrte sie zu ihrem Vater zurück, ließ ihren fragwürdigen Lebensstil hinter sich und fing wieder an, nach Gottes Plänen zu fragen. Beten und Bibellesen wurden zu wichtigen Bausteinen ihrer wiedergewonnenen Beziehung zu Gott. Sie gewährte anderen Christen verbindlich Einblick in ihr Leben, und sie genoss ganz neu die tiefe Gemeinschaft, die eine Gemeinde bieten kann.

Auf diesem Weg gab es auch tiefe Täler. „Ich erinnere mich an einen Abend, an dem ich so niedergeschlagen war, dass ich Gott sagte: ‚Ich kann jetzt einfach nicht mehr weiter, ich halte das keinen Tag mehr länger aus. Ich brauche deinen Arm um mich, und ich muss einfach deine Stimme hören.' Ich sehnte mich so sehr danach. Dann hatte ich den Eindruck, dass Gott zu mir sprach: ‚Ich bin doch für dich da. Weißt du noch, wie Tammy dir die Tränen abgewischt hat und Alex dich in den Arm nahm? Das bin ich, weil ich in jedem von diesen Menschen lebe.' In dieser Zeit bekam die Gemeinde für mich eine ganz neue Bedeutung."

Es ist sicherlich nicht weiter verwunderlich, dass einer von Donnas Lieblingsversen in Römer 8,28 steht: „Wir wissen, dass Gott bei denen, die ihn lieben, alles zum Guten führt, bei denen, die nach seinem ewigen Plan berufen sind." Gott hat immer wieder treu zu dieser Verheißung gestanden.

Heute ist Donna mit Jack Hughes verheiratet, den sie als freundlichen, liebevollen und charakterlich stabilen Menschen bezeichnet. Außerdem ist er Christ. „Seit wir verheiratet sind, habe ich so viel darüber gelernt, was echte Hingabe und Liebe ist – ich erlebe sie in meiner Ehe mit Jack."[159]

Gott hat ihr außerdem einen Auftrag gegeben. Aufgrund ihrer persönlichen Erfahrungen kämpft sie heute von ganzem Herzen gegen sexuellen Missbrauch und Pornografie. Bei der Organisation *Enough Is Enough* (dt.: „Genug ist genug!"), die versucht, Kinder zu schützen und Pornografie vom Markt zu verbannen, hat sie eine Schlüsselposition inne. Ironischerweise hat ausgerechnet die Verwicklung in einen Sexskandal ihr die Medienwirksamkeit verliehen, die sie benötigt, um sich heute schlagkräftig gegen Internetpornografie einsetzen zu können.

„Gott ist der große Wiederhersteller“, sagte sie einmal in einem Zeitungsinterview. „Ich musste lernen, dass mich Gott, obwohl er mich sehr liebt, nicht vor den Konsequenzen meiner eigenen Fehlentscheidungen bewahren wird. Aber wenn wir falsche Entscheidungen getroffen haben und Gott dafür um Vergebung bitten, wird er genau diese Fehler für andere zum Tor der Hoffnung werden lassen.“[160]

Diese letzte Aussage stammt aus Hosea 2,17, wo Gott Israel verspricht, dass das Tal des Unglücks für es zum Tor der Hoffnung werden soll.

Was ist an einer gelegentlichen Beziehung hier und da auszusetzen?

Was können wir aus Donnas Geschichte lernen? Dass alle Christen wunderbare Menschen sind und alle Nichtchristen Betrüger, Vergewaltiger und Drogenhändler? Nein, natürlich nicht. Die Wahrheit ist, dass manche Christen sich völlig danebenbenehmen, während viele Nichtchristen einen sehr feinen Charakter haben. Es geht um etwas ganz anderes. Donnas Abstieg begann, als sie ihre Prinzipien über Bord warf und mit nichtchristlichen Männern Beziehungen einging. Wenn wir uns entscheiden, unsere eigenen Wege zu gehen und uns nicht mehr an Gottes Wort zu halten, wenn wir seine grenzenlose Weisheit gegen unsere fadenscheinigen Motive eintauschen, wenn wir anfangen, kleine Kompromisse einzugehen, die unsere biblischen Wertmaßstäbe untergraben, dann begeben wir uns auf sehr gefährliches Terrain.

Natürlich können wir keinen Vers aus der Bibel herbeizitieren, der klipp und klar sagt: „Du sollst mit einem Nichtchristen keine Beziehung anfangen.“ Dafür gibt es einen einfachen Grund: In der jüdischen Kultur des Altertums wurden Beziehungen ganz anders geknüpft als in unserer heutigen Gesellschaft, und unsere Gewohnheiten wären für die Menschen der damaligen Zeit sehr befremdlich gewesen. Es gab auch kein Crack und Kokain. Folglich finden wir in der Bibel also auch keinen Vers, der besagt: „Du sollst keine Drogen nehmen“, und dennoch wissen wir aus zahlreichen Schriftstellen, dass es falsch ist, unseren Geist und Körper zu missbrauchen.

In einem früheren Kapitel haben wir herausgearbeitet, weshalb eine Ehe zwischen einem Christen und einem Nichtchristen den Aussagen der Bibel widerspricht. Die meisten Menschen sehen den Beginn einer Beziehung als einen ersten Schritt in Richtung Ehe. Es ist ein Arrangement, in dem sich zwei Menschen besser kennenlernen, um ihre Zuneigung und ihr Vertrauen zueinander zu vertiefen. Mal ganz ehrlich: Träumen nicht die meisten Menschen von der großen Liebe und einer lebenslangen Partnerschaft, wenn sie eine Beziehung eingehen? „Warum sollte ich mit einem Mann eine Beziehung anfangen, wenn mir von vornherein klar ist, dass ich ihn nicht heiraten will?", fragte uns eine Frau. „Ich könnte genauso gut versuchen, mit dem Feuer zu spielen, ohne mich zu verbrennen."

Es braucht auch gar nicht unbedingt ein Eheversprechen, wenn sich zwei Menschen eng aneinander binden. Wir sind der Überzeugung, dass es schon ausreichen kann, mit einem Menschen längere Zeit eng befreundet zu sein und emotional sehr vertraut miteinander zu werden, um von einer echten Bindung zu sprechen. Diese beiden Menschen sind dann eine Partnerschaft eingegangen, auch wenn sie keine formale oder gesetzlich anerkannte Grundlage hat wie die Ehe. Wann immer ein Christ sich an einen Nichtchristen bindet, missachtet er die Gebote Gottes.

Ein Theologe drückt es folgendermaßen aus: Das biblische Gebot gegen Beziehungen zwischen Gläubigen und Ungläubigen ist „ein Verbot, enge Bindungen mit Menschen einzugehen", die keine Christen sind, wenn diese „zeitlich begrenzten oder langfristigen" Beziehungen „dazu führen, dass der Christ Kompromisse im Hinblick auf seine biblischen Grundwerte eingeht oder sein persönliches Zeugnis in Verruf bringt." [161] Einem anderen Gelehrten zufolge sind Kontakte zu Ungläubigen wohl unvermeidlich, aber jede Tendenz, eine enge Paarbeziehung einzugehen, sollte grundsätzlich vermieden werden.[162]

Donnas Niedergang begann in dem Moment, da sie sich einredete, sie könnte ruhig eine Freundschaft zu einem Nichtchristen eingehen, solange sie nur sicher ging, dass nichts Ernstes daraus wurde. Es würden nur ganz oberflächliche Beziehungen bleiben, einfach ein klein wenig mehr als eine normale unverbindliche Bekanntschaft. Was sollte daran schon verkehrt sein? Schließlich würde sie sich ja an niemanden binden. Wieso sollte man nicht auch eine Bekanntschaft mit einem nicht gläubigen Mann eingehen können, solange von vornherein klar war, dass die Beziehung nicht auf Dauer angelegt war?

Leslie und ich sind sehr angetan davon, wie Tim Stafford, ein Autor und Kolumnist für *Campus Life,* dieses Thema behandelt. Seine Antwort trifft mitten ins Schwarze: „Ich dachte immer, dass man manche Beziehungen nur sehr oberflächlich eingeht, um die Freizeit miteinander zu verbringen – eine Gruppe von Freunden teilt sich in Pärchen auf und geht zusammen tanzen. Niemand hat vor, sich zu verlieben. Das klingt doch wirklich harmlos, und meist ist es das auch. So gab ich jungen Christen früher oft den Rat, ruhig mit Nichtchristen auszugehen, solange die Beziehungen oberflächlich blieben.

Die Briefe, die ich bekam, belehrten mich jedoch eines Besseren, und ich sah mich gezwungen, meine Meinung in dieser Sache zu überdenken. Ich musste nämlich feststellen, dass es sehr schwer sein kann, klare Grenzen zu wahren. Was für den einen ‚nur ein bisschen Spaß' ist, mag beim anderen ganz ernst gemeinte Emotionen auslösen; und außerdem können sich Gefühle sehr schnell ändern. Eine Beziehung, die zu Anfang nur als gemeinsame Freizeitaktivität ausgelegt gewesen ist, kann sich schnell vertiefen und sehr ernste Dimensionen annehmen.

Dann wird es für beide problematisch. Sie befinden sich mitten in einer hoch emotionalen Beziehung, haben aber keinerlei gemeinsame Werte, auf die sie aufbauen könnten. Sie sitzen fest, weil sie sich plötzlich zwischen ihrem Glauben und ihren Gefühlen für die andere Person entscheiden müssen. Solche Beziehungen enden normalerweise leidvoll für beide Partner. Die Betonung liegt hier auf ‚beide', denn wir tun auch dem nicht gläubigen Partner wirklich keinen Gefallen, wenn wir eine Beziehung eingehen, die keine Zukunft hat. Und außerdem ist es immer schwierig, zwischen unserem Glauben und einem Menschen, der uns wirklich wichtig ist, eine Entscheidung zu treffen. Wenn die Bibel uns sagt: ‚Beugt euch nicht mit Ungläubigen unter dasselbe Joch' (2. Kor. 6,14), dann geht es darum, Christen vor Beziehungen zu bewahren, in denen ihr Glauben Schaden nehmen könnte.

Ich bin zu dem Schluss gekommen, dass auf diesem Gebiet einfach zu viele Gefahren lauern. Zu oft werden Menschen verletzt und zu oft endet der anfängliche Spaß früher oder später in leidenschaftlichen Gefühlen und bitteren Tränen. Man kann mit allen möglichen Leuten zusammen schöne Dinge unternehmen und sich mit bunt gemischten Gruppen von Freunden treffen, aber Zweierbeziehungen sollten wir nur mit denjenigen eingehen, die unseren Glauben teilen.“[163]

Aus genau diesem Grunde haben Leslie und ich in der Erziehung unserer eigenen Kinder von Anfang an versucht, ihnen zu vermitteln, dass Gott nicht etwa die Auswahl an potenziellen Partnern beschränken will. Es geht hier nicht darum, irgendwelche engstirnigen, hyperfrommen Beschränkungen zu verhängen, vielleicht auch noch mit dem Hintergedanken, dass Ungläubige in Gottes Augen irgendwie minderwertig sind. Ebenso wenig geht es darum, anachronistische Gepflogenheiten wieder zu beleben, die vor 2.000 Jahren einmal Gültigkeit besaßen.

Wir haben immer versucht unseren Kindern zu vermitteln, dass solche Maßstäbe vielmehr ein Zeichen von Gottes Liebe zu ihnen sind. Er liebt sie so sehr, dass er ihnen die Qualen ersparen möchte, die sich zwangsläufig einstellen, wenn zwei Menschen sich emotional aufeinander einlassen und erst im Lauf ihrer Beziehung feststellen, dass sie nicht die gleiche Weltsicht haben und aufgrund dessen das Innerste ihrer Seele nicht miteinander teilen können.

Treffen Sie *heute* eine Entscheidung

Wir möchten alle christlichen Singles dazu ermutigen, *heute* – nicht irgendwann einmal – eine klare Entscheidung zu treffen, dass sie in Zukunft nur noch mit anderen Christen eine Beziehung anfangen werden. Es ist viel einfacher diese Entscheidung zu treffen, wenn die Hormone nicht verrückt spielen und nicht gerade ein attraktiver Vertreter des anderen Geschlechts auf der Matte steht, der uns unmissverständlich zu verstehen gibt, dass er an einer Beziehung interessiert ist.

Treffen Sie *heute* vor Gott die Entscheidung, dass Sie sich in Zukunft an seine Vorgaben halten werden. Ziehen Sie eine Grenze und nehmen Sie sich fest vor, diese niemals zu überschreiten. Streichen Sie sich 2. Korinther 6,14 in Ihrer Bibel rot an und malen Sie ein großes Ausrufezeichen daneben. Schreiben Sie sich das heutige Datum auf die Innenseite Ihres Bibeleinbands und bitten Sie Gott darum, Ihnen bei der Einhaltung Ihres Versprechens zu helfen. Finden Sie einen gläubigen Freund, der bereit ist, Sie immer wieder einmal um Auskunft über Ihren Umgang mit dem anderen Geschlecht zu bitten. Wir sind davon überzeugt, dass diese Hilfen notwendig sind, um Sie davor zu bewahren, sich vielleicht doch irgendwann einmal, wie Donna, auf kleine Kompromisse einzulassen, die Ihnen am Ende zum Fallstrick werden können.

Ist dieses Thema damit ein für alle Mal beendet? Leider nein! Wir mussten feststellen, dass die besten Vorsätze in der großen Partnerlotterie leicht über Bord geworfen werden. Selbst in unserer eigenen Familie konnten wir dies beobachten.

Als unsere Tochter Alison 16 Jahre alt war, teilte sie zwar unsere Überzeugungen theoretisch, im Rückblick gesteht sie jedoch ein, dass ihr Glaube damals noch unreif war. Wenn sie zu entscheiden hatte, welcher junge Mann in Frage kam, um mit ihm auszugehen und potenziell eine Freundschaft zu beginnen, dann erklärte sie kurzerhand jeden zum Christen, der nominell zu einer Kirche gehörte, sich nicht betrank, nicht rauchte und nicht in irgendwelche dubiosen Geschäfte verwickelt war.

„Aber selbst nach diesen lockeren Standards hätte ich meinen ersten festen Freund eigentlich in die Wüste schicken müssen“, sagte sie. „Er behauptete, er lese gerade eines von Papas Büchern und wollte in Zukunft mit in unsere Gemeinde kommen – das genügte mir damals. Um ehrlich zu sein hatte ich alle meine Vorsätze von Anfang an über Bord geworfen, nur weil er an mir interessiert war. Er war der erste junge Mann, der echtes Interesse an mir signalisierte, und so war ich entschlossen, meine Maßstäbe nicht zu hoch anzusetzen. Außerdem hatte es ja nichts zu sagen, wenn er *jetzt* noch kein Christ war, so redete ich mir ein. Das konnte sich ja dank meiner Hilfe ändern.“

Und was kam am Ende bei der Beziehung heraus? „Mein erster Kuss“, so Alison, „und schließlich mein erster Liebeskummer.“

Dieses Muster sehen wir immer wieder. Ein Christ ist wild entschlossen, sich niemals auf eine Beziehung mit einem Nichtgläubigen einzulassen. Aber im Getümmel des wirklichen Lebens beginnt er bzw. sie zu schwanken:

- ▷ Aber er sieht so gut aus!
- ▷ Aber sie ist sehr beliebt – und sie ist an mir interessiert.
- ▷ Aber er ist netter als die meisten Christen, die ich kenne.
- ▷ Aber sie ist doch *schon fast* Christ.
- ▷ Aber wir werden die Beziehung einfach oberflächlich halten.

Um uns bei der Ausarbeitung dieses Kapitels zu helfen, nahm Alison Kontakt zu vielen Christen und Nichtchristen auf, um sie über ihre Erfahrungen mit solchen ungleichen Bekanntschaften zu befragen. Die Ergebnisse waren faszinierend! Immer wieder waren sich die Christen sehr genau bewusst, wie sie sich eigentlich hätten entscheiden sollen, und dennoch gingen sie Kompromisse ein … Später haben sie ihr Handeln immer bereut.

Sandy ist ein typisches Beispiel: „Ich habe Brian über das Internet kennen gelernt, und es hat gleich zu Anfang zwischen uns gefunkt. Wir haben uns getroffen und waren uns sofort sympathisch. Alles ging sehr schnell, und bevor ich mir überhaupt darüber im Klaren war, was geschah, waren wir schon in eine feste Beziehung miteinander verwickelt. Ich wusste, dass Brian kein Christ war und dass ich mich nicht auf ihn einlassen sollte … aber ich habe es trotzdem getan.

Während der gesamten Dauer unserer Beziehung stritten wir uns fortwährend über Dinge, die jedem von uns sehr wichtig waren. Einer der großen Streitpunkte war Sex. Er war überzeugt, dass Sex vor der Ehe völlig in Ordnung war und dass wir unserer Liebe unnötige Beschränkungen auferlegten, wenn wir nicht miteinander schliefen. Ich war natürlich ganz anderer Meinung und sperrte mich dagegen. Wir haben immer wieder versucht, unsere Differenzen auszuräumen, aber er war einfach zutiefst frustriert über die sexuellen Einschränkungen, und ich war unglücklich darüber, ihn leiden zu sehen.

Ein anderes Thema, über das wir uns immer wieder stritten, war Abtreibung. Ich bin entschieden dagegen und er dafür. Auch betrachteten wir Menschen ganz unterschiedlich. Ich war oft tief berührt, wenn ich Drogenabhängigen oder Wohnsitzlosen begegnete. Brian dagegen war hier ziemlich gleichgültig, er fand es sogar albern, dass ich mir über so etwas Gedanken machte. Nur sehr selten waren wir einer Meinung.

Es bringt so viel Unruhe in eine Beziehung, wenn man selbst an ganz entscheidenden Punkten wie Sex oder der Frage nach dem Glauben unterschiedlicher Meinung ist. Als Christ ist es zutiefst unbefriedigend, intensive Begegnungen mit Gott zu haben und den Menschen, den man am meisten liebt, nicht daran teilhaben lassen zu können. Der ungläubige Freund kann einfach nicht verstehen, was in einem vorgeht, vielleicht denkt er sogar, man wäre ein wenig durchgeknallt. Wenn man versucht, es ihm zu erklären, fühlt er sich oft angepredigt.

Gott weiß genau, warum er uns anweist, uns nicht unter dasselbe Joch mit Nichtgläubigen zu begeben. Viele Christen, die sich auf eine Beziehung zu Nichtchristen einlassen, sind einfach verliebt und meinen, der andere werde mit der Zeit schon ihren Glauben annehmen. Aber in 9 von 10 Fällen bringt sich der Christ in Schwierigkeiten, weil er am Ende Kompromisse eingeht und seine Standpunkte aufgibt. Ich wollte Brian zu mir auf den Stuhl ziehen, aber in der Realität hat er mich heruntergezogen. Gott sei Dank war ich nicht so weit unten, dass es kein Zurück mehr gab.

Letztendlich haben wir unsere Beziehung abgebrochen. Aber ich kann nur jedem sagen, dass es viel einfacher ist, seine Liebe und Hingabe zu Gott und seine Prinzipien aufrechtzuerhalten, wenn man nicht dem ständigen Druck durch die ungeistliche Weltsicht eines Partners ausgesetzt ist!“

Das klingt ganz so wie die Dinge, die man von Christen hört, die mit einem nicht gläubigen Partner verheiratet sind. Es sind offenbar ganz ähnliche Erfahrungen. Die Geschichte nahm insofern ein gutes Ende, weil Sandy die Beziehung rechtzeitig beenden konnte, bevor sie verheiratet war und Kinder mit im Spiel waren. Die Konsequenzen wären dann ungleich schwerwiegender gewesen. Dennoch blieb ihr die leidvolle Erfahrung nicht erspart, sich von einem Menschen zu trennen, den sie liebte. Viele Nichtchristen berichten uns, dass diese Erfahrung für sie ebenso schmerzhaft ist.

Das Ganze aus der Sicht des Nichtgläubigen

Wirklich erstaunlich an den Interviews über Beziehungen zwischen Christen und Nichtchristen war auch das, was die Nichtchristen berichteten. Wir neigen dazu, in einer geistlich unausgewogenen Beziehung nur die Seite des christlichen Partners zu sehen, aber der nichtchristliche Partner leidet oft genauso. Wir wurden schmerzlich daran erinnert, dass wir auch als Christen dem Menschen, den wir am meisten lieben, sehr viel Leid zufügen können, wenn wir uns nicht an biblische Grundsätze halten und uns auf eine Beziehung einlassen, von der wir schon am Anfang wissen, dass sie keine Zukunft hat.

„Unsere unterschiedlichen religiösen Überzeugungen zerreißen uns förmlich“, klagt ein junger Mann, der sich als Atheist bezeichnet und mit einer, wie er sagt, hingegebenen Christin befreundet ist.

Ein anderer Atheist erzählte, er habe im Internet eine Christin kennen gelernt. „Wir hatten beide Langeweile und fingen an, uns E-Mails zu schreiben“, berichtete er. „Es ist einfach irgendwie der Funke übergesprungen; wir waren uns sofort sympathisch. Als wir schließlich auf den Glauben zu sprechen kamen, da war es schon zu spät – die Beziehung war schon am Laufen. Ich denke, wir hätten uns damals noch relativ problemlos voneinander trennen können, aber uns beiden war wohl einfach nicht bewusst, wie weit wir in unseren Weltanschauungen auseinander lagen – und wie heftig wir uns ineinander verlieben würden.“

Nach langem Hin und Her trafen beide den Entschluss, sich zu trennen. „Es war die schwierigste Entscheidung meines Lebens“, sagte er. „Noch nie habe ich einen Menschen getroffen, der auch nur im Entferntesten an sie herankommt. Ich darf gar nicht darüber nachdenken, dass sie mit jemand anderem zusammen sein könnte!“

Mittlerweile überlegt er, ob er nicht versuchen sollte, ihren Glauben zu unterminieren und ihr Vertrauen in Jesus zu erschüttern. „Ich muss ihren Glauben einfach irgendwie kleinkriegen“, gibt er ganz offen zu. „So sehr ich mich auch bemühe, fair zu bleiben, letztlich läuft doch alles immer wieder darauf hinaus, dass ich versuche, sie davon zu überzeugen, dass die Bibel Unrecht hat oder doch zumindest veraltet ist.“

Am Ende wird ihr Vertrauen in Jesus vielleicht tatsächlich erschüttert, wenn es ihrem Freund gelingt, Zweifel an der Autorität der Bibel in ihr zu säen. Je mehr sie sich auf die Beziehung einlässt, desto mehr wird sie vielleicht auch selbst dazu tendieren, die Bibel zu hinterfragen, denn letztlich ist ihr Glaube an die Bibel ja das Einzige, was der Beziehung im Wege steht, nach der sie sich sehnt. Es ist also gut möglich, dass sich hier eine geistliche Katastrophe anbahnt!

Wir müssen den Tatsachen ins Auge sehen: *Wenn Sie mit einem Menschen eine Liebesbeziehung eingehen, der nicht zur Familie Gottes gehört, dann gerät Ihr Glaube und Ihr christliches Wertesystem akut in Gefahr.* Denken Sie nur an die Geschichte von Donna. Ihre Beziehungen zu Nichtchristen haben sie Stück für Stück von Jesus entfernt und haben sie schließlich an den Punkt gebracht, wo sie ihre Überzeugungen ganz und gar hinter sich ließ. Falls Sie der Meinung sind, Sie wären gegen solche Gefahren immun, dann lesen Sie, was ein ehemaliger Atheist berichtet, der sich inzwischen bekehrt hat. Er hatte es darauf abgesehen, christliche Frauen zu Fall zu bringen – und hatte damit erschreckend häufig Erfolg:

„Ich will ganz ehrlich mit Ihnen sein. Als ich noch kein Christ war, ging ich vorsätzlich Beziehungen zu christlichen Frauen ein. Es machte mir einfach Spaß, mehr Macht über ihr Leben zu gewinnen als Gott. Außerdem kursiert ja die Vorstellung, dass gläubige Frauen irgendwie ‚rein' sind. Für mich war es ein Sport, sie zu Fall zu bringen. Wenn ein gläubiges Mädchen sich auf einen nicht gläubigen Mann einlässt, wird es für den Nichtchristen einfacher sein, die Christin von ihren Überzeugungen abzubringen, als umgekehrt. Das ist leider die traurige Wahrheit. Wir müssen uns stets vor Augen halten, dass Gott gute Gründe hat, seinen Kindern partnerschaftliche Beziehungen zu Nichtchristen zu untersagen. Sie mögen sich vielleicht einreden, Sie seien stärker als die Frauen in meinem Beispiel, aber ich möchte Sie dennoch dringend warnen. Jedes Mädchen, mit dem ich damals eine Beziehung einging, hatte dieselben guten Vorsätze und ist trotzdem am Ende zu Fall gekommen."

Wir hoffen, dass Sie dieses Geständnis aus der Feder eines ehemaligen Zynikers zum Anlass nehmen, noch heute den festen Entschluss zu fassen, sich nur noch mit Christen einzulassen! Wenn

Sie meinen, ruhig ein wenig mit den Gefahren spielen zu können, die anderen zum Fallstrick geworden sind, dann denken Sie an die Worte des Apostel Paulus: „Deshalb seid vorsichtig! Gerade wenn jemand denkt: ‚So etwas kann mir doch nicht passieren!', muss er besonders aufpassen."[164]

Hier stellt sich freilich eine weitere Frage: Wenn Sie Gott versprochen haben, in Zukunft nur noch Beziehungen zu Christen in Erwägung zu ziehen, wie können Sie dann sicher sein, dass ein Mensch, der von sich behauptet, Jesus nachzufolgen, auch wirklich die Wahrheit sagt? Es gibt weder einen Geheimcode noch ein magisches Kennwort oder einen fälschungssicheren Ausweis, der einen Menschen eindeutig als authentischen Christen identifiziert. Aber es gibt zum Glück eine Reihe von Vorsichtsregeln, die uns helfen können, niemandem auf den Leim zu gehen, der uns absichtlich oder unabsichtlich etwas vormacht.

Das Herz prüfen

Wenn Harry auf einem Fragebogen nach seiner Religionszugehörigkeit gefragt würde, so würde er sicherlich ohne Zögern das Kästchen „christlich" ankreuzen. Er wurde schließlich als Baby getauft und ist mit seinen Eltern relativ regelmäßig in die Kirche gegangen. Er würde sich auch als Kirchgänger bezeichnen, denn an Weihnachten und an Ostern geht er ja in den Gottesdienst und wirft einen Schein in die Kollekte. Manchmal betet er auch, vor allem, wenn er in Schwierigkeiten gerät, und im Regal steht seine ledergebundene Lutherbibel. Im Allgemeinen versucht er, sein Leben an der Goldenen Regel auszurichten. Wenn Sie Harry fragen würden, ob er glaubt, dass er nach dem Tod in den Himmel kommt, würde er Ihnen antworten: „Aber natürlich! Ich glaube an Gott und außerdem bin ich doch ein guter Mensch!"

Harry und Jennifer lernten sich auf einer Feier der großen Maklergesellschaft kennen, für die sie beide arbeiteten. Vom ersten Augenblick an fühlten sie sich zueinander hingezogen. Jennifer war entschiedene Christin. Bereits als Teenager hatte sie Jesus auf einer Evangelisation mit Billy Graham ihr Leben anvertraut. Auch wenn sie auf ihrem geistlichen Weg nie einen Mentor gehabt hatte und zu diesem Zeitpunkt gerade zwischen zwei Gemeinden hin und her schwankte, wusste sie doch genau, was sie sich von ihrem zukünftigen Ehemann wünschte. Sie würde sich nur auf einen Mann einlassen, der ihren Glauben teilte – und das sagte sie Harry auch gleich.

„Da bist du bei mir ja genau richtig", antwortete Harry.

Wollte Harry sie hinters Licht führen? Das kann man so nicht sagen. Er selbst sah sich wirklich als Christ. Da Jennifer ihn gern mochte, machte sie sich nicht die Mühe, ein wenig tiefer nachzubohren. Er war bereit, gelegentlich mit ihr in den Gottesdienst zu kommen, und er war mit dem christlichen Jargon vertraut.

Nach einiger Zeit schmiedeten die beiden Heiratspläne. Als Harry sich dafür einsetzte, die Hochzeit in einer Kirche zu feiern, die nicht gerade für ihre theologische Klarheit und Gradlinigkeit bekannt war, stimmte sie schließlich zu. Die bunten Bleiglasfenster würden auf den Hochzeitsphotos einfach mehr hermachen, versuchte sie sich einzureden.

Zu Anfang lief in der Ehe alles ganz gut. Wenn aber Jennifer Harry darum bat, doch mit ihr in den Gottesdienst zu kommen, war er plötzlich nicht mehr interessiert. Erst jetzt wurde ihr klar, dass Harry immer wieder zu kleinen Unaufrichtigkeiten neigte. So bat er sie, eine gemeinsame Steuererklärung zu unterschreiben, auf der einige Posten einfach nicht stimmten. Und als Jennifer sich schließlich einem Bibelkreis in der Nachbarschaft anschloss und Glaubensdinge einen größeren Stellenwert in ihrem Leben einnahmen, ließ er sie ziemlich unmissverständlich wissen, dass er kein Interesse hatte, sich näher auf den Glauben einzulassen:

„Sieh mal, ich bin doch Christ. Aber das heißt ja wohl nicht, dass ich gleich zu einem Fanatiker werden muss", gab er ihr zu verstehen. „Ich glaube an Gott, und das sollte doch wohl genug sein. Ich bin einfach nicht so extrem, also erwarte nicht von mir, dass ich meinen Glauben so lebe wie du. Für mich ist der Glaube eine Privatangelegenheit, also lass mich so glauben, wie ich will, und ich lasse dich so glauben, wie du willst."

Als Jennifer schließlich anfing, eine sehr lebendige Gemeinde zu besuchen, erlebte sie in ihrer Beziehung zu Gott einen gewaltigen Aufschwung. Doch je mehr sie begann, wirklich Jesus nachzufolgen, ihr Leben an der Bibel auszurichten und intensive Freundschaften mit anderen Christen zu pflegen, desto tiefer wurde der Graben zwischen ihr und Harry. Es dauerte nicht lange, bis sie es zutiefst bedauerte, dass sie sich jemals auf eine Partnerschaft zu einem Menschen eingelassen hatte, der geistlich so lau ist.

Jennifers Geschichte ist keineswegs so ungewöhnlich, wie Sie vielleicht denken mögen. Leslie und ich arbeiten sehr viel mit Paaren, bei denen ein Ehepartner vor der Hochzeit eine falsche Vorstellung von den religiösen Einstellungen seines zukünftigen Ehepartners hatte. Wir haben es sogar schon erlebt, dass Menschen ihr Christsein lediglich vortäuschten, um jemanden zu ködern. Die meisten von ihnen hatten nicht einmal das Gefühl, etwas Unrechtes zu tun. Für sie war der Glaube einfach nur eine Nebensächlichkeit, und sie konnten sich überhaupt kein Bild davon machen, welche schrecklichen Auswirkungen ein geistliches Ungleichgewicht auf ihre Beziehung haben würde.

Wie aber kann ein Christ herausfinden, ob er es wirklich mit einem wiedergeborenen Christen zu tun hat, der Jesus von ganzem Herzen nachfolgt? Die Tatsache, dass jemand behauptet, er sei Christ, bedeutet noch lange nicht, dass er auch tatsächlich wiedergeboren ist und der Heilige Geist in ihm lebt, auch wenn er vielleicht den christlichen Jargon bestens beherrscht, regelmäßig in den Gottesdienst geht und jeden Tag eine gute Tat vollbringt. Nur Gott kennt den wirklichen Zustand unseres Herzens. „Gott sieht nämlich nicht auf das, worauf der Mensch sieht. Der Mensch sieht, was vor Augen ist, der Herr aber sieht das Herz“, so lesen wir in 1. Sam 16, 7.

Es gibt freilich einige Merkmale, anhand derer wir abwägen können, ob eine Person wirklich einen authentischen Glauben an Jesus hat. Leslie und ich haben 15 Fragen zusammengestellt, die Sie sich stellen sollten, wenn Sie einen potenziellen Partner in Betracht ziehen. Es soll natürlich keineswegs der Eindruck entstehen, dass jede dieser Eigenschaften voll ausgeprägt sein muss, bevor Sie sich auf eine Beziehung einlassen können. Einem solchen Ideal wird kein Mensch jemals gerecht werden. Wenn Sie das Leben eines potenziellen Partners unter die Lupe nehmen, dann fragen Sie Freunde, denen Sie vertrauen, nach ihrer Meinung über ihn. Lernen Sie sein Verhalten in größeren Gruppen auf einer unverbindlich freundschaftlichen Ebene kennen. Auf diese Weise haben Sie die Gelegenheit, sich einen Eindruck zu machen, wie es um die entsprechenden Eigenschaften in seinem Leben bestellt ist. Sie können den Fragenkatalog auch anwenden, wenn Sie sich schon mitten in einer Beziehung befinden. Er wird Ihnen helfen, sich ein realistischeres Bild vom wirklichen geistlichen Zustand Ihres Partners zu machen.

1. *Kann er/ sie einen bestimmten Zeitpunkt oder wenigstens einen Zeitraum angeben, zu dem er sich bewusst für ein Leben mit Gott entschieden hat?* Wenn er/sie das Datum oder eine gewisse Zeitspanne seiner Bekehrung nicht festmachen kann, dann besteht die Möglichkeit, dass diese Person niemals das Erlebnis einer Wiedergeburt hatte. Hören Sie genau hin, wenn er über seinen Glauben spricht. Worauf gründet sich seine Hoffnung, in den Himmel zu kommen? Sind es seine guten Taten, religiösen Gewohnheiten und seine gewinnende Persönlichkeit – oder gesteht er seine Sündhaftigkeit ein und lebt in Buße und Umkehr? Hat er Jesus als seinen Retter und Herrn anerkannt? „Er hat uns gerettet – nicht weil wir Werke vollbracht hätten, sondern aufgrund seines Erbarmens", so lesen wir in Titus 3,5.

2. *Angenommen, er würde vor Gericht angeklagt, ein Christ zu sein – gäbe es in seinem Leben ausreichend Beweismaterial, um ihn „schuldig" zu sprechen?* Versetzen Sie sich selbst in die Rolle des Anklägers: Wen würden Sie in den Zeugenstand rufen, und welches Beweismaterial könnten Sie dem Richter liefern, um nachzuweisen, dass dieser Mensch wirklich ein Nachfolger Jesu ist? Halten Sie sich nicht zu lange mit Äußerlichkeiten auf, denn die können uns vom Wesentlichen ablenken. Selbst die Scheinheiligen zu Jesu Zeiten beteten, fasteten und zahlten ihren Zehnten – und posaunten es überall herum. Wer könnte über seinen Charakter, seine Werte, Haltungen und seine verborgenen Taten Auskunft geben, die echte Einblicke in sein Herz ermöglichen? „Meine Brüder, was nützt es, wenn einer sagt, er habe Glauben, aber es fehlen die Werke?", fragt Jakobus. „So ist auch der Glaube für sich allein tot, wenn er nicht Werke vorzuweisen hat."[165] Lassen seine Taten erkennen, dass sein Herz von Gott verändert wurde, oder erinnert er eher an jene, die in Titus 1,16 beschrieben werden: „Sie beteuern, Gott zu kennen, durch ihr Tun aber verleugnen sie ihn"?

3. *Gibt es Anzeichen dafür, dass der Heilige Geist in ihm lebt?* Galater 5,22 besagt, dass der Heilige Geist im Leben eines Christen Frucht hervorbringt, die sich in 9 Charaktereigenschaften manifestiert: Liebe, Freude, Friede, Langmut, Freundlichkeit, Güte, Treue, Sanftmut und Selbstbeherrschung. Natürlich wird kein Mensch diese Qualitäten uneingeschränkt besitzen. Darum geht es auch gar nicht. Die Frage ist vielmehr diese: Ist erkennbar, dass sich diese Eigenschaften in dieser Person im Laufe der Zeit mehr und mehr herausbilden? Gestattet er es dem Heiligen Geist, ihn von innen heraus zu verändern? Oder haben Sie vielmehr das Gefühl, dass diese Merkmale im Leben dieses Menschen eher im Rückzug begriffen sind oder gar überhaupt nicht erkennbar?

4. *Hat Gott in der Zukunftsplanung dieses Menschen Raum, um seine Pläne zu verwirklichen?* Oder haben in seinen Zukunftsvisionen nur seine eigenen Pläne Raum? Spricht er jemals davon, dass er versucht, den Willen Gottes für sein Leben zu ergründen? Hat er irgendwelche Pläne, Gott und der Gemeinde mit seinem Leben zu dienen? Konzentriert er sich mehr auf kurzfristige Erfolge oder hat er die Ewigkeit im Blick? Ist er interessiert daran, in das Reich Gottes zu investieren? „Eines aber tue ich“, schreibt der Apostel Paulus. „Ich vergesse, was hinter mir liegt, und strecke mich nach dem aus, was vor mir ist. Das Ziel vor Augen, jage ich nach dem Siegespreis: der himmlischen Berufung, die Gott uns in Christus Jesus schenkt.“[166]

5. *Womit nährt er seinen Geist?* Welche Bücher liest er? Was für Musik hört er? Welche Videospiele spielt er? Welche Internetseiten besucht er, und welche Filme schaut er sich an? In Philipper 4,8 lesen wir: „Schließlich Brüder: Was immer wahrhaft, edel, recht, was lauter, liebenswert, ansprechend ist, was Tugend heißt und lobenswert ist, darauf seid bedacht.“ Die Dinge, mit denen wir uns beschäftigen, werden uns nachhaltig beeinflussen. Paulus fordert uns auf: „Wandelt euch und erneuert euer Denken.“[167]

6. *Was ist die Sehnsucht seines Herzens?* Wenn Sie einen Kompass auf den Tisch legen, wird er automatisch nach Norden zeigen.

Wenn Sie Ihren potenziellen Partner betrachten, in welche Richtung neigt sich sein Herz? Hat er Sehnsucht nach Gott, und strebt er danach, ihn besser kennen zu lernen? Drängt es ihn, in der Bibel zu lesen, sich in der Gemeinde einzuwurzeln, Gott zu loben, zu beten, mit anderen Christen Gemeinschaft zu suchen und sich für die Sache des Herrn im Dienst an anderen Menschen einzusetzen? „Euch muss es zuerst um sein Reich und um seine Gerechtigkeit gehen", so lehrt uns Matthäus 6,33.

7. *Spiegeln sich die Wesenszüge Jesu in ihm wider?* Ist er bestrebt, denen zu vergeben, die ihm Schaden zugefügt haben, oder gefällt er sich in der Opferrolle und sinnt über Vergeltung nach? Ist er großzügig mit anderen? Steht er für die Wahrheit ein? Stellt er sich auf die Seite der Armen und Benachteiligten? Mein Freund Gary Collins, ein christlicher Psychologe, hat es einmal so ausgedrückt: „Die Bibel spricht nirgendwo von Christen, die nörgeln, gehässig, arrogant und selbstgerecht sind und nicht vergeben wollen. Kein Mensch ist perfekt, und wir neigen alle dazu zu sündigen, aber ein echter Jünger Jesu wird seinem Meister im Laufe der Jahre zunehmend ähnlicher werden."[168]

8. *Mit wem verbringt er seine Freizeit?* Gleich und gleich gesellt sich gern! Sie können über die Prioritäten und Werte Ihres potenziellen Partners eine Menge lernen, wenn Sie sich einmal genauer betrachten, mit wem er seine Zeit verbringt. Möchte er gerne bei den beliebten Cliquen gut ankommen? Oder ist es ihm wichtig, Beziehungen zu Menschen aufzubauen, die ihm helfen können, in seinem Glauben zu wachsen und die ihn, wenn nötig, auch liebevoll zurechtweisen werden? „Lasst euch nicht irreführen", heißt es in 1. Korinther 15,33. „Schlechter Umgang verdirbt gute Sitten."

9. *Ist er demütig?* Jesus hat vehement Stellung bezogen gegen jede Form von Stolz, und Micha 6,8 besagt, dass sich wahre Spiritualität durch Demut vor Gott auszeichnet. Wie steht es damit im Leben Ihres potenziellen Partners? Muss er immer Recht behalten? Reißt er Lob an sich oder macht es ihm Freude, anderen Anerkennung zukommen zu lassen? Stellt er

sich immer in den Mittelpunkt? Ist er davon überzeugt, alles besser zu wissen? „[Demut] hat nichts mit einer falschen Frömmigkeit zu tun, mit der man die Stärken, die Gott einem gegeben hat, herunterspielt", schreibt Collins. „Demut bedeutet auch nicht, sich immerfort schlecht zu machen und sich in Selbstunsicherheit und Selbstmitleid zu wälzen. Wer demütig ist, der weiß einfach tief in seinem Herzen, dass alles, was er ist und hat, von Gott kommt. Er ist immer gern bereit dazuzulernen und hat herzlich wenig Interesse daran, sein Ego aufzuplustern oder sein Image aufzupolieren."[169]

10. *Ist er auch in den kleinen Dingen des Lebens aufrichtig?* Integrität bedeutet, dass das Verhalten eines Menschen im Einklang mit seinen Überzeugungen steht und dass die Dinge, die er glaubt, sich in seinem Charakter widerspiegeln. Hat Ihr potenzieller Partner den Ruf, glaubwürdig zu sein, oder ist er eher dafür bekannt, in moralischen Dingen öfter mal ein Auge zuzudrücken? Eine Frau erzählte uns, wie sie plötzlich eine Gelegenheit bekam, den wahren Charakter ihres Freundes kennen zu lernen. Sie saßen in einem Restaurant, und der Kellner händigte ihnen unbeabsichtigt die Rechnung für den Nachbartisch aus, die wesentlich geringer ausfiel als ihre eigene. Ihr Freund dachte offenbar keineswegs daran, den Kellner auf seinen Irrtum aufmerksam zu machen, sondern bezahlte und schickte sich an, so schnell wie möglich das Restaurant zu verlassen – bis sie sich schließlich einschaltete. „Integrität kennt keine kleinen Aussetzer", so der bekannte Wirtschaftguru Tom Peters.[170] Kleine Unehrlichkeiten gewähren offenbar häufig in der Tat einen viel sagenden Einblick in den wahren Zustand des Herzens. „Wer Gott gehorcht, führt ein Leben ohne Tadel", so heißt es in Sprüche 20,7.[171]

11. *Aus welcher Perspektive betrachtet er die Welt?* Jeder von uns betrachtet das Leben durch eine bestimmte Brille. „Der Begriff *Weltanschauung* mag irgendwie abstrakt und philosophisch klingen … aber in der Realität hat die Weltsicht eines Menschen ganz praktische Auswirkungen auf jeden Bereich seines Lebens", schreibt Charles Colson. „Unsere Weltanschauung ist die Art und Weise, wie wir alles im Gesamt-

zusammenhang sehen. Sie bestimmt unsere täglichen Handlungen und Entscheidungen … Authentisches Christsein hat unweigerlich ganz tief greifende Auswirkungen darauf, wie wir die Gesamtheit *aller* Dinge wahrnehmen und verstehen."[172] Zieht Ihr potenzieller Partner eine künstliche Trennungslinie zwischen seinem geistlichen Leben und dem Rest seiner Existenz oder beeinflusst sein Glaube alle Bereiche seines Lebens? Akzeptiert er die Bibel als Grundlage seines Lebens und wendet er sie in seinen täglichen Entscheidungen an?

12. *Welche Haltung hat er anderen Menschen gegenüber?* Benutzt er andere nur als Mittel zum Zweck, um seine eigenen Ziele zu erreichen, oder hat er aufrichtiges Interesse an seinen Mitmenschen? Ist er nur deshalb höflich, weil ihm seine Eltern gutes Benehmen beigebracht haben, oder empfindet er einen tiefen Respekt vor seinem Gegenüber? Wie behandelt er die Unterprivilegierten unserer Gesellschaft? Hat er ein Interesse an den Notleidenden? Ist soziale Gerechtigkeit für ihn überhaupt ein Thema? Ist es ihm ein Anliegen, dass sich die Lebensbedingungen der Armen verbessern, oder ist ihm diese Menschengruppe gleichgültig? Schaut er vielleicht sogar auf die Menschen herab, die schlechter gestellt sind als er? In Sprüche 17,5 lesen wir: „Wer den Armen verspottet, schmäht dessen Schöpfer."

13. *Übernimmt er Verantwortung für sein Verhalten?* Gibt er seine Fehler schnell und aufrichtig zu oder versucht er, sich zu rechtfertigen, auch wenn die Tatsachen ganz klar gegen ihn sprechen? Versucht er seine Sünde zu vertuschen oder andere für sein Verhalten verantwortlich zu machen? „Wer es mit dem Christsein ernst meint, versucht nicht, seine Schuld von sich abzuwälzen, um sie anderen in die Schuhe zu schieben", so Collins. „Er übernimmt vielmehr die Verantwortung für sein Handeln. Er gibt seine Fehler zu und bittet Gott und die Menschen, denen er Schaden zugefügt hat, um Vergebung. Wenn nötig, wird er versuchen, den entstandenen Schaden wieder gutzumachen und danach den festen Entschluss fassen, es nie wieder so weit kommen zu lassen."[173]

14. *Ist es ihm ein Anliegen, anderen Menschen von Gott zu erzählen?* Menschen, deren Herz wirklich von Jesus verändert wurde, sind motiviert, ihren Glauben mit anderen zu teilen. Wenn jemand nur dem Namen nach Christ ist, wird er kein aufrichtiges Interesse daran haben, die Botschaft von Jesus weiterzugeben. Ein Heiliger der Antike brachte es einmal folgendermaßen auf den Punkt: „Ich zweifle die Errettung eines Menschen an, dem die Errettung seines Nachbarn gleichgültig ist." Das bedeutet nicht, dass jeder Christ ein kleiner Billy Graham sein muss, aber es sollte für Ihren Freund normal sein, für seine nicht gläubigen Freunde zu beten und Gelegenheiten zu suchen, mit ihnen über Jesus und über den Glauben zu sprechen.

15. *Ist er bereit, unmittelbare Befriedigung aufzuschieben, um langfristig ein höheres Ziel zu erreichen?* Lebt er nach dem biblischen Prinzip, dass manchmal Opfer und Kämpfe notwendig sind, um langfristig ein Ziel zu erreichen? Oder ist ihm kurzfristiger Genuss so wichtig, dass er bereit ist, dafür die Zukunft aufs Spiel zu setzen? „Wer es mit dem Christsein ernst meint, der wird sein verwöhntes, selbstzentriertes Leben aufgeben und sich nach Reinheit, Liebe, Selbstlosigkeit und Disziplin ausstrecken. Manchmal bedeutet es sogar, einen unbequemen Lebensstil in Kauf zu nehmen", bemerkt Collins. „Es geht nicht darum, auf jegliche Freude zu verzichten oder sich absichtlich das Leben schwer zu machen. Ganz im Gegenteil: Ein Lebensstil der Hingabe bringt inneren Frieden und Erfüllung, und er birgt die Verheißung noch größerer Schätze in der Zukunft in sich."[174]

Wir wollen noch einmal betonen, dass es nicht darum geht, diese Checkliste rigide abzuhaken. Obwohl alle Christen in einem kontinuierlichen Veränderungsprozess stehen, durch den sie Jesus nach und nach ähnlicher werden, ist die Geschwindigkeit dieses Prozesses doch von Mensch zu Mensch sehr unterschiedlich. Außerdem wird diese Entwicklung in unserem irdischen Leben niemals zum Abschluss kommen. Vielleicht sind Ihnen nach der Lektüre dieser 15 Fragen sogar in einigen Bereichen Ihres eigenen Lebens gewisse Bedenken gekommen, die Sie vor Gott bringen sollten.

In jedem Falle können uns diese Fragen eine Hilfe sein, um die Qualität des geistlichen Lebens bei unserem potenziellen Partner kritisch zu durchleuchten. Scheuen Sie sich nur nicht, dabei wirklich radikal ehrlich mit sich zu sein. Vergessen Sie auch niemals, dass Verliebtheit blind machen kann – selbst dann, wenn Sie sonst eher ein nüchterner und rationaler Mensch sind.

Was alle diese Geschichten gemeinsam haben

Wann immer Leslie und ich mit Christen über das Leid und die Verzweiflung sprechen, die durch die Ehe mit einem nicht gläubigen Partner in ihr Leben gekommen ist, dann müssen wir unwillkürlich daran denken, was alle diese Schicksale gemeinsam haben: *Alles hat mit der ersten Verabredung angefangen.* Genau aus diesem Grunde ist es für gläubige Singles so wichtig, schon vorab die Entscheidung zu treffen, sich nur auf eine Beziehung zu einem wirklichen Christen einzulassen und sich darüber hinaus einen reifen Christen zu suchen, zu dem man ehrlich ist und dem man von Zeit zu Zeit Rechenschaft ablegt. Bleiben Sie diesen beiden Grundsätzen unbedingt treu! Im Folgenden wollen wir Ihnen noch einige weitere Ratschläge mit auf den Weg geben:

- ▷ *Bedenken Sie, wie schnell romantische Gefühle entstehen.* Wie oft haben wir von Christen gehört, die sich so schnell in jemanden verliebt haben, dass gar keine Zeit mehr blieb herauszufinden, wo diese Person geistlich stand. Sie sollten versuchen, Gelegenheiten zu meiden, bei denen solche romantischen Gefühle sehr rasch entfacht werden. So ist es beispielsweise besser, sich nur in größeren Gruppen zu treffen, bis Sie sich wirklich sicher sind, dass Sie mit der betreffenden Person eine Beziehung eingehen wollen. Wenn Ihre Gefühle schon mit Ihnen davongaloppiert sind, halten Sie sich unbedingt an den Rat der Bibel: Entfliehen Sie jeder Situation, die Sie von Gott wegziehen könnte.

- ▷ *Es ist entscheidend,* wie *Sie eine Verabredung mit einem Nichtchristen ausschlagen.* Wenn Sie ihm das Gefühl geben, dass Sie die Verabredung mit ihm deshalb ausschlagen, weil Nichtchristen für Sie irgendwie weniger wert sind als Christen, dann könnten Sie unbeabsichtigterweise dazu beitragen, dass er sich noch weiter von Gott entfernt. Hüten Sie sich vor der versteckten Botschaft: „Ich bin gut, du bist schlecht, also komm mir nicht zu nah." Es ist viel besser, der betroffenen Person freundlich zu erklären: „Ich bin Christ und für mich ist es wichtig, dass mein Partner meinen Glauben und meine Werte teilt, damit wir geistlich nicht auf völlig unterschiedlichen Wellenlängen sind. Sonst gibt es einfach zu viele Dinge, die wir nicht miteinander teilen können." Eine solche Antwort wird auch den meisten Atheisten einleuchten. Aber was sollten Sie tun, wenn dieser Mensch sich interessiert zeigt, mehr über den Glauben zu erfahren und davon überzeugt ist, dass Sie der bestmögliche Lehrer sind? Mit dieser Frage kommen wir zu unserem letzten Punkt.

▷ *Widerstehen Sie der Versuchung, eine Beziehung einzugehen, nur um Ihren Partner zu evangelisieren.* Alle Erfolgsgeschichten von Christen, die eine Beziehung zu einem Nichtchristen eingegangen sind und deren Partner dann schließlich zum Glauben gekommen ist, haben einen entscheidenden Haken: Sie sind die Ausnahme von der Regel! Die Wahrscheinlichkeit, dass Sie von Ihrem Glauben abgezogen werden, ist wesentlich größer als die Wahrscheinlichkeit, dass Ihr Partner den Glauben annimmt. Und vergessen Sie nie, dass es Ungehorsam ist, sich bewusst gegen das Gebot Gottes zu stellen, nicht mit Nichtchristen am selben Joch zu ziehen. Es ist völlig natürlich, dass einem das Seelenheil eines Menschen am Herzen liegt, den man gern hat, doch es ist besser, ihn mit einem gleichgeschlechtlichen Austauschpartner in Verbindung zu bringen, der ihm seine Fragen beantworten kann, der ihm die richtigen Bücher vermittelt, ihn zu Gemeindetreffen einlädt und für ihn betet. Damit helfen Sie ihm am besten ohne sich selbst in Gefahr zu bringen.

Was hätte sein können

Gail hatte sich an die Ratschläge gehalten, die Leslie und ich bezüglich ungleicher Partnerschaften in diesem Kapitel gegeben haben, aber zu Anfang war sie sich überhaupt nicht sicher, ob sie damit nicht vielleicht doch einen Fehler gemacht hatte. Als einer der beliebtesten und bestaussehenden jungen Männer von ihrem College mit ihr ausgehen wollte, war sie zunächst sehr versucht, ja zu sagen.

Immer wieder hatte sie versucht sich einzureden, dass Ken doch Christ wäre. Sie kamen aus derselben Heimatstadt und waren früher sogar in dieselbe Gemeinde gegangen. Doch wenn sie so sein Leben ehrlich betrachtete, musste sie sich doch eingestehen, dass es enttäuschend wenig Beweise gäbe, wenn sie ihn vor Gericht für seine Beziehung zu Jesus „verklagen" wollte. Er lief mit der breiten Masse mit und gehörte zu einer Gruppe von Studenten, die für ihre notorischen Trinkgelage und ihre wilden Partys bekannt war.

Als sie ihm sagte, warum sie nicht mit ihm ausgehen wollte, protestierte er zwar, er sei doch ein netter Mensch mit wirklich guten Absichten, aber als sie bei ihrem Entschluss blieb, hatte er sie schnell wieder vergessen.

Das tat weh. Sie weinte und war für eine ganze Weile voller Selbstmitleid. Immer wieder hinterfragte sie ihre Entscheidung und träumte davon, „was hätte sein können". Vielleicht hätte sie die Person sein können, die ihn zu Jesus führt. Es dauerte eine ganze Weile, bis sich ihre inneren Stürme wieder legten. Mit der Zeit war sie sogar einigermaßen überzeugt davon, dass sie sich richtig entschieden hatte.

Ken fing schließlich eine Beziehung mit Susan, einem anderen Mädchen aus Gails Studentengemeinde, an. Gail kannte sie sogar, denn sie waren sich einige Male bei gemeinsamen Gemeindeaktivitäten begegnet. Als sie sich eines Tages zufällig im Supermarkt über den Weg liefen, fragte sie Susan nach Ken. Susan sagte, sie würden sich großartig verstehen und hätten eine Menge Spaß zusammen.

„Ist er denn Christ?", fragte Gail.

Susan zögerte. „Er ist wirklich ein feiner Kerl", antwortete sie und wechselte das Thema.

Bald darauf stieg Susan aus dem Gemeindedienst aus, in dem sie sich bisher engagiert hatte und war auch sonntags nicht mehr im Gottesdienst. Nach Aussagen von Freunden waren Susan und Ken in der Partyszene sehr präsent. Anderthalb Jahre später lebten die beiden zusammen mit ihrem gemeinsamen Baby in einer Wohnung in der Nähe des Colleges.

Nach ihrem Collegeabschluss verlor Gail die beiden aus den Augen. Wenige Jahre später hörte sie jedoch, dass Ken und Susan sich getrennt hätten und Susan jetzt als allein erziehende Mutter in einer anderen Stadt wohnte.

Wenn sie heute darüber nachdenkt, „was hätte sein können", stellt sich die gesamte Situation in einem völlig anderen Licht dar. Wie wäre ihr Leben verlaufen, wenn sie damals zu Ken ja gesagt hätte? Was wäre geschehen, wenn sie sich seinem Lebensstil angepasst hätte? Immer wieder wurde ihr bewusst, wie leicht sie heute an Susans Stelle sein könnte.

Für Susan hat alles mit einer Verabredung angefangen, für Gail mit einer Entscheidung.

11. Wenn Christen nicht im Einklang miteinander sind

Leslie und ich waren zunächst verwirrt, als uns Betsy um ein Gespräch bat, weil sie mit uns über ihre „geistlich unausgewogene Ehe“ reden wollte. Wir beide kannten sie als starke Christin und ihr Ehemann hatte uns auf einer Gemeindeversammlung erzählt, dass er noch relativ jung im Glauben sei. Das Erste, was wir also von Betsy hören wollten, als wir uns wie vereinbart im Restaurant trafen, war, warum sie ihre Ehe als geistlich unausgewogen bezeichnete, wenn doch beide Partner entschiedene Christen waren. Aber im Verlauf unseres Gespräches wurde uns rasch bewusst, dass es noch eine ganz andere Art von geistlicher Unausgewogenheit in einer Ehe gibt, die nichts damit zu tun hat, dass ein Partner ungläubig ist und die dennoch bei beiden Partnern Unzufriedenheit und Spannungen auslöst.

„Mein Problem ist nicht, dass Frank kein Christ wäre“, so berichtete sie. „Er hat sich etwa anderthalb Jahre vor unserer Hochzeit bekehrt. Die Schwierigkeiten liegen bei uns ganz woanders. Wir entwickeln uns auf geistlicher Ebene unterschiedlich schnell. Ich gehe sehr gerne in die Gemeinde, bete Gott an, lese in der Bibel und bin in einem Hauskreis engagiert. Bei ihm dagegen habe ich immer das Gefühl, dass er die Gemeinde gerade so toleriert. Er beteiligt sich nirgendwo und ist auch nicht daran interessiert, über geistliche Themen zu reden. Er scheint mit seinem lauwarmen Glaubensleben einfach zufrieden zu sein und das bringt mehr und mehr Spannungen in unsere Ehe.“

„Welche Art von Spannungen?“, fragte Leslie.

Betsy dachte einen Moment nach. „Ich habe das Gefühl, dass er sonntags nicht einmal mit zur Kirche kommen würde, wenn ich ihn nicht ständig antreiben würde“, sagte sie. „Er bleibt einfach im Bett liegen, bis ich hereinkomme und frage: ‚Kommst du mit in den Gottesdienst?‘ Manchmal wird er dann richtig missmutig und wirft mir vor, ich würde immerzu nörgeln und wäre gesetzlich. Er könne Gott schließlich genauso gut zu Hause anbeten wie in der Gemeinde."

„Wo gibt es sonst noch Spannungen?", wollte ich wissen.

„Ich arbeite zum Beispiel als Kleingruppenleiterin in der Frauenarbeit mit. Frank dagegen bringt sich überhaupt nicht in die Gemeinde ein. Er ist überhaupt nicht motiviert, irgendwo mitzuarbeiten. Ich habe mal vorgeschlagen, dass wir doch als Ehepaar zusammen beten und die Bibel lesen könnten, aber es klappt eigentlich nie. Andere Dinge scheinen immer Vorrang vor unserem geistlichen Leben zu haben."

Infolgedessen, so berichtet Betsy weiterhin, steigt der Frustrationspegel in ihrer Beziehung immer mehr. Sie hat das Gefühl, dass ihnen durch diese Situation vieles an Abenteuern und positiven Herausforderungen in ihrem christlichen Leben entgeht. Zugleich befürchtet sie, dass alles, was sie tut, um bei Frank Veränderungen anzustoßen, von ihm als unberechtigte Kritik und Genörgel aufgefasst wird.

Allein die Tatsache, dass zwei Christen miteinander verheiratet sind, bedeutet noch lange nicht, dass sie sich „geistlich im Einklang" befinden. Oft hinkt ein Partner in seiner geistlichen Entwicklung hinterher – *weit* hinterher. In manchen Fällen steht er seinem geistlichen Wachstum nahezu gleichgültig gegenüber, in anderen Partnerschaften zeigt der eine Partner schon Interesse daran, seinen Glauben zu vertiefen, aber dennoch wird er vom geistlichen Enthusiasmus des anderen überrollt.

Dieses Phänomen begegnet Leslie und mir allerorten, wo immer wir mit Christen über das Thema der geistlich unausgewogenen Paarbeziehungen ins Gespräch kommen. Wieder und wieder haben wir beobachtet, wie durch Unterschiede in der geistlichen Entwicklung sehr viele Reibungspunkte entstehen können. Glücklicherweise gibt es eine Reihe von Dingen, die der geistlich reifere Partner tun kann, um das Gleichgewicht in der Partnerschaft wiederherzustellen.

Geistlich in Einklang kommen

Wir haben einmal mit unserem Freund Tom Holladay über dieses Thema gesprochen. Tom ist international bekannt als Leiter der rasant wachsenden *Saddleback Community Church* in Orange County, Kalifornien, wo auch ich als Pastor arbeite. Er ist einer der scharfsinnigsten christlichen Lehrer, die wir kennen. Eines seiner Schwerpunktthemen ist die „geistliche Entwicklung," oder anders ausgedrückt, die Frage, wie wir Jesus ähnlicher werden können. Wir waren völlig perplex, als er uns eines Tages erzählte, dass er früher, was die Dynamik seines geistlichen Lebens anbelangt, weit hinter seiner Frau Chaundel hergehinkt sei.

„Als Chaundel und ich uns kennen lernten, hatte ich mich gerade erst bekehrt. Sie war quasi in einer Gemeinde aufgewachsen und schon seit langem Christ", erzählte er. „Ihr Vater ist Pastor und ihr Bruder Rick Warren war damals gerade auf dem besten Weg, einer der anerkanntesten Gemeindeleiter im Land zu werden. Sie war mir geistlich *weit* voraus."

Chaundel war zu Beginn ihrer Ehe die richtigen Schritte gegangen, um Tom dabei zu helfen, geistlich weiterzuwachsen. Sie entmutigte ihn nicht fortwährend mit subtiler Kritik, sondern brachte ihm Lob und Anerkennung zum Ausdruck, wann immer er kleine Fortschritte in seiner geistlichen Entwicklung machte.

„Ganz wichtig war für mich damals, dass sie niemals enttäuscht zu sein schien, wenn ich Dinge nicht wusste. Im Gegenteil – sie freute sich mit mir über jeden Wachstumsschritt, der in meinem Leben sichtbar wurde", sagte Tom. „Nie hat sie mir das Gefühl gegeben, ihr Schüler zu sein, der ihre Hilfe nötig hatte. Sie hat sich immer so verhalten, als wären wir Freunde, die gemeinsam mit Jesus auf dem Weg sind."[175]

Die Holladays sind eine Erfolgsgeschichte – ein inspirierendes Beispiel dafür, wie die geistlich reifere Person in einer Ehe ihrem Partner dabei helfen kann, im Glauben zu wachsen. Auch wenn es nicht unbedingt üblich ist, dass sich dieser Ehepartner in einen bekannten Pastor verwandelt, haben wir doch viele Fälle gesehen, wo der richtige Ansatz den Partnern geistlich zu mehr Einheit verholfen hat.

Wenn wir heutzutage Christen begegnen, die in ihrer Ehe auf sehr unterschiedlichen geistlichen Entwicklungsniveaus stehen – so wie Betsy und Frank –, dann geben wir dem reiferen Partner als Hilfestellung im Allgemeinen 8 Ratschläge an die Hand. Wenn Sie feststellen, dass Sie Ihrem Partner geistlich weit voraus sind, können Sie diese Punkte als Orientierungshilfe verwenden, wie

Sie ihm in seiner geistlichen Entwicklung helfen können. Mit Einfühlungsvermögen, liebevollem Interesse und Ermutigung können Sie – wie Chaundels Beispiel zeigt – einiges ausrichten.

1. Stellen Sie sich die kritische Frage: Ist Ihr Partner *wirklich* Christ?

Ein Mensch, der Jesus wirklich als seinen Herrn und Retter aufgenommen hat, wird eine ganz natürliche Sehnsucht danach haben, in der Beziehung zu ihm zu wachsen. Wenn er die Grenze von der geistlichen Dunkelheit zum Licht überschreitet, nimmt der Heilige Geist Wohnung in ihm und bewirkt einen Hunger nach Gebet, nach christlicher Gemeinschaft, Bibelstudium und Anbetung. In Galater 5,22 lesen wir, dass der Heilige Geist dann im zunehmenden Maße Liebe, Freude, Friede, Langmut, Freundlichkeit, Güte, Treue, Sanftmut und Selbstbeherrschung hervorbringt. Und der Apostel Paulus schreibt in 2. Korinther 3,18: „Wir alle spiegeln mit enthülltem Angesicht die Herrlichkeit des Herrn wider und werden so in sein eigenes Bild verwandelt, von Herrlichkeit zu Herrlichkeit, durch den Geist des Herrn."

Wenn dieser Wachstumsprozess sich verlangsamt oder gar zum Stillstand kommt, dann kann dies mehrere Ursachen haben. Es kann beispielsweise sein, dass die betreffende Person sich dem Wirken des Heiligen Geistes widersetzt und damit das Handeln Gottes in ihrem Leben behindert. Vielleicht hält sie hartnäckig an bestimmten sündigen Verhaltensmustern fest oder aber sie entzieht sich dem Wachstumsprozess, in dem jeder reife Christ stehen muss. Wenn es im Leben eines Menschen, der von sich behauptet, er wäre Christ, freilich keinerlei äußere Anzeichen dafür gibt, dass überhaupt ein innerer Wandlungsprozess im Gange ist, dann muss die Frage gestellt werden, ob er oder sie wirklich „wiedergeboren" ist, um die Wortwahl aus Johannes 3,3 zu verwenden.

Die Bibel stellt unmissverständlich klar, dass nicht jeder, der von sich behauptet, Jesus nachzufolgen, es auch wirklich tut. „Nicht jeder, der zu mir sagt: Herr! Herr!, wird in das Himmelreich kommen, sondern nur, wer den Willen meines Vaters im Himmel erfüllt", sagt Jesus in Matthäus 7, 21-23. „Viele werden an jenem Tag zu mir sagen: Herr, Herr, sind wir nicht in deinem

Namen als Propheten aufgetreten, und haben wir nicht mit deinem Namen Dämonen ausgetrieben und mit deinem Namen viele Wunder vollbracht? Dann werde ich ihnen antworten: ‚Ich kenne euch nicht. Weg von mir, ihr Übertreter des Gesetzes!'"

Das sind sehr ernüchternde Worte! Allein der Umstand, dass ein Mensch den Lehren des Christentums zustimmt, macht ihn noch nicht zu einem Christen. Es hat auch wenig zu sagen, wenn er zu einer Gemeinde gehört. Selbst wenn er davon überzeugt ist, dass Jesus der Sohn Gottes ist, der am Kreuz für die Sünden der Menschheit gestorben ist, macht ihn das noch nicht automatisch zum Christen. „Du glaubst, dass es nur einen einzigen Gott gibt? Gut und schön. Aber das glauben sogar die Dämonen – und zittern vor Angst", heißt es in Jakobus 2,19.[176]

In Johannes 1,12 sehen wir, was einen Menschen wirklich zu einem Christen macht: „Allen aber, die ihn aufnahmen, gab er Macht, Kinder Gottes zu werden, allen, die an seinen Namen glauben." Nach Aussage dieses Verses sind zwei Schritte notwendig, um zu Jesus zu gehören: GLAUBEN + AUFNEHMEN = WERDEN. Es genügt nicht, daran zu *glauben*, dass Jesus der einzigartige Sohn Gottes ist, der für unsere Sünden am Kreuz starb. Wir müssen ihn auch als Herrn und Retter *aufnehmen*. Nur dann *werden* wir als Kinder Gottes adoptiert.

Diese Gleichung kann sehr hilfreich sein, wenn Sie herausfinden wollen, ob Ihr Partner wirklich Christ ist. Bitten Sie ihn darum, Ihnen seinen geistlichen Werdegang zu erzählen, und hören Sie genau zu, ob er einen bestimmten Tag oder einen Zeitraum angibt, in dem er von Jesus das Geschenk der Vergebung und des ewigen Lebens angenommen und ihm die Herrschaft über sein Leben übertragen hat. Wenn er einen solchen Schritt entweder gar nicht oder nur überaus vage vollzogen hat, dann empfiehlt es sich, dass Sie mit ihm über Johannes 1,12 sprechen. Sollte es sich herausstellen, dass er Jesus noch nie zuvor bewusst als seinen Herrn angenommen hat, ist er vielleicht bereit, es jetzt zu tun.

Leider sind uns allzu oft Menschen begegnet, die jahre- und jahrzehntelang Kirchenbänke gewärmt und gelegentlich während der Predigt wohlwollend mit dem Kopf genickt haben, wenn sie mit dem Gesagten einverstanden waren, und dennoch ist ihr Leben niemals wirklich von Gott berührt worden. Ihr Herz hungert nicht danach, geistlich zu wachsen. Wenn ein Mensch sein Leben nicht von ganzem Herzen Gott schenkt, kann der Herr in ihm keine wirkliche Veränderung bewirken. Wir können unsere Beziehung zu Jesus nicht vertiefen, solange wir ihm niemals persönlich begegnet sind, und ohne die Kraft des Heiligen Geistes in unserem Leben sind sowohl dem Wunsch als auch der Fähigkeit zur Veränderung in uns enge Grenzen gesetzt.

Betreiben Sie keine Augenwischerei, was den geistlichen Zustand Ihres Partners anbelangt. Es ist besser, den Tatsachen ins Auge zu sehen und ihn gegebenenfalls damit zu konfrontieren, als sich in falscher Sicherheit zu wiegen.

2. Denken Sie darüber nach, ob Sie nicht in eine Gemeinde wechseln wollen, in der Sie sich beide gleichermaßen wohl fühlen

Samstagabends spielt sich bei Leslie und mir häufig dieselbe Szene ab. Wir sind beide hungrig und haben uns entschieden, essen zu gehen. Aber damit ist nur die halbe Schlacht gewonnen.

„Wie wäre es mit dem Steakrestaurant?“, frage ich und der Gedanke an ein saftiges Filetsteak lässt mir schon das Wasser im Munde zusammenlaufen.

Sie runzelt die Stirn. „Also, ich weiß nicht so recht. Wie wäre es mit dem Italiener gleich um die Ecke?“

„Zu italienisch“, sage ich. Italienisches Essen ist immer irgendwie so pseudo-gourmethaft.

„Mexikanisch?“, frage ich und habe schon die herrlichsten Spezialitäten vor meinem inneren Auge.

„Nein, Pizza“, ist ihre Antwort.

Nun sitzen wir fest. Keiner von uns möchte nachgeben. Aber plötzlich platzen wir beide lachend mit der Kompromisslösung heraus, die beiden zusagt: „Fisch!“ Die Entscheidung ist gefallen.

Ganz ähnliche Szenen können sich auch im geistlichen Leben abspielen. Christen sehnen sich nach einer Gemeinde, in der sie geistliche Nahrung bekommen, aber jeder hat eine andere Vorstellung davon, welche Ausdrucksformen des Glaubens ihm liegen. Mögen Sie eine charismatische Spiritualität oder können Sie sich eher mit einer liturgisch geprägten Gemeinde identifizieren?

Vielleicht möchten Sie eher eine dynamische evangelikale Gemeinde oder eine sucherfreundlich ausgerichtete Kirche? Bevorzugen Sie eine große Gemeinde oder eher eine Hauskirche? Es gibt die unterschiedlichsten Denominationen und innerhalb dieser Denominationen wieder ganz unterschiedliche Strömungen.

Leslie und ich haben immer wieder erlebt, dass eine Gemeinde dem Temperament, der Persönlichkeit und dem Geschmack eines Ehepartners entsprechen mag, während der andere geistlich unzufrieden und hungrig bleibt, weil er sich nicht mit der Leitung der Gemeinde, dem Anbetungsstil oder der Dienstphilosophie identifizieren kann. So schmerzlich es sein mag, seine Gemeinde zu wechseln, manchmal ist dieser Schritt einfach nötig, wenn sich beide Partner in ihrem Glauben weiterentwickeln sollen.

Besuchen Sie doch einmal verschiedene Ortsgemeinden. Orientieren Sie sich zunächst darüber, was die Glaubensgrundsätze der jeweiligen Gemeinde sind, um sicherzugehen, dass dort wirklich Gottes Wort ohne Wenn und Aber gelehrt wird. Wenn Sie sich einen Eindruck verschafft haben, entscheiden Sie gemeinsam, ob diese Gemeinde nicht Ihren gemeinsamen geistlichen Bedürfnissen besser entsprechen würde als die, in die Sie im Moment gehen.

Ist der Anbetungsstil so, dass Sie sich dazu freigesetzt fühlen, Gott uneingeschränkt Ihre Liebe auszudrücken? Ist die Lehre alltagsrelevant, herausfordernd, echt und biblisch fundiert? Gibt es in der Gemeinde auch Kleingruppen, damit Sie die Möglichkeit haben, andere Gemeindemitglieder besser kennen zu lernen? Erreicht die Gemeinde Menschen, die geistlich auf der Suche sind? Arbeiten die Gemeindemitglieder aktiv mit? Kümmert sich die Kirche um sozial Benachteiligte und Menschen in Schwierigkeiten? Ist Mission ein Schwerpunkt? Sind die Leiter reife, integere Christen, die wirklich leben, was sie glauben? Machen Sie einen Bogen um „toxische“ Gemeinden, die gesetzlich und kontrollierend sind, und um „Wohlfühl-Kirchen“, die psychologische Erfolgsrezepte in eine wolkige Spiritualität verpacken, aber nicht wirklich das Evangelium verkünden.

Sie werden sich jedoch wohl oder übel auf Kompromisse einlassen müssen. Seien Sie sehr ehrlich miteinander, während Sie die unterschiedlichen Möglichkeiten gegeneinander abwägen. Lassen Sie sich Zeit und vergessen Sie nie, dass es die perfekte

Gemeinde nicht geben kann. Jede Gemeinde besteht aus unvollkommenen Menschen wie Sie und ich!

Zurück zu Frank und Betsy. Ein Gemeindewechsel war tatsächlich der Schlüssel, um Franks Interesse am Glauben neu zu entfachen. Mir als Pastor ist es natürlich nicht unbedingt leicht gefallen, sie dazu zu ermuntern, sich doch mal in anderen Gemeinden umzuschauen, doch Leslie und ich hatten beide den Eindruck, dass dies für sie ein notwendiger Schritt war. Frank brauchte eine kleinere, überschaubarere und traditionellere Gemeinde als unsere moderne Megakirche. Frank und Betsy schauten sich um und fanden schließlich eine Gemeinde, in der sich beide wohl fühlen konnten. Ein halbes Jahr später meldete sich Betsy wieder bei uns und ließ uns wissen, dass Frank geistlich aufblühte und sie selbst nun auch wieder die Freiheit hätte, sich in der Gemeinde einzubringen und selbst zu wachsen.

3. Helfen Sie Ihrem Partner, seine geistlichen Gaben zu entdecken

Todd wuchs in einer Kirche auf, in der die Leiter immer händeringend nach Freiwilligen für den Kindergottesdienst oder für den Putzdienst suchten. Immer wieder fühlte er sich unter Druck gesetzt, diesen Aufrufen Folge zu leisten, mit dem Ergebnis, dass er beispielsweise einmal einen ganzen Sommer damit verbrachte, einen Haufen aufgedrehter Drittklässler zu betreuen. Dieses Erlebnis brachte ihn schließlich an den Punkt, sich nicht mehr als Helfer zur Verfügung zu stellen. Am Ende zog er sich langsam aus der Gemeinde zurück.

„So etwas passiert mir nicht noch einmal", sagte er, als seine Frau ihn einmal darauf ansprach, warum er sich in der Gemeinde gar nicht engagierte. „Ich habe meinen Teil getan. Mir macht niemand mehr ein schlechtes Gewissen und versucht, mich zu irgendeinem Job zu überreden." Diese Entscheidung führte dazu, dass Todd zu einem „Kirchenbankwärmer" wurde, einem reinen Zuschauer, dessen geistliches Wachstum bald zum Stillstand kam.

Als seine Frau ihm ein Buch über geistliche Gaben in die Hand drückte, taten sich ihm auf einmal ganz neue Perspektiven auf. Nachdem er die vorgeschlagenen Tests in dem Buch durchgegangen war, stellte er fest, dass Gott ihm die Gabe der Administration gegeben hatte. Es machte ihm einfach Spaß, Schreibarbeiten zu erledigen, Daten in den Computer einzugeben, Aufgabenlisten zu erstellen, ihre Umsetzung zu überwachen und Gemeindeprojekte so zu organisieren, dass die tausend kleinen, aber notwendigen Details nicht vergessen wurden. Wenn er innerhalb seines Gabenspektrums mitarbeiten konnte, erfüllte ihn das mit Zufriedenheit und Freude.

Inzwischen hat Todd seine Begabung sogar mit seiner Leidenschaft für den Sport verbinden können, indem er in seiner Gemeinde ein evangelistisch orientiertes Sportprogramm aufgezogen hat. Durch diese Arbeit hat er auch Verbindung zu anderen christlichen Männern geknüpft, und sein Glaube kann endlich wachsen und sich vertiefen.

Solche und ähnliche Beispiele erleben wir immer wieder. Menschen, die in ihrem Glaubensleben stagnierten und die gelangweilt und fruchtlos am Rande der Gemeinde vor sich hin vegetierten, fangen plötzlich an, aufzublühen, wenn ihnen bewusst wird, dass Gott genau sie dazu ausersehen hat, einen ganz spezifischen Platz in einem ganz bestimmten Dienstzweig der Gemeinde auszufüllen. In unserer *Saddleback Valley Community Church* benutzen wir das Akronym „SHAPE“ (=Form), um zu beschreiben, wie Gott jeden von uns dazu bestimmt hat, bestimmte Aufgaben in seinem Reich zu erfüllen:

- **S steht für *spirituelle Gaben*.** Paulus schreibt in 1. Korinther 12,1: „Auch über die Gaben des Geistes möchte ich euch nicht in Unkenntnis lassen, meine Brüder.“ Nach Aussagen der Bibel hat jeder Gläubige wenigstens eine geistliche Gabe erhalten, die ihn dazu befähigt, sich in einem ganz bestimmten Dienst einzubringen, sei es nun Evangelisation, Administration, Werke der Gnade, Lehre, Leiterschaft, Gastfreundschaft, Hirtendienst, Ermutigung, die Gabe des Helfens und einiges mehr.[177]

- **H steht für *Herz*.** „Es gibt bestimmte Themen und Anliegen, die erfüllen uns mit Leidenschaft, andere dagegen lassen uns völlig kalt“, so schreibt Rick Warren, Hauptpastor der *Saddleback Community*, in seinem Buch *Kirche mit Vision*. „Dies ist eine Ausdrucksform unseres Herzens."[178] Vielleicht schlägt Ihnen das Herz höher, wenn es um die Arbeit mit Teenagern geht oder um den Krankenbesuchsdienst, oder vielleicht ist es Ihnen persönlich wichtiger als anderen, ein Gemeinschaftsgefühl in Ihrer Kleingruppe aufzubauen.

- **A steht für *Befähigungen (engl. abilities)*.** Gott hat einem jeden von uns natürliche Befähigungen gegeben – zum Beispiel Musikalität, Sportlichkeit, einen „grünen Daumen", handwerkliches Geschick, Talent zum Malen oder zum Schreiben. All dies können wir in der Gemeinde einbringen. 1. Korinther 12,5 besagt: „Es gibt verschiedene Dienste, aber nur einen Herrn."

- **P steht für *Persönlichkeit*.** „Die Bibel liefert uns hinreichend Beispiele dafür, dass Gott ganz verschiedene Persönlichkeiten schätzt und einsetzen kann. Petrus hatte ein sanguinisches Naturell. Paulus war eher cholerisch veranlagt, während Jeremia definitiv melancholisch war", schreibt Warren. „Es gibt kein ‚richtiges' oder ‚falsches' Temperament für den geistlichen Dienst. Wir brauchen alle Persönlichkeitsvarianten, um in der Balance zu bleiben und der Gemeinde die nötige Würze zu geben."[179] So können zwei Menschen gleichermaßen die geistliche Gabe des Lehrens haben, aber der eine ist extrovertiert und genießt es, vor großen Gruppen zu stehen, während der andere am liebsten ganz für sich alleine Lehrpläne für Gruppenarbeiten zusammenstellt.

- **E steht für *Erfahrung*.** „In der *Saddleback* Gemeinde ermutigen wir die Leute, sich auf der Suche nach einem Dienst, der für sie geeignet ist, fünf verschiedene Bereiche anzuschauen", so Warren. „(1) Erfahrungen während Ihrer Schulzeit und Ausbildung: Was waren während Ihrer Schulzeit Ihre Lieblingsfächer? (2) Berufliche Erfahrungen: Welche Arbeitsbereiche haben Ihnen am meisten Freude gemacht und wo waren Sie am erfolgreichsten? (3) Geistliche Erfahrungen: Welches waren die bedeutendsten und tiefsten Erfahrungen, die Sie mit Gott gemacht haben? (4) Diensterfahrungen: Wie und wo haben Sie Gott in der Vergangenheit gedient? Und (5)

Schmerzliche Erfahrungen: Welches waren die Verwundungen, Probleme und Herausforderungen, von denen Sie am meisten gelernt haben?“[180]

Wenn ein Christ, der bislang immer nur gelähmt und fruchtlos am Rande gestanden hat, einmal entdeckt, dass Gott ihn ganz spezifisch dafür ausgestattet hat, durch eine Ortsgemeinde in dieser Welt eine Veränderung zu bewirken, die Ewigkeitswert hat – *dann schnallen Sie sich an!* Plötzlich ist er nicht mehr zu bremsen! Er wird eine einzigartige Befriedigung und Freude darin finden, dass Gott durch seine Gaben, Fähigkeiten und Erfahrungen, durch seine individuelle Persönlichkeit und durch seine Begeisterung wirken kann und will. Und wenn ein Mensch als Mitarbeiter in einem Gemeindedienst seine Gaben einbringt, dann werden dadurch unweigerlich auch alle anderen Aspekte seines geistlichen Lebens befruchtet.

Noch ein Rat zur Vorsicht: Stellen Sie sicher, dass Sie sich in eine Gemeinde investieren, die den netten und durchaus biblisch begründeten Slogan „Jedes Mitglied ein Mitarbeiter“ nicht nur als ein Aushängeschild verwendet, sondern ihn wirklich auslebt. Wenn Sie einer Gemeinde angehören, die sich nicht wirklich mit ganzem Eifer darum bemüht, alle Mitglieder dazu anzuregen, ihren Platz in einem sinnvollen Dienstzweig einzunehmen, dann könnte das ein Zeichen dafür sein, dass es an der Zeit ist, sich nach einer anderen Gemeinde umzuschauen.

4. Beten Sie nicht nur oberflächliche Gebete für Ihren Ehepartner

„Oft sind wir versucht, unseren Partner zu analysieren und auseinander zu nehmen, nur um herauszufinden, warum er geistlich nicht so reagiert wie wir“, bemerkte unser Freund Brad Mitchell, Leiter der Männerarbeit in *Willow Creek*. „Deshalb fragen wir uns von Zeit zu Zeit, warum bestimmte Dinge so sein müssen (natürlich laut und so, dass er es gut hören kann), oder wir erzählen unseren Freunden am Telefon von gewissen Enttäuschungen (auch hier sorgen wir dafür, dass er es mitbekommt). Wir tun dies, um irgendwie einen Zugang zu seinem Herzen zu bekommen und endlich zu verstehen, wo sein Problem liegt oder auch, um Druck zu machen, damit er endlich aufwacht. Dabei ist Beten das Wichtigste, was ein Ehepartner in einer solchen Situation tun kann, denn Gott ist wirklich der Einzige, der unseren Partner geistlich mobilisieren kann. Eine solche Veränderung kann sich nur von innen nach außen vollziehen, nicht umgekehrt."

Brad hat Recht – wir müssen aufhören, mit unseren Gebeten immer nur an der Oberfläche zu kratzen, indem wir zum Beispiel beten: „Bitte, Herr, lass ihn doch nächsten Sonntag mit in die Gemeinde kommen." Beten Sie lieber für das Herz Ihres Partners. „Ihr eigentliches Anliegen ist doch nicht, dass er mit in den Gottesdienst kommt, nur um Ihnen einen Gefallen zu tun", sagt Tom Holladay. „Was Sie in Wirklichkeit wollen ist, dass Ihr Partner aus Liebe zum Herrn in die Gemeinde geht."

Beten Sie für den Prozess der Heiligung im Leben Ihres Partners. Der Theologe Wayne Grudem definiert Heiligung als „einen fortschreitenden Umgestaltungsprozess, der aus einem Bündnis zwischen Gott und uns resultiert und der uns zunehmend von Sünde befreit und uns Christus ähnlicher macht."[181] Er führt weiterhin aus, dass wir als Menschen in diesem Heiligungsprozess zwei Rollen einnehmen: Da ist zunächst die passive Rolle, in der wir uns Gott und seiner verändernden Kraft in unserem Leben bereitwillig hingeben. „Gebt euch selbst Gott hin, als solche, die tot waren und nun lebendig sind", heißt es in Römer 6,13.[182] Beten Sie also dafür, dass Ihr Partner sich Gott ganz öffnet, damit der Heilige Geist in ihm Raum bekommt, um seine Herzenshaltungen, Werte und Perspektiven zu verändern und in ihm eine ganz neue Sehnsucht zu bewirken, in seiner Beziehung zu Gott zu wachsen.

Darüber hinaus fällt uns in jenem Umgestaltungsprozess natürlich auch eine aktive Rolle zu. Paulus fordert die Christen auf, sich um ihr Heil zu „mühen".[183] Beten Sie also, dass Ihr Partner beginnt, sich um Heiligung in seinem Leben zu bemühen (Hebräer 12,14), sich dem Willen Gottes unterzuordnen (1. Thessalonicher 4,3), sich von unmoralischen Handlungsweisen abzuwenden und Charakterzüge zu entwickeln, die mit Gottes Absichten im Einklang stehen (2. Petrus 1,5). Beten Sie dafür, dass Gott Ihren Partner zu den, wie Grudem es nennt, „altmodischen und bewährten" Katalysatoren des geistlichen Wachstums hinzieht:

Bibel lesen und Meditation (Psalm 1,2; Matthäus 4,4 und 17,17), Gebet (Epheser 6,18; Philipper 4,6), Anbetung (Epheser 5,18-20), Zeugnis geben (Matthäus 28, 19-20), christliche Gemeinschaft (Hebräer 10,24-25) und Selbstdisziplin (Galater 5,23; Titus 1,8).

„Wir müssen sowohl in unserem passiven Vertrauen in die heiligende Kraft Gottes als auch in unserem aktiven Bemühen um Heiligung und Gehorsam beständig wachsen", so Grudem. „Wenn wir nicht aktiv darum bemüht sind, Gott zu gehorchen, werden wir zu faulen und passiven Christen. Vernachlässigen wir dagegen die passive Rolle, die darin besteht, Gott beständig zu vertrauen und uns ihm unterzuordnen, dann werden wir stolz und entwickeln ein übersteigertes Selbstvertrauen. Beides bringt unseren Heiligungsprozess in Gefahr … In einem alten Kirchenlied kommt dies sehr schön zum Ausdruck: ‚*Vertraue und gehorche*, denn es gibt keinen anderen Weg, um in Jesus glücklich zu werden'."[184]

Mein Kollege Brad Johnson, ebenfalls ein Pastor der *Saddleback Valley Community Church*, gibt zu bedenken, dass Sie dabei freilich nicht vergessen sollten, für sich selbst zu beten. „Die meisten Gebete hören sich etwa so an: ‚Verändere diesen Mann.' Das ist sicher gut und richtig, aber ich würde noch einen weiteren Pflock einschlagen: ‚Gott, verändere mich. Gib mir Geduld, Weisheit und Charakterstärke. Bitte hilf mir, diesen Mann von ganzem Herzen zu lieben, ihn mit deinen Augen zu sehen und mich täglich daran zu erinnern, dass du für ihn am Kreuz gestorben bist.' Ruth Graham drückte es einmal folgendermaßen aus: ‚Es ist Gottes Aufgabe, Billy Graham zu verändern; meine Aufgabe ist es, ihn zu lieben.'"

5. Denken Sie daran, wie wichtig Ihre Haltung ist

Die Bibel beschreibt mit sehr anschaulichen Worten, welche Auswirkungen es haben kann, wenn wir versuchen, unseren Partner durch Nörgeln und Antreiben zu verändern. „Besser in einer Ecke des Daches Wohnen, als eine zänkische Frau im gemeinsamen Haus", heißt es in Sprüche 25,24. Und in Sprüche 27,15 lesen wir: „Ein nörgelnder Partner ist wie das stete Tropfen eines undichten Wasserhahns – tropf, tropf, tropf. Du kannst das Geräusch weder abstellen noch kannst du ihm entfliehen.“[185] Ein ziemlich unangenehmer Vergleich, nicht wahr?

Nun geht sicher niemand mit dem Vorsatz in eine Ehe, seinen Partner ständig zu kritisieren. Aber der eben so anschaulich beschriebene Effekt wird sich unweigerlich einstellen, wenn wir immer und immer wieder seine Fehler hervorheben, auf seinen Schwächen herumreiten und seine mangelnde geistliche Entwicklung beklagen. Oft sind wir uns unserer kritiksüchtigen Haltung gar nicht bewusst. Wir sind davon überzeugt, dass wir unserem Partner nur helfen wollen. Doch wie Eheberater H. Norman Wright betont, bewirkt ständige Kritik bei unserem Ehepartner genau das Gegenteil von dem, was wir eigentlich erreichen wollen. Warum?

▷ **Kritiksucht fügt Ihrem Partner Wunden zu**. Wenn Sie ihm seinen Mangel an geistlicher Dynamik ständig unter die Nase reiben, dann übermitteln Sie ihm folgende Botschaft „Ich bin nicht bereit, dich so anzunehmen, wie du bist. Du entsprichst einfach nicht meinen Erwartungen, und ich werde dich so lange nicht akzeptieren, bis du dich änderst. Du bist mir einfach nicht gut genug, und wenn du dich nicht endlich änderst, kann es passieren, dass ich dich nicht mehr liebe.“ Dies sind zutiefst destruktive Botschaften, die in Ihrem Partner Gefühle von Angst und Unsicherheit hervorrufen. „Ein verwundeter Partner wird ängstlich oder ärgerlich reagieren und wird durch offenen oder verdeckten Rückzug, durch Groll oder Aggression Vergeltung üben“, schreibt Wright.

▷ **Kritiksucht ist ansteckend**. Was ist Ihre natürliche Reaktion, wenn jemand Sie ständig auf Ihre Fehler hinweist? In Ihnen regt sich das Bedürfnis, ihm *seine* Fehler ebenso vorzuhalten, nicht wahr? Wenn Sie also Ihren Partner kritisieren, weil er geistlich nicht mit Ihnen Schritt hält, dann fordern Sie ihn geradezu heraus, Ihnen gegenüber ebenso negativ und intolerant zu sein.

▷ **Kritiksucht verändert das Herz nicht**. Es mag sein, dass sich das Verhalten Ihres Partners kurzfristig ändert, manchmal einfach und allein deshalb, weil er endlich Ruhe haben möchte!

Grundsätzlich jedoch wird sich seine Haltung durch ständige Kritik nicht ändern.

▷ **Kritiksucht verstärkt genau die Verhaltensweisen, die Sie ändern wollen.** Wenn Sie ständig auf dem Fehlverhalten Ihres Ehepartners herumreiten, dann verstärken Sie damit ganz unbewusst genau diese Schwächen. Ein Ehepartner wird im Allgemeinen mehr und mehr dem Bild entsprechen, das sein Partner ihm vor Augen malt, sei es zum Positiven oder zum Negativen.[186]

Wesentlich vielversprechender ist es, das Gute in Ihrem Partner hervorzuheben und ihn für jeden Fortschritt in seinem geistlichen Leben zu loben. Ehepartner haben die Tendenz, die Seiten zu entwickeln, die der andere an ihnen bemerkt. Wenn Sie ihn mit freundlichen Worten ermutigen und ihm Ihren Respekt zum Ausdruck bringen, unter vier Augen ebenso wie in Gegenwart anderer, dann wird dies sehr dazu beitragen, in Ihrem Partner den Wunsch zu wecken, sich weiterzuentwickeln.

„Bringen Sie Ihrem Partner für die Dinge Respekt entgegen, die er bereits *tut*", rät Holladay. „Die Bibel lehrt uns, dass nichts das Herz eines Mannes so erfreut wie die Anerkennung seiner Frau. Wenn er beständig das Gefühl hat, dass Sie über seine geistliche Entwicklung enttäuscht sind, dann hat er keine sehr tragfähige Basis, auf die er bauen kann! Ich meine nicht, dass Sie es übertreiben und Dinge sagen sollten, die nicht wirklich ernst gemeint sind. Bringen Sie ihm einfach ehrlich Ihre Anerkennung zum Ausdruck und lassen Sie ihn spüren, wie dankbar Sie dafür sind, was Gott in seinem Leben tut."

6. Erwarten Sie nicht, dass Ihr Partner Ihnen im geistlichen Leben genau gleicht

Jeder von uns hat seine ganz individuelle Art, mit Gott umzugehen. Manche Menschen erleben Gott am intensivsten im Gemeindelobpreis, andere in ihrer persönlichen Anbetungszeit zu Hause oder bei Spaziergängen in der Natur. Manche erleben Gott besonders stark, wenn sie geistlichen Wahrheiten auf die Spur kommen, ein Gebetstagebuch führen oder Gedichte schreiben. Der Möglichkeiten sind viele: Man kann Gott durch Musik, theologische Diskussionen, Stille und Bibelmeditation, intensive Gebetszeiten, tiefen Austausch mit einem anderen Christen und eine ganze Reihe von anderen Dingen begegnen. Leider haben wir oft die Vorstellung, dass unser Partner geistlich nicht wächst, wenn er nicht genauso reagiert wie wir. Vielleicht macht Ihr Partner in Wirklichkeit gute Fortschritte im geistlichen Leben, die Ihnen nur einfach verborgen bleiben, weil Sie eben anders sind und daher auch anders zu Gott in Beziehung treten.

So war es auch bei Susan und Dan. Susan hat eine sehr extrovertierte Persönlichkeit und genießt es, mit anderen Menschen zusammen zu sein. Daher ist es auch nicht weiter verwunderlich, dass sich ihr geistliches Wachstum vornehmlich im Kontext von Beziehungen abspielt. Durch ihre Gabe der Gastfreundschaft erschließt sie sich viele Kontakte, und ihre Kleingruppe verschafft ihr eine ganze Reihe von sehr vertrauten Beziehungen. Dan dagegen ist eher ruhig und introvertiert. Während der wöchentlichen Hauskreistreffen ergreift er nur selten das Wort, und vor größeren Gemeindeaktivitäten, bei denen er es mit vielen Menschen zu tun bekommt, schreckt er meist zurück. Diese persönlichen Unterschiede führten dazu, dass Susan der Meinung war, Dan würde in seinem Glaubensleben nicht recht vorankommen.

Dieser Eindruck trog jedoch. Dan entfaltete sein geistliches Leben nur auf andere Weise als Susan. Er ist ein intellektueller Mensch, der Gott begegnet und seinen Glauben vertieft, indem er theologische Bücher über Gottes Eigenschaften und Wesenszüge durcharbeitet. Anschließend hält er in seinem Tagebuch fest, wie die neu gewonnenen Erkenntnisse ihm dabei helfen können, seinen Charakter und seine Werte zu verändern, um Christus ähnlicher zu werden. Da dies alles im Verborgenen geschieht und Dan äußerst zurückhaltend darin ist, seine Gedanken zu verbalisieren, war sich seine Frau nicht bewusst, dass sein geistliches Wachstum überhaupt nicht langsamer war als ihres. Sie war der Auffassung, geistliche Wachstumsprozesse spielten sich in Gemeinschaft mit anderen ab und müssten nach außen hin sichtbar sein. Dies ist jedoch nur eine der möglichen Erscheinungsformen.

Es ist sehr hilfreich, wenn Ehepartner sich offen darüber austauschen, was sie mit Gott erleben. Auf diese Weise können sie einander ermutigen und womöglich sogar an den geistlichen Übungen des anderen teilnehmen. Wenn Ihr Partner Gott am intensivsten in den Wundern und Schönheiten der Natur begegnet, dann könnten Sie ihn vielleicht einmal auf einer Wanderung in die Berge begleiten. Auf diese Weise gewinnen Sie einen Eindruck davon, wie Ihr Partner Gott erlebt. Möglicherweise werden Sie dadurch sogar selbst bereichert.

Hier noch ein Vorschlag: Vereinbaren Sie, dass jeder jeweils die Bücher auch liest, die seinen Partner tief beeindruckt haben. Dann können Sie im Anschluss darüber sprechen, wie Sie die gewonnenen Einsichten in Ihrem Leben und in Ihrer Ehe umsetzen wollen. Auf diese Weise sind Sie immer auf dem Laufenden, was Ihren Partner in seinem Glaubensleben beeinflusst.

Eine andere Art und Weise, wie wir das Wachstum unseres Partners falsch einschätzen können, ist die „Gabenprojektion". Allzu leicht geschieht es, dass wir unsere eigenen Gaben in unseren Partner hineinprojizieren und ihn dann dafür verurteilen, dass er nicht mit uns mithalten kann. Wenn Sie zum Beispiel eine ausgeprägte evangelistische Gabe haben, dann können Sie leicht den Eindruck gewinnen, dass Ihre Frau oder Ihr Mann geistlich träge ist, nur weil er bzw. sie nicht so häufig und so erfolgreich mit Nichtchristen über Gott spricht wie Sie selbst. Vielleicht beklagen Sie sich, dass Sie Ihren Partner ständig dazu antreiben müssen, mit fremden Leuten oder mit den nicht gläubigen Nachbarn ins Gespräch zu kommen.

Es ist ungerecht, Ihrem Partner vorzuwerfen, er würde eine bestimmte geistliche Gabe nicht einsetzen, wenn Gott ihm diese Gabe gar nicht gegeben hat! Es stimmt zwar, dass jeder Christ seinen Glauben bekennen soll, wenn Gott dazu Gelegenheit schenkt. Wer jedoch die Gabe der Evangelisation empfangen hat, der besitzt eine göttliche Befähigung, die dazu führt, dass er mehr Menschen für den Glauben gewinnt als diejenigen, die diese Gabe nicht haben. Nur weil Ihr Partner nicht dieselben Begabungen hat wie Sie, bedeutet dies noch lange nicht, dass er nicht in seiner eigenen Gabe wächst.

7. Ermutigen Sie Ihren Partner dazu, Freundschaften mit anderen Christen zu schließen

Mein eigenes geistliches Wachstum nahm einen gewaltigen Aufschwung, als ich die Möglichkeit bekam, Freundschaften mit anderen christlichen Männern zu pflegen, die meine Vision für den Dienst nährten, mich ermutigten, mit mir beteten und mir einfach Freunde waren. Solche Freundschaften können zum Katalysator für die geistliche Entwicklung Ihres Partners werden. „Ein Messer wetzt das andere und ein Mann den anderen", so heißt es in Sprüche 27,17.

„Ich kann nur jede verheiratete Frau, deren Mann sich geistlich nicht so recht entfaltet, dazu ermutigen, Ausschau nach anderen Männern zu halten, die gemeinsame Interessen mit ihrem Partner haben und ihn geistlich bereichern könnten", meint Johnson. „Vielleicht ist zum Beispiel im Hauskreis eine Frau, die ganz nebenbei bemerkt: ‚Mein Mann hat sich gerade ein neues Mountainbike gekauft und würde gerne anfangen, regelmäßig Fahrrad zu fahren, aber er kann niemanden finden, der sich mit ihm zusammentut.' Nun müsste es ihr dämmern: *Hmmm. Mein Mann ist auch ein aktiver Mountainbiker, und ihr Mann ist auch Christ – ich frage mich, ob die beiden nicht sehr viel miteinander gemeinsam haben.* Also erwähnt sie ihrem Ehemann gegenüber, dass der Mann ihrer Freundin schon länger nach einem Mountainbike-Partner sucht, und fragt ihn ganz nebenbei, ob er sich nicht einmal mit ihm treffen möchte."

Ich gebe zu, so etwas kann auch nach hinten losgehen, und deshalb ist es sehr wichtig, Vorsicht walten zu lassen. Schließlich wollen Sie Ihren Partner ja nicht manipulieren. Und dennoch können solche Mittlerdienste segensreich sein – Dr. Wayne Oates, ein Professor für Psychologie, prägte den Begriff vom „Dienst des Bekanntmachens". Wir tun dabei nichts anderes, als zwei Menschen zum richtigen Zeitpunkt und aus den richtigen Beweggründen miteinander bekannt zu machen.

Vielleicht hat Ihr Partner auch Interesse daran, mit Ihnen zusammen eine Kleingruppe zu besuchen. Auch hier böte sich für Ihren Partner die Gelegenheit, in einem geschützten Rahmen, der echte Gemeinschaft fördert, Kontakte zu anderen Christen zu bekommen. Besonders Männer tun sich mitunter schwer, sich auf eine Gemeinde einzulassen, wenn sie dort keine persönlichen Kontakte zu anderen Männern haben. Die Gemeinde bleibt für sie eine unpersönliche Massenansammlung von unbekannten Gesichtern. Dieses Gefühl kann sich jedoch rasch zerstreuen, wenn sie erst einmal Freundschaften zu anderen Männern dieser Gemeinde schließen.

Ein kleiner Tipp: Passen Sie auf, dass Ihr Partner sich zu Anfang durch die Kleingruppe nicht überrumpelt oder vereinnahmt fühlt. Gehen Sie nicht gleich eine längerfristige Verpflichtung ein, sondern gönnen Sie sich zunächst eine Probezeit. Lassen Sie ihm einen Fluchtweg, indem Sie sich einer zeitlich befristeten Gruppe anschließen, zum Beispiel einem achtwöchigen Kurs zu einem bestimmten Thema. Unter solchen Voraussetzungen wird es auch einem zögerlichen Partner leichter fallen, sich auf eine Gruppe einzulassen. Wenn sich daraus tiefere Beziehungen ergeben, dann kann man diese ja auch nach Abschluss der Gruppe weiterführen.

8. Prüfen Sie Ihr Herz und Ihre Motive

So hart dies vielleicht klingen mag, es muss einfach gesagt werden: „Hüten Sie sich davor, die Gemeinde mit ihren Gottesdiensten und Bibelkreisen dazu zu missbrauchen, den Kämpfen in Ihrer Ehe zu entfliehen“, mahnt Holladay. „Ich bin seit 25 Jahren im Gemeindedienst. In dieser Zeit sind mir nicht wenige Frauen – und Männer – begegnet, die Gemeindeaktivitäten und Dienste dazu benutzt haben, um dem Schmerz ihrer schwierigen Ehesituation zu entgehen. Wenn Sie das tun, dann wird Ihr Ehepartner intuitiv spüren, was wirklich gespielt wird. Vielleicht hat er in Wirklichkeit überhaupt nichts gegen die Gemeinde, aber ihn schmerzt die Trennung von Ihnen, die Ihr Gemeindeengagement mit sich bringt.“

Wie können Sie überprüfen, ob dies bei Ihnen so ist? „Wenn Sie es als Erleichterung empfinden, in den Bibelkreis oder in die Gemeinde zu gehen, um von zu Hause wegzukommen, oder wenn es Ihnen im Grunde gar nicht so recht ist, wenn Ihr Partner Sie doch einmal in die Kirche begleitet, dann deutet das darauf hin, dass Sie dieses Problem haben“, bemerkt Holladay. „Es ist viel stärker verbreitet, als Sie sich vielleicht vorstellen können.“

Es gibt noch eine andere Möglichkeit, Ihre Motive zu überprüfen. Fragen Sie sich ganz ehrlich, warum es Ihnen so wichtig ist, dass Ihr Partner geistlich wächst. Wünschen Sie sich wirklich aufrichtig, dass seine Beziehung zum Herrn enger wird, oder ist es Ihnen nur einfach peinlich, dass er in der Gemeinde so wenig aktiv ist? Wünschen Sie sich vielleicht insgeheim, er wäre mehr wie Soundsos oder Dingsdas Mann?

Wenn Sie Ihren Partner unbewusst mit anderen vergleichen oder wenn Ihnen seine geistliche Unreife vor Ihren christlichen Freunden peinlich ist, dann wird Ihr Partner dies spüren, und Sie werden zwangsläufig Ihre Beziehung vergiften. Er wird Ihre wahre Einstellung zu ihm an vielen alltäglichen Kleinigkeiten ablesen können: an Ihrem Tonfall, einem abschätzigen Blick oder an den kleinen Bemerkungen am Rande.

Prüfen Sie Ihr Herz und stellen Sie sicher, dass Sie aus den richtigen Motiven heraus handeln. Geht es Ihnen wirklich und aufrichtig darum, dass er tiefer in eine persönliche Beziehung zu Jesus findet und die Freude und das Abenteuer eines hingegebenen christlichen Lebens erfährt?

Bleiben Sie selbst mit ganzer Kraft auf dem Weg!

Im Laufe der Jahre haben Leslie und ich festgestellt, dass diese 8 Schritte wirklich eine Hilfe sein können, um christlichen Paaren zu einer größeren geistlichen Einheit zu verhelfen. Halten Sie sich jedoch immer vor Augen, dass es durchaus vorkommen kann, dass Gott einem der beiden Partner einen Dienst gibt, der wesentlich stärker sichtbar ist als der des anderen. So sind uns im Laufe der Jahre immer wieder Ehepaare begegnet, bei denen die Frau einen ausgeprägteren „Dienst an anderen“ hatte, während ihr Mann die Rolle übernahm, seine Frau in ihrem Dienst zu unterstützen.

Noch ein abschließendes Wort der Ermahnung: So sehr Ihnen auch daran gelegen ist, die geistliche Entwicklung Ihres Partners zu unterstützen, vernachlässigen und drosseln Sie dabei nicht Ihr eigenes geistliches Wachstum. Geistliche Ausgewogenheit in der Partnerschaft kann nicht bedeuten, dass wir selbst in unserer eigenen Entwicklung auf der Strecke bleiben, nur damit wir unserem Partner nicht vorauseilen!

„Gott hat einen guten Plan, wie er in uns und durch uns wirken möchte", sagt Mark Mittelberg, Co-Autor des Buches *Bekehre nicht – lebe. So wird Ihr Christsein ansteckend*. „Bleiben Sie in jedem Fall diesem Plan Gottes auf der Spur! Es wäre ein fataler Fehler, geistlich herumzusitzen und zu warten; es könnte sein, dass Sie am Ende im Leerlauf hängen bleiben. Prahlen Sie nicht mit Ihren geistlichen Erfahrungen und inneren Veränderungen, aber stellen Sie sie auch nicht unter den Scheffel. Oft haben sie einen kleinen positiven Nebeneffekt: Wenn Ihr Partner bemerkt, was für Veränderungen in Ihnen geschehen, dann kann ihn das eventuell motivieren, sich auch auf den Weg zu machen."

Zum Schluss: Die Zukunft Ihrer unausgewogenen Paarbeziehung

Während Leslie und ich dieses Buch geschrieben haben, sind uns immer wieder Christen begegnet, die mit geistlichen Zynikern, Skeptikern, Zuschauern oder Suchern verheiratet sind. Jede dieser Geschichten hat uns zutiefst bewegt, einige davon waren unglaublich traurig, andere sehr ermutigend. So hatten wir ausgiebig Gelegenheit, mit Leuten zu beten, mit ihnen zu weinen oder uns mit ihnen zu freuen.

Es ist uns sehr wohl bewusst, dass auch Sie Ihre ganz eigene Geschichte haben. Manchmal ist es gut, sich eins vor Augen zu halten: *Das Ende Ihrer Geschichte ist noch nicht geschrieben!* Gott hat noch viele Möglichkeiten, um durch Sie das Endergebnis zu beeinflussen. Wir hoffen, dass Sie weiterhin dranbleiben und ihm vertrauen, und dass dieses Buch Ihnen dabei als Ideensammlung und Quelle der Ermutigung dienen wird.

Vielleicht können Sie sich in einigen der folgenden Geschichten wieder finden, die wir gerade in der jüngeren Vergangenheit zu hören bekommen haben. Wir wünschten uns, dass alle diese Erlebnisberichte ermutigend und aufbauend wären, aber es hat keinen Sinn, sich über die Realität hinwegzutäuschen:

▷ Da ist zum Beispiel Joan. Ihre geistlich unausgewogene Ehe besteht nun schon seit 15 Jahren. Als wir sie neulich in unserer Gemeinde kennen lernten, erzählte sie uns, dass sie in all diesen Jahren keinerlei Veränderung gesehen habe. Ihr Mann zeigt nach wie vor nicht das geringste Interesse am Glauben. „Eine kleine Verbesserung der Lage gibt es aber“, sagte sie uns. „Er versucht nicht mehr, mich von der Gemeinde fern zu halten. Er toleriert es, dass die Kinder und ich an den Wochenenden herkommen. Wir sind irgendwie an einem toten Punkt angelangt.“

Um sie ein wenig zu ermutigen, sagten wir ihr, dass sich doch immerhin eine gewisse positive Tendenz abzeichne. „Das mag schon sein", gab sie ohne große Begeisterung zurück. Dann fügte sie wehmütig hinzu: „Aber ich hatte mir so viel mehr von meiner Ehe erhofft."

▷ Margarets Geschichte ist eines der traurigen Beispiele. Sie ist mittlerweile eine allein erziehende Mutter von zwei kleinen Töchtern. Ihr Gemeindeengagement führte bei ihrem Mann immer wieder zu heftigen Aggressionsausbrüchen. Dan, ein schwer alkoholabhängiger Straßenbauarbeiter, nahm an ihrem neu gefundenen Glauben solchen Anstoß, dass es zunehmend zu verbalen Aggressionsausbrüchen kam. Eines Tages schlug er sie sogar und stieß ihre kleine Tochter zu Boden, als sie der Mutter zu Hilfe kommen wollte. Margaret suchte bei uns Rat, und wir sagten ihr, dass es niemals Gottes Wille für sie sei, mit einem Mann zusammenzuleben, der sie und die Kinder körperlich bedrohte und in Gefahr brachte. Heute leben die beiden getrennt, Dan weigert sich weiterhin, professionelle Hilfe in Anspruch zu nehmen.

▷ Dagegen hörte ich gerade gestern von einer positiven Begebenheit. Ich war als Gastredner in einer Gemeinde eingeladen, wo eine Frau auf mich zukam, die vor Glück fast übersprudelte. Am Wochenende zuvor hatte sie ihren Mann eingeladen, mit in die Gemeinde zu kommen, wo ich über die Glaubwürdigkeit des Christentums sprach. Da jedoch die Jagdsaison gerade begonnen hat, wollte er lieber mit seinem Sohn auf die Jagd gehen. „Weißt du was?", sagte er schließlich, „wenn wir rechtzeitig unser Reh erwischen, dann komme ich Sonntag mit." Sie betete, was das Zeug hielt, und es klappte tatsächlich! Er kam Sonntag mit in die Gemeinde, hörte sich meinen Vortrag an und ist jetzt wirklich bereit, sich stärker für Gott zu öffnen. „Wo mag das wohl noch hinführen?", fragt sie sich nun – und sie wird weiter beten.

▷ Ted ist ein „geistlicher Witwer". In seinen wilden Studentenjahren hatte er Jennifer kennen gelernt, eine Barkeeperin, die gegen ihr rigides und gesetzliches christliches Elternhaus rebellierte und ein freizügiges Leben führte. Einige Jahre später – die beiden hatten inzwischen zwei Kinder – ließ sich Ted darauf ein, am Glaubensgrundkurs einer Gemeinde teilzunehmen, zu dem ihn ein Kollege eingeladen hatte. Kurze Zeit später wurde Ted Christ. Jennifer will dagegen mit der Gemeinde nichts zu tun haben. Sie weigert sich sogar, die Kinder mitgehen zu lassen. „Sie kann einfach nicht verstehen, dass die Dinge, die sie in ihrer Kindheit erlebt hat, nichts mit echtem christlichem Glauben zu tun haben“, sagt Ted. „Vielleicht *will* sie es auch gar nicht verstehen. Sie hat sich geistlich total verbarrikadiert. Sie ist nicht einmal bereit, mit mir über Gott, den Glauben oder die Gemeinde zu sprechen.“ Teds traurigstes Erlebnis war seine Taufe. „Es hätte eigentlich ein wunderbares Fest werden sollen, aber ich konnte meinen großen Tag nicht mit Jen teilen. Das hat mir schier das Herz gebrochen.“

▷ Dann sind da noch Greg und Pam. Gerade vor ein paar Wochen haben wir sie wieder gesehen, wie sie Hand in Hand durch unseren Gottesdienstraum schlenderten. Niemand hätte sich vorstellen können, dass die beiden eine 6 Jahre andauernde schwere Ehekrise hinter sich hatten, die daraus resultiert war, dass Pam an Gott glaubte und Greg nicht. Obwohl Pam seit ihrer Kindheit Christin war, hatte sie Greg geheiratet, der sich selbst als Agnostiker bezeichnete. Sie redete sich ein, Greg sei netter als die meisten Christen, die sie kannte, und war überzeugt, dass seine Bekehrung sicher nicht lange auf sich warten lassen würde. Doch je mehr sie versuchte, ihn dazu zu ermutigten, sich mit dem Glauben auseinander zu setzen, desto mehr verschloss er sich. Es folgten Jahre des Aufruhrs. Am Ende war es nicht irgendein umwälzendes Erlebnis, das ihn zu Jesus brachte. Gott benutzte Pams anhaltende Liebe und ihren unerschütterlichen Glauben, um seine Zweifel Stück für Stück abzubauen. „Sechs Jahre können sehr lang sein, wenn man in seiner Ehe geistlich isoliert ist“, erzählte sie uns. „Aber trotzdem bin ich so dankbar. Es hätten auch sechzehn oder gar sechzig Jahre werden können.“

Vielleicht *sind* es bei Ihnen schon 16 Jahre oder mehr. Möglicherweise schauen Sie voller Angst in die Zukunft Ihrer geistlich unausgewogenen Ehe und sind sich darüber bewusst, dass es unter Umständen auch 60 Jahre werden können. Ganz gleich, wie Ihre Situation auch aussehen mag, vergessen Sie niemals, dass Gott die Macht hat, aus Ihren schwierigen Verhältnissen etwas Gutes hervorzubringen. Halten Sie sich immer wieder neu vor Augen, was in Römer 8,28 steht: „Wir wissen, dass Gott bei denen, die ihn lieben, alles zum Guten führt, bei denen, die nach seinem ewigen Plan berufen sind."

Wenn Sie in Ihrer Verzweiflung drauf und dran sind, sich die Frage zu stellen, ob Gott wirklich liebevoll und mächtig genug ist, diese Verheißung in Ihrem Leben zu erfüllen, dann vergessen Sie eines nicht: Gott hat aus dem allerschrecklichsten Ereignis der Weltgeschichte – dem Tod seines Sohnes am Kreuz – das Allerbeste geschaffen, das es in der ganzen Weltgeschichte je gab: Er hat den Himmel für alle geöffnet, die bereit sind, ihm zu folgen.[187]

Wenn Gott stark und fürsorglich genug ist, so etwas zu vollbringen, dann können Sie gewiss sein, dass er auch aus Ihrer geistlich unausgewogenen Ehebeziehung etwas Positives erwachsen lässt. Wie kann ich mir da so sicher sein? Um für mich zu einer Antwort auf diese Frage zu kommen, brauche ich mir nur Leslie anzuschauen.

Ihre Gelegenheit

Wenn Menschen heute Leslie anschauen, dann sehen sie eine Frau mit einem starken Glauben, die ganz dem Gebet hingegeben und völlig von Gott abhängig ist. Sie sehen einen Menschen mit einem kindlichen Vertrauen in den himmlischen Vater, einer tiefen Zuversicht, dass Gott die souveräne Herrschaft über diese Welt hat und mit einer unerschütterlichen Entschlossenheit, dem Willen Gottes für ihr Leben zu gehorchen. Sie sehen eine Person, deren Charakter fest in Jesus gegründet ist und die allen Menschen, die Gott noch nicht kennen, voller Wohlwollen gegenübersteht.

Ich musste warten, bis Leslie aus unserem Büro verschwunden war, um diesen Absatz zu schreiben, denn es würde ihr überhaupt nicht gefallen, dass ich alle diese Dinge über sie sage. Sie würde darauf beharren, dass sie noch einen weiten Weg vor sich hat. Das trifft natürlich auf uns alle zu, aber ich halte zwischendurch immer wieder einmal inne, um einen Blick darauf zu werfen, was für eine Wegstrecke wir schon zurückgelegt haben! Leslies Glaube von heute hat nur noch wenig mit dem unreifen, zögerlichen und oft sehr wackeligen Glauben zu tun, mit dem sie diese Reise einmal begonnen hat. Was hat diese erstaunliche Veränderung hervorgebracht?

Sie hat eine geistlich unausgewogene Ehe überlebt.

Im Schmelzofen dieser Erfahrung konnte Gott ihr Herz, ihren Charakter und ihren Glauben formen. In dieser Zeit hat Leslie zum Beispiel gelernt, ihr Herz im tiefen und aufrichtigen Gebet vor Gott auszuschütten. Vorformulierte Gebete, und seien sie noch so makellos, konnten ihr in ihrer Situation nicht weiterhelfen. Sie musste ihre Gefühle vor Gott ganz ungeschminkt zum Ausdruck bringen und ihrer Verzweiflung, ihrem Ärger, ihren Ängsten und ihrem Schmerz Luft machen. Ihre Gebete waren gewiss nicht immer höflich und stilvoll. Oft hat sie sie herausgeschrien. Oft waren sie chaotisch, und nicht selten wurden sie von ihren Tränen erstickt.

Während dieser Zeit hat Leslie außerdem gelernt, von Gott abhängig zu sein. Am Anfang meinte sie, dass die Dinge unbedingt so verlaufen müssten, wie sie es sich vorstellte. Erst im Laufe der Zeit ist sie zu der Erkenntnis gelangt, dass Gottes Wege höher sind als unsere Wege. Sie hat gelernt, die Dinge nicht mehr selbst in die Hand zu nehmen, sondern stattdessen einfach ihre Hände zu öffnen, als Zeichen der völligen Abhängigkeit von Gott. Um es ganz deutlich zu sagen, Gott hat sie die Freude am Gehorsam gelehrt. Selbst Jesus musste durch Leiden Gehorsam lernen.[188] Warum sollte es bei uns anders sein?

Auch Leslies Charakter wurde durch die Herausforderungen dieser Jahre verändert. Wie sonst war es ihr möglich, mir meine harten Worte und mein eisiges Schweigen immer wieder zu vergeben? Sie konnte das sicher nicht aus sich selbst heraus, aber sie lernte es, indem sie dem Heiligen Geist gestattete, sie mit den nötigen Ressourcen auszustatten. Wie war es möglich, dass sie mit der Zeit immer ausdauernder und geduldiger wurde? Wie konnte sie mich lieben, auch wenn ich mich immer wieder alles andere als liebenswert benahm? Wie konnte sie im Glauben festbleiben, wenn ich meine ganze Kraft daransetzte, sie von Gott abzubringen? Sie konnte diese Veränderungen unmöglich aus sich selbst heraus hervorbringen – Gott hat durch unsere schwierige Ehesituation ihren Charakter umgestaltet.

Es tut mir heute von ganzem Herzen Leid, dass ich Leslie in diesen Jahren unserer geistlichen Differenzen so heftig zugesetzt habe. Ich bedauere meine Unreife, meine Feindseligkeit und meine abwehrende Haltung. Auf der anderen Seite kann ich Gott nur für diese schweren Jahre danken, denn durch unsere damaligen Umstände hat er Leslie zu der Person umgestalten können, die sie heute ist. Ohne die Widrigkeiten dieser Zeit stünde sie heute als Person nie und nimmer da, wo sie steht. Davon bin ich zutiefst überzeugt.

Lassen Sie mich kurz in einem Satz zusammenfassen, worum es mir in diesem Abschnitt ging: Ganz gleich, ob Ihr Partner jemals seine Knie vor Gott beugt oder nicht, *Sie* werden verändert und werden Jesus ähnlicher – nicht *trotz*, sondern gerade *wegen* Ihrer derzeitigen Umstände.

Eine hoffnungsvolle Zukunft

Als Forscher einmal das Leben von 413 sehr erfolgreichen Menschen untersuchten, konnten sie in allen Biographien eine wesentliche Gemeinsamkeit entdecken: Nahezu jeder dieser Menschen war gezwungen gewesen, sich auf dem Weg zum Erfolg mit widrigen Umständen auseinander zu setzen. Und genau diese Herausforderungen brachten in ihnen jene besonderen persönlichen Qualitäten hervor, ohne die sie wohl niemals so erfolgreich geworden wären.[189]

Genauso kann es auch Ihnen ergehen. Gott kann Ihre traurigsten Erlebnisse im Zusammenleben mit Ihrem nicht gläubigen Partner dazu benutzen, Sie in einen Menschen zu verwandeln, der eine solche Charakterstärke, Tiefe und Echtheit im Glauben verkörpert, wie es sonst nicht möglich wäre.

Doch im Augenblick befinden Sie sich gerade mitten im Schmelztiegel. Deshalb wird es für Sie fast unmöglich sein, diese Zusammenhänge zu sehen. Ihre Gedanken kreisen vielleicht so sehr um die Sorge, ob Ihr Partner wohl jemals zu Jesus findet, dass Sie dabei andere Dinge aus den Augen verlieren, die nicht in Frage stehen. Die Zukunft Ihrer geistlich unausgewogenen Ehe birgt sicherlich eine ganze Reihe von Unwägbarkeiten, eines jedoch steht *ohne jeden Zweifel* fest: *Was auch immer geschieht, Gott wird diese Erfahrungen dazu benutzen, aus Ihnen einen Mann oder eine Frau des Glaubens zu machen, die Sie sonst niemals hätten werden können.* Das gilt allerdings nur, wenn Sie bereit sind, mit ihm zusammenzuarbeiten.

„Mehr noch, wir rühmen uns ebenso unserer Bedrängnis; denn wir wissen: Bedrängnis bewirkt Geduld, Geduld aber Bewährung, Bewährung Hoffnung. Die Hoffnung aber lässt nicht zugrunde gehen; denn die Liebe Gottes ist ausgegossen in unsere Herzen durch den Heiligen Geist, der uns gegeben ist.“[190]

Die Zeit Ihrer geistlich unausgewogenen Ehe kann für Sie zu einer ganz besonderen Chance werden. In diesem Buch haben Leslie und ich versucht, Ihnen Anregungen zu geben, wie Sie Ihre Partnerschaft bereichern und die verborgenen Tretminen umgehen können, die Ihre Beziehung noch weiter belasten. Wir haben versucht, Ihnen Wege aufzuzeigen, wie Sie Ihren Partner wirkungsvoll mit dem Evangelium erreichen können, wenn Gott die Gelegenheit dazu schenkt. Wir hoffen, dass Sie diese Anregungen mit ins Gebet nehmen und Gott fragen, wie Sie etwas davon in Ihrer eigenen Situation umsetzen können, um vielleicht zu neuen Haltungen und besseren Strategien zu kommen. Bitten Sie Gott darum, Sie ganz neu zum Segen für Ihren Partner zu machen. Wir stehen dabei mit unserem Gebet hinter Ihnen.

Zugleich kann diese Zeit auch für Sie selbst zu einer prägenden Phase Ihres Lebens werden, in der Sie sich mehr verändern als jemals zuvor. Ihre schwierige Ehesituation kann genau zu dem Hindernis werden, das Gott dazu benutzen will, Sie Jesus ähnlicher zu machen. Sie lernen, mit ganzer Hingabe zu beten. Sie entwickeln innere Stärke und Ausdauer und wachsen in Ihrem Charakter. Sie bekommen auch ein ganz neues Erbarmen für die Verlorenen. In Ihnen wird ein Glaube geschmiedet, der standfest und unerschütterlich ist. Im Laufe der Jahre werden Sie nach und nach der Person immer ähnlicher, die Gott in Ihnen hervorbringen möchte – nicht weil Sie es selbst könnten, sondern weil Gott es kann. Sie haben nicht die Fähigkeiten dazu, aber Sie vermögen alles durch Christus, der Ihnen die Kraft verleiht.

Ach ja – es gibt noch etwas, das Sie auf diesem Weg lernen werden. Diese Erfahrung wird Ihr geistliches Leben buchstäblich revolutionieren. Sie wird Ihnen das nötige Vertrauen geben, um der Zukunft voller Zuversicht ins Auge zu schauen. Ganz gleich, ob die Schwierigkeiten Ihrer geistlich unausgewogenen Ehe nun 6 Jahre oder 60 Jahre andauern werden; ganz gleich, ob Ihr Partner ein neuer Billy Graham wird oder ob er überhaupt niemals zum Glauben an Jesus findet – eine Wahrheit wird für immer Bestand haben:

GOTT IST TREU – SELBST INMITTEN EINER GEISTLICH UNAUSGEWOGENEN PARTNERSCHAFT.

Anhang 1

Ihr 30-tägiges Gebetsabenteuer

Um Ihnen dabei zu helfen, ein beständiges Gebetsleben für sich selbst, Ihren Partner und Ihre Ehe zu entwickeln, haben Leslie und ich einen 30-tägigen Gebetsplan zusammengestellt.

Unsere Hoffnung ist es, dass Sie die Anregungen aus diesem Gebetsplan in den nächsten 30 Tagen zu einem Teil Ihres Gebetslebens machen. Dieser Gebetsplan soll natürlich nicht alle Ihre sonstigen Gebetsanliegen ersetzen. Wir hoffen, dass Sie auch andere Anregungen, wie zum Beispiel die 8 Punkte aus Kapitel 9 aufgreifen werden, um ein wirklich ausgewogenes Gebetsleben aufzubauen.

Nutzen Sie unseren Plan als eine Anleitung, die Ihnen hilft, Ihre Gebete jeden Tag auf ein bestimmtes Thema zu konzentrieren. Nehmen Sie sich immer zunächst einen Moment Zeit, um den Bibelvers in Ruhe auf sich wirken zu lassen. Verwenden Sie dann den Text, den wir für diesen Tag geschrieben haben, als Ausgangspunkt, um Gott Ihre Hoffnungen und Wünsche zu unterbreiten. Wenn Sie möchten, können Sie am Ende des Monats wieder mit Tag 1 beginnen. Sie können den Plan jedoch ebenso gut als eine gelegentliche Anregung für Ihr Gebet verwenden.

TAG 1
Beten Sie, dass Gott Ihren Glauben stärkt und vertieft

Ohne Glauben aber ist es unmöglich Gott zu gefallen – Hebräer 11,6

Sagen Sie Gott, dass Sie sich einen Glauben wünschen, der stark, ausdauernd und unbeirrbar ist. Bitten Sie ihn darum, in Ihrem Leben Umstände herbeizuführen, die Ihren Glauben auf die Probe stellen und Sie in eine immer tiefere Abhängigkeit zu ihm hineinführen. So werden sein Wille und seine Ziele einen immer breiteren Raum in Ihrem Leben einnehmen. Suchen Sie nach festen Fundamenten für Ihren Glauben, damit Sie einen sicheren Stand haben, wenn Ihr Partner oder andere Menschen versuchen, Ihren Glauben zu unterminieren oder Sie von Gott wegzuziehen. Bitten Sie Gott, dass er Ihnen immer wieder begegnet und Ihnen durch seine spürbare Gegenwart eine tiefe innere Gewissheit vermittelt. Und vergessen Sie niemals, Gott für die Beziehung zu danken, die Sie bereits heute zu ihm haben.

TAG 2
Beten Sie darum, dass Gott Ihnen hilft, ihm immer die erste Stelle in Ihrem Leben einzuräumen

Darum sollst du den Herrn, deinen Gott, lieben mit ganzem Herzen und ganzer Seele, mit all deinen Gedanken und all deiner Kraft – Markus 12,30

Sagen Sie Gott, dass die Sorge um Ihre unausgewogene Ehe niemals so viel Raum einnehmen soll, dass Gott darüber die erste Stelle in Ihrem Leben verliert. Er ist der Einzige, der unserer Anbetung würdig ist, das sollten Sie ihm auch immer wieder zum Ausdruck bringen. Gott sorgt für Sie in einer Weise, wie es kein Mensch könnte. Sogar aus den negativsten Umständen lässt er noch Gutes erwachsen. Er liebt Ihren Ehepartner viel mehr, als Sie selbst es jemals könnten. Danken Sie ihm für all diese Dinge. Bitten Sie Ihn, Ihr Leben immer wieder neu auszurichten, damit Ihr Kompass in die einzig richtige Richtung zeigt. Beten Sie darum, dass Ihre schwierige Ehesituation Sie niemals von Ihrer Beziehung zu Gott ablenken kann.

TAG 3
Beten Sie, dass Gott Ihnen inmitten der Schwierigkeiten eine tiefe Zufriedenheit schenkt

Sättige uns am Morgen mit deiner Huld! Dann wollen wir jubeln und uns freuen all unsere Tage – Psalm 90,14

Kommen Sie mit all den schmerzhaften Gefühlen, die Ihre Situation in Ihnen auslöst, vor Gott – mit Ängsten und Verletzungen, Enttäuschungen und Groll, was immer auf Ihrer Seele lasten mag. Halten Sie nichts zurück; bringen Sie alles ganz offen und ehrlich vor Gott zum Ausdruck. Bitten Sie den Heiligen Geist, dass er Ihnen dabei hilft, selbst die Emotionen in Worte zu fassen, die so vielschichtig sind, dass es Ihnen schwer fällt, sie zu benennen. Beten Sie anschließend, dass Gott Ihnen anstelle Ihrer Verzweiflung innere Zufriedenheit gibt und ein tiefes Vertrauen anstelle Ihrer Ängste; dass er Ihnen hilft, Ihren Groll durch Vergebung zu ersetzen, und dass er Ihre Wunden heilt. Bitten Sie ihn um seinen Trost, wenn Sie von Ihren Gefühlen der Unsicherheit schier überwältigt werden, und um seinen Mut, wenn die Situation aussichtslos erscheint. Dann geben Sie Gott die Ehre dafür, dass er ein Gott ist, der Sie dazu ermutigt, ganz ehrlich vor ihn zu kommen, und der Sie so sehr liebt, dass er Sie beständig mit seiner Liebe sättigen will.

TAG 4
Beten Sie, dass Gott Ihnen einen geistlichen Mentor schenkt, der Ihnen hilft, Sie ermutigt und herausfordert

Eisen wird an Eisen geschliffen; so schleift einer den Charakter des anderen – Sprichwörter 27,17

Sagen Sie Gott, wie sehr Sie sich nach einem Menschen sehnen, der Sie auf Ihrem Weg mit seinem geistlichen Rat begleiten kann. Bitten Sie Ihn um eine Person, die Ihnen die Wahrheit sagt, selbst wenn es wehtut. Bringen Sie Gott zum Ausdruck, wie gerne Sie in Ihrem geistlichen Leben wachsen möchten, auch wenn Ihre

Möglichkeiten, sich am Gemeindeleben zu beteiligen, durch Ihre Situation mehr oder weniger stark eingeschränkt sind. Bringen Sie ihm zum Ausdruck, dass Sie sich einen Weggefährten wünschen, der wenigstens zum Teil die Lücke ausfüllt, die in Ihrem Leben klafft, weil Ihr Partner sich nicht für Gott interessiert. Danken Sie ihm ruhig schon jetzt dafür, denn Sie sind ihm in der Tat wichtig genug, dass er eine Person in Ihr Leben bringen wird, die für Sie in irgendeiner Form Jesus greifbar machen kann.

TAG 5
Beten Sie, dass Gott Ihnen ein weiches Herz gegenüber allen Menschen schenkt, die nicht zu seiner Familie gehören – Ihren Partner eingeschlossen

Gott aber hat seine Liebe zu uns darin erwiesen, dass Christus für uns gestorben ist, als wir noch Sünder waren – Römer 5,8

Bekennen Sie dem Herrn, wenn Sie feststellen müssen, dass die geistlich Verlorenen Ihnen nicht sonderlich am Herzen liegen oder wenn Sie die Neigung haben, diese Menschen eher als Feinde zu sehen und nicht als Gottes geliebte Kinder. Bitten Sie Gott darum, dass er Ihnen seine Liebe für diese abtrünnigen Söhne und Töchter ins Herz gibt. Bitten Sie den Heiligen Geist, Ihnen die Gesichter von verlorenen Freunden, Nachbarn, Kollegen und Familienmitgliedern ins Gedächtnis zu rufen, und beten Sie dann für deren Errettung. Vergessen Sie dabei nicht, auch Ihren Partner immer wieder dem Herrn hinzuhalten, und bitten Sie Gott, ihm vor Augen zu führen, wie nötig er einen Retter braucht. Danken Sie Gott, dass er Ihren Mann bzw. Ihre Frau mehr liebt, als Sie es jemals könnten, und dass er nur das Beste für ihn/sie im Sinn hat.

TAG 6
Bitten Sie Gott darum, dass er Ihnen hilft, Ihrem Partner in einer attraktiven und konsistenten Weise vorzuleben, wie ein christlicher Lebensstil aussieht

Ebenso sollt ihr Frauen euch euren Männern unterordnen, damit auch sie, falls sie dem Wort (des Evangeliums) nicht gehorchen, durch das Leben ihrer Frauen ohne Worte gewonnen werden, wenn sie sehen, wie ehrfürchtig und rein ihr lebt – 1. Petrus 3,1-2

Erzählen Sie Gott, wie sehr Sie sich danach sehnen, Ihren Glauben Ihrem Partner gegenüber mit Aufrichtigkeit, Demut und Glaubwürdigkeit zu leben, und bitten Sie Gott, dass er dieses „wortlose Zeugnis" benutzt. Beten Sie, dass Gott Ihnen hilft, so voller Reinheit und Achtung für Ihren Partner zu sein, dass es etwas überaus Attraktives und Gewinnendes hat. Bekennen Sie vor Gott, dass es Zeiten gab, in denen Sie in erster Linie an sich selbst gedacht haben, und bitten Sie ihn um ein dienendes Herz. Ersuchen Sie den Herrn darum, dass er in Ihnen die Fähigkeit hervorbringt, so integer zu werden, dass Ihr Glaube sich mehr und mehr in Ihrem Verhalten niederschlägt, und dass Sie das leben, was Sie sagen.

TAG 7
Bitten Sie Gott um die Weisheit, den richtigen geistlichen Zugang zu Ihrem Partner zu finden

Fehlt es aber einem von euch an Weisheit, dann soll er sie von Gott erbitten; Gott wird sie ihm geben, denn er gibt allen gern und macht niemandem einen Vorwurf – Jakobus 1,5

Bekennen Sie Gott, dass Sie seine Weisheit brauchen, um mit Ihrem Partner über Ihren Glauben zu sprechen. Bitten Sie Gott um die Fähigkeit, geeignete Momente abzupassen, in denen es gut ist, mit Ihrem Partner über geistliche Themen zu sprechen. Beten Sie, dass Sie auch merken, wann es besser ist, einfach zu schweigen. Sagen Sie Gott, dass Sie seine Hilfe brauchen, damit Sie unterscheiden können, wann was angebracht ist. Bitten Sie Gott auch darum, über jeder Diskussion zu wachen, die sich aus einem solchen Gespräch ergibt. Geben Sie dem Herrn die Ehre dafür, dass er nicht nur selbst der Gott aller Weisheit ist, sondern uns auch seine Weisheit zugänglich macht, wenn wir ihn darum bitten.

TAG 8
Beten Sie, dass Gott Ihr Wissen erweitert und Sie darauf vorbereitet, anderen Ihren Glauben mitzuteilen, wann immer sich die Gelegenheit dazu ergibt

Haltet in euren Herzen Christus den Herrn heilig! Seid stets bereit, jedem Rede und Antwort zu stehen, der nach der Hoffnung fragt, die euch erfüllt – 1. Petrus 3,15

Sagen Sie Gott, dass es Ihr aufrichtiger Wunsch ist, die Botschaft der Hoffnung weiterzugeben, wann immer Gott die Gelegenheit dazu schenkt. Das schließt Ihren Partner mit ein! Bitten Sie Gott um Demut, Sanftmut, Freundlichkeit und eine Haltung des Respekts, damit nicht nur Ihre Worte, sondern Ihr ganzes Verhalten die Gnade Gottes widerspiegelt. Bitten Sie Gott, dass er Ihnen Mut zum Handeln und die nötige Klarheit in Ihren Gedanken gibt, die Sie brauchen, um das Evangelium auf verständliche Weise kommunizieren zu können. Bitten Sie den Heiligen Geist, Ihre Worte zu bekräftigen und Ihnen die Fähigkeit zu geben, die Wahrheit in Liebe zu vermitteln.

TAG 9
Beten Sie um die Fähigkeit, Ihrem Partner dieselbe Gnade entgegenzubringen, die Gott Ihnen erwiesen hat

Er handelt an uns nicht nach unseren Sünden und er vergilt uns nicht nach unserer Schuld – Psalm 103,10

Danken Sie Gott für die unverdiente Gnade, die er Ihnen wieder und wieder erweist. Freuen Sie sich, dass er Ihre Sünde immer wieder im tiefsten Meer versenkt. Sagen Sie ihm, dass Sie das

Geschenk seiner Gnade niemals selbstverständlich nehmen werden, sondern dass Sie es jeden Tag voller Ehrfurcht und Staunen betrachten wollen. Bitten Sie ihn dann um die Fähigkeit, Ihrem Partner dieselbe Liebe und Bereitschaft zur Vergebung entgegenzubringen. Bitten Sie Gott um Hilfe, Ihren Partner immer als einen Menschen ansehen zu können, der unendlichen Wert besitzt, weil er nach dem Ebenbild seines Schöpfers geschaffen wurde. Bekennen Sie Gott Ihre natürliche Neigung, Böses mit Bösem zu vergelten, und bitten Sie ihn um die Fähigkeit, in Zukunft auch das Schlechte mit Liebe zu beantworten.

TAG 10
Beten Sie darum, dass Sie in Ihrer Ehe christliche Werte, Prinzipien und eine vom Glauben geprägte Ethik ausleben können

Ihr seid unserem Beispiel gefolgt und dem des Herrn; ihr habt das Wort trotz großer Bedrängnis mit der Freude aufgenommen, die der Heilige Geist gibt – 1. Thessalonicher 1,6

Bringen Sie Gott gegenüber Ihren Wunsch zum Ausdruck, dass Sie auch in Ihrer geistlich unausgewogenen Ehe einen Lebensstil pflegen möchten, der so weit wie irgend möglich von christlichen Maximen geprägt ist. Bitten Sie Gott um die Kraft und die Freiheit, in Ihrer Ehe christliche Werte und moralische Prinzipien ausleben zu können, auch wenn sich Ihr Partner dagegen sperrt. Beten Sie um Weisheit, wie Sie einen festen Stand einnehmen und das Richtige tun können, auch wenn Sie sich ständig gegen die Vorstellungen Ihres Partners durchsetzen müssen. Bitten Sie auch um die Weisheit, unterscheiden zu können, wo es angebracht ist, in Nebensächlichkeiten nachzugeben, und wo Sie festbleiben müssen. Danken Sie Gott immer wieder für seine Bereitschaft, Sie zu leiten und zu behüten, und rufen Sie seinen Segen auf Ihre Ehe herab.

TAG 11
Bitten Sie Gott um die Demut und die Kraft, an der Beziehung zu Ihrem Partner festzuhalten, wenn Sie spüren, dass Sie sich innerlich auseinander leben

Die Liebe ist langmütig, die Liebe ist gütig. Sie ereifert sich nicht, sie prahlt nicht, sie bläht sich nicht auf. Sie handelt nicht ungehörig, sucht nicht ihren Vorteil, lässt sich nicht zum Zorn reizen, trägt das Böse nicht nach. Sie freut sich nicht über das Unrecht, sondern freut sich an der Wahrheit. Sie erträgt alles, glaubt alles, hofft alles, hält allem stand – 1. Korinther 13,4-7

Wenn sich in Ihren Ehekonflikten erschreckende Abgründe aufzutun drohen, dann bitten Sie Gott um die Fähigkeit, die Versöhnung mit Ihrem Partner über das Bedürfnis zu stellen, am Ende Recht zu behalten. Bitten Sie Gott um die Demut, die Liebe und die Kraft, auf Ihren Partner zuzugehen und das Eis zu brechen, das Ihre Beziehung sonst immer weiter erstarren ließe. Beten Sie um ein offenes Ohr, göttliche Geduld, aufrichtiges Mitgefühl und unerschöpfliche Liebe. Sagen Sie Gott, dass Sie die Spannungen nicht noch zusätzlich nähren wollen, indem Sie der Bitterkeit in sich Raum geben, sondern dass Sie sich, soweit es an Ihnen ist, für Frieden in Ihrer Ehe einsetzen wollen.

TAG 12
Bitten Sie Gott um Hilfe, dass Sie Ihren Partner ermutigen und ihm eine Vorstellung davon vermitteln können, welche Möglichkeiten Gott in ihm sieht

Über eure Lippen komme kein böses Wort, sondern nur ein gutes, das den, der es braucht, stärkt, und dem, der es hört, Nutzen bringt – Epheser 4,29

Bekennen Sie dem Herrn, wo Sie ungerechtfertigte Kritik an Ihrem Partner geübt und ihn mit Ihren harten Worten verletzt haben. Wenn es öfter vorkommt, dass Sie Ihren Partner entmutigen oder sich ihm gegenüber respektlos verhalten, dann bitten Sie Gott, Sie von diesem Verhaltensmuster zu befreien. Sagen Sie

Gott, dass Sie sich wünschen, Ihren Partner aufzubauen, und dass Sie sehen möchten, wie er sich in allen Bereichen entfaltet. Bitten Sie Gott um Hilfe, negativen Äußerungen etwas Positives entgegenzusetzen und Ihren Partner beständig mit Lob und Anerkennung ermutigen zu können. Bitten Sie Gott, Ihnen eine Vorstellung davon zu geben, was aus Ihrem Partner mit seiner Hilfe alles werden kann. Danken Sie dem Herrn, dass er Sie niemals verurteilt, sondern Sie nährt und stärkt und Sie sanft auf dem Weg begleitet, Jesus immer ähnlicher zu werden.

TAG 13
Bitten Sie Gott, dass er Ihnen hilft, Ihren Kindern christliche Werte vermitteln zu können

Erziehe den Knaben für seinen Lebensweg, dann weicht er auch im Alter nicht davon ab – Sprichwörter 22,6

Danken Sie Gott für seine tiefe Liebe zu Ihren Kindern und dass er nur das Beste für sie möchte. Bringen Sie vor ihm ganz offen zum Ausdruck, was es für Sie bedeutet, dass Ihr Partner Ihren christlichen Erziehungsstil nicht mittragen kann. Bitten Sie Gott, Ihre Kinder vor negativen Folgen Ihrer schwierigen Partnerschaftssituation zu bewahren. Bitten Sie Gott um Hilfe, wenn Sie versuchen, Ihren Kindern eine tiefe Liebe zum Herrn zu vermitteln und den Wunsch in sie zu pflanzen, seine Wege zu gehen. Erbitten Sie Gottes Kreativität, um Ihren Kindern biblische Wahrheiten zu vermitteln. Bitten Sie den Herrn auch, Ihre Kinder mit den richtigen Menschen zusammenzubringen, damit ihre Beziehung zu Jesus gestärkt wird. Rufen Sie Gottes Schutz über Ihren Kindern aus, damit die Spannungen in Ihrer Ehe keine tief greifenden Ängste in ihnen auslösen können.

TAG 14
Beten Sie um Gottes Hilfe, dass Sie in Ihrer Ehe die Goldene Regel ausleben können

Alles, was ihr also von anderen erwartet, das tut auch ihnen! Darin besteht das Gesetz und die Propheten – Matthäus 7,12

Bekennen Sie Gott, wie schwierig es ist, Ihrem Partner eine liebevolle Stütze zu sein, wenn er sich gleichgültig oder gar feindselig gegenüber den Dingen verhält, die Ihnen so am Herzen liegen. Bitten Sie Gott, Ihnen dabei zu helfen, sich selbst immer wieder folgende Frage zu stellen: *„Welches Verhalten würde ich mir wünschen, wenn ich mit mir verheiratet wäre?"* Bitten Sie Gott, Ihnen einen Spiegel vorzuhalten, damit Sie sich mit den Augen Ihres Partners sehen können. Bitten Sie den Herrn um seine Hilfe, wenn Sie die Goldene Regel als Messlatte verwenden, um regelmäßig Ihre Einstellung und Ihr Verhalten zu überprüfen. Sagen Sie Gott, dass Sie sich von Herzen wünschen, vor Ihrem Partner einen Lebensstil zu praktizieren, der sich an der Goldenen Regel orientiert. Bitten Sie Gott, dass das Herz Ihres Partners dadurch für den Glauben aufgeschlossen wird.

TAG 15
Bitten Sie Gott darum, Sie vor der Gefahr zu bewahren, dass Sie sich für die Entscheidungen Ihres Partners verantwortlich fühlen

Und wenn er [der Heilige Geist] kommt, wird er die Welt überführen (und aufdecken), was Sünde, Gerechtigkeit und Gericht ist – Johannes 16,8

Bitten Sie Gott – den großen Evangelisten – Sie von dem falschen Druck zu befreien, die Errettung Ihres Partners hinge einzig und allein von der Qualität Ihres christlichen Lebensstils, der Durchschlagskraft Ihres Zeugnisses und Ihrer Überredungskunst ab. Beten Sie, dass Ihnen die Rettung Ihres Partners immer ein dringliches Anliegen bleibt, aber dass Sie sich gleichzeitig in dem Wissen entspannen können, dass es Gott selbst ist, der Ihren Partner zu sich ziehen muss. Bitten Sie den Herrn um Hilfe, ein glaubwürdiger Zeuge zu sein, aber vergessen Sie niemals, dass es letzten Endes die persönliche Entscheidung Ihres Partners bleibt, ob er Gottes Vergebung und das Geschenk des ewigen Lebens annehmen will.

TAG 16
Bitten Sie Gott um Hilfe und Kreativität, dass Sie in Ihrer Ehe ein Klima der Nähe und Wertschätzung schaffen können, in dem geistliche Gespräche gedeihen können

Darum bindet sich (ein Mann) an seine Frau und sie werden ein Fleisch – Genesis 2,24

Bringen Sie vor Gott Ihren Wunsch zum Ausdruck, wirkliche Nähe und Intimität zu Ihrem Partner aufzubauen. Bitten Sie den Herrn, Ihrer beider Herzen zu verändern und die subtilen Barrieren aus dem Weg zu schaffen, die sich zwischen Ihnen aufgebaut haben mögen. Beten Sie um eine neue Qualität von Transparenz und Aufrichtigkeit in Ihrer Ehe, damit die wirklich entscheidenden Themen – zum Beispiel auch der Glaube – in einer Atmosphäre von Offenheit und Vertrauen erörtert werden können. Danken Sie Gott dafür, wie er die Ehe gewollt hat – als einen Raum, in dem 1+1=1 ist –, und bitten Sie ihn, dass der Tag kommt, an dem Sie nicht mehr nur auf körperlicher, emotionaler und intellektueller Ebene mit Ihrem Partner verbunden sind, sondern auch geistlich.

TAG 17
Bitten Sie um die Kraft Gottes, Ihrem Partner zu vergeben, wenn Sie von sich aus lieber noch weiter Groll hegen würden

Denn wenn ihr den Menschen ihre Verfehlungen vergebt, dann wird euer himmlischer Vater auch euch vergeben. Wenn ihr aber den Menschen nicht vergebt, dann wird euch euer Vater eure Verfehlungen auch nicht vergeben – Matthäus 6,14-15

Bitten Sie den Heiligen Geist darum, Ihr Herz zu erforschen, damit Sie alles vor Gott bringen können, was Sie Ihrem Partner willentlich oder unbewusst noch nicht vergeben haben. Bringen Sie vor Gott Ihren Wunsch zum Ausdruck, mit Ihrem Partner in Einklang zu leben. Wo immer es zwischen Ihrem Partner und Ihnen ein Tauziehen gibt, lassen Sie das Seil fallen. Hören Sie auf, ihn mit Ihrem Groll bestrafen zu wollen. Bitten Sie Gott, Sie von aller Bitterkeit zu reinigen und Ihnen ein Herz voller Mitgefühl und Gnade zu schenken. Verweilen Sie nicht bei Ihren harten und richtenden Gedanken, sondern bitten Sie Gott, dass er Sie mit seiner Gnade erfüllt. Beten Sie darum, dass Gott Ihren Partner segnet, und dass er Ihre Bereitschaft zur Vergebung benutzt, um Ihrem Partner die Augen dafür zu öffnen, wie dringend er selbst göttliche Vergebung benötigt.

TAG 18
Beten Sie, dass Gott Ihnen dabei hilft, sich täglich für die Freude zu entscheiden

Freut euch zu jeder Zeit! Betet ohne Unterlass! Dankt für alles; denn das will Gott von euch, die ihr Christus Jesus gehört – 1. Thessalonicher 5,16

Bringen Sie vor dem Herrn ehrlich zur Sprache, was Ihnen den Spaß am Leben raubt. Nennen Sie alle Dinge beim Namen, die Ihre Freude ersticken – Situationen, Menschen, innere und äußere Konflikte. Suchen Sie Gottes Hilfe, um Ihr Recht auf persönliches Wohlbefinden zurückstellen zu können, soweit es von äußeren Umständen abhängig ist, die außerhalb Ihrer Kontrolle liegen. Strecken Sie sich stattdessen nach der Freude des Herrn aus, die sich darauf gründet, dass Jesus in Ihrem Leben gegenwärtig ist. Sagen Sie ihm, wie gern Sie wieder lachen möchten. Bitten Sie den heiligen Geist, in Ihrem Leben wieder Freude zu entfachen. Gott hat alles in seiner Hand und deshalb brauchen Sie keine schweren Lasten mit sich herumzuschleppen. Sagen Sie dem Herrn, dass Sie sich künftig immer daran erinnern wollen. Bitten Sie ihn auch darum, dass Ihr fröhliches und erfülltes Leben auf Ihren Partner eine starke Anziehung ausübt und ihn dem Glauben näher bringt.

TAG 19
Beten Sie, dass Gott die Erfahrungen, die Sie in Ihrer geistlich unausgewogenen Ehe machen, dazu benutzt, Sie zu einer Person umzugestalten, die Sie ohne diese Umstände niemals hätten werden können

Wir wissen, dass Gott bei denen, die ihn lieben, alles zum Guten führt, bei denen, die nach seinem ewigen Plan berufen sind – Römer 8,28

Preisen Sie Gott für seine Macht, selbst aus den negativsten Umständen noch Gutes erwachsen zu lassen. Bringen Sie Gott Ihre Bereitschaft zum Ausdruck, dass er diese Situation dazu benutzt, um Ihren Charakter zu schleifen, Sie in eine größere Abhängigkeit von ihm hineinzuführen und Sie letztlich Jesus ähnlicher zu machen. Geben Sie sich ihm völlig hin. Sagen Sie ihm, wie sehr Sie ihm vertrauen. Beten Sie darum, dass Sie am Ende Ihrer Tage auf Ihr Leben zurückblicken können und ihm dafür danken können, wie er ausgerechnet diese schwierige Zeit in Ihrer Ehe dazu benutzt hat, Sie in einer Weise zu verändern, wie dies unter anderen Umständen nicht möglich gewesen wäre. Danken Sie Gott schon im Voraus dafür, was er in Ihnen und durch Sie alles bewirken wird.

TAG 20
Beten Sie, dass Gott Ihren Partner zu sich zieht

Niemand kann zu mir kommen, wenn nicht der Vater, der mich gesandt hat, ihn zu mir führt – Johannes 6,44

Halten Sie dem Herrn Ihren größten Herzenswunsch hin: dass er Ihren Partner in sein Reich ziehen möge. Bekennen Sie ihm Ihre Unfähigkeit, einen Menschen zu bekehren. Bitten Sie Gott, alle nur denkbaren Einflüsse zu gebrauchen, um Ihren Partner zu erreichen – Sie selbst, das Zeugnis christlicher Freunde und Kollegen, christliche Bücher und Kassetten, die Predigten in einer Ortsgemeinde und das Wort Gottes selbst. Beten Sie, dass Gott das Herz Ihres Partners für das Evangelium empfänglich macht und dass er auch den Mut hat, sich auf die Botschaft einzulassen. Danken Sie Gott für seine Geduld, Liebe und Gnade, ohne die es für niemanden eine Hoffnung geben würde.

TAG 21
Beten Sie, dass Gott Ihrem Partner christliche Freunde schenkt, um ihm Jesus näher zu bringen

Er sagte zu ihnen: „Die Ernte ist groß, aber es gibt nur wenige Arbeiter. Bittet also den Herrn der Ernte, Arbeiter für seine Ernte auszusenden" – Lukas 10,2

Bitten Sie den Herrn, einen christlichen Freund, Kollegen, Nachbarn oder ein gläubiges Familienmitglied in das Leben Ihres Partners hineinzubringen, damit er noch aus einer weiteren Quelle mit dem Evangelium konfrontiert wird. Beten Sie, dass Gott zwischen Ihrem Partner und dieser Person ein tiefes Band der Freundschaft und des gegenseitigen Vertrauens knüpft, damit der Christ Ihrem Partner etwas von Jesus vermitteln kann. Beten Sie, dass es zwischen beiden eine breite Basis gemeinsamer Interessen gibt, sodass sie eine wirklich Gewinn bringende Freundschaft miteinander entwickeln. Bitten Sie den Herrn, das Herz Ihres Partners für die geistlichen Einflüsse vonseiten dieses Freundes zu öffnen. Rufen Sie Gottes Schutz über diesem neuen Freund aus, damit nichts und niemand sein Zeugnis behindern oder neutralisieren kann. Bitten Sie darum, dass Gott diesen Freund benutzt, um das Leben Ihres Partners nachhaltig zu prägen.

TAG 22
Beten Sie, dass Gott die Dinge verändert, die Ihren Partner davon abhalten, die Notwendigkeit der Errettung zu verstehen

Denn der Gott dieser Weltzeit hat das Denken der Ungläubigen verblendet. So strahlt ihnen der Glanz der Heilsbotschaft nicht auf, der Botschaft von der Herrlichkeit Christi, der Gottes Ebenbild ist – 2. Korinther 4,4

Nach den Aussagen der Bibel richtet sich unser Kampf nicht gegen Fleisch und Blut, sondern gegen die geistlichen Mächte des Bösen. Beten Sie, dass Gott Satan daran hindert, Ihren Partner weiter in Verblendung zu halten, sodass er die Notwendigkeit der Errettung und die Wahrheit der Schrift nicht erkennt. Danken Sie Gott dafür, dass er mächtiger ist als alles Böse und dass er Sie mit der vollständigen geistlichen Waffenrüstung ausgestattet hat, damit Sie fest stehen können, wenn das Böse sich Ihnen nähert. Bitten Sie den Herrn, die Augen Ihres Partners für die Wahrheit des Evangeliums, für das Angebot der Vergebung und für das ewige Leben zu öffnen.

TAG 23
Beten Sie, dass Ihr Partner anfängt, den Herrn zu suchen

Sucht ihr mich, so findet ihr mich. Wenn ihr von ganzem Herzen nach mir fragt, lasse ich mich von euch finden – Jeremia 29,13-14

War Ihr Partner bislang ein Zyniker, Skeptiker oder einfach nur ein Zuschauer? Beten Sie, dass Gott ihn in einen Menschen verwandelt, der geistlich auf der Suche ist. Bitten Sie den Heiligen Geist, eine solche Sehnsucht nach geistlicher Wahrheit in ihm zu entfachen, dass die Suche nach Gott in den Brennpunkt seines Lebens rückt. Beten Sie, dass Ihr Partner seinen Zynismus und seine Kritik hinter sich lassen kann, um sich mit einem aufrichtigen und offenen Herzen auf die Suche nach Gott zu machen. Bitten Sie Gott, dass Ihr Partner den Mut hat, sich auf ihn einzulassen. Danken Sie Gott für seine tiefe Liebe, dass er selbst seinen einzigen Sohn nicht verschont hat, damit die Verlorenen gerettet werden können.

TAG 24
Beten Sie, dass sich Ihr Partner von der Sünde abwendet und Jesus in sein Leben aufnimmt

Also kehrt um und tut Buße, damit eure Sünden getilgt werden – Apostelgeschichte 3,19

Beten Sie, dass Gott Ihren Partner mit seinen Sünden und Fehlhaltungen konfrontiert und ihm zugleich eine tiefe Sehnsucht nach Erlösung und Vergebung schenkt. Bitten Sie Gott, Ihrem Partner die Augen dafür zu öffnen, dass das Ziel, das er im Augenblick ansteuert, in Wirklichkeit eine Sackgasse ist, aber dass Jesus ihn auf den Weg zum ewigen Leben führen will. Beten Sie, dass Ihr Partner verstehen kann, dass das Kreuz Christi die Befreiung von Schuld und Schande ist, die Vergebung der Sünden, die Versöhnung mit dem Gott des Universums und die Tür zum Himmel. Danken Sie Gott dafür, dass sein Sohn bereit war, den Preis für die Schuld Ihres Partners zu bezahlen, damit er freigesetzt werden kann.

TAG 25
Beten Sie, dass Ihr Partner erkennt, wie leer und sinnlos sein Leben ohne Jesus ist

Ich bin gekommen, damit sie das Leben haben und es in Fülle haben – Johannes 10,10

Ihr Partner versucht auf vielerlei Weise, seinem Leben Sinn und Erfüllung zu geben – angefangen von seinen Hobbys über seine Karriere bis hin zu seinem Streben nach Reichtum und Einfluss. Beten Sie, dass Gott ihm die Augen dafür öffnet, dass keine dieser Äußerlichkeiten die tiefen Bedürfnisse seiner Seele befriedigen wird. Er muss zu der Erkenntnis gelangen, dass Gott allein das Vakuum in seinem Leben füllen kann. Bitten Sie den Herrn, ihm den Unterschied zwischen Erfolg und Erfüllung zu offenbaren, damit er erkennt, dass es nur einen Weg gibt, wie wir Sinn in diesem Leben finden können: indem wir Gott dienen und uns seinen Plänen für diese Welt zur Verfügung stellen. Beten Sie dafür, dass der Herr Ihrem Partner noch andere Menschen über den Weg schickt, die ihm vorleben, wie ein erfülltes Leben in Jesus aussieht.

TAG 26
Beten Sie, dass Ihr Partner die Botschaft von Gottes Gnade verstehen kann

Denn aus Gnade seid ihr durch den Glauben gerettet, nicht aus eigener Kraft – Gott hat es geschenkt –, nicht aufgrund eurer Werke, damit sich keiner rühmen kann – Epheser 2,8-9

Bitten Sie den Herrn, Ihrem Partner die Botschaft der Gnade aufzuschlüsseln, damit er ein Verständnis dafür bekommt, dass man sich Vergebung und ewiges Leben nicht verdienen kann. Beten Sie für Ihren Partner um Erkenntnis, dass Christus am Kreuz bereits alles *getan* hat, um seine Errettung zu ermöglichen und dass dem nichts mehr hinzugefügt werden muss. Bitten Sie Gott, Ihrem Partner zu zeigen, dass ein großer Unterschied besteht zwischen Religionen, die lehren, die Errettung könne durch Werke verdient werden, und der Bibel, die besagt, dass das ewige Leben ein Geschenk ist, das man sich nicht erarbeiten kann.

TAG 27
Beten Sie, dass Ihr Partner die Wahrheit der Schrift annehmen kann

Denn lebendig ist das Wort Gottes, kraftvoll und schärfer als jedes zweischneidige Schwert; es dringt durch bis zur Scheidung von Seele und Geist, von Gelenk und Mark; es richtet über die Regungen und Gedanken des Herzens – Hebräer 4,12

Danken Sie Gott von ganzem Herzen dafür, dass er uns durch die Bibel Leitung, Weisheit, Ermutigung und Kraft zukommen lässt. Bitten Sie den Herrn, Ihrem Partner die Augen für die Wahrheit der Bibel zu öffnen und in ihm den Wunsch zu wecken, die Aussagen auf sein eigenes Leben anzuwenden. Beten Sie, dass Gott ihm Menschen an die Seite stellt oder andere Ressourcen eröffnet, um ihn von der Wahrheit der Bibel als Gottes einzigartigem Wort zu überzeugen und ihm all seine Fragen und Bedenken hinsichtlich ihrer Glaubwürdigkeit zu beantworten. Beten Sie auch, dass Gott die Bibel für Sie selbst immer wieder zur Quelle der Hoffnung inmitten Ihrer konfliktträchtigen Partnerschaft macht.

TAG 28
Bitten Sie Gott, dass sich für Ihren Partner immer wieder Gelegenheiten für geistliche Gespräche eröffnen

Wie sollen sie nun den anrufen, an den sie nicht glauben? Wie sollen sie an den glauben, von dem sie nichts gehört haben? Wie sollen sie hören, wenn niemand verkündigt? Wie soll aber jemand verkündigen, wenn er nicht gesandt ist? Darum heißt es in der Schrift: Wie sind die Freudenboten willkommen, die Gutes verkündigen! – Römer 10,14-15

Beten Sie, dass Gott Ihrem Partner Gelegenheiten zu tiefen geistlichen Gesprächen mit Christen eröffnet, die bereit und in der Lage sind, ihm den Glauben nahe zu bringen. Bitten Sie Gott darum, dass er Ihren Partner hungrig danach macht, mehr über ihn zu erfahren. Stellen Sie sich selbst immer wieder zur Verfügung, ein Botschafter Gottes im Leben Ihres Partners zu sein, aber erwarten Sie vom Herrn, dass er ihm auch andere Menschen über den Weg schickt, die mit ihm „ganz zufällig" über den Glauben ins Gespräch kommen, sei es ein Pastor, ein gläubiger Arbeitskollege oder ein Nachbar. Beten Sie, dass diese Gespräche sehr ergiebig und offen sind und dass sie dazu beitragen, die Widerstände gegen das Christentum in Ihrem Partner aufzulösen. Bitten Sie den Herrn, diese Gespräche zu ordnen und zu leiten.

TAG 29
Bitten Sie Gott, Ihnen eine Gemeinde zu zeigen, in der Ihr Partner die Freiheit hat, das Christentum auf seine eigene Weise unter die Lupe zu nehmen

Sie hielten an der Lehre der Apostel fest und an der Gemeinschaft, am Brechen des Brotes und an den Gebeten. Alle wurden von Furcht ergriffen; denn durch die Apostel geschahen viele Wunder und Zeichen. Und alle die gläubig geworden waren, bildeten eine Gemeinschaft und hatten alles gemeinsam. Sie verkauften Hab und Gut und gaben davon allen, jedem so viel, wie er nötig hatte. Tag für Tag verharrten sie einmütig im Tempel, brachen in ihren Häusern das Brot und hielten miteinander das Mahl in Freude und Einfalt des Herzens. Sie lobten Gott und waren beim ganzen Volk beliebt. Und der Herr fügte täglich ihrer Gemeinschaft die hinzu, die gerettet werden sollten – Apostelgeschichte 2,42-47

Beten Sie schon heute, dass Sie an dem Tag, an dem Ihr Partner einwilligt, mit Ihnen einen Gottesdienst zu besuchen, auch wirklich eine Gemeinde an der Hand haben, die sich kompromisslos an der Heiligen Schrift orientiert und die offen genug ist, sich auf Menschen einzulassen, die geistlich auf der Suche sind; eine Gemeinde, in der das Evangelium in einer kreativen, überzeugenden und alltagsrelevanten Weise vermittelt wird. Bitten Sie den Heiligen Geist, Ihren Partner tief zu berühren, wenn er dort Menschen begegnet, die Gottes Liebe, Gnade und Barmherzigkeit ausstrahlen. Beten Sie auch schon heute um Offenheit bei Ihrem Partner, weitere Seminare, Kurse oder Gemeindeaktivitäten zu besuchen, wo er entschiedene Christen treffen und dabei beobachten kann, wie Sie ihren Glauben im Alltag leben. Danken Sie Gott für seine Gemeinde in dieser Welt – dem Ort der Erlösung und Wiederherstellung.

TAG 30
Beten Sie, dass Ihr Partner sein ganzes Leben vorbehaltlos an Jesus Christus ausliefert und ihm von ganzem Herzen folgt

Er ist aber für alle gestorben, damit die Lebenden nicht mehr für sich leben, sondern für den, der für sie starb und auferweckt wurde – 2. Korinther 5,15

Bringen Sie Ihren tiefsten Herzenswunsch vor Gott: dass Ihr Partner sein Leben Jesus übergibt, dass er das Geschenk der Vergebung und des ewigen Lebens annimmt und dass er sich ihm voll und ganz anvertraut. Beten Sie, dass Ihr Partner seine Geistesgaben empfängt und Gott von ganzem Herzen dient. Beten Sie schon heute, dass Gott Ihren Partner seinerseits zu einem Botschafter macht, der wiederum andere Menschen mit dem Evangelium bekannt macht. Beten Sie, dass er zu Hause, in seiner Familie und an seinem Arbeitsplatz einen erneuerten Charakter, göttliche Werte und gute Motive repräsentiert. Danken Sie Gott dafür, dass er in Liebe zu Ihrem Partner steht, obwohl dieser noch nicht an ihn glaubt.

Anhang 2

Arbeitshilfen: Fragen und Anregungen zur Diskussion der einzelnen Kapitel

Teil I: Wenn der Partner nicht an Gott glaubt

Kapitel 1: Der Ehekrieg beginnt

1. Sie haben gelesen, welche Ereignisse zu Lees und Leslies geistlich unausgewogener Ehe geführt haben. Wie war das bei Ihnen? Zeichnen Sie die Ereignisse in Ihrer Ehe nach. Beschreiben Sie die geistliche Entwicklung, die Sie und Ihr Partner bislang durchlaufen haben.

2. Wo würden Sie die derzeitige Einstellung Ihres Partners zum christlichen Glauben auf einer Skala von 1 bis 10 einordnen (wobei 1 für extreme Ablehnung und 10 für ausgeprägte Offenheit steht)? Hat sich seine Haltung in den Jahren Ihrer Ehe geändert? Wie ist er zu seiner Einstellung gekommen?

3. Sind Sie eher optimistisch, pessimistisch oder unsicher, was die Zukunft Ihrer Ehe anbelangt? Worauf gründet sich Ihre Annahme? Falls Sie eher pessimistische Erwartungen haben, was würde Ihnen dabei helfen, die Zukunft in einem positiveren Licht sehen zu können? Wo erwarten Sie ganz spezifisch Gottes Hilfe? Wenn Sie sich über Ihre Antworten klar geworden sind, halten Sie inne und bringen Ihre Gedanken Gott gegenüber zum Ausdruck.

4. Haben Sie ganz bewusst einen Nichtgläubigen geheiratet und damit Gottes Gebot übertreten? Es ist wichtig, dass Sie Ihren Ungehorsam bekennen und Gottes Vergebung empfangen.

1. Johannes 1,9 besagt: „Wenn wir unsere Sünde bekennen, ist er treu und gerecht; er vergibt uns die Sünden und reinigt uns von allem Unrecht.“ Beten Sie jetzt, dass Sie Gottes Vergebung erfahren können.

5. Während Sie dieses Buch lesen, sollten Sie sich überlegen, was Sie sich von Gott für sich selbst, für Ihren Partner und für Ihre Ehe wünschen. Beten Sie, dass Sie durch die Lektüre dieses Buches für die nächste Phase Ihres gemeinsamen Weges ermutigt und ausgerüstet werden und dass Sie dazu beitragen können, dass Ihr Partner näher zu Jesus findet.

Kapitel 2: In Leslies Worten

1. Leslie beschreibt verschiedene Gefühle, die sie durchlebt hat – unter anderem Verzweiflung, Schuldgefühle, Ängste, Groll und Verwirrung. Gibt es bestimmte Emotionen, mit denen Sie besonders zu kämpfen haben? Durch welche Umstände werden sie ausgelöst? Geben Sie einige Beispiele, wann Sie mit diesen Gefühlen zu kämpfen hatten. Welche Möglichkeiten gibt es, mit ihnen konstruktiv umzugehen?

2. Nachdem Leslie Christ geworden war, sah sie Lee in einem anderen Licht. Hat sich auch bei Ihnen die Wahrnehmung der Gewohnheiten, Charaktereigenschaften und Prioritäten Ihres Partners verändert, seit Sie in Ihrem Glauben reifer geworden sind? Was sollten Sie tun, damit Sie keine verurteilende oder negative Haltung Ihrem Partner gegenüber entwickeln?

3. Leslie berichtet, dass es zu Auseinandersetzungen mit Lee kam, weil sich ihre Vorstellungen zunehmend voneinander unterschieden, besonders was den Umgang mit Geld anbelangt. Geht es Ihnen ähnlich? Welche Bereiche sind davon besonders betroffen?

4. Leiden Sie manchmal unter Schuldgefühlen, weil Sie sich irgendwie für die geistlichen Entscheidungen Ihres Partners verantwortlich fühlen? Haben Ihnen Leslies Gedanken zu diesem Thema weitergeholfen und diese Gefühle etwas abge-

schwächt? Wenn ja, warum, und wenn nein, warum nicht? Wie können Sie solchen ungerechtfertigten Druck in Bezug auf die Bekehrung Ihres Partners künftig von sich fern halten?

5. In Johannes 16,33 spricht Jesus uns zwei Dinge zu – Frieden und Mut: „Dies habe ich zu euch gesagt, damit ihr in mir Frieden habt. In der Welt seid ihr in Bedrängnis; aber habt Mut: Ich habe die Welt besiegt." In welchen Bereichen könnten Sie im Augenblick Gottes Frieden am meisten gebrauchen? Wofür brauchen Sie neuen Mut? Nehmen Sie Ihre Antworten zum Ausgangspunkt, um diese Themen im Gebet vor Gott zu bringen.

Kapitel 3: In Lees Worten

1. Nachdem Sie Gelegenheit hatten, einen Blick in die Gedankenwelt eines nicht gläubigen Ehepartners zu werfen, was hat Sie am meisten überrascht? Welche der von Lee beschriebenen Gefühle hätten Sie am wenigsten erwartet: Eifersucht, Kränkung, Verzweiflung, Groll, Angst oder Ärger? Gab es vielleicht den einen oder anderen „Aha"-Effekt für Sie, weil Sie sich plötzlich auf bestimmte Verhaltensweisen Ihres Partners einen Reim machen konnten? Nennen Sie einige Beispiele.

2. Lee sprach davon, dass man als nicht gläubiger Ehepartner eifersüchtig auf Jesus werden kann. Könnte es sein, dass Ihr Partner ähnliche Gefühle hegt? Was könnten Sie tun, um Ihrem Partner dabei zu helfen, die zugrunde liegenden Ängste abzubauen?

3. Kommt es auch bei Ihrem Partner zu Zornesausbrüchen, wenn es um Ihr Gemeindeengagement oder andere „fromme" Aktivitäten geht? Können Sie die Wutausbrüche Ihres Partners nun besser nachvollziehen, nachdem Sie gelesen haben, was bei Lee die ausschlaggebenden Faktoren waren?

4. Haben Lees Gedanken in Ihnen den Wunsch geweckt, mit Ihrem Partner über seine Gefühle bezüglich Ihres Glaubens zu reden? Welche spezifischen Bereiche würden Sie gern mit ihm

besprechen? Bitten Sie Gott um seine Führung, wann und wie Sie dieses Thema mit Ihrem Partner anschneiden können. Ist es überhaupt sinnvoll? Wenn ja, was sollten Sie im Einzelnen ansprechen?

Teil II: Was Sie tun können, damit Ihre Partnerschaft mit einem Nichtchristen gelingt

Kapitel 4: Die Mitspieler: Gott, Ihr Partner, Sie selbst und ein Mentor

1. Haben Sie so wie Leslie damals folgenden Entschluss gefasst: „Ich werde mit der Hilfe des Heiligen Geistes alles tun, was in meiner Macht steht, damit meine Ehe gelingt"? Wenn ja, hat dieser Entschluss sich bereits auf Ihre Ehe ausgewirkt? Wenn Sie diesen Schritt noch nicht getan haben, wäre nicht gerade jetzt ein guter Zeitpunkt dazu? Besiegeln Sie Ihre Entscheidung mit einem Gebet.

2. Was tun Sie dafür, dass Gott in Ihrem Leben an erster Stelle bleibt? Wie können Sie ganz praktisch in die geistlichen Übungen des Gebets, des Bibelstudiums, der christlichen Gemeinschaft usw. hineinwachsen, ohne dass dies neue Probleme in Ihrer Ehe hervorruft?

3. Wie können Sie so „ehrfürchtig und rein" leben, dass es, wie 1. Petrus 3,2 besagt, in den Augen Ihres Partners Bände spricht? Für Leslie bedeutete dies in erster Linie, für Lee da zu sein, ihm zuzuhören, ihm das Gefühl zu vermitteln, dass sie ihn braucht, auf ihre gemeinsamen Interessen aufzubauen, Lee nicht mit christlichen Ehemännern zu vergleichen und ihn als ihren Mann und nicht als ihr Bekehrungsobjekt zu lieben. Wie sieht es damit bei Ihnen aus? Welche Haltung sollten Sie bei sich selbst entwickeln? Warum sollten Sie das tun? Wie wollen Sie ganz konkret daran arbeiten?

4. Linda, Leslies Mentorin, hatte einen entscheidenden Anteil daran, Leslie in diesem Prozess zu helfen. Für welche Bereiche

würden Sie sich selbst einen Mentor wünschen? Wenn Sie bereits einen Menschen wie Linda an Ihrer Seite haben, welche Erkenntnisse aus diesem Kapitel würden Sie gern mit diesem Menschen besprechen, um Ihre Mentoringbeziehung noch effektiver zu gestalten? Wenn Sie bislang noch keinen Mentor haben, was könnten Sie ganz praktisch tun, um eine solche Person zu finden?

Kapitel 5: Geben Sie Ihrem Partner, was Gott Ihnen gegeben hat

1. In welchen Bereichen können Sie von sich aus Ihre Beziehung „christlich" gestalten, indem Sie selbst nach göttlichen Prinzipien leben? Fallen Ihnen drei konkrete Dinge ein, die Sie heute tun könnten? Was erwarten Sie, wie Ihr Partner darauf reagiert?

2. Wo würden Sie Ihre Paarbeziehung auf einer Skala von 1 bis 10 einordnen, wenn 1 für „düsterste Stimmungslage" und 10 für „völlige Unbeschwertheit" steht? Was können Sie persönlich dazu beitragen, dass Ihre Ehe unbeschwerter wird? Haben Sie sich jemals ganz bewusst dafür entschieden, Freude zu leben? Wenn nicht, dann treffen Sie diese Entscheidung heute – und bitten Sie Gott, Ihnen dabei zu helfen.

3. Benennen Sie wenigstens einen Bereich, in dem Sie Groll auf Ihren Partner hegen und arbeiten Sie hier exemplarisch den PEACE-Prozess durch. Stellen Sie danach fest, welchen Einfluss dies auf Sie selbst, Ihren Partner und Ihre Beziehung hatte.

4. Stellen Sie sich vor, Ihr Partner wäre ein wirklich hingegebener Christ. Wie würde er sich dann verhalten? Überdenken Sie Ihre Erwartungen und bitten Sie einen guten Freund/eine Freundin, dessen Ehepartner Christ ist, Ihnen ganz ehrlich zu sagen, was Sie erwarten können, wenn Ihr Partner sich bekehrt.

5. Schreiben Sie eine „Top-Ten-Liste" der Eigenschaften Ihres Partners, die Sie am meisten schätzen. Drucken Sie diese Liste

auf qualitativ hochwertigem Papier aus und präsentieren Sie sie ihm als Geschenk bei einem gemeinsamen romantischen Abendessen. Stellen Sie fest, wo Ihre Gemeinsamkeiten liegen, und bauen Sie diese Bereiche ganz bewusst aus.

6. Beschreiben Sie eine konkrete Situation, wo Ihre unterschiedlichen Ansichten in Glaubensfragen wirklich zu einem Konflikt in Ihrer Ehe geführt haben. Hätte Ihnen der Konfliktlösungsansatz, den wir beschreiben (Innehalten, Alternativen suchen, Zuhören) in diesem Moment weitergeholfen? Wenn Sie aus heutiger Sicht auf diese Situation zurückblicken, hätte es eventuell eine Kompromisslösung gegeben, die zu einer Entspannung beigetragen hätte? Welcher dieser drei Schritte des Konfliktlösungsprozesses fällt Ihnen persönlich noch am schwersten? Warum?

7. Sind Sie ein faires Gegenüber, wenn in Ihrer Beziehung Konflikte entstehen? Überlegen Sie sich ganz konkret drei Möglichkeiten, wie Sie dazu beitragen können, die nächste Auseinandersetzung konstruktiver zu gestalten.

Kapitel 6: Wenn es frostig wird, die Sache mit den Kindern und die zentrale Frage überhaupt

1. Wie würden Sie die Temperatur Ihrer Ehe im Augenblick einschätzen – heiß, warm, lauwarm, kühl, kalt oder eiskalt? Welche der Empfehlungen aus diesem Kapitel könnte für Sie hilfreich sein, wenn zwischen Ihnen und Ihrem Partner derzeit eher ein kühler Wind weht?

2. Überlegen Sie, welche Aspekte Ihrer Persönlichkeit oder Ihres Temperaments Sie davon abhalten, sich mit Ihrem Partner wieder zu versöhnen, wenn sich zwischen Ihnen eine Kluft aufbaut. Bitten Sie Gott, Ihnen dabei zu helfen, die ersten Schritte zur Versöhnung zu gehen, wenn Ihr Partner sich vor Ihnen zurückzieht.

3. Wie haben Sie und Ihr Partner die geistliche und ethische Erziehung Ihrer Kinder bisher gehandhabt? Wie würden Sie die

Offenheit Ihres Partners gegenüber einer christlichen Erziehung einschätzen?

4. Welche Möglichkeiten stehen Ihnen zur Verfügung, um Ihren Kindern christliche Werte zu vermitteln, ohne neue Spannungen in Ihrer Ehe hervorzurufen?

5. Beantworten Sie folgende Frage so ehrlich wie möglich: „Unter welchen Voraussetzungen würde ich gern mit mir selbst verheiratet sein?“ Welche Veränderungen in Ihrem Verhalten würden Sie sich wünschen? Welche Ecken und Kanten Ihrer Persönlichkeit müssten abgerundet werden? Welche Haltungen müssten aufgegeben und welche gestärkt werden? Dann bitten Sie Gott um seine Hilfe in dem Prozess jener Mensch zu werden, den Gott sich ursprünglich gedacht hat.

Teil III: Ihre Ehe als Missionsfeld

Kapitel 7: Bevor Sie anfangen, Ihrem Partner von Gott zu erzählen

1. In fast jeder geistlich unausgewogenen Ehe gibt es einen Punkt, an dem der christliche Partner zu viel Energie auf die Bekehrung seines Partners verwendet. Haben Sie das bei sich bereits erlebt? Nennen Sie einige Beispiele, wo Sie übereifrig oder manipulativ waren. Wie hat Ihr Partner darauf reagiert?

2. Welche nonverbalen Botschaften bezüglich des Christseins übermitteln Sie Ihrem Partner durch Ihren gegenwärtigen Lebensstil? Wo gibt es in Ihrem Leben heuchlerische Haltungen, die sein Radarwarnsystem aktivieren? Welche Veränderungen könnten Sie vornehmen, damit Ihr Leben eine größere Ausstrahlung hat?

3. Haben Sie Dinge gesagt oder getan, für die Sie sich bei Ihrem Partner entschuldigen sollten? Bitten Sie Gott, Ihnen ungelöste Konfliktsituationen aus der Vergangenheit vor Augen zu füh-

ren. Beten Sie, dass Gott Ihnen hilft, Ihre Haltung zu ändern und Ihren Partner in diesen Belangen ehrlich um Vergebung zu bitten.

4. Betrachten Sie Ihr Leben mit den Augen Ihres Partners: Würde es für ihn eine Verbesserung bedeuten, sich Ihrem Lebensstil anzunähern? Wenn ja, warum? Wenn nein, warum nicht? Benennen Sie ganz konkret drei der in Galater 5,22 genannten Aspekte, in denen Sie noch wachsen müssen – Liebe, Freude, Friede, Langmut, Freundlichkeit, Güte, Treue, Sanftmut und Selbstbeherrschung. Welche praktischen Schritte könnten Sie tun, um diese Qualitäten in Ihrem Leben zu fördern?

5. Welche der genannten Kategorien beschreibt die Einstellung Ihres Partners gegenüber dem Christentum am besten? Ist er am ehesten ein Zyniker, ein Skeptiker, ein Zuschauer oder ein Sucher? Hat sich daran in den Jahren Ihrer Ehe etwas geändert? Welche der Anregungen in diesem Kapitel könnten Ihnen eine Hilfe sein, Ihren Partner näher zu Jesus zu bringen? Bitten Sie Gott um Weisheit, wie Sie Ihren Partner inspirieren können, sich für den Glauben zu öffnen.

Kapitel 8: Was tun, wenn Ihnen die Worte fehlen?

1. Stellen Sie sich vor, Ihr Partner käme plötzlich auf Sie zu und würde Sie fragen, worum es beim Christsein eigentlich geht. Könnten Sie auf diese Frage spontan eine schlüssige Antwort geben? Üben Sie sich darin, indem Sie zum Beispiel einem befreundeten Christen die „Römerstraße“ erklären. Auf diese Weise gewinnen Sie Sicherheit für den „Ernstfall“.

2. Wie würde Ihrem Partner der Stil Ihrer gegenwärtigen Gemeinde zusagen, wenn er einwilligen würde, mit Ihnen in den Gottesdienst zu gehen? Wovon würde er Ihrer Einschätzung nach am meisten profitieren? Welche Aspekte würden ihn eher verwirren? Wenn Ihre eigene Gemeinde nicht der richtige Ort ist, um Menschen auf der Suche nach Gott weiterzuhelfen, gibt es in Ihrer Stadt eine Gemeinde, die dafür besser geeignet erscheint? Welche? Aus welchem Grund? Besuchen Sie einmal

den Gottesdienst dieser Gemeinde und stellen Sie fest, ob er Ihren Erwartungen entspricht.

3. Denken Sie, dass Ihr Partner bestimmte Bereiche seines Lebens verbergen möchte und sich deshalb Gott nicht annähern kann? Wenn ja, warum? Wenn nein, warum nicht?

4. Beschreiben Sie, welche Beziehung Ihr Partner während seiner Kindheit und Jugendzeit zu seinem Vater hatte. Könnte es sein, dass diese Erfahrungen zwischen ihm und Gott als seinem himmlischen Vater stehen? Wenn ja, warum? Wenn nein, warum nicht? Glauben Sie, dass die Dinge, die wir in diesem Kapitel vorschlagen, Ihrem Partner helfen könnten, diese Barriere zu überwinden?

5. Stellen Sie sich einmal vor, Ihr Partner wäre plötzlich sehr offen und interessiert daran, über Gott zu sprechen. Überlegen Sie sich drei Fragen, die Sie ihm stellen könnten, um das Gespräch in Gang zu bringen.

6. Hat Ihr Partner eine ausgeprägte eigene Lebensphilosophie oder feste Vorstellungen von Gott? Wenn ja, was genau glaubt er? Stellen Sie sich vor, es ergäbe sich für Sie eine Gelegenheit, zu einzelnen Punkten Stellung zu nehmen – was würden Sie ihm sagen wollen?

Kapitel 9: Was das Gebet des Partners vermag

1. Wie würden Sie Ihr gegenwärtiges Gebetsleben einschätzen – vollends zufrieden stellend, meistens zufrieden stellend, zufrieden stellend, eher unbefriedigend, sehr unbefriedigend? Geht es Ihnen auch manchmal so wie der Frau im Theaterstück, die immer abgelenkt wurde, wenn sie eigentlich beten wollte? Beschreiben Sie, wie es Ihnen typischerweise ergeht. Welche der Anregungen aus diesem Kapitel könnten Ihnen weiterhelfen, sich besser gegen Ablenkungen zu schützen und ein erfüllenderes Gebetsleben zu entwickeln?

2. In diesem Kapitel wurden die acht A's des Gebets besprochen – *avoid* (ausweichen, vermeiden), *approach* (annähern), *adore* (anbeten), *acknowledge* (anerkennen), *admit* (aufdecken, eingestehen), *ask* (Anliegen äußern, bitten), *align* (ausrichten) und *act* (aktiv handeln). Welches dieser Elemente fehlt in Ihrem Gebetsleben am ehesten? Weshalb haben Sie gerade an dieser Stelle die meisten Schwierigkeiten?

3. Welche „Gebetskiller" stehen Ihrer Kommunikation mit Gott im Wege? Was können Sie tun, um sie auszuräumen?

4. Ist Gott in Ihren Augen eher ein ferner, unnahbarer Gott, der sich für Ihre Belange nicht weiter interessiert, oder ist er ein enger Vertrauter, der nur darauf wartet, dass Sie mit Ihren Anliegen zu ihm kommen? Wie kommt es dazu, dass Sie Gott so sehen? Was sagt die Bibel über Gottes Bereitschaft, Ihre Gebete zu hören?

5. Nennen Sie drei kreative Möglichkeiten, wie Sie Gott im Gebet Ihre Bewunderung zum Ausdruck bringen können.

6. Nehmen Sie sich einen Moment Zeit, darüber nachzudenken, wofür Sie Gott dankbar sind. Schreiben Sie so viele Gründe auf, wie Ihnen einfallen. Benutzen Sie diese Liste immer wieder als Anregung, um Gott zu danken.

7. Gibt es spezifische Sünden in Ihrem Leben, bei denen Gott geradezu darauf wartet, dass Sie sie ihm endlich bekennen? Beten Sie, wie David es in Psalm 139,23-24 tat: „Erforsche mich, Gott, und erkenne mein Herz, prüfe mich und erkenne mein Denken. Sieh her, ob ich auf dem Weg bin, der dich kränkt, und leite mich auf dem altbewährten Weg!"

8. Haben Sie jemals erlebt, dass Gott Sie geleitet hat, etwas Bestimmtes zu tun oder zu sagen? Beschreiben Sie Ihr Erlebnis.

9. Versuchen Sie, die „8 A's des Gebets" eine Woche lang anzuwenden, und werten Sie im Anschluss daran aus, ob sie Ihnen eine Hilfe waren. Ebenso möchten wir Sie auch ermutigen,

die Anregungen aus dem „30-tägigen Gebetsabenteuer“ (Anhang 1) in Ihre täglichen Zeiten mit dem Herrn einzubeziehen.

TEIL IV: Vom Umgang mit sonstigen geistlich unausgewogenen Beziehungen

Kapitel 10: Beziehungsfallen vermeiden

1. Haben Sie den festen Entschluss gefasst, in Zukunft nur mit einem entschiedenen Christen eine Paarbeziehung einzugehen? Wenn ja, in welcher Hinsicht fällt es Ihnen besonders schwer, diesen Entschluss umzusetzen? Waren Sie schon einmal versucht, Kompromisse einzugehen? Wenn Sie sich bisher noch nicht zu dieser Entscheidung durchringen konnten, möchten wir Ihnen dringend ans Herz legen, diesen Schritt nicht länger hinauszuzögern.

2. Tim Stafford hat eine Reihe von sehr stichhaltigen Argumenten gegen „lockere“ Paarbeziehungen zu Nichtchristen aufgeführt. Was hat Sie am meisten überzeugt?

3. Haben Sie jemals eine feste Beziehung zu einem Nichtchristen gehabt? Wie ist es Ihnen in dieser Zeit im Hinblick auf Ihren Glauben ergangen? Wurde er gestärkt oder eher geschwächt? Können Sie sich vielleicht in einigen Punkten aus Donnas Beispiel wieder finden, die durch eine Serie kleiner Fehlentscheidungen geistlich auf Abwege geriet? Beschreiben Sie Einzelheiten.

4. Wenn Sie gerade fest befreundet sind oder sich auf der Schwelle zu einer neuen Beziehung befinden, dann stellen Sie sich die 15 Fragen, die in diesem Kapitel aufgelistet sind. Vergessen Sie nicht, dass kein Menschen alle diese Qualitäten zu 100 % besitzen kann. Dennoch gibt der Fragenkatalog Ihnen eine Reihe von Kriterien an die Hand, um sich ein Urteil darüber zu bilden, ob eine Person wirklich Jesus nachfolgt. Sind Sie auch nach eingehender Prüfung noch davon überzeugt, dass

Sie mit diesem Menschen befreundet sein sollten? Wenn ja, warum? Wenn nein, warum nicht?

5. Gehen Sie noch einmal die 15 Fragen durch, aber wenden Sie sie diesmal auf *Ihr* Leben an. Welche Frage hat Sie am meisten überführt? Warum? Welche Fragen haben Sie ermutigt? In welcher Weise? Nehmen Sie die Ergebnisse Ihrer kleinen Eigenerhebung zum Anlass, Gott zu bitten, dass er Ihnen auf dem Weg zur Reife in Jesus weiterhilft.

Kapitel 11: Wenn Christen nicht im Einklang miteinander sind

1. Beschreiben Sie Ihren eigenen geistlichen Reifestand und den Ihres Partners. In welchen Bereichen ist er bzw. sie Ihnen gegenüber im Rückstand? Was könnte Ihrer Meinung nach der Grund für seinen/ihren Mangel an geistlicher Dynamik sein?

2. Stellen Sie sich die schwere Frage: Ist Ihr Partner wirklich Christ? Wenden Sie die Gleichung aus Johannes 1,12 (Glauben + Empfangen = Werden) an, um hier zu einer realistischen Antwort zu kommen. Liegt das Problem vielleicht darin, dass Ihr Partner die Notwendigkeit der Vergebung nicht sieht? Oder hat er sein Leben einfach nur noch nie bewusst an Jesus als seinen Herrn und Erlöser übergeben? Sehen Sie gegebenenfalls eine Möglichkeit, mit Ihrem Partner darüber zu sprechen, wie er zu den Aussagen in Johannes 1,12 steht?

3. Ist Ihre Gemeinde ein Ort, an dem Ihr Partner geistlich herausgefordert wird und wachsen kann? Oder gibt es für Ihren Partner Hindernisse, die dazu führen, dass er sich in dieser Kirche nicht wohl fühlt? Wäre es eventuell sinnvoll, dass Sie sich gemeinsam eine Gemeinde suchen, in der Sie sich beide zu Hause fühlen und wachsen können? Wenn ja, warum? Wenn nein, warum nicht?

4. Kennt Ihr Partner seine geistlichen Gaben? Gehen Sie mit ihm gemeinsam das SHAPE-Akronym (spirituelle Gaben, Herz, Befähigungen, Persönlichkeit, Erfahrungen) durch. Vielleicht

bietet ihm das eine Hilfe, um seine geistlichen Gaben zu entdecken.

5. Stellen Sie sich eine Skala vor, auf der *Kritiksüchtige* an einem Pol und *Ermutiger* am anderen Pol steht. Wo müssten Sie sich selbst auf dieser Skala einordnen, wenn Sie an Ihren Umgang mit Ihrem Partner denken? Was für konkrete Schritte können Sie tun, um ein Ermutiger zu werden?

6. Nennen Sie einige Eigenschaften, in denen Sie sich von Ihrem Partner unterscheiden. Ist einer von Ihnen vielleicht eher introvertiert und der andere eher extrovertiert? Wer von Ihnen beiden ist eher lösungsorientiert und wer ist eher problemorientiert? In welchen anderen Bereichen, Charakterzügen, Vorlieben und Prioritäten unterscheiden Sie sich sonst noch? Könnten diese Faktoren unter Umständen mit dafür verantwortlich sein, dass es Unterschiede im geistlichen Wachstum gibt?

Zum Schluss: Die Zukunft Ihrer unausgewogenen Paarbeziehung

1. Römer 8,28 besagt: „Wir wissen, dass Gott bei denen, die ihn lieben, alles zum Guten führt, bei denen, die nach seinem ewigen Plan berufen sind.“ Haben Sie bereits erlebt, dass Gott aus Ihren erschwerten Umständen etwas Gutes für Sie bewirkt? Haben Sie eine Vorstellung davon, was Gott in der Zukunft tun könnte, um diese Verheißung in Ihrem Leben zu erfüllen?

2. Stellen Sie sich einmal vor, Sie stehen am Ende Ihres irdischen Lebens. Was für ein Mensch möchten Sie dann sein? Welche Charaktereigenschaften soll Gott bis dahin in Ihnen hervorgebracht haben? In welcher Weise könnte Gott ausgerechnet Ihre geistlich unausgewogene Ehe dazu benutzen, um Ihren Charakter zu formen und Ihre Werte zu verändern? Wo will er an Ihrer Haltung arbeiten, Ihr Herz erneuern, Sie zum Gebet anregen und Ihren Glauben vertiefen, damit Sie Jesus ähnlicher werden?

3. Dieses Buch endet mit den Worten: „Gott ist treu – selbst inmitten einer geistlich unausgewogenen Partnerschaft." Finden Sie einige Beispiele aus Ihrem eigenen Leben, wo Gott inmitten der Turbulenzen Ihrer schwierigen Ehe seine Treue erwiesen hat. Nehmen Sie sich einen Augenblick Zeit, um Gott für seine Treue zu danken, die er beibehält, selbst wenn wir manchmal untreu sind.

4. Denken Sie über die Impulse nach, die Sie in diesem Buch erhalten haben. Nennen Sie einige Kerngedanken, Ratschläge und Ideen, die Ihnen besonders wichtig geworden sind. Warum haben ausgerechnet diese Gedanken Sie besonders angesprochen?

5. Lesen Sie den offenen Brief an nicht gläubige Ehepartner, den wir im Anhang dieses Buches abgedruckt haben. Könnten Sie sich vorstellen, diesen Brief zu fotokopieren und ihn Ihrem Partner zu lesen zu geben? Wenn ja, warum? Wenn nein, warum nicht?

6. Überlegen Sie sich mindestens drei konkrete Veränderungen, die Sie nach der Lektüre dieses Buches anstreben wollen. Wie wollen Sie bei der Umsetzung vorgehen? Halten Sie einen Moment inne und bitten Sie Gott um seinen Segen für Ihre Ehe – und um seine Hilfe, damit Sie inmitten Ihrer unausgewogenen Partnerschaft treu bleiben und geistliche Fülle erleben können.

Anhang 3

Literaturhinweise und Lesetipps

Warum glauben Christen an das, was sie glauben?

Der Fall Jesus. Ein Journalist auf der Suche nach der Wahrheit, von Lee Strobel. Projektion J, Asslar. Ein früherer Atheist zeichnet in diesem Buch seinen eigenen Weg zu Jesus nach. Mittels einer Serie von Experteninterviews werden Beweise zusammengetragen, dass Jesus wirklich der einzigartige Sohn Gottes ist.

Pardon, ich bin Christ. Meine Argumente für den Glauben, von C. S. Lewis. Brunnen Verlag, Gießen. Dieser Klassiker des bekannten Gelehrten aus Oxford präsentiert einleuchtende Argumente, warum das Christentum der Wahrheit entsprechen muss.

Bibel im Test. Tatsachen und Argumente für die Wahrheit der Bibel, von Josh McDowell. Hänssler Verlag, Holzgerlingen. Ein breit gefächertes Nachschlagewerk, das reichhaltige Beweise für den christlichen Glauben liefert.
Die Fakten des Glaubens, von Josh McDowell. Hänssler Verlag, Holzgerlingen; außerdem von Josh McDowell erschienen:
Fakten über das Christentum, die Zweifler kennen sollten
Skeptiker suchen ihren Weg

Jesus – der einzig wahre Gott? Christlicher Glaube und andere Religionen, von Ravi Zacharias. Brunnen Verlag, Gießen. Ein umfassendes Plädoyer für die Einzigartigkeit der christlichen Botschaft.

Und die Bibel hat doch Recht. Forscher beweisen die Wahrheit der Bibel, von Werner Keller. Naumann & Göbel. Ein absoluter Klassiker!

Antworten auf Einwände gegen den christlichen Glauben

Glaube im Kreuzverhör. Ein Journalist hinterfragt das Christentum, von Lee Strobel. Projektion J, Asslar. Durch Interviews mit Experten liefert ein ehemaliger Skeptiker Antworten auf die acht häufigsten Einwände gegen das Christentum. Unter anderem werden folgende Fragen behandelt: Warum lässt Gott das Leid zu? Wie kann ein liebender Gott Menschen in die Hölle schicken? Warum kann die Evolution keine Antworten auf die Entstehung des Lebens geben? Wie kann Jesus den Anspruch erheben, der einzige Weg zu Gott zu sein?

Jesus für Skeptiker, von Jürgen Spieß, Brockhaus Verlag, Haan.

Wie können Christen über ihren Glauben reden?

Bekehre nicht – lebe. So wird Ihr Christsein ansteckend, von Bill Hybels und Mark Mittelberg. Projektion J, Asslar. Eine hervorragende und umfassende Darstellung, wie Christen ihren Glauben in einer überzeugenden Form weitergeben können, die ihrer Persönlichkeit entspricht.

Out of the Salt Shaker and Into the World, von Rebecca Manley Pippert. InterVarsity Press. Stellt den christlichen Glauben als Lebensstil dar und zeigt Wege auf, wie man seinen Glauben voller Begeisterung und zugleich wohltuend entspannt weitergeben kann. (Keine dt. Ausgabe gefunden.)

Weitersagen. Zeugnisgeben – wie macht man das? Von Paul Little. Aussaat-/Schriftenmission, Neunkirchen. Dieser Klassiker möchte ganz gewöhnlichen Menschen dabei helfen, anderen vom außergewöhnlichen Evangelium zu erzählen.

So wird Ihre Gemeinde ansteckend. Glauben weitergeben in einem Stil, der zu Ihnen passt, von Mark Mittelberg, Lee Strobel und Bill Hybels. Projektion J, Asslar. Ein überzeugender, an der Bibel orientierter Entwurf, mittels dessen jede beliebige Gemeinde, unabhängig von ihrer Größe, ihrem Stil oder ihrer Ausrichtung in einen Ort verwandelt werden kann, der die Kirchendistanzierten wirklich erreicht.

Beim Wort zum Sonntag schalt' ich ab. Die Welt eines Kirchendistanzierten verstehen, von Lee Strobel. Projektion J, Asslar. Ein früherer Skeptiker untersucht die Gedankenwelt von Nichtchristen und zeigt Wege auf, wie wir – als Individuen und als Gemeinden – diese Menschen in unserem Umfeld am besten erreichen.

Weitere Materialien zum Thema dieses Buches

Wenn du doch glauben könntest. Wie Sie Ihrem Partner helfen, Christ zu werden, von Jo Berry. Schulte & Gerth, Asslar. Dieses Buch basiert auf Interviews mit Frauen, die mit einem Nichtchristen verheiratet sind. Es bietet Ermutigung und biblisch fundierte Hilfen zum Umgang mit einer geistlich unausgewogenen Ehe.

Als Christ allein in der Ehe. Wenn der Ehepartner nicht glaubt, von Marcia Mitchell, Aussaat Verlag.

Anhang 4

Ein Brief an Ihren Ehepartner

Wünschen Sie sich auch manchmal, Ihr Partner könnte sich einfach einmal mit einem Menschen zusammensetzen, der auch als Nichtchrist mit einem Christen verheiratet war, der aber inzwischen selbst gläubig geworden ist? Es müsste jemand sein, der sich in Ihren Partner hineinversetzen kann, der dazu beitragen könnte, die typischen Spannungen einer solchen Partnerschaft abzubauen, und der ihn in einfühlsamer Weise dazu ermutigt, den Glauben doch einmal einer ernsthaften Prüfung zu unterziehen.

Da mir dies wohl leider nicht möglich ist, habe ich mich entschlossen zu tun, was mir möglich ist, nämlich Ihrem Partner einen Brief zu schreiben. Er beginnt auf der folgenden Seite. Ich habe mich bemüht, Ihrem Partner ganz ehrlich und ungeschminkt zu schildern, wie es mir damals erging, als Leslie Christ wurde. Ich möchte Ihrem Partner nach Möglichkeit vermitteln, dass sich eine Ehe trotz unterschiedlicher Anschauungen über den Glauben positiv weiterentwickeln kann und dass es sich auf jeden Fall lohnt, der Wahrheit über Jesus persönlich auf den Grund zu gehen.

Ich schlage vor, dass Sie den Brief zunächst einmal selbst durchlesen, um sich ein Bild zu machen, ob er Ihrem Partner weiterhelfen könnte. Wenn Sie den Eindruck haben, dass Ihr Mann oder Ihre Frau davon profitieren könnte, dann beten Sie, dass Gott diesen Brief dazu benutzt, Ihre Ehe zu stärken und Ihrem Partner einen Anreiz zu geben, sich doch einmal mit den Inhalten des Christentums auseinander zu setzen.

Dann fotokopieren Sie den Brief und sagen Ihrem Partner etwas in dieser Art: „Ich habe gerade ein Buch über Ehepartner mit unterschiedlichen religiösen Überzeugungen gelesen. Einer der Autoren hat einen offenen Brief geschrieben und ich habe mir gedacht, seine Gedanken zu diesem Thema könnten dich interessieren."

Geben Sie ihm die Gelegenheit, den Brief für sich allein zu lesen. Fragen Sie erst später nach, was er davon hält. Setzen Sie Ihren Partner nicht unter Druck, mit Ihnen über seine Gedanken zu sprechen, aber es besteht durchaus die Möglichkeit, dass sich nach der Lektüre die Gelegenheit zu einem Gespräch ergibt. Sollte das so sein, haben Leslie und ich vollstes Vertrauen, dass die Einsichten, die Sie beim Lesen dieses Buches gewonnen haben – und was noch weit wichtiger ist, die Leitung des Heiligen Geistes –, Ihnen dabei helfen werden, die richtigen Worte zu finden.

Lieber Freund,

vor einiger Zeit habe ich etwas Unerfreuliches zu hören bekommen: Meine Frau teilte mir mit, sie sei Christ geworden. Als überzeugter Atheist konnte ich mir eigentlich kaum etwas Übleres vorstellen. Solche Märchen hatte ich schon vor langer Zeit hinter mir gelassen, und jetzt auf einmal glaubte plötzlich meine Frau an eine Gottheit, die sie nicht sehen kann, und an die uralte Legende von einem Menschen, der angeblich von den Toten wieder auferstanden sein soll. Auf einmal war ich mit einer frommen Spinnerin verheiratet, die mir ständig Moralpredigten halten, den Sex ruinieren und versuchen würde, mich sonntags in die Kirche zu schleifen. Nein, danke! Ich habe ihr klipp und klar gesagt: „Glaub, woran du willst, aber lass mich damit in Ruhe!"

Ich habe keine Ahnung, wie Sie auf die Nachricht reagiert haben, dass Ihr Partner Christ geworden ist. Vielleicht hatten Sie ja ein wenig Zeit, sich an den Gedanken zu gewöhnen; vielleicht fühlten Sie sich auch so überrumpelt wie ich damals. Wie dem auch sei, ich nehme an, dass Sie von dieser Veränderung nicht begeistert sind. Glauben Sie mir, ich kann das sehr gut nachempfinden. Vermutlich geht es Ihnen so wie mir damals – Sie fühlen sich ein wenig verraten und verkauft. Ich hatte damals allergrößte Bedenken, dass die freiheitsliebende, lustige und zu allen Abenteuern bereite Leslie, die ich vor ein paar Jahren geheiratet hatte, sich über Nacht in eine prüde, verklemmte Nonne verwandeln würde, die nur noch daran interessiert ist, in irgendeiner schäbigen Suppenküche den Armen zu dienen.

Sicher fragen Sie sich, wo das Ganze hinführen soll. Mir ging es jedenfalls so. Ich fragte mich, was nun aus unserer Ehe werden sollte. Wie würde sich Leslie verändern? Würde sie mich von nun an als armseligen Sünder auf dem Weg zu Hölle betrachten? Würden wir uns nun ständig streiten – über Finanzen, Freizeitgestaltung, die Erziehung der Kinder und all die anderen leidigen Themen? Wenn ich in die Zukunft schaute, sah ich bis zum Horizont nichts als Probleme auf uns zukommen.

Es dauerte auch gar nicht lange, bis die ersten Konflikte aufkamen. Zum einen behagten mir ihre neuen Freunde aus der Gemeinde nicht. Außerdem hatte ich das Gefühl, dass Leslie wegen meiner Trinkgewohnheiten und meiner manchmal etwas derben Sprache die Nase rümpfte, obwohl sie eigentlich nie offen etwas dazu gesagt hat.

Wie ist die Sache ausgegangen? Nun – aus heutiger Sicht kann ich sagen, dass die meisten meiner düsteren Befürchtungen sich nicht bewahrheitet haben.

Wenn ich sie einfach machen ließ und ihr nicht laufend Druck machte, konnte ich sogar einige durchaus positive Neuerungen bei Leslie erkennen. Dadurch, dass Leslie aufgrund ihres Glaubens nun sehr darauf bedacht war, einfühlsam und liebevoll zu sein, Demut walten zu lassen und Vergebung zu üben, wehte zwischen uns spürbar ein anderer Wind. Ihre Aufrichtigkeit, ihre Gradlinigkeit und ihr Engagement für die weniger Privilegierten der Gesellschaft boten nur wenig Angriffsfläche. Ich muss sogar ehrlich zugeben, dass ich mit der Zeit vielem, was ich Neues an ihr sah, durchaus etwas abgewinnen konnte.

In den meisten Bereichen konnten wir uns mit der Zeit arrangieren. Ich ließ sie in die Kirche gehen und blieb einfach zu Hause. Dafür ließ sie mich meiner Wege ziehen, wenn ich gelegentlich einen trinken ging. Und die Kinder? Ich hatte nichts dagegen einzuwenden, dass sie am Sonntag mit in die Gemeinde gingen. Eine gesunde Basis an ethischen Werten konnte ihnen schließlich nicht schaden. Leslie sollte ruhig ihren Glauben leben, und ich wollte ruhig meinen Unglauben leben. Immerhin blieb uns auch noch eine ausreichende Basis an Gemeinsamkeiten, und unsere Liebe füreinander war ungebrochen.

Bedaure ich im Nachhinein etwas? Natürlich. Ich bedaure meine reaktionäre Haltung und meine Versuche, ihren Glauben schlecht zu machen, und dass ich ihr über lange Zeit hinweg nicht den Freiraum zugestehen wollte, sich in der Weise zu entwickeln, wie es ihr wichtig war. Ich habe Streits über Nebensächlichkeiten vom Zaun gebrochen und war nicht bereit, das Gute zu sehen, das ihr Glaube mit sich brachte. Ich bedaure, dass ich mit Groll und Ärger reagierte, wann immer sie versuchte, mein Interesse für das Christentum zu wecken. Erst viel später wurde mir klar, dass sie mit ihren Bekehrungsversuchen gar keine Gummipunkte bei Gott sammeln wollte. Sie hatte etwas gefunden, das ihr echte Freude und Erfüllung gab, und es war ihr ein tiefes Bedürfnis, diese Erfahrung mit mir zu teilen. Aber ich war ja schon ein großer Junge und hatte das Recht „Nein" zu sagen, wenn ich nicht wollte.

Ironischerweise habe ich dann am Ende doch „Ja" gesagt. Ich könnte mir vorstellen, dass Sie ausgerechnet das nicht so gerne hören, aber so ist es gewesen. Die vielen positiven Veränderungen in Leslies Leben haben mich schließlich dazu gebracht, mich doch einmal näher mit dem christlichen Glauben auseinander zu setzen. Dieser Prozess der intensiven Auseinandersetzung dauerte bei mir zwei Jahre, und ich habe meine ganze Erfahrung als Jurist und Journalist eingesetzt, um herauszufinden, was wirklich daran ist. (Ich war seinerzeit der verantwortliche Chefredakteur für die Rechtsberichterstattung der Chicago Tribune.) Am Ende stellte ich fest, was ich niemals erwartet hätte: Jesus ist wirklich der Sohn Gottes, und seine Auferstehung ist der Beweis dafür. Aufgrund dieser Fakten wurde ich Christ.

Sie können natürlich über Jesus denken, was immer Sie möchten. Das ist Ihr persönliches Vorrecht. Und auch mit Ihrer Ehe können Sie so umgehen, wie es Ihnen beliebt. Ich dachte mir nur, dass einige meiner Erlebnisse auch für Sie hilfreich sein könnten.

Es muss nicht so sein, dass Ihre Ehe in Zukunft nur noch Probleme in sich birgt. Bestimmt können Sie mit Ihrem Partner zu gewissen Übereinkünften kommen, und bestimmt gibt es zwischen Ihnen neben Ihren religiösen Differenzen noch genügend Gemeinsamkeiten, auf die Sie Ihre Beziehung gründen können. Wünscht sich Ihr Partner, dass auch Sie Christ werden? Ganz sicher. Aber Sie sind mündig, und Sie haben das Recht, Ihre eigene Entscheidung zu treffen. Ich würde Ihnen nur den Tipp geben, sich selbst einmal eingehend mit dem Thema Glaube auseinander zu setzen. Es gibt wirklich nichts zu verlieren – aber vielleicht eine Menge zu gewinnen.

Bitte fühlen Sie sich nicht gedrängt; es ist einzig und allein Ihre Entscheidung.

Mit herzlichen Grüßen

Lee Strobel

Quellenverzeichnis

[1] Immer wenn wir Beispiele von Leuten anführen, mit denen wir seelsorgerlich gearbeitet haben, ändern wir grundsätzlich den Vornamen, um ihre Privatsphäre zu schützen und die Situation in ihrer Partnerschaft nicht zu verschlimmern.

[2] Linda Davis: *How to Be the Happy Woman of an Unsaved Husband* (New Kensington, Penn: Whitaker House, 1987), 143.

[3] Paul Barnett: *The Second Epistle to the Corinthians* (Grand Rapids: Eerdmans, 1997), 345. Barnett schreibt: „Paulus untersagt nicht jegliche Form von sozialer Interaktion mit ‚Ungläubigen' (1. Korinther 5,9-10; 10,27). Paulus rät auch Christen nicht dazu, eine bestehende Ehe mit einem Nichtchristen zu lösen (1. Korinther 7,12-15)."

[4] Frank Gaebelein (Hrsg.): *The Expositor's Bible Commentary: Romans, 1 Corinthians, 2 Corinthians, Galatians* (Grand Rapids: Zondervan, 1976), 356.

[5] Jo Berry: *Wenn du doch glauben könntest. Wie Sie Ihrem Partner helfen, Christ zu werden* (Asslar: Schulte & Gerth , 1998). Zitat in der Originalausgabe *Beloved Unbeliever* (Grand Rapids: Zondervan, 1981), S. 21.

[6] 1. Könige 16,33

[7] Zitat aus Terry Mattinglys Kolumne vom 5. Juli 2000. Vertrieb durch Scipps Howard News Service.

[8] 1. Korinther 7,12-13

[9] George Barna: *Absolute Confusion* (Ventura, CA: Regal, 1993), 240-41, 247, 258, 270, 272, 274, 283, 285, 291.

[10] David W. Smith: *Men Without Friends* (Nashville: Thomas Nelson, 1990), 24-31.

[11] Siehe Mark Wingfield: „Researcher Proposes Biological Theory for Why Women Are More Religious Than Men", *American Baptist Press* (Nov. 30, 2000).

[12] Ronald B. Shwartz: *The 501 Best and Worst Things Ever Said About Marriage* (New York: Citadel, 1995), 114.

[13] Linda Davis: *How to Be the Happy Wife of an Unsaved Husband* (New Kensington, Penn.: Whitaker House, 1987), 10 (Hervorhebungen aus dem Original übernommen).

[14] Joh. 16,33, *Elberfelder Übersetzung* (Hervorhebungen durch die Autoren)

[15] Gerard Egan: *Interpersonal Living* (Monterey, CA: Brooks/Cole, 1976), 45.

[16] Ken Auletta: „The Lost Tycoon“, *The New Yorker* (April 23, 30, 2001), 156, 158. Turner selbst stimmte dieser Darstellung zu. Siehe Larry Kings Kolumne in *USA Today* (April 30, 2001), 2

[17] Linda Davis: *How to Be the Happy Wife of an Unsaved Husband* (New Kensington, Penn.: Whitaker House, 1987), 50-51.

[18] Michael Fanstone: *Unbelieving Husbands and the Wives Who Love Them* (Ann Arbor, Mich.: Servant, 1994), 71.

[19] 2. Petrus 3,9

[20] In der Fassung der *„Gute Nachricht“*-Bibel

[21] Phil Callaway: *Who Put the Skunk in the Trunk?* (Sisters, Ore.: Multnomah, 1999), 97.

[22] Exodus 20,3: Du sollst neben mir keine anderen Götter haben.

[23] Markus 12,30

[24] Psalm 96,4-5

[25] Jakobus 4,8

[26] Psalm 27,1

[27] Eugene Peterson, zit. in: *The Book of Wisdom* (Sisters, Ore.: Multnomah, 1997), 399.

[28] Phil Callaway: *Who Put the Skunk in the Trunk?* (Sisters, Ore.: Multnomah, 1999), 107.

[29] Gary Smalley: *Making Love Last Forever* (Dallas: Word, 1996), 110.

[30] Nach der Fassung der „Hoffnung für alle“

[31] Jakobus 1,2-4 (Hoffnung für alle)

[32] Jesaja 54,5

[33] Jesaja 54,10 (Luther)

[34] Lukas 15,1-31

[35] Siehe: Bill Hybels & Mark Mittelberg: *Bekehre nicht – lebe. So wird Ihr Christsein ansteckend* (Asslar: Projektion J, 2001). Zitierte Passage in der Originalausgabe *Becoming a Contagious Christian* (Grand Rapids: Zondervan, 1994) S. 16-24.

[36] Nach der englischsprachigen *„New Living Translation“* übersetzt.

[37] Siehe Matth. 20,28

[38] 1. Petrus 3,2 (Hoffnung für alle)

[39] Bebe Nicholson: *When a Believer Marries a Nonbeliever* (Alpharetta, GA: Priority Publishing, 1997), 118.

[40] Reinheit beispielsweise in der Lutherübersetzung, der Elberfelder und der Einheitsübersetzung. Keuschheit („chastity“) im Englischen in der King-James-Version und der Revised-Standard-Version.

[41] D. Edmond Hiebert: *First Peter: An Expositional Commentary* (Chicago: Moody, 1984), 185.

[42] Augustinus: *Bekenntnisse* 9.19, 22. Zit. bei Norman Hillyer: *New International Bible Commentary: First and Second Peter, Jude* (Peabody, Mass.: Hendrickson, 1992), 95.

[43] Joyce Huggett: „Lop-Sided Love“. *Christian Family* (June 1987), 14. Zitiert bei Michael Fanstone: *Unbelieving Husbands and the Wives Who Love Them* (Ann Arbor, Mich.: Servant, 1994), 84.

[44] Carole Mayhall: „Cherish Is the Word“. In Ramona Cramer Tucker: *Thirty Ways to a More Incredible Marriage* (Wheaton, Ill.: Tyndale, 1998), 96.

[45] H. Norman Wright. Zitiert in: *The Book of Wisdom*, 196.

[46] Beverly Bush Smith & Patricia DeVorss: *Caught in the Middle.* (Wheaton, Ill.: Tyndale), 68.

[47] ebd.

[48] Simone Signoret, zitiert in The London Daily Mail (July 4, 1978).

[49] Elisabeth Cody Newenhuyse: „Why Can't He Be More Like …?“ In: Ramona Cramer Tucker: *Thirty Days to a More Incredible Marriage*, 112-13.

[50] Epheser 4,15 betont, wie wichtig es für Christen ist, untereinander in Liebe die Wahrheit hochzuhalten.

[51] Siehe Matthäus 5,13-16.

[52] 1. Samuel 18,1-3

[53] David W. Smith: *Men Without Friends* (Nashville: Thomas Nelson, 1990), 214.

[54] Ted Engstrom: *The Fine Art of Friendship* (Nashville: Nelson, 1985), 131.

[55] Jack Mingo & John Javna: *Primetime Proverbs* (New York: Harmony Books, 1989), 140.

[56] Jo Berry: *Beloved Unbeliever* (Grand Rapids: Zondervan, 1981), 58.

[57] J. Allan Peterson: *Reader's Digest* (October 1993), zitiert in: Ronald B. Schwartz, ed.: *The 501 Best and Worst Things Ever Said About Marriage* (New York: Citadel, 1995), 184.

[58] Lawrence J. Crabb: *The Marriage Builder* (Colorado Springs: Navpress, 1987), 109 (Hervorhebungen im Original).

[59] Gary Oliver: „When a Spouse Converts", *Christianity Today* (July 9, 2001), 27.

[60] J. Stephen Lang: *Biblical Quotations for All Occasions* (Rocklin, CA: Prima, 1999), 258.

[61] Auszug aus einer Liste im Kapitel „Fifty Ways to Leave Your Worry", in: Phil Callaway: *Who Put the Skunk in the Trunk* (Sisters, OR: Multnomah, 1999), 130-31.

[62] Philipper 4,4

[63] Charles Swindoll: *Laugh Again*, 34 (Hervorhebung durch die Autoren)

[64] Phil Callaway: *Who Put the Skunk in the Trunk* (Sisters, OR: Multnomah, 1999), 152.

[65] ebd., 22.

[66] Matthäus 6,14-15.

[67] Ruth Graham: *Moody Monthly* (June 1975). Zitiert in Ronald B. Schwartz, ed.: *The 501 Best and Worst Things Ever Said About Marriage* (New York: Citadel, 1995), 49.

[68] Römer 12,18

[69] Lukas 6,28

[70] Jakobus 5,16a: „Darum bekennt einander eure Sünden, und betet füreinander, damit ihr geheilt werdet."

[71] Sprichwörter 23,7 in verschiedenen englischsprachigen Übersetzungen. *(„For as he thinks within himself, so he is.")* In den gängigen deutschen Übersetzungen findet sich keine Entsprechung für diese Lesart des Verses.

[72] H. Norman Wright & Gary J. Oliver: *How to Bring Out the Best in Your Spouse* (Ann Arbor, Mich.: Vine, 1996), 188.

[73] Gary Smalley: *Making Love Last Forever* (Dallas: Word, 1996), 222.

[74] C. C. Brooks: „Falling in Love with Your Husband … Again", in: Ramona Cramer Tucker: *Thirty Days to a More Incredible Marriage* (Wheaton, Ill.: Tyndale, 1988), 88.

[75] Bobbie and Myron Yagel: *15 Minutes to Build a Stronger Marriage* (Wheaton, Ill.: Tyndale, 1995), 25-26.

[76] Robert T. Michael, et al.: *Sex in America* (Boston: Little, Brown and Co., 1994), 129.
[77] ebd., 127-28.
[78] Siehe Genesis 2,24.
[79] Siehe 1. Korinther 7,3-6.
[80] Hebräer 13,4: „Die Ehe soll von allen in Ehren gehalten werden, und das Ehebett bleibe unbefleckt...." Wir stimmen mit der Auslegung dieses Verses überein, die Jo Berry in ihrem Buch *„Wenn du doch glauben könntest"* vorschlägt (S. 68): „Das Ehebett ist ... bereits rein und heilig, weil es Teil der von Gott eingesetzten und von ihm gesegneten Institution der Ehe ist. Ich bin der Überzeugung, dass hier grundsätzlich alles zulässig ist, was für beide Partner angenehm ist und niemandem körperlichen Schaden zufügt."
[81] Robert Moeller: *To Have and to Hold* (Sisters, OR: Multnomah, 1995), 41, 45.
[82] Mike Mason: *The Mystery of Marriage* (Sisters, OR: Multnomah, 1985), 146. Deutsche Übersetzung: *Das Geheimnis der Ehe. Die geistliche Dimension des gemeinsamen Lebens.* Haan: Brockhaus, 1997.
[83] C. C. Brooks: „Falling in Love with Your Husband … Again". In: Ramona Cramer Tucker: *Thirty Days to a More Incredible Marriage*, 88-89. Abdruck mit freundlicher Genehmigung.
[84] George Gallup Jr.: *The Unchurched American …10 Years Later* (Princeton, N.J.: Princeton Religion Research Center, 1988), 36.
[85] In den USA ist es möglich und in christlichen Kreisen sogar relativ verbreitet, dass Kinder zu Hause von den Eltern selbst unterrichtet werden, statt an eine öffentliche Schule zu gehen. (Anm. d. Übers.)
[86] Michael Fanstone: *Unbelieving Husbands and the Wives Who Love Them* (Ann Arbour, Mich.: Servant, 1994), 109-110.
[87] Les und Leslie Parrott: *Becoming Soul Mates* (Grand Rapids: Zondervan, 1995), 226.
[88] Matthäus 7,12
[89] Nancy Kennedy: „When Your Loved One Doesn't Love GOD". In: *Marriage Partnership* (Spring 1999), 40.
[90] 1. Korinther 9,16 (Hoffnung für alle).
[91] Thomas S. Rainer: *Surprising Insights from the Unchurched*

(Grand Rapids: Zondervan, 2001), 83 (Hervorhebung von Lee Strobel).

[92] ebd., 49. Rainers Studie an 350 Christen, die früher der Kirche fern gestanden hatten, ergab, dass Beziehungen zu Christen in 57 Prozent der Fälle eine wichtige Rolle gespielt hatten (S. 77). Am häufigsten waren Beziehungen zu Familienmitgliedern (42 Prozent; S. 82). Auf die Frage, welche Person innerhalb der Familie am meisten zu der Entscheidung beitrug, mit zur Kirche zu kommen, berichteten 35 Prozent der Befragten, dies sei ihre Ehefrau gewesen. 18 Prozent nannten ihre Kinder, 16 Prozent „andere", 9 Prozent die Eltern, 5 Prozent Geschwister und 2 Prozent die Schwiegereltern (S. 83).

[93] ebd., 70.

[94] ebd.

[95] Die Studie von Rainer ergab übrigens auch, dass christliche Ehemänner im Vergleich lange nicht so erfolgreich darin sind, ihre nicht gläubigen Frauen zu Jesus zu führen (S. 50).

[96] Rebecca Manley Pippert: *Out of the Salt Shaker and Into the World*, 2nd ed. (Downers Grove, Ill.: InterVarsity, 1999), 123.

[97] Cliffe Knechtle: *Give Me an Answer* (Downers Grove, Ill.: InterVarsity, 1986), 164.

[98] Bill Hybels und Mark Mittelberg: *Bekehre nicht – lebe. So wird Ihr Christsein ansteckend* (Asslar: Projektion J, 2001). Zitat in der Originalausgabe *Becoming a Contagious Christian* (Grand Rapids: Zondervan, 1994), S. 54.

[99] 1. Petrus 3,1-2

[100] Siehe 1. Petrus 3,15

[101] Bill Hybels und Mark Mittelberg: *Bekehre nicht – lebe. So wird Ihr Christsein ansteckend* (Asslar: Projektion J, 2001). Zitat in der Originalausgabe *Becoming a Contagious Christian* (Grand Rapids: Zondervan, 1994), S. 89-90.

[102] Siehe Lee Strobel: *Was würde Jesus zu Madonna sagen?* (Asslar: Projektion J, 1995). Zitat in der Originalausgabe *What Jesus Would Say* (Grand Rapids: Zondervan, 1994), S. 91-92.

[103] Bill Hybels, *Willow Creek Association Regional Contagious Evangelism Conference,* Session 4, Atlanta (23. Juni 2001). Wiedergabe um der besseren Verständlichkeit willen in leicht redigierter Form.

[104] Siehe Johannes 16,33: „In der Welt seid ihr in Bedrängnis."

[105] Siehe Galater 5,22.

[106] Siehe Mark Mittelberg, Lee Strobel und Bill Hybels: *Becoming a Contagious Christian Participant's Guide* (Grand Rapids: Zondervan, 1995), 128.

[107] Viggo Olsen: *The Agnostic Who Dared to Search* (Chicago: Moody, 1990). Deutsche Übersetzung: *Kann man Gott entfliehen? Aus dem Leben eines Chirurgen* (1990).

[108] Siehe Römer 3,11.

[109] ebd.

[110] Der Kurs ist über die *Willow Creek Association* erhältlich. In den USA wird der Kurs von erfahrenen Trainern durchgeführt, die von der *International Bible Society* in die Gemeinden ausgesandt werden.

[111] Siehe: John K. Akers, John H. Armstrong und John D. Woodbridge, eds.: *This We Believe* (Grand Rapids: Zondervan, 2000), 239-48.

[112] Lee Strobel: *Beim Wort zum Sonntag schalt' ich ab. Die Welt eines Kirchendistanzierten verstehen* (Asslar: Projektion J, 1995). Zitat in der Originalausgabe *Inside the Mind of Unchurched Harry and Mary* (Grand Rapids: Zondervan, 1993), S. 116-17.

[113] Leicht abgewandelt aus Mark Mittelberg, Lee Strobel und Bill Hybels: *Becoming a Contagious Christian Participant's Guide* (Grand Rapids: Zondervan, 1995), 116.

[114] ebd., 64

[115] „Did They Know Why They Were Celebrating Easter?“ *Emerging Trends* (April 1991), 5.

[116] George Barna: *The Barna Report*, 1992-1993 (Ventura, CA.: Regal, 1992), 62.

[117] „Evangelism That Flows“, *Leadership Journal* (Summer 1998).

[118] George Barna: *Never On a Sunday: The Challenge of the Unchurched* (Glendale, CA.: Barna Research Group, 1990), 28.

[119] Siehe: www.willowcreek.com

[120] John Guest: *In Search of Certainty* (Ventura, CA: Regal, 1983), 49.

[121] ebd., 51.

[122] Siehe Paul C. Vitz: *Faith of the Fatherless: The Psychology of Atheism* (Dallas: Spence, 1999).

[123] Rebecca Manley Pippert: *Out of the Salt Shaker and Into the World* (Downers Grove, Ill.: InterVarsity, 1999), 127

[124] George Barna: *The Frog in the Kettle* (Ventura, CA: Regal, 1990), 41.

[125] Lee Strobel: *Glaube im Kreuzverhör. Ein Journalist hinterfragt das Christentum* (Asslar: Projektion J, 2001). Zitat in der Originalausgabe *The Case for Faith* (Grand Rapids: Zondervan, 2000), S. 154. Das Buch enthält ein Interview mit Ravi Zacharias als Antwort auf den Vorwurf: „Es ist nicht richtig, den Anspruch zu erheben, dass Jesus der einzige Weg zu Gott ist." Eine weitere Diskussion zu diesem Thema findet der interessierte Leser im Kapitel „Jesus is the Only Path to God" in meinem Buch *God's Outrageous Claims* (Grand Rapids: Zondervan, 1997), 184-96.

[126] Johannes 14,6

[127] Diese Debatte zwischen einem Christen, William Lane Craig, und einem Atheisten, Frank Zindler, dem Sprecher der *American Atheist Inc.,* ist auf Video erhältlich: *„Atheism versus Christianity: Where does the Evidence Point?"* (Grand Rapids: Zondervan, 1993).

[128] John Stott: *The Message of the Sermon on the Mount* (Downer's Grove, Ill.: InterVarsity, 1985), 119.

[129] Larry King: *Powerful Prayers* (Los Angeles: Renaissance, 1998), 18.

[130] Ronald Dunn: *Don't Just Stand There … Pray Something* (Amersham-On-The-Hill, Bucks, England: Alpha, 1992), 15.

[131] ebd., 16.

[132] Diese Liste wurde aus folgendem Buch übernommen: Mark Mittelberg, Lee Strobel, Bill Hybels: *Becoming a Contagious Christian Participant's Guide* (Grand Rapids: Zondervan, 1995), 12.

[133] Sharon Sherbondy: *Quiet Time*? Willow Creek Association, Drama Sketch DM9009, 8705, 1991. www.willowcreek.com.

[134] Bill Hybels: *Aufbruch zur Stille* (Asslar: Projektion J, 1997). Zitat in der Originalausgabe *Too Busy Not to Pray* (Downer's Grove, Ill.: InterVarsity, 1988) S. 90.

[135] 1. Petrus 3,7

[136] Matthäus 5,23-24. Siehe auch Römer 12,18.

[137] Bill Hybels: *Aufbruch zur Stille*, 92 (Seite in der Originalausgabe)

[138] Bill Hybels: *Aufbruch zur Stille*, 84-95 (Seiten in der Originalausgabe)

[139] Leith Anderson, *Praying to the God You Can Trust* (Minneapolis: Bethany House, 1996, 1998), 143.

[140] R.A. Torrey: *The Power of Prayer* (Grand Rapids: Zondervan, 1981), 124.

[141] Larry King: *Powerful Prayers*, 23-24.

[142] Psalm 96,2

[143] Siehe Lukas 17,11-19

[144] Zitiert in Mark Water (Hrsg.): *The Encyclopedia of Christian Quotations* (Grand Rapids: Baker, 2000), 449.

[145] Hank Hanegraaff, *The Prayer of Jesus* (Nashville: Word, 2001), 24.

[146] ebd.

[147] Matthäus 6,11.

[148] Martin Chemnitz: *The Lords Prayer* (St. Louis: Concordia, 1999), 57.

[149] Hank Hanegraaff: *The Prayer of Jesus*, 46.

[150] 1. Johannes 5,14 (Hervorhebung durch den Autor).

[151] Matthäus 26,39

[152] Hank Hanegraaff: *The Prayer of Jesus*, 47.

[153] 1. Timotheus 2,4

[154] 2. Petrus 3,9

[155] Larry King: *Powerful Prayers*, 18.

[156] Jeremia 33,3

[157] Zitiert in: Mark Water (Hrsg.), *The New Encyclopedia of Christian Quotations*, 777.

[158] Dieses Zitat stammt aus einem Interview mit Donna Rice Hughes von Ramona Cramer Tucker in *Today's Christian Woman* (September/Oktober 1996).

[159] ebd.

[160] ebd. Hosea 2,16-17 besagt: „Darum will ich selbst sie verlocken. Ich will sie in die Wüste hinausführen und sie umwerben. Dann gebe ich ihr dort ihre Weinberge wieder, und das Archor-Tal (das Unglückstal) mache ich für sie zum Tor der Hoffnung. Sie wird mir dorthin bereitwillig folgen wie in den Tagen ihrer Jugend, wie damals, als sie aus Ägypten heraufzog.“

[161] Frank E. Gaebelein (Hrsg.): *The Expositor's Bible Commentary: Romans, 1. Corinthians, 2. Corinthians, Galatians* (Grand Rapids: Zondervan, 1976), 359.
[162] Fred Fisher: *Commentary on First and Second Corinthians* (Waco: Word, 1975) 359 (Hervorhebungen durch den Autor)
[163] Tim Stafford: „Why can't I date Non-Christians?", nachzulesen unter http://www.christianityonline.com/campuslife/8c2/8c2078.html [2001.May25].
[164] 1. Korinther 10,12 (Hoffnung für alle)
[165] Jakobus 2,14a und 17
[166] Philipper 3,13b-14
[167] Römer 12,2: „Gleicht euch nicht dieser Welt an, sondern wandelt euch und erneuert euer Denken, damit ihr prüfen und erkennen könnt, was der Wille Gottes ist: was ihm gefällt, was gut und vollkommen ist."
[168] Gary Collins: *The Soul Search* (Nashville: Nelson, 1998), 219.
[169] ebd., 218.
[170] Mark Water (Hrsg.): *The New Encyclopedia of Christian Quotations* (Grand Rapids: Baker, 2000), 533.
[171] Die Gute Nachricht
[172] Charles Colson and Nancy Pearcey: *How Now Shall We Live?* (Wheaton: Tyndale, 1999), 14-15.
[173] Gary Collins: *The Soul Search*, 133.
[174] ebd., 134-35.
[175] Zitate von Tom Holladay, Brad Mitchell, Brad Johnson und Mark Mittelberg stammen aus persönlichen Gesprächen. Sie werden hier mit ihrer Erlaubnis wiedergegeben.
[176] Hoffnung für alle.
[177] Siehe auch 1. Korinther 12, Römer 8, Epheser 4.
[178] Rick Warren: *Kirche mit Vision* (Asslar: Projektion J, 1998). Zitat in der Originalausgabe *The Purpose Driven Church* (Grand Rapids: Zondervan, 1995) S. 372.
[179] ebd., 374
[180] ebd. 374-75
[181] Wayne Grudem: *Systematic Theology*, 755 (Grand Rapids: Zondervan, 1994), 746.
[182] Luther-Übersetzung
[183] Siehe Philipper 2,12-13

[184] Wayne Grudem: *Systematic Theology*, 755 (Grand Rapids: Zondervan, 1994), Hervorhebungen im Original. Engl. Text des Liedverses: „Trust and obey, for there's no other way to be happy in Jesus but to trust and obey."

[185] In der Textvorlage wurde Eugene H. Petersons Bibelauslegung: *The Message: The Wisdom Books* (Colorado Springs: NavPress, 1996) verwendet. Diese Textfassung wurde an dieser Stelle direkt ins Deutsche übertragen. (Anm. des Übersetzers.)

[186] H. Norman Wright und Gary J. Oliver: *How to Bring Out the Best in Your Spouse* (Ann Arbor, Mich.: Vine Books, 1994, 1996), 21.

[187] Ich habe diese Anmerkung dem Interview mit Peter Kreeft entnommen, das in meinem Buch *„The Case for Christ"* (Grand Rapids: Zondervan, 2000), S. 39 abgedruckt ist.

[188] Hebräer 5,8: „Obwohl er der Sohn war, hat er durch Leiden den Gehorsam gelernt."

[189] Siehe Victor Goertzel und Mildred George Goertzel: *Cradles of Eminence* (Boston: Little, Brown, 1962).

[190] Römer 5,3-5

Lee Strobel – ein Journalist hinterfragt das Christentum

Lee Strobel geht dem Glauben auf den Grund. Auf der Suche nach Fakten konfrontiert der Autor angesehene Experten mit den 8 häufigsten Argumenten gegen den Glauben. Ein spannendes Kreuzverhör beginnt!
Mit viel journalistischem Spürsinn und ohne schnelle Antworten zu geben, beschäftigt sich Lee Strobel mit Fragen wie: „Wenn es Gott gibt, warum lässt er dann so viel Leid zu?" oder: „Wozu brauchen wir Gott, wenn doch die Wissenschaft alles erklären kann?"
Ein Buch, das hilft, damit Glauben zur Herzenssache wird.

Lee Strobel: **Glaube im Kreuzverhör**
Gebunden, 360 Seiten • Best.-Nr. 657 387

Auf der Suche nach der Wahrheit über die Existenz von Jesus Christus nimmt der Journalist Strobel die Experten ins Kreuzverhör und konfrontiert sie mit wissenschaftlichen Fakten, anerkannten Beweisen und unangenehmen Fragen wie: Gibt es außerhalb der Bibel Beweise für die Existenz Jesu? Wie verlässlich ist das Neue Testament? Welche Gründe gibt es dafür, tatsächlich an die Auferstehung als historisches Ereignis zu glauben? Zerstreuen wsissenschaftliche Argumente nicht jeden Glauben an das Übernatürliche? Zu welchem Urteil kommen Sie?

Lee Strobel: **Der Fall Jesus**
Gebunden, 320 Seiten • Best.-Nr. 657 274